浙江省社会科学界联合会社科普及课题研究成果

西方文明史纲

（第三版）

董小燕 著

ZHEJIANG UNIVERSITY PRESS
浙江大学出版社

内容提要

本书以时空为序,采用专题的形式,扼要地考察了西方文明产生和发展的漫长历程。在勾勒西方文明各个历史时期经济、政治和社会发展的主要内容和基本特点的同时,关注文化和制度方面的变迁与进展,探究西方文明发展中思想与精神演变的特点和规律,探讨近代西方的思想文化运动,阐明其在西方现代化进程中的地位与作用。

本书时间跨度大、内容丰富、简明扼要,既可供高校学生学习西方文明史之用,也可供对西方文明感兴趣的或从事西方文明教学与研究的广大人士参考。

图书在版编目 (CIP)数据

西方文明史纲 / 董小燕著. —3 版. —杭州:浙江大学出版社,2021.9(2025.7 重印)
ISBN 978-7-308-21002-7

Ⅰ.① 西…　Ⅱ.① 董…　Ⅲ.① 文化史—西方国家—高等学校—教材　Ⅳ.① K103

中国版本图书馆 CIP 数据核字（2020）第 252669 号

西方文明史纲(第三版)

董小燕　著

责任编辑	傅百荣	
责任校对	梁　兵	
封面设计	周　灵	
出版发行	浙江大学出版社	
	（杭州市天目山路 148 号　邮政编码 310007）	
	（网址:http://www.zjupress.com）	
排　　版	杭州青翊图文设计有限公司	
印　　刷	杭州高腾印务有限公司	
开　　本	710mm×1000mm　1/16	
印　　张	18.75	
字　　数	400 千	
版 印 次	2021 年 9 月第 3 版　2025 年 7 月第 7 次印刷	
书　　号	ISBN 978-7-308-21002-7	
定　　价	49.00 元	

版权所有　侵权必究　印装差错　负责调换

浙江大学出版社市场运营中心联系方式:0571 - 88925591;http://zjdxcbs.tmall.com

目　录

第一编　西方文明之源

第二编　神光下的中世纪

第三编 思想文化的革新

绪　论

　　英国著名思想家、实验科学的创始人弗朗西斯·培根曾经说过，"读史使人明智"。马克思也认为，迄今为止，我们仅仅知道一门唯一的科学，那就是历史科学。的确，过去启示着未来，人类完成的崇高伟业，抑或渺小而有益的一切，无不以过去为养料，以创造未来为目的。史学研究着过去，揭示着真相，总结着经验。而经验又是智慧的基础与前提。走向历史深处，就可以摘取智慧之果。

一、人类与人类文明

　　莎士比亚剧中人物丹麦王子汉姆莱特有个疑惑，"人是怎么一回事：理想多么崇高！能力多么无限！在形状同行动上多么敏捷而可羡！在举动上多么像天使！在体态上多么像个神！是世界的奇迹！是万物的精英！但是，对于我，这烂泥捏成的究竟是什么？"[①]的确，人类既伟大又渺小。相对于永恒、无限、无边无际的宇宙，人类的大地之母——地球仅是一粒终将毁灭的太阳系微尘，而人类在这个非永恒的、有机的自然界里更只不过是微不足道的原生质而已。不过，与自然界其他物种不同，人类是有意识、有思想，充满着智慧和创造力的生物。他一俟诞生在地球上，就致力于理解自然、改造自然，创造并改善着自己的思维与生活。灿烂的人类文明由此铸就。

　　人类的祖先是生活在非洲热带丛林中的古猿。据考古发现，远古地球上有三支古猿，即原上猿（距今 3500 万年）、埃及猿（距今 2800 万—2300 万年）、森林古猿（距今 2300 万—1800 万年）。一般认为森林古猿是人类和现代类人猿的共同祖先。

　　20 世纪 70 年代，一支由法、美两国考古专家组成的联合考察队在埃塞俄比亚发现了一副大约生活在 325 万年前、直立行走的类人猿骨架，取名"露西"。据测定，"露西"为南方古猿的阿法种（Australopithecus afarensis，约 400 万年前—300 万年前）。多数学者认为，人类的直系祖先是南方古猿阿法种。据已知的考古资料，最早的人类即"能人"[②]（距今 300 万年），活动于东非的热带草原。自此地球上才开始留下了人类的足迹。

　　距今 1 万年前，人类步入了新石器时代，逐渐地建立起了原始的农耕与畜牧的文明。一般认为公元前 8000—前 3500 年出现的农业文明是人类的一次最具意义的历

---

　　①　参见莎士比亚著，曹未风译：《汉姆莱特》，上海：上海译文出版社 1979 年版。
　　②　人属的三个种，分别为能人（Homo Habilis）、直立人（Homo Erectus）和智人（Homo Sapiens）。

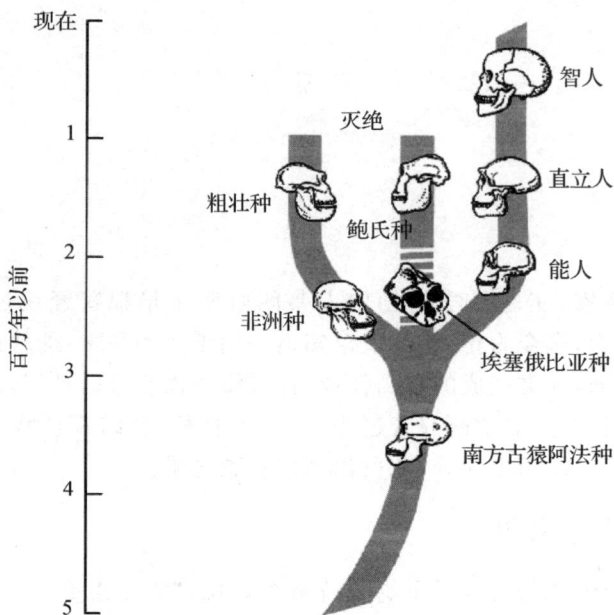

现在

1

2

3

4

5

百万年以前

灭绝

智人

直立人

粗壮种

鲍氏种

能人

非洲种

埃塞俄比亚种

南方古猿阿法种

人类的起源

史性飞跃,也是人类史上持续最久的一种文明。① 人类文明诞生的标志性事件是文字的产生;定居农业的开始,国家机器;城市及社会等级的出现等。由此可见,相对于300多万年的野蛮和蒙昧时代,几千年的人类文明恰似漫漫长夜破晓后的几十分钟。但就在这短暂的时段里,人类创造了令"上帝"都会惊羡的文明与文化。多么伟大、多么值得自豪的人类!

关于人类的起源经历了由传说、假说到学说三个阶段。人类起源的传说,几乎在古代世界各民族中都存在,并惊人地相似。希腊神话中的普罗米修斯用黏土按天神的样子"捏造了人类",中国汉族神话中的女娲造人说,基督教《圣经》的上帝创世说,等等,都体现了人类对自然、对自身的好奇与探索,反映了他们对宇宙与自身的认识和解释。

19世纪中叶以来,随着自然科学的发展及考古学、人类学的不断新发现,学者们经过研究和实地考察,提出了从猿到人的假说与学说。其中具有代表性的事例有:1809年法国学者拉马克出版《动物哲学》一书,提出"人类来源于猿"的假说;1859年英国科学家达尔文在《物种起源》中系统阐述进化学说②,并把进化论应用于人类学,阐明了人类在动物界中的位置及其由动物进化而来的根据,为人类起源理论打下了

---

① 直至19世纪,农业文明才逐渐向工业文明转变。
② 差不多同时代的法国昆虫学家法布尔,已开始挑战达尔文的"线性进化论"思想。参见法布尔《昆虫记》,北京:译林出版社2006年版。

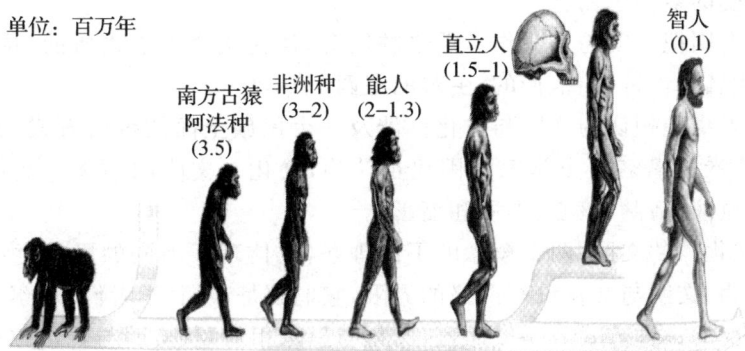

单位：百万年

南方古猿
阿法种
(3.5)

非洲种
(3—2)

能人
(2—1.3)

直立人
(1.5—1)

智人
(0.1)

人类进化示意图

较为科学的基础；此后不久英国博物学家赫胥黎在《人类在自然界中的地位》一书中论述人类与动物，特别是与猿类的关系，首次提出了人猿同族论；1896 年恩格斯发表《劳动在从猿到人转变过程中的作用》，提出了"劳动创造人本身"的论断，奠定了人类起源的科学基础。

文明的观念是由 18 世纪法国启蒙思想家提出来的。相对于"野蛮"状态，文明，顾名思义就是光明，有光彩的意思。但要给出一个绝对意义上的"文明"概念，是不现实也是不明智的。正如德国犹太裔社会学家诺贝特·埃利亚斯在《文明的进程》一书的开篇写道："'文明'这一概念所涉及的是完全不同的东西：技术水准、礼仪规范、宗教思想、风俗习惯以及科学知识的发展等等；它既可以指居住状况或男女共同生活方式，也可以指法律惩处或食品烹调；仔细观察的话，几乎每一事件都是以'文明'或'不文明'的方式进行的。所以，要用几句话囊括'文明'所有的含义几乎是不可能的。"[①]

通常意义上，"文明"与"文化"概念的内涵相似。但既然是两个词，必定有所差别。从词源学的角度看，文化（Culture），源于拉丁文"Cultura"，具有"耕作、培养、教育、发展、尊重"等含义；文明（Civilization）源于拉丁文"Civils"，含有"城市国家、公民的、国家的"意思。但两者的区别和联系，或者说确切的含义又是什么，目前学界尚无定论，各个学派或理论的理解和阐释也各不相同。

一般苏联学者倾向认为：文明主要代表着一种物质形式，如镰刀和犁，火车和飞机，浴室和厕所等都是文明的成果；文化则主要表现在道德意识和与之相适应的活动，表现在哲学等人文学科的思维和艺术创作中。

法国著名史学家布罗代尔从他的长时段历史研究中得到启示，认为文明既不是某种特定的经济，也不是某种特定的社会，而是持续存在于一系列经济或社会之中、

---

① 诺贝特·埃利亚斯：《文明的进程：文明的社会起源和心理起源研究》（第 1 卷），北京：生活·读书·新知三联书店 1998 年版，第 61 页。

不易发生渐变的某种东西。[①]

德国学者则把文明与文化作了严格的区分,认为文明属于物质的、技术的、客观的东西;文化属于精神的、信仰的、主观的东西。

美国学者亨廷顿认为文明与文化都涉及一个民族全面的生活方式,文明是放大了的文化。[②] 英国著名历史学家汤因比也认为,文化是文明的精髓。文化成分是文明的"灵魂、血液、精髓、核心、本质和缩影"。[③]

对于"文化"与"文明"两个概念的不同理解,也体现了不同的民族意识与精神观念。我们认为,文明与文化没有严格的界限,它们都是人们(学者们)观察和评价人类世界整体状况的一种方式。一般而言,文化与愚昧相对照、文明与野蛮相对立。文明是一种过程,文化则可以被看成是经历过程后的结果。

由此,从概念涵盖的横向内容角度而言,文明与文化是相近的。当然,文化的概念也是众说纷纭,不下几百种。概括地说,广义的文化指人类社会历史实践所创造的物质财富和精神财富的总和,如物质文化、精神文化等。中义的文化指的是人类在长期历史发展过程中创造的精神财富之总和,即社会的意识形态以及与之相适应的制度和组织机构。狭义的文化仅指社会意识形态或社会观念形态。这三种文化观一定意义上都与"文明"概念有交叉。所以,文明是一种文化群体,也是人类群体划分的最高级、最广泛的标准。它以客观的共同的要素,如语言、历史、宗教、习俗、规章制度来界定。

纵向地从时间角度看,文明是指人类社会的进步状态,与"野蛮"时代相对。美国学者摩尔根把人类起源后的社会划分为三个阶段:蒙昧时代、野蛮时代、文明时代[④]。文明时代以文字的出现和使用为标志。恩格斯在《家庭、私有制和国家的起源》[⑤]中援引此例说并增加了新的含义。文明即指随着劳动分工和生产领域的扩大,出现了手工业与艺术的时期。学界一般把人类跨入文明时代的门槛,视为阶级社会的开端。

人类文明的起源与大河流域结下了不解之缘。现今公认的五大文明区域为印度河、恒河流域;幼发拉底河、底格里斯河流域和中亚地区;尼罗河流域;黄河、长江流域;爱琴海(地中海)流域。一般认为文明之所以起源于大河流域是因为农业文明的水利工程或人工灌溉的需要。

近年来有一种持不同见解的文明起源说,认为文明赖以发生的物质条件或生产力条件是农业的发展和城市的出现,而最初的农业靠的不是人工灌溉而是天然降雨,并且有考古新发现为佐证,即迄今发现的农业文化最早的遗址位于山地和高地的边

① 参见费尔南·布罗代尔:《文明史纲》,桂林:广西师范大学出版社2003年版,第一、二章。
② 参见塞缪尔·亨廷顿:《文明的冲突与世界秩序的重建》,北京:新华出版社1998年版,第24页。
③ 王少如、沈晓译:《汤因比论汤因比——汤因比与厄本对话录》,上海:三联书店1997年版,第116页。
④ 参见路易斯·亨利·摩尔根著,杨东莼等译:《古代世界》,北京:中央编译出版社2007年版。
⑤ 恩格斯:《家庭、私有制和国家的起源》,北京:人民出版社2003年版。

缘。① 与挑战大河流域是文明起源地的说法相联系,他们认为文明起源及发展有三大区域,美洲文明与中央安第斯山文明区,此区域内各文明独立发展,直到1492年以哥伦布发现新大陆为标志,这一文明区域与世界其他地区的隔离才被打破;东亚、南亚、中国文明与印度文明区,此区域内各文明相互影响,彼此有一些交融;印度河流域以西至地中海的西亚、北非、南欧文明区,文明间同样具有互相影响的特征。

的确,人类对自身文明起源的论争由来已久。学者们都以自己的学识背景及不同的视角观照人类文明的起源问题,除了上述影响极大的大河文明说外,至少还有三种学说值得一提。

气候文明说:持该派学说的主要是一些地理学家和医学家。他们认为,1万年前,在冰河时代末期的恶劣而无法预知的气候向更温和与更稳定的环境转化的过程中产生了人类文明。气候与文明有关,温暖湿润的亚热带气候,最适于人类生存,最利于农耕,是世界文明的发源地,四大文明古国均发端于这些地区。

粮食生产文明说:该学说认为文明起因于粮食生产。麦、米、高粱、玉米等谷物由野生到种植以及狗、猪、羊、牛的饲养,使人类从此脱离了以采集和狩猎为主的“采集经济”,转而为以农耕与畜牧为主要谋生手段的“产食经济”新阶段。从“采食”到“产食”的过程中,农业、定居开始发生。世界古代文明的发源地就是最早耕植小麦,推行谷物农业,实行畜牧业的地区。人类学家与考古学家大多持这一观点。

“挑战”与“应战”论:持该论点的核心人物是英国历史学家汤因比。他用“挑战”与“应战”理论来解释文明的起源、生长、衰落、解体的原因。汤因比是“文化形态学派”②的典型代表,他认为人类(文明)当前的重大问题是“挑战”(Challenge),解决这些问题的方法是“应战”(Response);挑战主要来自困难地方的刺激、新地方的刺激、打击的刺激、压力的刺激和遭遇不幸的刺激,等等。③ 只有成功地应对挑战的人类(文明),文明(文化)才会发生、发展与繁荣。比如英国科学家尼克·布鲁克斯认为文明的产生是由于人类成功地应对气候恶化的挑战。他认为,在4000—6000年前,地球轨道的自然变动削弱了季风雨的威力,给地球带来了更干燥的气候。人类为对付日益恶化的环境,开始择水而居,建立起群居生活。埃及、伊拉克、南亚、中国和南美洲北部的文明就此产生。④

必须承认,人类在童年时期很大程度上受自然环境的制约。气候以及地理环境与人类文明(文化)的起源和发展关系密切。随着人类的文明与技术的不断进步,人

---

① 如两河流域美索不达米亚的哈逊纳文化(前5900—前5400年),那儿最早的城市国家埃利都就建在沙漠的高地边缘;埃及涅加达文化Ⅰ(前3600年)的居民也生活在尼罗河河谷两旁沙漠的夹坡上。

② 学界称那些把文化(文明)作为一种具有高度自律的,同时具有生、长、盛、衰等发展阶段的有机体,并试图通过比较各个文化的兴衰过程,揭示不同的特点,以分析解释人类历史发展过程的学说,称为“文化形态学派”。

③ 参见汤因比著,曹未风等译:《历史研究》,上海:上海人民出版社1986年版。

④ 《英国科学家提出新说:气候变化推动人类文明》,http://www.sina.com.cn 2006年09月08日14:50新浪科技。

类在自然界中的地位和作用也日益提高,自然环境对人类自身的制约与影响可能会逐渐减弱。但人类作为自然之子,自然环境始终是它发展过程中不可忽视也是不可缺少的因素。另外,不同的自然环境和生活样式,演化出不同的民族与文化形态,形成各具特色的文明。因此人类文明是一元多线的。多个源头的各区域文明,使得世界文明呈现出丰富的色彩。

二、世界文明与西方文明

人类进入文明时代以来,由于不同的地理环境、生产方式和生活方式等原因,造就了各具特色的文明类型。世界最早的五大文明古国,就已经呈现出不同的形态。迄今,世界文明的类型,大体上可以时空的发展为依据作出划分。

就发展的阶段性(时间的角度)而言,世界文明依次可以主要划分为畜(游)牧时代、农业时代、商业时代、工业时代、后工业时代等几个阶段。

从地域性视角(空间的角度)对文明发展作出划分的,要数汤因比的分类最为著名。在他的名著《历史研究》中,汤因比按地域把全球文明分为 21 种类型(如表 0-1),后增加到 23 种。从文化形态学的视角,汤因比认为,在历史的发展过程中一些文明衰落了,一些文明消失了,还有一些文明相互融合了。在他看来,迄今人类仍有 4 种类型的文明活跃着,即西方文明、东正教文明、印度教文明、远东文明。亨廷顿则在此基础上提出了当今世界具有 7 大文明类型[①]:中华文明、日本文明、印度文明、伊斯兰文明、西方文明、拉丁美洲文明和非洲文明。并认为文化的差异和文明的冲突是当今世界和平的最大威胁。

表 0-1　汤因比划分的 21 种文明类型表

名　称	地　点	开始时间
埃及文明	埃及	公元前 4000 年前
苏美尔文明	伊拉克	公元前 3500 年前
来诺斯文明	克里特和塞浦路斯	公元前 3000 年前
赫梯文明	土耳其	公元前 1500 年前
巴比伦文明	伊拉克和叙利亚	公元前 1500 年前
叙利亚文明	叙利亚	公元前 1100 年前
希腊文明	希腊和土耳其	公元前 1100 年前
西部基督教文明	西欧	公元 700 年前
东正教文明	土耳其和巴尔干半岛	700 年前
俄罗斯东正教文明	俄国	10 世纪

---

① 　参见塞缪尔·亨廷顿:《文明的冲突与世界秩序的重建》,北京:新华出版社 1998 年版。

续表

名　称	地　点	开始时间
阿拉伯文明	阿拉伯	1300 年前
伊朗文明	波斯	1300 年前
中国文明	中国	大约公元前 1500 年前
古代印度文明	印度	大约公元前 1500 年前
远东文明	中国	公元 500 年前
朝鲜—日本文明	日本	500 年后
印度文明	印度	800 年前
玛雅文明	中美洲	公元前 500 年前
安第斯文明	秘鲁	大约公元 1 世纪
尤卡坦文明	墨西哥	629 年后
墨西哥文明	墨西哥	629 年后

　　中国学者季羡林先生早先把世界文明分为 4 类：中国文明、印度文明、伊斯兰文明、欧洲文明；认为不同的民族在不同的地理环境和生活方式的作用下，表现出不同的特征，因而形成不同的文明（文化）特色。[①] 著名学者梁漱溟先生则把世界文明分为三类：西洋文明、中国文明、印度文明。并对其中的文化特色作了精到的阐述，认为中国是伦理型文化，以讲五伦，互以对方为主；希腊是科学型文化，突出科学精神，强调科学与理性；罗马是政治型文化，表现为罗马法的制定与应用，罗马的扩张等。[②] 历史学家庞朴先生也从某种角度探讨了世界诸文明之间的差异，认为希腊文化较注重人与自然的关系；中国文化较重视人与人的伦理关系；中东及印度则较关注人与神的关系等。

　　其实，自中国打开门户尤其是五四运动以来，关于东西方文明的特点这个问题，一直争论不休。有认为西方文明是动的文明，东方文明是静的文明。也有人认为西方文明是自然对立型、自然掠夺型的父性型物质文明，东方文明是自然顺从型、自然循环型、自然共生型的母性型精神文明。两种文明具有不等价性。[③] 日本学者岸根卓郎甚至把东西方文明的差异视为两极对立型的宇宙法则。[④] 众多名家、学者对世界各文明特征的提炼和总结，不仅有助于我们更好地学习和把握世界文明的基本脉络及发展趋势，而且也有助于我们更好地理解西方文明。

　　西方文明是人类文明发源较早的地区之一。西方文明的发源地——爱琴海区域的希腊，它面朝大海，境内多山多丘陵，风景美丽但土地贫瘠。独特又相对恶劣的地

---

　　① 　季羡林主编：《简明东方文学史》，北京：北京大学出版社 1987 年版，第 5 页。
　　② 　参见梁漱溟《中国人：社会与人生——梁漱溟文选（上）》，北京：中国文联出版社 1996 年版。
　　③ 　关于东西方文明的差异性问题，可参考陈崧主编《五四前后东西文化问题论战文选》，北京：中国社会科学出版社 1985 年版。
　　④ 　岸根卓郎：《文明论：文明兴衰的法则》，北京：北京大学出版社 1992 年版。

理自然环境,使西方文明在形成之初就具有了多样性、多元化的特性。从地中海东岸的多利亚人,到地中海西岸的拉丁人,再扩展到西北欧的日耳曼人、维京人,西方文明历程中各个民族带着各自的种族特性和文化模式,登上欧洲文明的舞台。不同个性的文化彼此相互交流、借鉴、融合,使西方文明呈现出较大的历史差异性和阶段性发展的特性。在文化磨合过程中,几乎不断的"蛮族"入侵,更使西方政治地图支离破碎,经济停滞不前。直至 15 世纪前,西方一直是世界欠发达地区之一,生产力、生产水平远远落后于东方世界。如黑格尔所说,当黄河、长江已经哺育出精美辉煌的古代文化时,泰晤士、莱茵河和密西西比河上的居民,还在黑暗的原始森林里徘徊。

历史发展到 16 世纪,情况发生了变化。多样化的经济形式与分裂的政治状态,成了西方资本主义市场发育与近代国家共同体形成的活性酶。在地中海沿岸等地区,一些相对独立与自治的城市里,也产生了诸如自由、平等、共和等一系列有益于文明发展的重要观念。17、18 世纪的科学与启蒙,18、19 世纪的政治革命与经济革命,使西方文明开始走上了工业化、科学化、民主化的道路。在世界文明中西欧社会最早迈入工业文明,成了世界现代化的先驱,其中的经验和教训也成了其他文明可资借鉴的一面镜子。

三、内容与体例

西方文明史是一幅丰富多彩、斑驳陆离的画卷。它绵延几千年,涉及政治、经济、文化发展的方方面面。受篇幅和体例等多方面的制约,史纲在内容取舍和体例编排上做了一些独特的考虑。

首先,注重西方文明发展基本脉络的梳理。西方文明发展的历程不像中华文明,绵延五千多年,一脉相承。而是经历了多个中心、多个区域的发展变迁,不同的种族发展出不同的文化,创造出各具特色的文明,彼此又相互借鉴、影响,构成了复杂多样的西方文明。欧洲,尤其是西欧,地域不大,小国林立,各自的经济、政治制度不尽相同。这就必须在繁芜的历史表象面前,梳理与勾勒出西方文明发展的基本脉络和发展线索。

其次,以文明或文化发展为主线,尽可能反映出西方政治、经济、文化、社会生活等方面的基本特征。西方小国林立是事实,但西方文明史既不应是各个国家国别发展史的简单堆砌,也不应抛开国别,只有综合概括的欧洲史。在给出西欧主要国家历史发展基本事实的基础上,史纲力求概括出西方文明、文化发展的总体特征,各个方面特点以及总的发展趋势,以利读者从总体上把握西方文明基本特点,从中自然引申出中西文明差异性的比较与感悟。

再次,着重探讨和研究对西方文明发展有重大影响的事件与人物,借以透视西方人文精神。西方文明发展包罗万象、繁纷复杂,史纲不可能面面俱到,只能突出重点,有的放矢。鉴于史纲编写目的之一是给广大学生尽可能多的人文、社会科学的修养和熏陶,我们花了大量的笔墨研讨西方的思想文化运动,试图揭示出西方思想文化变迁的轨迹,尤其是民主、平等、公平、竞争、人权等现代观念的来龙去脉和真实含义,引发思考、启迪心智,进而使大家更理性地认识西方资本主义,为现代中国建立具有自身特色的政治民主化和经济市场化提供某种思路与启迪。

历史地看,西方文明的发展经历了三个阶段:从公元前2100年爱琴世界文明到公元后476年西罗马帝国灭亡为古典期(Ancient Time);西罗马帝国崩溃后日耳曼人建立封建王国到16世纪左右为中世纪(Middle Age);文艺复兴开始的西方世界为现代期(Modern Time)。关于古典和中世纪这两个时期的划分,学界似乎没有太大的疑义。Ancient Time主要指希腊、罗马时期的文明。Middle Age则采用欧洲文艺复兴之父彼特拉克的说法,指的是西罗马灭亡到意大利文艺复兴止这段历史。这一时期西欧社会结构极其复杂,教会制、领主制、等级制、君主制等,结构之间相互重叠,相互制约。经济发展尽管较为缓慢,但城市与商品经济也在西欧社会开始出现。总体上说,西欧社会发展在10世纪以前处于相对停滞状态。11世纪以后,西欧城市重新苏醒,市民文化兴起,民族国家逐渐形成并开始追赶世界文明的步伐。

Modern Time是指文艺复兴以后的西方文明发展期。应特别指出,在传统的世界历史教科书中,都把Modern Time理解为近代与现代两个时期。近代期是指1640年英国资产阶级革命到1917年俄国十月社会主义革命,重点讲述资本主义发生发展史。现代期是指十月革命后,人类开始由资本主义向社会主义过渡。但我们认为西方现代文明发展既有其特殊性也有连续性。自资本主义因素产生之日起,西方就开始向现代(Modern Time)过渡。直至今日,西方世界依然是资本主义文明一统天下。之所以把文艺复兴视为西方现代文明的开端,是因为文艺复兴尽管是思想文化上的一场变革,但背后是新经济与新生力量的推动。尤其是文艺复兴运动提出的人的自由与人的意志解放,一切以"人为中心"的人文主义,是西方现代性的核心命题。Modernization(现代化)的经典含义即是工业化、都市化、民主化、世俗化等。二战前,西方社会都是朝着这个方向演进的。一般认为,二战以后,西方各国完成了以工业化为核心的现代化,整个西方社会迈入后现代(后工业)时期。因此,史纲把从文艺复兴直到二战,约6~7个世纪的发展统称为现代文明,应该是可行的。当然,这六七百年发展也是呈阶段性的。

基于上述理由,史纲分为五编:第一编,西方文明之源。第二编,神光下的中世纪。第三编,思想文化的革新。第四编,政治革命的风暴。第五编,工业文明的躁动。

历史是复杂多样、五花八门的一个整体,历史发展则是必然性和偶然性的有机统一。通常人们只是为了叙述和研究的方便,才人为地划出历史的分期。希望大家在学习过程中,千万不要机械地割裂历史,视野也不要只局限于西方,要用比较的眼光,以全局的观念进行思考,尤其应与中国文明发展相比较。只有对西方历史有一个整体的理性认识,才有可能为中国的社会发展与文明进步提供一些借鉴,带来某些启迪。

运用你们的智慧和洞察力来学习并思考历史吧!

希望史纲能成为你们自己探究西方历史的一扇小小窗户。

第一编　西方文明之源

　　人类从野蛮走向文明所创造的第一个文明形态一般称为古典文明,也有称之为古代文明(约公元前 3500—公元 4 世纪),与其相对应的社会形态一般为奴隶制时代。世界文明中最早跨入文明门槛的是西亚的美索不达米亚地区(约公元前 3900 年),其后依次是埃及、印度和中国(约公元前 3500 年左右)。人们习惯将古代巴比伦、埃及、印度和中国并称为四大文明古国,可见古代东方是世界文明的发祥地。

　　据说,最早将世界分为东方和西方的是古代腓尼基人。腓尼基人于公元前 2000 年前后在地中海东岸建立了腓尼基王国,他们是古代世界著名的商业民族。由于航海、经商,腓尼基人需要四处活动。海上活动与各地殖民,方向辨别十分重要,逐渐地,腓尼基人把地中海以东的陆地称为"Asu"(意为东方日出之处),以西的陆地称为"Enb"(意为西方日落之处)。后来,Asu 演变为 Asia(亚细亚),Enb 演变成 Europe(欧罗巴)。[①] 但在古典时代,东西方只是地理意义,一直到近代以后它们才逐渐演变成具有政治和文化含义的概念。

　　古代西方文明的中心区域是希腊、罗马,而它的最早形成地却在爱琴海。爱琴海流域是希腊文化,也是欧洲文化的发源地,故此,西方流传着这样一些谚语,"光明来自东方","希腊是爱琴的女儿"。由此,西方文明是东西方各民族文化交流与融合的产物。古代希腊文明中的理性与科学精神、罗马文明中的法学传统、希伯来文明中的宗教传统,共同建构了今日所谓的西方文明的思想文化基础。

---

　　① 关于东西方的源起,也有人认为希腊人是首创者。他们把自己作为西方的代表,与东方相对称,后罗马人沿用此说法,以拉丁文表述,日出之处的东方为"Oriens",转义为东方,日落之处为"Occidens",转义为西方。

大事年表

约公元前 2000 年	克里特岛逐渐出现奴隶制城邦,进入青铜时代
	克里特"米诺斯"文化开始
公元前 1700—前 1400 年	克里特文明极盛时期
公元前 1600 年	希腊迈锡尼文化开始
公元前 1450 年	米诺斯文化的克里特覆亡
公元前 1200 年	迈锡尼文化衰落
公元前 1100 年	腓尼基人发展字母书写体(所有现代欧洲书写体的基础)
公元前 11—前 9 世纪	希腊进入铁器时代。史诗《伊利亚特》《奥德赛》渐具雏形
公元前 8 世纪	斯巴达、雅典先后建城,希腊城邦时代开始
公元前 776 年	希腊举行第一次奥林匹克运动会,希腊纪年开始
公元前 753 年	传说的罗马建城年代,罗马纪年开始
公元前 594 年	雅典梭伦改革
公元前 6 世纪	罗马塞尔维乌斯改革
公元前 585 年	米利都的泰勒斯预言日月食,希腊理性主义哲学开始
公元前 509 年	罗马成立奴隶制共和国
	雅典克利斯提尼改革
公元前 500—前 449 年	希波战争
公元前 479—前 338 年	希腊古典文化时期,名家荟萃,流派纷呈
约公元前 450 年	罗马制定十二铜表法
公元前 443—前 429 年	伯利克里任雅典首席将军,雅典民主政治高度发展
公元前 431—前 404 年	希腊伯罗奔尼撒战争
公元前 337—前 323 年	亚历山大马其顿帝国
公元前 3 世纪早期	罗马统一意大利
公元前 133—前 122 年	罗马格拉古兄弟改革
公元前 73—前 71 年	斯巴达克起义
公元前 60 年	恺撒、庞培、克拉苏结成"前三头同盟"
公元前 46 年	尤利乌斯·恺撒改革历法,一直使用到 1582 年
公元前 43 年	屋大维、安东尼、雷必达成立"后三头同盟"
公元 1 世纪	基督教兴起于巴勒斯坦和小亚细亚
3 世纪	日耳曼人进入罗马帝国
313 年	罗马皇帝君士坦丁发布米兰敕令,承认基督教
4 世纪后半期	匈奴进入欧洲
395 年	罗马帝国分裂东、西两部分
476 年	西罗马帝国灭亡

第一章

古典传统探源：希腊方式

西方文明的源头是希腊，"希腊是西洋文化之母"。西方现代的自由、平等观念，民主制度和科学精神，都可以在古希腊找到痕迹。如黑格尔所说，一提到希腊这个名字，在有教养的欧洲人心中，自然会引起一种家园之感。

在世界文明史上，古希腊文明占有重要的地位，古希腊人因创造出远远超乎于他们所处时代的"成熟"文明而成为现代西方文明的先驱。相比较于东方文明，古希腊文明具有极其鲜明的"现代"特点。希腊文明由于奠定了西方文明的发展基础，也被称为西方的轴心时代。

第一节　爱琴文明

西方的远古文明起源于爱琴世界，[①]俗称爱琴文明或地中海文明。地中海世界气候宜人，雨水充沛，四季如春。但美中不足的是土地相对贫瘠，山地或岛屿把那里分隔开来，形成各自相对独立的海岛文化。与此同时，希腊半岛曲折的海岸线和众多的岛屿，为古代希腊世界提供了许多天然的良港。古代希腊人早早地学会了航海、经商、殖民，形成了独具个性的希腊文明。

远古时代的希腊世界最具文明成就的要数克里特（前 2100—前 1400 年）、迈锡尼（前 1400—前 1100 年）两个部落文化。

一、神秘的米诺斯

古代爱琴世界神话与事实相交织，扑朔迷离，充满了神秘感。[②] 克里特岛位于爱琴海的南端，其形状狭长，犹如一道门栓横在爱琴海上。关于克里特的神话可谓是西方最古的神话之一。从中我们知晓了克里特的伟大统治者米诺斯。

> 传说腓尼基国王有个女儿叫欧罗巴，有一次她和女友在海边嬉戏，被最权威的雷神宙斯看见。宙斯爱上了她并决定把她抢走。怕惊动了她的爱人，宙斯变

---

① 古代把克里特、爱琴海各岛屿、大陆西亚和小亚细亚西部称为爱琴世界。
② 古代世界里像希腊人那样编出如此美妙而繁纷神话故事的古代民族恐怕并不多见。

成一只非常美丽的公牛,它的毛像黄金一样闪闪发光,双角弯弯像银色的新月。公牛宙斯走到公主跟前,躺在她的脚旁,示意她坐上它的背。公主刚坐上公牛的背,牛便跳了起来,向大海奔去。奔腾的海浪一下子平静下来,牛在平滑如镜的海面上浮游。欧罗巴惊慌地看着蔚蓝的天空和无边的海洋,问道:"古怪的牛,你是谁? 你要把我背到哪儿去?"公牛说出了自己的名字,并告诉她抢走她是因为爱她,要同她一起去克里特。就这样,欧罗巴成了宙斯的妻子,不久,他们的儿子米诺斯诞生了。米诺斯长大后,成了一个英明的统治者,他建立了城市,制定了最早的成文法典。但成就和权力冲昏了米诺斯的头脑,他以为自己是神,而不是人了。宙斯为了警告他,让他生下了牛头人身的怪物。克里特人把米诺斯的这个儿子称作"米诺牛",意即"米诺斯之牛",米诺牛是吃人肉的。米诺斯为了这只可怕的牛建造了巨大的建筑物——迷宫……①

揭开希腊神话之谜的是美籍德国学者亨利·谢里曼(Heinrich Schileman,1822—1890)。谢里曼幼年时就迷恋荷马史诗,尤其对特洛耶木马的故事深感兴趣,且坚信史诗描写的是一个真实的世界。成年后他虽然从事着商业和投机买卖,但从未忘却童年的理想。经商致富后,他有可能自费进行大规模的考古发掘。1870年,谢里曼开始发掘特洛耶土丘(土耳其农民已在那里种上了庄稼),获得了意外的发现。1876年他又发掘了希腊半岛的迈锡尼。

谢里曼的发现,引起了欧洲学者的重视,1900—1905年,英国考古学家阿尔图·伊文思(Arthur Evans,1851—1941)发掘了克里特岛,取得了惊人的收获,使我们得以了解远古爱琴文明。考古发现的实物表明,史诗中的神话与传说,并非都是虚构的。

据考古发现,米诺斯文明的中心是克诺索斯城。城中的王宫遗址结构复杂,千门百户且曲折相通。遗址中不仅有国王的宝殿、接待室、起居室,还有众多的仓库和占整个王宫的半数以上的手工作坊。更为奇特的是王宫中央的复杂的取水和排水系统,直到近代以前可能都是最为先进的。王宫的墙上、出土的器皿上都有各种各样表现自然景物和日常生活的绘画艺术。

克诺索斯王宫遗址

克里特岛人采用一种类似埃及文字的象形字,称为"线形文字A"。迄今为止,刻在泥板上的"线形文字A"仍未辨读成功,给我们进一步了解克里特文明带来不小的难度。

---

① 参见兹拉特科夫斯卡雅著,陈筠等译:《欧洲文化的起源》,北京:生活·读书·新知三联书店1984年版。

　　克里特岛不仅文化繁荣，而且商业也十分发达，独特的地理环境，使其成为当时地中海沿岸的贸易中心，与埃及、腓尼基、小亚细亚、西西里、意大利等地有广泛的联系。贸易繁荣的同时，文化上也相互影响。由于克里特人与外界的距离恰到好处：近到可以受到来自美索不达米亚和埃及的各种影响，远到可以无被入侵之虞，能无忧无虑地保持自己的特性，展现自己的个性。

　　从发掘的王宫遗址中，可以读出米诺斯文明鲜明的个性。主要体现在以下几个方面。① 首先，妇女似乎与男子一样享有同等的地位。在出土的壁画中，克里特妇女衣着华丽，举止优雅，被考古学家戏称为"巴黎女郎"。在一些壁画中还可以看到，妇女们挤满了斗牛场的露天看台，有些实际参加与牛角力等活动。而同期的埃及、美索不达米亚的妇女却往往深居简出。

　　其次，宗教在社会生活中影响较小。在克里特的王宫遗址中，人们没有给心目中的神建造宏大庙宇、竖立纪念碑。规模宏大的王宫中只有很小的一间房子作礼拜堂，祭品则主要是农产品，少有用人或大批动物作祭品的迹象。

　　再次，生产方式具有水陆两重特性。作为古代世界，克里特岛的大多数人从事农耕。但由于岛内丘陵起伏，交通不便；沿岛海岸线曲折，有许多良港，利于航海和经商；加之岛上山区森林茂密，为建造远航船只提供了优质木材等独特的条件，使克里特人同时也从事着商业活动。人们驾着单桅海船，载着各地的货物，往返于地中海之间，有时也兼做海盗。据说在克里特，商人和海盗一样是受人尊敬的职业，可能他们认为两者只不过是海员获取自己所需物品时可供选择的两种方法而已。②

　　最后，克里特村社成员社会地位和经济地位，与同期其他文明的村社相比，较为平等。

　　大约公元前1400年，克里特文明遭破坏，原因不详。一般认为可能是受到来自大陆的希腊人的入侵所致；也有一说认为是由于克里特北部的锡拉火山喷发，掀起海啸，火山灰覆盖了克里特岛。但从此，米诺斯文明从克里特岛开始向外传播到爱琴海的诸小岛、希腊沿海地区和小亚细亚沿岸。

二、威武的迈锡尼

　　克里特文明的第一继承者可能要算是迈锡尼了。公元前1500年，希腊南部的阿该亚人在伯罗奔尼撒半岛东北部建立了迈锡尼文明，也称阿该亚文明。与克里特相比，迈锡尼文明稍逊色，那里出土的遗迹比克里特的粗劣、简陋，不时显示出模仿克里特甚至依赖克里特的痕迹。

　　迈锡尼人可能比克里特人更好战，遗址中最常见的是军事工程，以及大量的匕

---

① 参见斯塔夫里阿诺斯：《全球通史 1500 年以前的世界》，上海：上海社会科学出版社 1988 年版，第 130—134 页。

② 史诗《奥德赛》中写道，有一次国王涅斯托耳客气地问奥德修斯的儿子："你是商人还是海盗？"

首、剑柄等,陪葬品中大量的武器和盔甲,折射出迈锡
尼人是个尚武的民族。迈锡尼城堡的中央大门十分
宏伟,四个整块的巨石(上面一块重 20 吨)构成两扇
门框、门槛和门的顶拱。门上装饰着三角形石灰石
板,石板上刻着著名的浮雕:两只骄傲的狮子站在柱
子两旁,脚爪踏在祭坛上,俯视着城门下的人,威风凛
凛。这便是著名的迈锡尼"狮子门"。城堡出土了近
两万件铜器、青铜器以及众多金器,也喻示着迈锡尼
的繁荣与强盛。

迈锡尼的狮子门

迈锡尼继承了克里特的文化并加以发展。例如,
阿该亚人采用了米诺斯文明时期的"线形文字 A",在此基础上发展成为以希腊方言
为基础的"线形文字 B"。1952 年,英国学者迈克尔·文特里斯成功地释读了这种文
字。在迈锡尼的泥板文书上刻有许多神的名字,而这些神有些就进入了此后希腊人
的万神殿。比如酒神狄奥尼索斯。

迈锡尼人的经济活动也十分活跃。为了获取金、银、铜、铝等金属,他们到过葡萄
牙、布列塔尼、色雷斯,甚至在东方一些地区也留有足迹。

公元前 1100 年,迈锡尼文明被来自希腊的另一部落多利亚人所灭。多利亚人的
经济水平与社会关系要比迈锡尼落后,西方文明又经历了一个曲折的发展过程。

总体而言,爱琴文明是西方文明的发源地,那里的地理环境多是一些岛屿和半岛,
可称为岛国文化。岛国的资源是渔商而不是农业,岛国文化的环境,决定了要靠竞争才
能生存,从而孕育了一种"竞争文化",进而对西方文明的发展构成一定的影响。

第二节　希腊文明

继迈锡尼文明之后进入希腊的多利亚人并没有更多地承继迈锡尼的文化因素,
而是在移民过程中,发展出了自身的文化特色:广泛的城邦制和卓越的哲学思想。

一、荷马时代

所谓荷马时代,是指公元前 11 世纪—前 9 世纪的希腊历史。这一时期遗留下来
的文物十分少见,尤其是早先的多利亚人还没有发展出自己的文字系统,其文化之辉
煌不再显现,故被一些学者称为"黑暗时代",甚至有人认为是"希腊的中世纪"。荷马
史诗是这一时期留给后世希腊人的最珍贵的财富,它反映的就是这一时期希腊社会
的情况。是故,这一时期称为"荷马时代"。

著名英雄珀琉斯和女神忒提斯的婚宴豪华而欢乐,几乎所有住在北希腊奥
林匹亚高山上的男女诸神都应邀参加了婚礼,只有"不和"女神厄利斯被遗忘了。

为报复诸神并引起他们之间的不和，厄利斯在神们宴饮的桌上抛下了一只金苹果，上面写着："给最美丽者！"争执很快发生，赫拉、阿佛洛狄忒、雅典娜三位女神都想争取获得最美丽者的桂冠。女神们决定由特洛耶的王子帕里斯来裁决。为使帕里斯的裁决有利于自己，每个女神都答应事成之后给他奖赏：赫拉要把全部亚细亚的统治权交给他，雅典娜要把军事的荣耀给他，而阿佛洛狄忒则许诺把斯巴达王后，凡间女人中最美的海伦许配于他。帕里斯最终把金苹果判给了阿佛洛狄忒。女神为了履行自己的诺言，帮助帕里斯把海伦劫到了特洛耶。斯巴达国王和他的兄弟迈锡尼国王、强大的阿加美农十分愤怒，召集了许多希腊英雄向特洛耶进军，惩罚帕里斯和特洛耶人。

帕里斯的审判

　　经过 10 年的艰苦战争，希腊人终于攻陷了特洛耶，夺回了海伦。……

　　荷马的英雄史诗——《伊利亚特》和《奥德赛》，记叙了希腊人从贫瘠荒芜多山的故土出发，征服大海，最后统治地中海东部的历史旅程。特洛耶战争就是这段历史的神秘记忆。

　　历史事实是，希腊半岛的原住民是皮拉斯吉人，他们究竟来自何方，目前尚无定论。有人认为来自北方，也有人认为是来自东方小亚细亚。公元前 1100 年，印欧种族的多利亚人攻陷了迈锡尼，并按血缘关系组成部落。高度的迈锡尼文明被摧毁，加之多利亚人自身发展水平的限制，希腊文明发展的步伐被牵制。野蛮的征服者在古老文明的废址上开始了他们的农耕生活，以自然农业、放牧和捕鱼为生。

　　随着时间的推移，希腊半岛的人口增长，农业技术也得到改进。为缓减人口压力，人们开始大规模地向外殖民，足迹遍及希腊半岛，从此，希腊文化的中心开始北移。公元前 8 世纪，开始了真正意义上的"希腊文明"。

　　古代希腊世界主要集中在爱琴海盆地周围，包括现意大利南部和西西里。希腊本土为多山地形，河谷里的小块土地是唯一适宜耕种的地区。荒凉的山坡把平原分割成块，使得陆路交通和交往极其困难，因此，海洋成为当时希腊世界主要的运输线。凹陷的海岸线和众多的岛屿，也使航海相对容易和安全。独特的地理条件，使希腊人很早就"喜欢大海并成为海盗、殖民者和商人"，以航海为业是希腊人的特征。同样，相互隔绝的肥沃平原也有利于独立城邦的形成。荒芜且相互分割的山岭为古希腊的许多政治组织——城邦，提供了天然屏障。

二、城邦时代

公元前9世纪,古代希腊人的大规模殖民告一段落。移民活动尘埃落定之后,出现在希腊的政治与社会组织便成为一种崭新的形式:城邦。

城邦是人类社会最早从原始社会自行演变而来的一种公民集体的经济、政治、社会、意识形态的统一体。原始社会的普遍性决定了城邦的产生也具有某种普遍性。但由于各民族、各地区历史发展的不平衡性与地理环境的非类似性,原始社会解体后,并不都产生城邦。希腊世界广泛的城邦制度,是希腊文明一系列历史条件演变的结果,尤其是雅典的城邦民主制也是古代世界的一种例外。

"城邦",源于古希腊文 Polis(波里斯),是古希腊人典型的政治和社会组织,也是古希腊伟大的政治创举与成就。一般认为,作为以一个城市为中心的独立"主权国家"的古希腊城邦,包括三个要素:城市、国家机构或国家机器、公民公社或公民大会。只有具备了这三个要素,才称得上古代典型意义上的城邦。希腊城邦时代历时400年,分为形成期:公元前8世纪—前6世纪;繁荣期:公元前6世纪—前5世纪末;衰落期:公元前5世纪末—前4世纪下半叶(前338)。

据亚里士多德对158个希腊城邦的考察,认为希腊城邦制的政体是复杂多样的。[①] 有民主制、贵族制、君主制等,每一城邦都有自己特殊的习俗并崇拜着自己的神,而忠于城邦是公民的"世俗"宗教。居住在"波里斯"领土上的居民也并不都是公民,只有极少数人享有公民权。各城邦的奴隶虽然人数众多,但被排除在公民之外,从别处迁居的外国人也得不到公民权,除非特许。公民的职责是随时准备打仗和进行思考,而不应为生存去劳动,这种"贵族"观念对希腊文明有着深远的影响。

希腊城邦一般都是小国寡民。相对于古代东方帝国,整个希腊世界的版图都不算太大。但这个世界里却分布着大小不一的上百个城邦。小城邦的面积在50~100平方公里,总人口数千人。最大的城邦是斯巴达,面积约8400平方公里,雅典城邦面积约2650平方公里,它们在希腊称得上是屈指可数的强大城邦。城市的人口也非常有限。除了斯巴达和雅典外[②],一般人口在1万到5万之间。

希腊城邦强调整体主义。希腊人视城邦为一个整体,公民是其中的组成部分。希腊城邦属于全体公民所有。公民是城邦的主体,城邦属于他们,他们也属于城邦。公民与城邦之间形成了整体。如亚里士多德所说:城邦的含义就是为了要维持自给生活且具有足够人数的一个公民集体。城邦在本质上先于个人与家庭。城邦第一位,个人第二位。公民只有融入城邦,为城邦献身,才是实现了自身的价值。苏格拉

---

① 亚里士多德在他的《政治学》中,思考什么形式才是最好而又可能实现人们所设想的优良生活的体制,并依据统治者的人数与为谁的利益服务这两条标准,将城邦的政体分为六种。

② 据估计,斯巴达人有9000户,以每户3人计,斯巴达人近3万,城邦总人口约近20万。雅典总人口约30万,其中公民占1/3,约3万。古希腊人计算人口的习惯是不计妇女儿童。

底式的献身①,就是城邦整体主义的模范遵从。

希腊城邦一般有着强大的公民文化。在古代,自给自足的公民集体是城邦存在和发展的基础,公民是城邦的主人。城邦中,公民们不仅有共同的政治生活,也有共同的社会生活。前者主要参与公民大会或参加法庭陪审,讨论决定城邦的重大问题和一些重要的社会事务。公民大会和各种集会上平等的讨论、辩论与争论,构成希腊城邦的公共政治生活场景。后者包括参战、竞技体育和日常娱乐等。城邦中心广场、集市是主要的参与场所。"在那里,人们习惯于在集市日、节日聚集于户外,且始终就聚集在港口和城市广场上。……所有这些都提供了发布新闻与闲谈,进行讨论与辩论,以及我此前强调的连续的不断接受政治教育的机会。"②

当时希腊半岛上最强大和最重要的城邦要数斯巴达与雅典。有趣的是,它们似乎处在希腊政治与文化序列的两个极端。

1. 斯巴达

在今人看来,斯巴达是一个神秘的国度。它在希腊世界独树一帜,有着与其他城邦不同的政治制度与社会风尚,并以军事化的社会组织与教育制度闻名于世。历史上也有很多名人对斯巴达的体制表示赞赏。

斯巴达位于伯罗奔尼撒半岛南端(今希腊境内卡拉梅一带)。公元前 800 年左右,多利亚人的一支入侵斯巴达,并在那里定居,被称为斯巴达人。前 730 年,斯巴达人通过军事手段,控制了整个伯罗奔尼撒南部,势力日渐强盛,直至成为伯罗奔尼撒同盟盟主。

起先,斯巴达城邦与其他希腊城邦一样,经济与文化繁荣,吸引了大批诗人和音乐家,其中就有著名诗人提尔泰奥斯③。但不断地向外扩张和尚武的精神气质最终使斯巴达走上了寡头体制,在文化发展上也远远落后于雅典。

斯巴达国家的政治制度尽管从本质上说是寡头体制,但从表面上看具有混合性特征。据希罗多德和普鲁塔克的说法,斯巴达特性的城邦体制是源于远古时代斯巴达的国王吕库古改革。④ 就设置的机构而言,斯巴达的政治制度是"民主"的,国王、公民大会和长老会议一应俱全。但治理方式却是集权的,斯巴达设国王两人,分别由两个家族世袭,平时权力不大,战时,一个国王带兵打仗,一个国王留在国内执行政务。一切重要政务由长老会议负责处理,长老会议成员由两个国王和 28 位 60 岁以上的长老组成,由他们提出法律草案和国家政策,交公民大会批准。公民大会由 30 岁以上的斯巴达男子组成,他们对长老会议的决议有表决权,也有选举官员的权力。

---

① 公元前 399 年,苏格拉底以不敬神和腐蚀青年的罪名,被雅典城邦公民大会投票判以服毒自杀。当时苏格拉底的亲友和弟子们都劝他逃往其他城邦避难,均遭他严正拒绝。苏格拉底认为,他的思想属于自己,他忠于自己的理想,永不认罪。而他的身体属于城邦,他必须服从城邦的裁决。最后镇静地饮鸩自尽。

② M. I. 芬利:《古代世界的政治》,北京:商务印书馆 2013 年版,第 104 页。

③ 提尔泰奥斯,公元前 7 世纪的希腊诗人,以写哀歌著称。他的诗歌涉及斯巴达生活的各个方面,歌颂祖国、赞美斯巴达的勇武传统是其中的最突出的主题。但流传至今的只有 5 首完整的诗和一些残篇。

④ 具体可参见希罗多德的《历史》和普鲁塔克的《希腊罗马名人传(上册)》的相关记载。

一般公民大会的表决方式是以呼声的高低表示议案是否通过。约公元前 5 世纪以后，斯巴达体制中还设监察官 5 人，由公民大会从年逾 60 的贵族中选举产生，一年一选，负责日常管理工作，并监察政务和国王及长老的违法活动，成为事实上的斯巴达政府。

斯巴达社会的阶级结构分为三级。第一级：斯巴达人（约 9000 户），占城邦总人口的 10％ 左右。他们既是奴隶主又是公民，享有一切政治权利，不劳而获，作战是他们的主要职责。斯巴达人的土地和奴隶属于国家，国家将土地在公民中平均分配，不得买卖但可以继承，以达到经济上的平等。耕种土地的奴隶也由国家分配。第二级：皮里阿西人（Perioikoi，约 30000 户），一般住在城邦周边，也称"边民"。他们大多是自愿屈从于斯巴达的人。他们没有公民权，但有人身自由，从事生产劳动，也有经商致富的大户但因为不是公民，所以无权过问政治。第三级：希洛人（Helots，也译"黑劳士"，①约 36000 户），他们是被征服的当地居民，是斯巴达国家的奴隶，从事繁重的生产及家务劳动。斯巴达人可以任意迫害甚至无故杀戮他们。可以说，他们也是希腊各城邦奴隶中处境最惨的。

作为军事寡头的奴隶制国家，斯巴达的经济与社会发展相对落后于雅典。斯巴达人不种田、不做工、不经商，更不注重文学、艺术和科学活动。他们用笨重的铁块作为货币②，说明他们既不想从事城邦间贸易，也不想发展内部贸易。从事手工业、农业劳动的是皮里阿西人和希洛人。在希腊世界，斯巴达的手工业发展缓慢、商业落后，在文学、艺术、科学等方面也少有成就。

斯巴达是闻名希腊的军事霸国，其显著特点是对全体公民实行军事训练和兵营生活制度。国家严格地控制着公民的教育和私生活。整个教育制度和社会生活，都围绕着这样一个目标：培养忠于国家、献身于国家的合格公民或战士。斯巴达城没有城墙，强大的军队就是可靠的"人墙"。斯巴达的一位当权者曾经说过，一座由人墙代替砖墙的城市就是一座设防最好的城市。

斯巴达公民的一生从摇篮到坟墓都由国家管理和指导。培养坚强、勇敢并具有高度纪律性的战士是斯巴达国家的宗旨。为保证种族的强健、保持一支强大的军队，斯巴达人的婴儿一出生，必须接受长老的体检，体弱有病的被抛弃，健康的则留下来抚养。男孩长到 7 岁必须离开家，集中住宿并参加严格的军事训练：学体操、学习使用武器、参加行军、举行军事演习（常在夜间袭击希洛人）等。年满 20 岁的男性公民必须服兵役，而且得住在兵营直至 30 岁才能与家人团聚，所有 60 岁以下的斯巴达人都必须在军队食堂用餐，国王也不例外，这即是所谓的公餐制度。30 岁以上的斯巴达男子必须结婚。结婚对象也要受到长老会议的干预。体格健硕的斯巴达妇女是良

---

① 因故，斯巴达的奴隶制度也称黑劳士制度。

② 传说斯巴达国王吕库古改革，取消了金币、银币，代之以铁块，以此来抵御金银的诱惑，消除斯巴达人的贪婪。

好的婚姻对象。

斯巴达人私生活上的极度自我否定和"国家主义"色彩，与雅典城邦形成鲜明对照。但当时希腊世界的学者如普鲁塔克等对斯巴达简朴和有秩序的社会生活表示赞赏和敬佩。后世的一些乌托邦主义者也表达了他们对斯巴达的敬意。

斯巴达国家对公民如此"专权"，对希洛人更是残暴。希洛人战时要出征，平时要负担劳役，劳动收获的大部分要交给主人。斯巴达人对希洛人则任意伤害，每年监察官上任，都要屠杀一次希洛人，铲除可疑分子，并借此消除体力和能力方面禀赋较高的希洛人，防止他们造反。

公元前6世纪中叶，斯巴达利用武力威胁和外交手段，组成了由半岛大多数国家参加的伯罗奔尼撒同盟。由于斯巴达杰出的军事制度和战无不胜的职业军队，它成了实际上的盟主，并借此与雅典争夺希腊地区的霸权。

2. 雅典

雅典城邦的领土包括整个阿提加半岛，雅典城是半岛的政治经济中心。古典学者一般把雅典国家建国归功于爱琴时代晚期提修斯的"统一运动"。近代学者则认为雅典国家产生于约公元前8—前7世纪。雅典政治发达，经济尤其是商业繁荣，在希腊城邦中具有典型性，是希腊政治和文化的杰出代表。

雅典古城

与斯巴达不同，雅典城邦以其民主制度和卓越的文化成就而彪炳史册。

古代奴隶占有制社会中的民主政体，是指由原始的部落共同体演化而来的公民集体中的大多数成员，按照一定的习俗或法律规定，确实拥有决定国家内外政策方面的重大问题的实际权力，能够通过公民大会或民众法庭对每个公民有关生命、财产和政治地位等利害攸关的问题作出裁决的一种政体。依照古典思想家的论断，当城邦中的平民（公民）实际控制国家权力（议事会、公民大会或法庭等）时，民主制也就确立了。

关于雅典民主制度的缘起,是一个十分复杂的问题。地理环境是一个因素,正如顾准先生所说,直接民主制度唯有在领土狭小的城市国家中才有可能。① 特殊的城邦内部阶级、阶层状态与关系和城邦精英有意识的改革,都促成了雅典的民主制度的发展与完善。总体而言,雅典城邦的民主政治经历了三个阶段:公元前6世纪—前5世纪中叶为产生、发展期;公元前5世纪中叶—前5世纪末为繁荣期;公元前5世纪末—前4世纪下半期为民主制衰落期。其间除了短暂的中断外,延续近200年。列宁在《论国家》中指出,雅典奴隶制民主政治,是所有奴隶制国家中一种"高度发展的国家形态"。

雅典的民主政治之所以长期存在并成绩卓著,最根本的一条是因为城邦保持了一个强大的、自由且本身从事劳动的中小所有者——公民集团。在雅典(尤其是伯里克利改革后),只有父母都是雅典人且年满18岁的男子,才具有公民权,而在取得公民权之前,还必须履行一系列复杂的手续,拥有公民权的人才有政治权利。因而雅典民主制实质上也是寡头政治的扩大。

雅典公民(demos②)身份从本质上说只是少数人的特权。因为,第一,只有纯属本邦血统的成年男子才能成为公民。第二,城邦是公民共同体,只有公民才属于城邦。获得公民资格,就意味着成为城邦的一分子,而没有公民资格的居民虽然生活于城邦中,但不属于城邦。所以,一般意义上"雅典人"就是指雅典公民。而雅典的民主政体就是公民的自治团体,是公民在共同法律下分享共同生活和权利义务的政治体系。

雅典的民主政治,既是社会经济发展、阶段斗争的结果,也是有识之士不懈改革的推动与完善的结晶。据亚里士多德的考察,雅典城邦的政制至少有过11次的改革。③ 其中影响较大的有:公元前594年的梭伦改革,开始了"民主政治";公元前509年的克利斯提尼改革,确立了民主政体;公元前443—前429年间的伯里克利改革,使雅典的民主政治进一步繁荣。

梭伦改革。公元前594年,贵族诗人、政治家梭伦(Solon,约前638—约前559)被雅典人推为首席执政官。当时,贫困的农民与贵族之间的冲突十分激烈。为缓和雅典社会矛盾,梭伦开始了一系列改革④。经济改革的主要内容有提倡种植橄榄、葡萄,发展手工业,奖励外地工匠移居雅典,鼓励经营商业及对外贸易;司法改革包括取消公私债务,因债务而抵押的土地复归原主,取消债务奴隶,永远禁止以自由民人身作债务抵押;社会改革的要点是按土地和财产多寡将雅典公民分为四等,每个阶层的政治权利和军事义务都有明确规定。高级官员由最高的两个等级担任,但全体公民都可以参加公民大会,并有权作为陪审员听取公民法庭的上诉。中等公民的政治权利得到了扩大。此外,梭伦还建立了四百人会议,以主持公民大会和准备大会议程。

---

① 顾准:《顾准文集》,贵阳:贵州人民出版社1994年版,第73页。
② 雅典公民称为demos,公民参与管理市政称为"democracy"。
③ 参见亚里士多德:《雅典政制》,北京:商务印书馆1999年版。
④ 梭伦被认为是希腊的"民主之父"。所谓的梭伦改革其实是梭伦及其以后的一系列改革的总称。

另外一个重要的机构是陪审法庭的建立，使其成为一切公私事情的公断人，"这一点据说便是群众力量的主要基础，因为人民有了投票权力，就成为政府的主宰了"①。

恩格斯充分肯定了梭伦的改革，认为从此揭开了雅典一系列的政治革命，使雅典制度中"加入了全新的因素——私有制"。改革也从根本上保持了雅典城邦中的力量均势，公民集团的力量得到了加强，有利于雅典民主政治长期存在，是雅典民主进程中的重要一步。

克利斯提尼改革。公元前509年，执政官克利斯提尼②（Kleisthenes，前6世纪）在平民的支持下，再次改革雅典政体。改革最基本的内容是打破了祖传的部落制度，以10个地区部落代替原先的4个血缘部落；改革四百人会议，成员数目增至500人，每个部落各选50人，组成五百人会议，城邦的日常工作由五百人会议下设的若干委员会负责，有重大决策时，召集五百人全体会议，但会议的重要决策必须得到公民大会的批准。公民大会则负责审议五百人会议提请大会讨论的各种问题，并具有挑选执政官和军队将军的权利，由此，公民大会的权利大大加强。尤其值得一提的是"陶片流放法"（Ostracism）的创设。雅典公民可以在陶片上写上那些不受欢迎人的名字，并通过投票表决将企图威胁雅典民主制度的政治人物予以政治放逐，一般流放期为10年。据说投票的法定人数是6000人，得票最多的人士为流放候选人。陶片流放法设置的初衷是希望排除某些疑似有野心颠覆民主制度的人士，但在实践中往往是一些有才能和政治影响的人物遭到排挤。

克利斯提尼改革巩固了梭伦以来雅典政体的民主性③，以地域原则取代血缘原则，扫除了氏族制度的最后残余，扩大了公民的政治权利，从而奠定了雅典黄金时代的政治基础。

伯里克利时代（公元前5世纪），雅典的民主政治得到了高度发展。

伯里克利（Pericles，约前495—前429）是古希腊著名的政治家。据普鲁塔克的说法，伯里克利的母亲阿伽里斯特是克利斯梯尼的孙女。一天，阿伽里斯梦见自己生下了一头狮子，几天后，便生下了伯里克利。这个孩子其他都无可挑剔，就是头颅较长，不成比例。所以伯里克利的肖像几乎都戴着头盔，因为画师们都不愿有损于他的形象，但是阿提卡的诗人都管他叫海葱头。④ 由于出身雅典名门，伯里克利自幼受到良好的教育，精通音乐、沉缅于所谓崇高的哲学与玄思，言谈也变得

伯里克利

---

① 亚里士多德：《雅典政制》，北京：商务印书馆1999年版，第12页。
② 出身于富裕贵族家庭。也有人称其为雅典民主之父。
③ 以克利斯提尼为首的雅典人不曾料到，他们正在为2500年后的人类造就一种真正全球性的政治合法标准——民主。
④ 普鲁塔克：《希腊罗马名人传》（伯里克利传），北京：商务印书馆1999年版，第469页。

高雅起来。他举止庄重,为人正直,演说犀利。从公元前443年—前429年,伯里克利每年连选连任雅典最重要的官职——首席将军,完全掌握国家政权。当时他的对手批评他道"在名义上是民主政府,实际上是大人物的统治"。① 不过,在伯里克利的领导下,雅典的奴隶制经济、民主政治、海上霸权和古典文化臻于极盛。公元前429年,伯里克利再度当选为将军,不幸染上瘟疫,不久辞世。

当时雅典的最高权力机关是公民大会,它每月举行2~4次,讨论并表决几乎所有的国家大事。公民大会还是最高的立法机关,所有参加大会的公民都可提出议案,经公民大会通过,五百人会议审理,再交公民大会表决,陪审法庭批准,即成法律。一般,公民大会的正式法令的开头有"人民决议如下"字样。当然这个"人民"(demos,德莫斯)在古代希腊世界的涵义是比较复杂的。②

最高行政机关为五百人会议,分成10组,轮流执政。五百人会议对内处理国家日常事务,管理国库和档案,负责各项公共事业;对外代表国家,委派使节,接见并向公民大会介绍外国使节。执政官的权力被削弱,不再由选举产生,而是由抽签决定。

最高司法机关为陪审法庭。陪审法庭,一词按希腊文的原意是:"作为法庭的公民大会",故又称"人民法庭"。只要没有犯罪、不负国债,年龄30岁以上的公民都可出席陪审法庭。一般情况下,全雅典约设有10个法庭。除少数凶杀案和一些涉及宗教的罪案外,大多数民事和刑事案件都由陪审法庭审理,一般案件由一个陪审团审理,重大案件通常由2~3个陪审法庭合议审理,陪审团人数最多可达千人。③ 法庭的判决由陪审员秘密投票决定,法庭主席仅仅主持审判程序的进行,不作任何结论,以保证判决不受其他因素影响。

各级官职向广大公民开放。公元前457年后,第三等级公民获得了担任执政官的资格,第四等级公民后来事实上也被允许担任此职。这样,雅典公民基本上都获得了不受财产限制,通过抽签、选举和轮换而出任各级官职的权利和机会。为保证贫困的公民参与公共管理,伯里克利时代还推行了公薪制。最初是对陪审法官给予每日津贴,后扩大到了大多数公职。

由于独特的城邦政治民主制度,雅典个人与社会之间关系较为和谐。伯里克利在希腊阵亡将士国葬典礼上的著名演说,被认为是对雅典的民主制度和国家精神的精辟总结:

> 我们的制度之所以被称为民主政治,因为政权是在全体公民手中,而不是在少数人手中。解决私人争执的时候,每个人在法律上都是平等的;让一个人负担公职优先于他人的时候,所考虑的不是某一个特殊阶级的成员,而是他们有的真

---

① 普鲁塔克:《希腊罗马名人传》(伯里克利传),北京:商务印书馆1999年版,第469页。
② 参见M.I.芬利:《古代世界的政治》,北京:商务印书馆2013年版,第4—5页。
③ 根据雅典人的观念,人数众多的法庭既能代表民意,抵抗个别权势人物,又可免受贿赂。

正才能。任何人,只要他对国家有所贡献,绝对不会因为贫穷而在政治上湮没无闻。正因为我们的政治生活是自由而开放的,我们彼此之间的日常生活也是这样的……在我们私人生活中我们是自由和宽恕的;但是在公家事务中,我们遵守法律。这是因为这种法律深使我们心服。

在我们这里,每一个人所关心的,不仅是他自己的事务,而且也关心国家的事务:就是那些最忙于他自己事务的人,对于政治也是很熟悉的——这是我们的特点:一个不关心政治的人,我们不说他是一个注意自己事务的人,而是说他根本没有事务。我们雅典人自己决定我们的政策,或者把决议提交适当的讨论;因为我们认为言论和行动之间是没有矛盾的;最坏的是没有适当地讨论其后果,就冒失地行动。这一点又是我们和其他人民不同的地方。①

当然,雅典的民主政治,是在特定的历史条件下产生和发展起来的,由于它能有效地保持雅典公民集体的团结,较好地发挥全体公民的创造积极性,从而奠定了雅典经济发展和文化繁荣的基础。但也由于时代的局限,雅典民主政体中的许多制度是十分原始的,如明显的血缘关系痕迹,特有的公民权与公民之间的平等观念,抽签的选举方式等。应该承认,雅典民主政体是为奴隶占有制经济服务的,民主政治的发生、发展、衰落与奴隶制的命运息息相通。

3. 希波战争

古代波斯人属于印欧游牧民族,约在公元前 2000 年左右在伊朗高原定居下来。古代西亚是纷争不断、动荡不安的地区。波斯人先后臣服于米底人、亚述帝国。公元前 6 世纪,波斯人在阿契美尼德氏族部落首领居鲁士的领导下,打败米底人,建立了波斯国。

公元前 546 年,波斯在国王居鲁士大帝(约前 600—前 529)的统领下开始崛起并大肆扩张,整个小亚细亚西部很快成了波斯帝国的版图。小亚细亚沿岸的希腊各城邦也成了波斯的势力范围,但希腊各城邦的居民普遍不服,奋起反抗。其中米利都和爱奥尼亚城邦起义时,雅典曾派军队支援,但收效甚微。公元前 494 年,米利都被攻陷。

公元前 492 年,居鲁士之子大流士一世(Darius the Great,约前 558—前 486)派遣了一支远征军进入色雷斯,以迫使小亚细亚及沿岸的希腊城邦再次俯首称臣,遭到色雷斯、斯巴达和雅典的拒绝和抵抗。公元前 490 年,波斯大军在雅典东北约 40 公里的马拉松平原登陆。雅典处境危急,其他城邦借故拒绝援助,斯巴达人的援军迟迟未到。雅典人民只得孤军反击。9 月 12 日,1 万多雅典军和 1000 多援军与两倍于己的波斯军在马拉松平原决战。总司令米太亚得利用有利地形,采取两翼包抄的战术,变劣势为优势,大败敌人。战斗一结束,长跑手斐力庇第斯火速从战场跑到雅典城,

---

① 摘自修昔底德:《伯罗奔尼撒战争史》,北京:商务印书馆 1960 年版,第 130—132 页。

当他把胜利的消息告诉大家后，便精疲力竭，倒在地上牺牲了。[①] 马拉松战役后，波斯残兵退回亚洲。

马拉松战役之后，雅典在希腊半岛威名远扬，很快成为希腊联盟的盟主之一。

10 年后，大流士一世的儿子、波斯皇帝薛西斯（Xerxes，前 486—前 465，一译泽尔士）继承父志，发誓要踏平雅典，征服希腊。薛西斯于公元前 480 年亲自率领约 50 万大军进攻希腊。希腊各邦联合抵抗，但总计兵力只有 11 万人。当波斯军队经过温泉关[②]时，受到斯巴达王李奥尼达（Leonidas，? —前 480）率领的希腊联军的拼死抵抗。终因叛徒引导波斯军

马拉松古战场遗址

由小路从背后包抄，希腊联军遭前后夹击，李奥尼达和他的军队全部壮烈牺牲。为纪念他们的英勇行为，希腊人在此立碑，碑文上悲壮地写道，"异乡过客，请告诉斯巴达人，我们在这里长眠！"温泉关失守后，波斯军长驱直入，攻占、焚掠雅典。

但波斯人很快发现自己也陷入困境。雅典的土地不够肥沃，无法供养其庞大的军队，而本国的基地又远，因此波斯军队急欲结束战争。当他们听到谣传，希腊舰队要向南撤退时，遂决定从海上发起进攻。这场战争具有历史决定意义。波斯舰队试图穿过萨拉米斯海峡时，乱糟糟挤成一团，而希腊的战舰则十分灵活，最终给敌人以毁灭性的打击。

其间，为共同抗击波斯的侵略，以雅典为首的许多希腊城邦成立"雅典人和他们的同盟"，同盟的会址和金库都设在提洛岛，故称为"提洛同盟"。公元前 454 年，同盟金库迁到雅典，盟金成了对雅典的贡金，入盟各邦实际上成了雅典的附属。是时，波斯因国内动乱，无力再战。公元前 448 年，雅典使节卡里阿斯在波斯的苏萨与波斯签订和约，史称《卡里阿斯和约》。和约规定，小亚细亚希腊各城邦独立，波斯放弃对爱琴海地区的统治。

希波战争，可以看成是两大文明发展过程中的一种较量与冲突。[③] 希腊的最终胜利，进一步加强了希腊人的自信与优越感。希罗多德就认为，希波战争是自由人和奴隶之间、自由和专制之间的冲突。战后，希腊各邦政治、经济、文化迅速发展，希腊进入了极盛期。希腊的胜利不仅挫败了波斯征服希腊全境的野心，也保全了希腊文明所谓的的"西方特性"，进而深刻地影响了世界文明的发展。

战争在一定意义上也加强了东西方之间的交往与联系。

① 为纪念这一事件，1896 年开始，马拉松长跑作为奥运会的一个径赛项目。
② 现北、中希腊交界的德摩比利隘口，地势险要，为希腊旅游胜地。
③ 参见希罗多德：《历史》，上海：上海三联书店，2008 年版。

4.伯罗奔尼撒战争

公元前5世纪,希腊世界出现了两大城邦集团,即以斯巴达为首的伯罗奔尼撒同盟和以雅典为首的提洛同盟,双方为争夺希腊世界的霸权,进行了长达30年的战争。由于伯罗奔尼撒同盟开战在先,后人称之为伯罗奔尼撒战争(前431—前404)。由于战场几乎遍及了整个当时希腊语世界,现代研究中也有人称这场战争为古代世界大战。

希波战争后,雅典实力大增,使斯巴达颇为嫉妒与不满。双方经济和政治利益上的矛盾,更使彼此的冲突不可避免。伯罗奔尼撒战争的直接起因是雅典与科林斯的冲突。具体表现为:第一,科西拉事件。科西拉是伯罗奔尼撒同盟之一科林斯城邦的殖民地,也是通往西地中海的一个重要中转站,公元前435年,雅典与科林斯发生冲突。科林斯战败后向伯罗奔尼撒同盟求助。公元前433年,雅典与科西拉结盟,并在科西拉设立海军站,给科林斯的商业"生命线"造成极大威胁,造成两大同盟纠纷不断。第二,波提底亚事件。波提底亚也是科林斯的移民城邦,希波战争期间加入提洛同盟。前432年,雅典以科林斯殖民地波提底亚隶属提洛同盟为由,要求它与科林斯断绝关系,并增加贡赋,双方矛盾加剧。在科林斯的支持下,波提底亚拒绝雅典的要求并提出退出提洛同盟,雅典与科林斯冲突再次白热化。第三,麦加拉事件。麦加拉起初是伯罗奔尼撒同盟的成员国之一,后一度退盟,向雅典靠拢,不久又背叛雅典,再度加入伯罗奔尼撒同盟,引起雅典不满。为此,雅典公民大会决定对其进行海上封锁。雅典的宿敌科林斯又站在麦加拉一边。

公元前432年秋季,科林斯发起召集伯罗奔尼撒同盟会议,力主斯巴达向雅典宣战,并向雅典提出最后通牒,要求解散提洛同盟,放逐伯里克利。雅典人拒绝让步,一场酣战终于爆发。伯罗奔尼撒战争一般分为三个阶段。

第一阶段:公元前431—前421年,也称十年战争或阿基丹姆战争。公元前431年3月,伯罗奔尼撒盟邦底比斯袭击雅典盟邦布拉底,引起战端。同年5月,斯巴达国王阿基丹姆二世率军侵入阿提卡,战争全面展开。公元前430年,雅典发生严重瘟疫,城内约1/4的人病死。伯里克利亦于次年病死,陆上战事开始对雅典不利。公元前425年,雅典海军占领麦西尼亚西岸的皮洛斯及其附近的斯法克蒂里亚岛,并煽动斯巴达的奴隶暴动,使斯巴达陷入困境。公元前422年,双方在爱琴海北岸重镇阿姆菲波利斯激战,雅典主战派首领克里昂与伯拉西达均战死。公元前421年,雅典主和派首领尼基阿斯与斯巴达缔结《尼基阿斯和约》。规定双方退出各自占领地,保持50年和平。战争双方大体上不分胜负。

第二阶段:公元前421—前416年。50年和平条约的签订,只不过是交换了一纸关于"和平"的空文。双方都没有履行他们的诺言,谁也不愿意交出土地。这一阶段双方处于不稳定的休战状态,其间夹杂着小规模的军事冲突和外交谈判。

第三阶段:公元前416—前404年。决定性的战役是西西里战争(前415—前413)。公元前415年,雅典将军阿尔基比阿德斯提出远征西西里的计划,经公民大会通过。同年 5 月,雅典远征军开赴西西里。行前,雅典城内发生赫尔墨斯神雕像^①被毁事件。不久,雅典方面来了命令,要求涉嫌赫尔墨斯神像案件的阿尔基比阿德斯等人回国,就国家对其控告进行答辩。阿尔基比阿德斯乘着自己的船,佯装回国,半路上却溜之乎也,逃到了斯巴达。雅典人对其进行缺席审判,宣布了他和他的同伴们的死刑。雅典远征军改由拉马科斯和尼基阿斯共同指挥。战争初期,远征军屡获胜利。但最终由于尼基阿斯指挥不力,远征军于公元前 413 年 9 月全军覆没。雅典损失战船约 200 艘,被俘 7000 人,尼基阿斯被杀。此战为伯罗奔尼撒战争的转折点,雅典从此失去海上优势。

西西里战争后,斯巴达加强陆上攻势。长年的战争,使雅典的经济受到了严重影响。为赢得战争,雅典罄其财力再建舰队。斯巴达人也在波斯的援助下建设海军。公元前 405 年,双方在赫勒斯滂海峡(今达达尼尔海峡)附近之羊河河口决战,雅典海军再次遭受重创。继而斯巴达从海陆两面包围雅典。公元前 404 年 4 月,雅典投降,接受屈辱的和约:解散提洛同盟,参加伯罗奔尼撒同盟。雅典帝国最终瓦解,也标志着希腊民主时代结束。

斯巴达凭借着胜利,暂时成了全希腊的霸主,但各城邦之间的矛盾并没有解决,反而更加激化。

伯罗奔尼撒战争,使希腊社会发生了巨大的变化。首先,由于两大同盟的存在,大多数城邦无法保持中立,"波里斯"的独立性实际上已不复存在;各城邦内部的"党争"致使城邦的共同感破裂,对城邦的爱国主义让位给对党派的忠诚,至 4 世纪中叶,希腊各城邦分崩离析,整体实力下降,公元前 338 年,终于屈服于马其顿的亚历山大。其次,战争使奴隶制经济进一步发展,各城邦奴隶的数量显著增多,而且更多应用于生产领域。城市由于大奴隶主经营的手工作坊迅速发展,小手工业者的劳动遭到排挤;农村土地的日益集中,使大批自由小农破产。城乡自由小生产者的破产,一方面使城邦赖以存在的社会基础遭到破坏,另一方面也加剧了城邦内部各集团、各阶层的对立与矛盾。公元前 5 世纪末至前 4 世纪前半期,斯巴达、科林斯、亚哥斯等许多城邦都曾发生贫民反对豪门贵族的斗争,城邦内部危机并开始衰落。城邦时代遂被马其顿的亚历山大希腊化时代所替代。

古典希腊是城邦的文明,当城邦失去其存在的基础时,古典希腊历史也就走到了尽头。

三、希腊化时代

公元前 337 年的科林斯会议确认了马其顿在全希腊的统治地位,标志着希腊古

---

① 赫尔墨斯(Hermes),古希腊神话中奥林匹亚十二主神之一,主管商业、旅者和畜牧之神。也是众神的使者。作为保护神,赫尔墨斯神像总是被雅典人放在最显眼处。在即将远征西西里时,神像却被破坏,这使雅典人感到恐惧。一场宗教与政治利益之争在雅典随之展开。一些人把神像破坏与阴谋推翻城邦民主政治联系起来。

典时代的结束，从此，历史进入希腊化时代①。

马其顿位于希腊北部。公元前 5 世纪前后至前 4 世纪初马其顿国家初步形成，公元前 4 世纪中叶后开始强大。国王腓力二世统治期间（前 359—前 336），为使马其顿称雄于希腊，实行了一系列的改革，包括加强国王权力，奖励发展工商业，尤其是建立了一支包括步兵、骑兵和海军在内的常备军，并仿效底比斯方阵创建了具有纵深、密集队形的步兵方阵，即马其顿方阵。而后，腓力二世凭借着军事实力，开始向爱琴海北岸扩张。

伯罗奔尼撒战争之后，希腊各城邦危机严重。当时的希腊人对马其顿态度不一。有些城邦视腓力为救星，希望由马其顿统一希腊，结束内乱。另一些城邦则把腓力视为扼杀希腊民主与自由的罪魁。腓力二世则乘希腊各邦内争的有利时机，大肆南下。希腊城邦各怀心思，当他们决定再次结盟抗击马其顿时，为时已晚。公元前 338 年的喀罗尼亚②战役，腓力的军队大胜由雅典领导的希腊盟军。公元前 337 年腓力二世在科林斯召开全希腊会议，确认了马其顿在全希腊的统治地位。翌年，腓力二世遇刺身亡。

腓力死后，年仅 20 岁的亚历山大（Alexander the Great，前 336—前 323）继位，并成就了一番伟业，被尊称为"大帝"。

亚历山大曾师从古希腊著名学者亚里士多德，深受希腊文化熏陶，熟读《伊利亚特》，尤其崇拜特洛耶战争的英雄阿基里斯（也译阿喀琉斯）。他年轻、有才能且雄心勃勃，在迅速平定内部的骚乱和希腊的反马其顿起义后，紧接着以希腊联军最高统帅的名义，发动对东方的战争。

公元前 334 年春，亚历山大以波斯人曾经蹂躏过希腊的圣地、参与刺杀腓力二世为借口，对波斯帝国宣战。正值波斯帝国内部危机深重之时，马其顿—希腊联军渡过海峡，与波斯军队初次交锋即获大胜，并迅速占领小亚细亚全境。公元前 333 年夏秋之交，亚历山大在伊苏斯，以少胜多，大挫波斯军队，波斯国王大流士三世仓皇出

亚历山大大帝

逃。此后，亚历山大率军南下，进入埃及。长期受波斯压迫的埃及人视亚历山大为自己的解放者，埃及阿蒙僧侣宣布他为埃及法老的合法继承人。不久，亚历山大再次挥军北上，向美索不达米亚进军。公元前 331 年 9 月，马其顿军队在尼尼微附近的高加

---

① 　由于希腊的政治、经济、文化发展都要比马其顿等其他地区高些。周边地区在与希腊的交往中，更多地受希腊模式的影响，故人们把从公元前 337 年到希腊化最后一个地区——埃及在公元前 30 年被罗马吞并的这个时间段，称为希腊化时代。

② 　喀罗尼亚（Chaeronea）希腊境内波俄提亚西部的一个城邦。

米拉战役中,彻底击溃波斯军队。高加米拉战役后,亚历山大长驱直入波斯本土。先后占领巴比伦、苏萨、波斯旧都波利斯和米底旧都埃克巴塔纳。他们焚毁王宫,劫掠大量金银财宝,仅在波利斯王宫就掠得 12 万他连特①金银,需用 1000 对骡马和 3000 只骆驼运输这些巨额财富。不久,东逃中的大流士三世被大夏总督杀死,亚历山大不仅成了波斯帝国的统治者,也成了名符其实的"亚洲王"。

为建立更大的霸权,亚历山大转战中亚细亚,然后掉头向东,于公元前 327 年进入印度。但这时,他的部队已疲惫不堪,加之酷暑、暴雨和传染病,死亡枕藉,战士已无心再战。公元前 325 年亚历山大结束了 10 年的征战,回到新都巴比伦。公元前 323 年,亚历山大突死于疟疾,帝国也随即崩溃。

经过东侵建立起来的亚历山大帝国,横跨欧、亚、非三大洲。但庞大的帝国没有统一的经济基础,是一个内部很少联系、生活方式和语言各不相同的暂时军事行政联合体。它们的分合显然是依某个征服者的胜败为转移的。但亚历山大东征后,大量希腊人移居东方,对东西方文化的交流起了一定的作用。

亚历山大死后,马其顿帝国的中央权力很快就名存实亡,随之而来的是一个混乱时期②。直到公元前 281 年,一种基本稳定的数国割据的局面才得以形成。当时较大的君主国主要有三个,以埃及为中心的托勒密王国、以美索不达米亚和叙利亚为中心的塞琉古王国和安提柯王朝统治下的马其顿。另外在希腊和中亚地区有一些互相对抗的小国。大小国家之间战事频繁。希腊是各方争夺的重点。而西边亚平宁半岛的罗马也开始崭露头角。

其实,从亚历山大东征开始,希腊以及希腊统治的东方地区就开始了希腊化进程。所谓希腊化,主要指希腊文明向东方被征服地区的传播与扩展,包括城市样式、语言、生活方式等。

希腊化国家尽管战争连绵不断,经济却有所发展。由于受希腊的影响,一些新生事物涌现出来,如公债、投资、信用担保、同一钱庄的客户间相互转账等活动,推动了贸易和其他经济活动。农业技术也得到了明显的改进,希腊人的管理方法和工程技术被运用到灌溉上。农业得到了长足的发展,埃及成了希腊各城邦的主要粮食供应地,埃及生产的粮食向西一直运达罗马。不少城邦形成了自己的生产特色,科林斯的铜器制品,埃及亚历山大里亚的纸草、玻璃、亚麻布和香水,叙利亚安条克的纺织品在当时都饮誉于世。可以说,希腊化时代是古代世界互相依存的区域性经济和经济专门化的大发展时期。

希腊化时代的科学与哲学成就也是非凡的。比如伊壁鸠鲁(Epicurus,约前341—前270)创立的伊壁鸠鲁学派,芝诺(Zeno of Elea,490—425)的斯多噶派,皮浪

---

① 他连特(Talanton),古代欧洲及两河流域最大的重量单位及币制单位。作为货币单位,1 他连特等于 60 明那(mina),等于(在古希腊)6000 德拉克马(即 1 明那等于 100 德拉克马)。

② 据说,亚历山大弥留之际,身边陪臣询问谁可以继承帝国遗产,亚历山大回答:"最强者!"

(Pyrrhon,约前 360—前 270)的怀疑主义等,表明了社会动荡时期哲人们对生活的思考。欧几里得的几何学、阿基米德的物理学、托勒密的数学与天文学,都对后世产生深远的影响。埃及亚历山大城的图书馆学者云集、藏书丰硕,有力地促进了整个希腊化世界的文化发展。

令人遗憾的是,彼此的战争和内部的纷争,使希腊化国家迅速衰败。当公元前200 年罗马在巴尔干半岛扩张时,希腊世界的长期不统一和内部的虚弱,给罗马扩张提供了绝好的机会。公元前 30 年,希腊化东方的最后一个地区——埃及被并入罗马帝国,标志着希腊化时代的结束。

四、希腊文化和公民生活

公元前 5 世纪,希腊尤其是雅典开创了一个虽然短暂但百花争艳、千贤争雄的时代。如德国学者雅斯贝斯所说,这一时期是希腊的轴心时代,它所创造的精神和智慧,奠定了西方文明的基础,也使今天人类的心灵和思维非同一般;它所创造的科学和艺术,使后人敬仰不已。可以认为,目前西方世界中的所有艺术和思想意识都有希腊文化的烙印。

1.希腊人的价值观与日常生活

希腊属于古代世界,也属于现代世界。因为他们尽管生活在公元前后,但其精神却是现代的:强调“人是万物的尺度”,崇尚生活和社会事务中的理性原则。

首先,希腊人认为世界是美丽的,生活是快乐的。一方面,希腊人生存的地理环境十分恶劣,不适宜古代农耕。这就促使他们必须辛勤劳作,才能维持生活,进而培养了他们必须大胆正视生活的毅力和勇气;另一方面,希腊风景异常美丽,山花烂漫、万紫千红,地中海碧空万里、海涛千顷。人们生活尽管艰辛但宁静、快乐。希腊人可谓是世界上最喜欢与擅长娱乐的人,各地盛行各种比赛,胜利者被带上花环,受到人们的敬爱。奥林匹克竞技会的优胜者获得的荣誉更是令人羡慕。希腊人尽情地享受日常生活中点滴的快乐:酒宴、竖琴、舞蹈、服装的更换、温水沐浴、爱情、睡眠、休息等,处处充满了乐观主义情绪。

其次,希腊人十分崇尚自由及人自身的创造性。在生活给人们提供的范围内,充分发挥人的各种能力,使生活臻善臻美,是希腊人的生活观念。在这一观念的引导下,希腊人的生活充满了活力和创造力。公民们自己创造自己的生活,在那里没有主宰一切的神①、没有皇帝。希腊公民是自由人,他们只服从法律,忠于城邦。他们喜欢独立思考,认为一切都应该经过考察、质疑。当希腊人不懂得真理是什么时,或不知道该怎样抚养教育子女时,常常向学识渊博的“苏格拉底们”求教。

希腊公民的生活理想也十分朴实,他们比较轻视物质财富,希望有一块小田地或小店铺,有合理的收入,有时间从事政治活动或闲谈;大多数希腊人认为舒适而奢华

---

① 希腊人对神非常崇敬,但并不宗教狂热。希腊神的特点也是神人“同形同性”。

并不是生活的主要目的,更不愿意为了舒适和奢华而终日操劳,使生活本身尽可能的有趣和满意,就是生活的目的。

一个民族的生活方式是受价值观念和社会发展水平制约的。希腊(尤其以雅典为典型)人对生活的乐观、向上的态度,加之繁荣的经济和发达的社会政治的影响,使希腊(雅典)人的生活方式与同时代的其他地区明显不同。雅典公民十分注重生活的质量,日常生活也很丰富。

比如,参加城邦政治生活。在雅典,每周都有像公民大会、陪审团会议等各种政治活动,公民们如果没有特别重要的事,就欣然前往,更何况伯利克利时代以后,人们参加公民大会还有津贴!当然,一些不想参加公民大会的,议事会也会想尽办法让他们参加。

参加各种娱乐、竞赛。在希腊各地,流行着各种比赛,体育比赛的项目有赛马、划船、火炬赛跑等,另外还有有趣的音乐比赛和舞蹈比赛。[①] 每次比赛期间,所有敌对行动一律休止,以保证人们毫无畏惧地、安全地到场观看。最著名的是全希腊奥林匹克竞技会,受到希腊人的珍视,甚至打了胜仗的将军也愿意用自己的地位换取奥林匹克优胜者的荣誉。观看戏剧,也是希腊人生活的一部分,因为希腊有那么多的喜剧、悲剧和歌剧。

喜好旅行。希腊人对旅行的爱好,使其他民族中的商人、士兵和旅行者相形见绌。他们到各地,更多地到国外去旅行,他们总是保持着怀疑的精神,批判的眼光去探讨生活,理解世界。

爱理性,爱生活,喜欢用脑,乐于动手,是希腊人独具的个性。由于希腊人爱生活,爱理性,热爱自然与生命,从而引发了对社会、对自然和生命的现实思考及对生命的赞颂,进而也创造了灿烂的古典文化。

2.希腊的文化成就

古代希腊是一个开放的社会。恶劣的地理条件,使那里只适宜种植橄榄、葡萄和少量的谷物。不发达的农业加之半岛多山,平原间多阻隔,海上交通相对更便捷,使希腊人很早就从事海上贸易,奴隶制商品经济十分发达。独特的城邦政治结构,使希腊世界没有不可抗拒的、统一的王朝力量,更没有僧侣神权的淫威。从小亚细亚到地中海沿岸,扬帆航行于水天之间,使希腊人的视野开阔,思想解放,这也有助于学习和吸收从古巴比伦到埃及等异地文明成就。对人的力量的重视和独立的个性的崇尚,使希腊人迸发出巨大的精神与文化创造力。所有这一切,使古代世界的希腊文化达到了难以企及的高峰。

希腊在文学领域取得了重大成就。早期希腊文学的主要成就是史诗、抒情诗、寓言,古典时代(前5世纪—前4世纪)则主要体现在戏剧的发展。

希腊悲剧起源于祭祀酒神狄奥尼索斯庆典的歌舞演出。它大都取材于希腊神话

---

① 比如舞蹈比赛,选手们在涂了一层油脂的皮革上表演金鸡独立和全身平衡动作。

故事。希腊悲剧的主要代表人物是雅典的埃斯库罗斯(Aeschylus,前525—前456)、索福克里斯(Sophocles,前496—前406)和幼里披底斯(Euripides,前480—前406),谌称"希腊三大悲剧家"。

埃斯库罗斯的代表作是《被缚的普罗米修斯》,悲剧塑造了一个高大的、敢于为人类幸福而反抗众神之主宙斯的普罗米修斯。普罗米修斯给人类带来了知识,带来了火种,开启了人类的智慧之门并将人类引上了光明之路,自己却被宙斯钉到高加索的悬崖上,受尽折磨与苦难。整剧场面宏大、气氛庄严、风格夸饰,洋溢着浓郁的抒情气氛,体现了早期希腊悲剧恢宏庄严的特征。

索福克里斯的代表作是《俄狄浦斯王》。故事说的是一个杀父娶母的神话,展现的是富有典型意义的希腊悲剧冲突——人跟命运的冲突与抗争。俄狄浦斯智慧超群,热爱邦国,大公无私。为了抗争"杀父娶母"的神示,离开宫廷,外出流浪。他猜破女妖的谜语、解救民众于瘟疫之中,为国家与人民做了许多好事,但最终还是没有躲过命运的纠缠。尽管结局是悲惨的,但这种明知"神示"命运不可违而违之的英雄精神,正是对个人自主精神的肯定,反映了雅典奴隶主民主派的先进思想意识。

幼里披底斯的代表作是《美狄亚》。故事讲述了一个为爱情而不顾一切却惨遭抛弃,最终以自己独特的方式表达心中愤怒、复仇的女子。美狄亚是一个会施法术的公主,不幸从她爱上了来偷金羊毛的伊阿宋开始。为帮助心爱的人偷取金羊毛,她背叛了自己的家庭,杀死了弟弟后与伊阿宋一起出逃。但是,在历尽艰辛并与伊阿宋养育了两个儿子之后,伊阿宋却为了王位背叛了美狄亚。走投无路、悲愤难抑的美狄亚制定了残忍的报复计划,毒死了伊阿宋的新娘子,又亲手杀死了自己的儿子们,留下了失去新娘、断绝子嗣的丈夫伊阿宋独自痛苦地生活。"唉,在一切有理智、有天性的生物当中,我们妇女是最不幸的。少女时,我们便憧憬能遇见称心的夫君,结婚后更能和爱人长相厮守。我们总是把珍贵的爱情看得比性命还重要,从不理会即将降临的灾难和困苦。"美狄亚的感叹昭示了一个女人的悲剧。

希腊喜剧起源于酒神庆典结束前的列队歌舞,纵情狂欢①。希腊的喜剧大多取材于社会现实,诸如政治或艺术问题、战争与和平的问题,以及喜剧作家所不喜爱的人或行为。剧作家们通常也不依据神话故事而自创情节,对当时的人物及局势嬉笑嘲讽,颇多妙语趣谈。雅典最著名的喜剧作家要数阿里斯托芬(Aristophanes,约前440—前385),相传他写有44部喜剧,现存《阿卡奈人》《骑士》《和平》《鸟》《蛙》等11部。阿里斯托芬以丰富多彩的语言,犀利而深刻地揭示了当时社会诸如战争与和平、贫富不均、人性本质等重大问题,把希腊喜剧艺术推到了极致。为此,阿里斯托芬有"喜剧之父"之称。

希腊的建筑与雕刻,在表现方法和艺术技巧上都达到了极高的水平。上古希腊的建筑艺术成就主要体现在神庙建筑上。公元前7—前4世纪,环绕神殿的圆形石

---

① 喜剧(komoidia)的原意是"饮酒狂欢歌"。

柱先后有多利亚式、爱奥尼亚式、科林斯式等由朴实到华丽的形式。公元前 5 世纪中建造和完善起来的雅典卫城建筑群，是古典时代希腊建筑艺术的集中体现。耸立在卫城最高处的帕德嫩神庙是其中的典范。如果说雅典卫城是希腊建筑艺术的王冠，那么，帕德嫩神庙①就是王冠上一颗璀璨的明珠。希腊的雕刻艺术以表现人物为主。著名的雕刻大师主要有米隆（约前 480—前 440，代表作：掷铁饼者）、波里克利特（约公元前 5 世纪，代表作：持矛者）和菲狄亚斯（约前 490—前 417，代表作：雅典娜女神像）。

　　希腊在哲学方面取得的成就，为后世西方哲学的发展奠定了基础。现代哲学流派都可以从那里找到源流。"哲学"源于希腊语，希腊人赋予它特定的含义：竭尽全力，理解所有的事物，即热爱真理。所以，哲学也称智慧学。

　　古希腊很早就出现了朴素的唯物主义和辩证法。著名的米利都学派和以弗所学派属于唯物主义学派。前者的创始人泰勒斯（Thales，约前 624—前 547），他认为世间万物源于水，主张宇宙成因一元论，被称为"科学之父"。以弗所学派的创始人赫拉克里特（Herakleitos，约前 540—前 480 或前 470）认为万物起源于火，事物在不断地变化之中，"人不能两次踏进同一条河流"。同时他还阐述了对立统一思想，认为世界万物都存在着对立面，对立面的斗争是事物运动发展的原因。到德谟克里特（Democritus，约前 460—前 370）时期，希腊唯物主义有了进一步的发展。德谟克里特认为，世界的本原是原子，原子的结合便构成具体事物，而它们的分离就是事物的消亡。在认识论上，他提出"影像说"，肯定了人们的感觉和思想是客观存在的反映。德谟克里特的原子论唯物主义代表了古希腊唯物主义哲学的最高成就。

　　希腊唯心主义的主要代表人物是苏格拉底（Sokrate，约前 469—前 399）和柏拉图（Palton，约前 427—前 347）。

　　苏格拉底出生于雅典一个普通公民的家庭。早年继承父业，从事雕刻石像的工作，后改为研究哲学。他喜欢在市场、运动场、街头等公众场合与各式人士谈论各种各样的问题，也常常在雅典与当时的许多"智者"辩论哲学问题，被认为是当时最有智慧的人②。苏格拉底认为万物的本原是神，自然界是神的领域，而人的任务是认识自己。为此，他的哲学探讨人生与社会问题，使哲学"从天上回到了人间"。苏格拉底的"伦理哲学"为哲学研究开创了一个新的领域，在哲学史上具有伟大的意义。苏格拉底本人没有写过什么著作。他的行为和学说，主要是通过他的学生柏拉图和色诺芬著作中的记载流传下来。

苏格拉底

　　柏拉图出身于雅典贵族，青年时师从苏格拉底。苏格拉底被判死刑后，柏拉图对

---

　　①　帕德嫩神庙是供奉雅典主神雅典娜的神庙。"帕德嫩"意为"处女宫"，即指处女雅典娜。
　　②　当别人向他请教时，苏格拉底却常说："我只知道自己一无所知。"

现存的政体完全失望，开始游历各地。40 岁时，柏拉图在阿卡德米（Academy）体育馆附近设立了一所学园，从事教学。阿卡德米学园成为西方文明最早的有完整组织的高等学府之一，后世的高等学术机构也因此而得名。《理想国》和《法律篇》是柏拉图留给后人的重要著作。柏拉图哲学的核心是"理念"，他认为存在着两个世界，理念世界（精神世界）和现实世界（物质世界），理念先于现实。柏拉图还把理念论应用于社会政治领域，提出了"理想国"的治国方略：哲学家统治的王国。柏拉图的《法律篇》则指出，"宪法国家"是仅次于理想国的最好的国家。

著名哲学家亚里士多德（Aristoteles，约前 384—前 332）出身于色雷斯。年青时代到雅典的柏拉图学院求学。追随柏拉图学习哲学的 20 年（18～38 岁），对他一生的学习与生活都产生了决定性的影响。亚里士多德一生勤奋治学，从事的学术研究涉及逻辑学、修辞学、物理学、生物学、教育学、心理学、政治学、经济学、美学等诸多领域，可谓著作等身。留传下来的亚里士多德著作主要有《工具论》《形而上学》《物理学》《伦理学》《政治学》《诗学》等。亚里士多德创立的形式逻辑学，丰富和发展了哲学的各个分支学科。亚里士多德的哲学思想则介乎于唯物主义和唯心主义之间。他承认物质世界是客观存在的，但形式又是一切事物的本原，与物质同样重要，它们是有目的的推动力，使物质世界形成我们周围无限的多种多样的事物和有机体。由于亚里士多德对人文科学和自然科学都有过深入的研究，被认为是古希腊文化的集大成者。

苏格拉底、柏拉图、亚里士多德师徒三人并称为古希腊三大哲学家。

古代希腊在天文、地理、数学、物理、生物、医学等领域都有相当高的造诣。泰勒斯也被认为是西方最早的天文学家和数学家。毕达哥拉斯（Pythagoran，约前 580—前 500）及其学派在数学方面作出了较大的贡献。毕达哥拉斯定理的证明，为希腊数学的发展奠定了基础。古希腊第一个从事物理现象研究的要数亚里士多德，他所著的《物理学》，是世界上第一部物理学专著。后期希腊著名的科学家是欧几里德（Euclid，活动于公元前 3 世纪）和阿基米德（Archimedes，约前 287—前 212）。在医学方面，最早的医学家是阿尔克芒。古典时代最著名的医生是希波克拉底（Hippocrates，约前 470—前 406），被称为希腊"医学之父"。他在医学著作中记载了许多内外科疾病的治疗方法，达到了相当高的水平。尤其值得一提的是希波克拉底著名"体液学说"：认为复杂的人体是由血液、粘液、黄胆、黑胆这四种体液组成的，四种体液在人体内的比例不同，形成了人的不同气质。性情急躁、动作迅猛的胆汁质；性情活跃、动作灵敏的多血质；性情沉静、动作迟缓的粘液质；性情脆弱、动作迟钝的抑郁质。希波克拉底四种气质类型的名称及划分一直沿用至今。希波克拉底关于医生伦理道德的誓言——"希波克拉底誓言"，为现代国际医务人员道德规范奠定了基础。

五、希腊文明的特点

希腊文明始于公元前 8 世纪（前 776），止于公元前 1 世纪，期间分为三个时代。

古风时代(前 8 世纪—前 6 世纪):古希腊文明的形成和发展时期。

古典时代(前 6 世纪—前 4 世纪):古希腊文明的鼎盛时期。

希腊化时代(前 4 世纪—前 1 世纪):古希腊文明的衰落时期,同时也是希腊文化广泛传播的时期。

综观整个希腊文明,我们认为其主要特点有以下几个方面。[1]

首先,希腊人进入文明的经历比其他民族更具动荡。希腊社会在由原始社会跨入文明时代时,经历了民族的大迁徙和海上殖民。动荡的历史进程,使希腊产生了一些新的因素。这些新因素的发展最终导致了贵族统治及其氏族制根基的覆灭,演绎出不同于东方各国的统治制度。

在希腊人跨入文明之初,同样有统一的王权,克里特的米诺斯集祭司、军政首脑于一身,并拥有庞大而豪华的王宫。迈锡尼王阿加美农在《荷马史诗》中被称为"万民之王",不仅能直接指挥迈锡尼的军队,还能调遣 20 多个国家的船舶和军队进行远征。著名的特洛耶战争实际上是阿该亚人在迈锡尼王的率领下开辟小亚细亚殖民地和通向黑海道路的历史旅程的体现。特洛耶战争前后,另一支希腊人多利亚人大举南下,占领了迈锡尼和其他阿该亚人居住的地区,他们变一部分阿该亚人为奴隶(如在斯巴达),迫使其大部分经雅典向小亚细亚移民,同时自己也不断向外扩张。在移民过程中,希腊本土演化为众多相对独立的城邦。繁星般的希腊城邦国家,使统一的王权瓦解。从此,再也没有一个中心的王国足以维系和驾驭这些各具独立与自主性格的城邦和人民。而自由独立的城邦和公民社会,又创造出繁荣的贸易与商业往来,创造出同原先氏族制传统十分不同的社会环境,有力地改造着希腊人的社会和历史。

其次,社会中有着与众不同的个体私有制和商品经济。在希腊,个体私有制的出现是"动荡的历史生活,各种遭遇以及变化"造成的。迁徙和占领异乡的土地,使希腊人进入了一种全新的生存环境。新的劳动条件,使个人的活动和能力都得到了较大的发展,由此产生了个体私有制的土地关系。个人一旦有了自己的土地,就从氏族制度的脐带上解脱出来,而私有制更使个体的能力发展有了依靠。

在私有制基础上,商品经济的发展成为可能。希腊土地贫瘠,较适宜种植的是橄榄和葡萄,通常人们把它们制成橄榄油和葡萄酒,与谷物生产地区进行交换,从而构成了古典世界的基本经济循环。商品经济的迅速发展,反过来促使了个人私有制得到社会的普遍公认。个人追求财富的行为成为公开的活动,更广泛地推动了希腊人的海上殖民贸易以及种种政治性战争。所有这些活动,又使城邦和个人的自主创造力得到了空前发挥。

第三,城邦的民主制。个体私有制和商品经济造就了希腊(尤其是雅典)平民和工商阶层的自主性和独立性。作为氏族制度的掘墓人,他们不能容忍氏族贵族的专权统治。在雅典,他们终于以其强大的经济和政治实力,推翻了贵族制度,以公民联

---

[1]　参见杨适:《中西人论的冲突》,北京:中国人民大学出版社 1997 年版,第 177—182 页。

合体取而代之，这便是城邦民主制。雅典公民切实具有对城邦内外政策的决定权，城邦以政治和法律的形式明确宣告承认和保障自由民私有财产的合法性和公民的权利。民主政体为公民和城邦的物质和精神创造力开辟了更为广阔的自由发展天地。至此，雅典人达到了对自身的精神觉醒，进而创造了灿烂的古典文化。

以上三个特点，构成了古典希腊文明的个性。这些特性使希腊文明犹如世界古典文明氏族制度和帝国体制的汪洋大海中的一块孤岛，尽管成就巨大却难以长期持续。何况城邦民主制在希腊多数城邦不同程度地存在，但比较完备的只有雅典。希腊内部的斯巴达则长期坚持贵族制和公民军事共产制。

在古代世界的漫长岁月里，希腊文明也似昙花一现。至公元前146年被罗马合并后，希腊长期受到外敌入侵。究其原因，除了外部压力外，内部的不断纷争也是重要的原因。因此，希腊文明既伟大又脆弱不稳，相形之下，其他民族由于处于贵族制下，能利用血缘和公（国）有制等形式，克服内争，结成稳定而强大的统一实体。

当然，希腊文明也有其独具的伦理精神。私有制基础上的独立自由，并不是希腊精神的全部。雅典（包括整个希腊）一直保持着城邦整体自由为基础的同胞关系，个人的发展和独立通常都是以维护、促进城邦整体的生存繁荣为目标。也就是说，希腊人珍视城邦自由，高度重视城邦整体的光荣，并使之同每个公民自由发展相一致。正因为此，在西方人的心目中，希腊整体自由和个人独立之间的和谐是一种崇高的精神典范。

第二章

继承与创新：罗马社会

　　罗马文明是西方文明从地中海东部向西部意大利地区迁移与发展的结果。罗马文明在西方文明史上起着承前启后、继往开来的关键作用。因为在希腊化时代，"西方世界"开始显露一些"东方式"的因素，是罗马特性把西方世界的一些特性更加固化。罗马文明的"统一"的因素，使整个欧洲都打下了罗马的标记。

　　罗马人与希腊人同属印欧欧罗巴种族。当印欧语系的多利亚人等沿巴尔干半岛进入希腊时，另一支拉丁人则沿着意大利半岛进入台伯河南岸，创造了伟大而庄严的罗马文明。

第一节　罗马的兴起

一、罗马城的建立

　　古代罗马兴起于意大利中部拉丁姆平原，台伯河下游的东南岸。与希腊相比，意大利半岛土地较为肥沃，尤其是拉丁姆平原较适应于农耕，半岛也不像希腊那样到处是交叉重叠的山脉，只有一条亚平宁山脉纵贯南北。半岛海岸线漫长，但仅有那不勒斯和休林敦两个良港，因此，沿海居民基本是和内陆交往与交易，而不是像希腊那样面向大海。半岛土地上的居民成分十分复杂，有旧石器时代来自高卢（法国南部）的移民，新石器时代来自北非、西班牙、地中海的移民。移民们进入这块土地时常常诉诸武力，纷争不断，这就为日后罗马社会内部激烈的争斗埋下了伏笔。

　　约在公元前 2000 年左右，一些移民在台伯河流域的拉丁姆平原定居，称为拉丁人。拉丁姆平原气候宜人，土地肥沃，给拉丁人的农业生活提供了得天独厚的条件。约公元 1000 年左右，拉丁人首次在罗马城址定居，当时罗马还是个小村庄。关于罗马建城的历史，有一个古老的传说。

　　　　很久很久以前，还是希腊与特洛耶战争时期。当希腊联军攻陷特洛耶时，特洛耶城的英雄埃涅阿斯率领儿子和一部分残余逃出了特洛耶。他们经历了 10 年的漫游，最后在神的指点下，来到了拉丁姆。与当地部落一番酣战，土著人败下阵来。后来埃涅阿斯的儿子阿斯卡纽斯在拉丁姆建立了阿尔巴·隆加城，成为了当然的国王。

约 300 年后，阿尔巴·隆加城的国王努密托尔被其弟阿穆留斯篡位，国王的儿子也被杀而只剩女儿伊丽雅。由于阿穆留斯害怕他会被伊丽雅的子嗣推翻，遂强迫伊丽雅充任女祭司以终身保持童贞，不得婚配；后又将伊丽雅囚于孤塔中。但伊丽雅暗中与战神马尔斯相爱，并生下了孪生子罗慕路斯和雷木斯。阿穆留斯知道后，将孪生兄弟投入了台伯河。战神马尔斯设法让双婴漂到岸边，由一只母狼乳养（罗马传说认为狼是归马尔斯驱使的野兽）。后孪生兄弟又辗转由一位牧人收养。兄弟俩长大成人后，便杀死阿穆留斯，使努密托儿重登王位。但他们不愿在伤心之地阿尔巴·隆加城生活，兄弟俩来到台伯河畔母狼哺养他们的地方建了一座新城。经过一番争斗，新城以兄长罗慕路斯的名字命名，遂称罗马。

母狼乳婴铜像

据推算，罗马建城的时间大约是公元前 753 年，古罗马以此为纪年开端。正如谚语所说的"罗马不是一天建成的"。公元前 10 世纪至公元前 7 世纪，意大利半岛处于一个多民族、多元文化交织的时期。有萨宾人、翁布里亚人和拉丁人、伊达拉里亚人和希腊人等。彼此之间有争斗也有融合。从一个微不足道的中部意大利的村庄发展为古代地中海世界的主人，罗马人的这种发迹史更是一个成功辉煌的历史故事。

二、塞尔维乌斯改革

相传，罗马历史上第一个时代是"王政时代"（约前 753—前 510），先后历经 7 个"王"的统治，其中有拉丁人，有萨宾人，亦有伊达拉里亚人担当"王"的。当时，罗马正处于原始社会解体向阶级社会过渡的时期。整个罗马有 300 个氏族，每 10 个氏族组成一个胞族（库里亚），每 10 个胞族又组成一个部落（特里布斯），3 个部落结合成"罗马人公社"。公社主要由三个机构组成：人民大会（库里亚大会），元老院和"王"（勒克斯），王虽然是最高军事首领、最高祭司和最高审判官，但还不是真正意义上的国王，实质上只是部落氏族首领。

罗马王政时代的社会经济已有了一定的发展，贫富分化加剧，也孕育出了特殊的阶层——平民阶层。他们不属于氏族成员，不具有氏族成员的权利，因而无权分得公有地，也不许与贵族通婚，但有纳税和服兵役的义务，其中有些平民因经营工商业而致富，多数人则朝不保夕。至王政时代第 6 个"王"塞尔维乌斯时期，平民与贵族之间的矛盾日益复杂,斗争更趋尖锐化,迫使塞尔维乌斯作出相应的改革,以缓和冲突。

塞尔维乌斯(Servians Tullius,活动于公元前 6 世纪)改革主要有三方面的内容。第一,凡能担负兵役的罗马居民,按财产多寡划为 5 个等级,每个等级建立数目不等的军事百人团。第二,设立百人团会议,取代以血缘关系为基础的库里亚大会。每百人团有一票表决权。第三,改 3 个血缘部落为 4 个按地域划分的地域部落。

塞尔维乌斯改革对罗马历史发展有着划时代的意义。它破坏了以血缘关系为基础的氏族制度,建立起了以地域、财产等因素为基础划分居民等级的国家制度,标志着罗马国家的真正产生。

第二节　罗马共和国

一、共和国的政治制度

公元前 6 世纪中叶,伊达拉里亚人攫取了罗马的政权,这使得罗马人愤恨不平。公元前 509 年的一天,暴君、绰号"高傲者"塔克文国王的儿子强奸了一个罗马贵族的妻子卢克蕾齐娅。纯洁的卢克蕾齐娅被奸污后,宁可自杀而不愿忍受屈辱。塔克文的苛政与残暴,激起罗马人的公愤,他们趁机起义驱逐了国王。

罗马人赶走塔克文后,决定不再立新的国王。人民大会郑重宣布,个人专制要处以死刑。他们选出两个人替代国王执政。从此,罗马王政时代宣告结束,历史进入了共和时期[1]。

早期共和国时期,罗马实质上是贵族共和国。与王政时代相比,此时的罗马政治经历了一些重大变化。首先,两名选举产生的执政官取代了国王。执政官通常都是长老,每年从贵族元老院中产生。执政官不是合力共治,而是同样享有先前国王所具有的全部行政和司法大权,一旦发生纠纷,则由元老院集会解决;两个执政官权力相等,具有协议性质,相互具有否决权,实行所谓

元老院会议

的双位同僚制,因为执政官按字面理解就有"同僚协议者"的涵义。不经两人的同时认可,任何决策都无法执行。但如果处在危急的非常时期,则需要指定其中的一位为独裁官,称"狄克推多"(Dictator),但任期不得超过 6 个月,大约在公元前 500 年左

---

[1]　罗马历史分期为:王政时代:前 753—前 509 年;共和时代:前 509—前 30(或前 27)年(早期共和国:前 509—前 264 年,晚期共和国:前 264—前 30 或前 27 年);帝国时代:公元前 30 或前 27—476 年(早期帝国:前 30 或前 27—284 年,晚期帝国:284—476 年)。

右,罗马首次出现了独裁官。执政官出巡时,通常手持象征权力的"棒束",称为法西斯。其次,元老院取代了过去的长老会议。元老院成员一般由前执政官、贵族阶级和富有的土地所有者组成,负责制定国内外政策和法律,具有监管国库的权利,并对人民大会的全部决议有否决权。此外,元老院还有指定行省总督的权力,并通过特使团监督战争、确定征兵数等。因此,元老院是罗马权力的核心。最后,公民大会(库里亚会议)尽管仍然存在,但已不太起作用,不过,估计执政官仍由公民大会选举。百人团会议作为第二公民大会,基本上由富裕或较富裕的公民组成,对一些政务行使表决权。罗马从君主制变成了贵族寡头的共和政治。

公元前 5 世纪,由于平民不满意这种政治体制,退出了百人团。于是,罗马政体中又出现了第三个公民大会——特里布斯会议(平民的会议),其成员由民主选举产生,负责选举行政长官和保民官。保民官有权保护平民利益,对行政长官的行为和元老院的决议有否决权,同时有权召集人民大会听取意见和通过决议,此外,保民官还享受个人人身神圣不可侵犯的权利(仅限于罗马城内)。一开始,保民官的设立,对贵族势力是一种重要的制约。但随着罗马政治的发展,保民官也开始蜕化。

在罗马政治制度中,管理日常事务的行政体制也极为发达。从执政官到税务官,现代的许多官职都可以从罗马找到源头。除了执政官外,还有司法官(Praetors),该职位于公元前 367 年设立。作为法官,司法官能通过自己的法庭判例来创制法律。同时他还是执政官的军事副手。监察官(Censors),负责公民的资格审查和财产登记,确定每年的税收,任期为 18 个月。在行使权力的过程,监察官逐渐取得了对罗马公民的名誉评判权。这种权力授予监察官可以对任何在他们看来在公共生活或者私人生活中行为不端的人做出评注(nota),这被称之为"监察官评注"(notacensorial)。监察官评注具有法律效力,凡是被监察官作出品行不端评注的公民,都将面临被剥夺公权的危险。根据共和初期"奥威尼法"的授权,审查元老院成员名单的职责也从执政官那里转移到了监察官的手中。监察官不仅在罗马享有极高的威望,而且颇具威慑性。

平民在罗马社会中有特殊的地位。罗马战争也主要靠平民,故而,平民常常以拒绝出征为筹码,争取自己的权益。由于不断努力和奋斗,罗马平民先后争取到了推举保民官、具有与贵族通婚权(前 445)、废除债务奴隶和承认平民会议具有立法权、两个执政官中必须有一个出身平民等权益。罗马社会的习惯法也被制成成文法,即著名的《十二铜表法》(前 450)。罗马共和国的基础扩大了,民主化程度也较前期广泛,到公元前 3 世纪中叶(前 265),罗马社会在民主化的道路上进一步发展,[1]这种民主化原本可能使罗马成为世界上第一个古典民主民族国家,但这种可能性最终被一系列战争所打断。

---

① 由于罗马官员没有薪俸,因此只有富裕的上层平民才有可能去"消费"民主权力,平民的兴起并没有把罗马社会转变为一个平等的民主制社会。但不管怎样,罗马正朝着民主化发展。

对外战争,把罗马改造成一个伟大的帝国。

二、罗马的征服战争

差不多从定居意大利这块土地之日起,罗马人就热衷于军事活动了。意大利的地形较之希腊半岛更容易遭受侵扰,南北走向的阿尔卑斯山脉这道天然屏障阻挡不住中欧各民族的流入,而外来移民进入这块土地时,往往诉诸武力。罗马人为保卫他们的征服成果,也不得不依靠武力,以抵御其他入侵者。罗马的发展,也得益于其无可匹敌的军事力量、罗马公民的爱国主义和社会团结。

1.征服意大利半岛

共和国初期,罗马仍处于强邻包围之中。北有伊达拉里亚诸邦,他们以其强大的经济政治实力控制着罗马所在的整个中部意大利。罗马周围的埃魁克人、伏耳西人对罗马也时有侵扰,与罗马同族的拉丁人也不免常寻事端。为求生存,罗马人必须克敌制胜。法国大革命时期的著名画家雅克·路易·大卫(Jacques-Louis David)取材于罗马神话故事所创作的《劫掠萨宾妇女》,形象地反映了这一时期罗马的生存状态。

劫掠萨宾妇女

这一时期的主要战争有,维爱战争(前406—前396)、萨谟奈战争(前326—前290)和皮洛士战争(前280—前275)。公元前396年,罗马开始了第一次具有重大意义的征服。他们占领了近邻埃特鲁斯坎人的城邦——维爱,消灭了当地居民,罗马公民在此定居。在此后与高卢部落及其他拉丁人的一系列战争中,罗马势力不断扩大。罗马对战败民族和城邦的态度比较宽容,也比较愿意把罗马公民的义务和权利扩展到其他城邦。

从此,罗马的政治控制从拉丁姆平原很快扩大到半岛的其他地区。公元前326

年到前290年间，罗马人与意大利南部的山民桑尼特人进行了一系列战争。在这些战争中，罗马人改进了战术，开始使用了一些新式武器（短剑和重标枪或标枪）。灵活机动的战术，使罗马军团的作战优势明显加强。在萨谟奈战争中，意大利的其他各民族（埃特鲁斯坎人，布鲁提人，卢卡尼亚人和翁布里亚人）都先后起来反对罗马势力的扩张，均被一一打败。罗马人在统一意大利的道路上又向前迈进了一步。

公元前280年始，罗马人开始向南部原希腊的诸城邦开战。当时只有休林敦人起来反抗，他们向马其顿王国的伊庇鲁斯王皮洛士求援。在与皮洛士的交锋中，罗马人首次尝到了马其顿作战方式的厉害，并打过两次败仗。最终罗马人以他们的"杰出的持久力和同盟国的忠心耿耿"而大获全胜。公元前275年，皮洛士放弃意大利，3年后休林敦投降。至此，罗马征服了除北部波河流域以外的整个意大利。

2. 确立地中海霸权

罗马人在成为意大利主人后，旋即向地中海西部扩张，于是和位于非洲北部的迦太基（今突尼斯）发生冲突，双方经历了长达119年的战争，史称"布匿战争"①。

迦太基原是腓尼基的殖民地，随着腓尼基被亚历山大征服，迦太基便发展成为一个独立的国家且日益强大，控制了非洲西北部和地中海西部的贸易。

第一次布匿战争（前264—前241）。公元前7世纪至前4世纪，迦太基成为地中海西部的强国，地中海几乎成了他的内湖②。有个迦太基海军将领曾经说过：不经我们的许可，罗马人不能在海中洗手。罗马在征服地中海之前，海上贸易活动较少，双方尚能友好往来。当罗马征服意大利后，其活动范围就不再局限于大陆，富庶的西西里成为罗马首选的目标。

公元前264年，罗马入侵西西里，与迦太基展开了一场持久战。罗马人经历了战败的教训后，建立了一支舰队③，第一次成为海上强国。在战争中，罗马人发挥长于陆战的优势，发明了一种新的战术，即在船上安置许多活动跳板，跳板一端装有钩钉，当敌船靠近时，就把跳板搭上敌船的甲板，然后罗马兵就拥上敌船，与敌肉搏。这一"船上吊桥"战术的运用，使罗马军队取得了惊人的胜利。在23年的顽强抵抗无效后，迦太基被迫与罗马议和，地中海西部的海上控制权完全落入罗马之手，西西里成了罗马的行省。罗马在征服地建立各行省政府的形式由此始创。

第二次布匿战争（前218—前201）。迦太基人并不甘心失败，努力寻找机会准备反击。公元前238年，迦太基开始控制西班牙并建立了新迦太基城，希望以那里的人力和矿产资源弥补在西西里和撒丁遭受的损失。而罗马也在西班牙建有据点，双方再起冲突。公元前218年，迦太基名将汉尼拔（Hannibal Barca，前247—前183或

---

① 迦太基是腓尼基人在公元前9世纪建立的商业殖民城市。由于罗马人称腓尼基人为"布匿人"，因此这次战争被称为布匿战争（Punic War）。

② 当时，北非西部沿岸、西班牙南部以及地中海西部的许多岛屿和撒丁岛、科西嘉岛和西西里西部都是迦太基的势力范围。

③ 罗马人的舰队有120只战船，每船可载300个水手和120个士兵。

182)率军侵入意大利,第二次布匿战争爆发。

　　战争开始时,罗马元老院想在西班牙和非洲两地的迦太基领土上同时进行战争,以牵制对方兵力,但被汉尼拔识破。汉尼拔先发制人,于该年的 4 月率领 9 万步兵、1.2 万骑兵和 37 头战象穿过高卢南部,克服重重困难,越过阿尔卑斯山,突然出现在意大利本土,打得罗马军队措手不及。公元前 216 年罗马征集 8 万军队,由执政官瓦禄和保卢斯率领,与汉尼拔的军队在坎尼城会战。结果汉尼拔以少胜多,击败了罗马军队,保卢斯阵亡,罗马军队几乎全军覆灭。

　　毕竟,汉尼拔孤军深入敌国作战,由于部队给养不济,实力日见衰弱。而罗马独裁者费边则采取迂回战术,总是尾随迦太基军队之后,避免与其决战。汉尼拔尽管在罗马也小有战绩,终不能使罗马军队屈服,公元前 204 年,罗马 3 万大军在迦太基附近登陆,迦太基本土告急,迦太基政府速召汉尼拔回国。前 202 年,汉尼拔在迦太基西南的撒马城战败。次年,迦太基政府被迫求和。根据和约,迦太基失去国外一切属土,并规定未经罗马同意,不能对外宣战。从此,迦太基成了罗马的附属。罗马也没有放过汉尼拔。公元前 195 年,在罗马施压下,已成为执政官的汉尼拔出走东方,最终几番周折,汉尼拔被引渡到罗马受审。罗马终于逼使汉尼拔在公元前 183 年服毒自尽。

　　第三次布匿战争。公元前 2 世纪中叶,迦太基的经济又恢复了元气。迦太基的再次繁荣使罗马惶恐不安。公元前 149 年,元老院出面干预迦太基人与努米底亚各邻国之间的冲突,随后向迦太基宣战。迦太基人奋起抗击,终因力尽粮绝,众寡悬殊而战败。公元前 146 年,罗马军队攻入迦太基城内,被俘者全都被卖为奴。迦太基成了罗马的"阿非利加省"。

　　在第二次布匿战争间歇,罗马曾向东部地中海扩张,先后征服了马其顿王国及其统辖下的希腊,并通过叙利亚战争(前 192—前 188)兼并了小亚细亚的西部和中部地区。

　　通过征服战争,罗马至公元前 2 世纪囊括了整个地中海区域,建立起东起小亚细亚,西达大西洋东岸的霸国。与此同时,罗马共和国也在战争中葬送了自己,罗马政体由共和向帝制转变。随着罗马自身政治与社会结构的变化,罗马精神也随之发生改变。

三、罗马国内的发展

　　布匿战争以后,罗马经济有了长足的进步。战前占优势的小田庄被无数的大庄园所取代。大庄园采用了希腊化世界,特别是迦太基的高效率农业技术,种植的也主要是商品作物橄榄和葡萄。西西里和其他新征服的行省成了罗马的粮仓,那里的谷物被运到罗马市场出售,不仅压低了罗马邻近地区的粮价,也使那里陈旧的谷物耕作方式失去了以往的效益。由于农业技术的进步、剩余产品的增多,加之罗马人效法于希腊化和迦太基社会,养成了享乐主义和奢侈的生活习俗,用货币购买各种进口商品的需求增加,于是农业的自给自足的结构开始被打破。

农村阶层开始分化,奴隶制经济在经济生活中具有重要意义。骑士阶层也由于战争而日渐富有,他们不仅承包着国家的各种契约,而且随着新的行省的不断并入罗马,也为他们从事商业活动开辟了场所。罗马已不再是纯粹的农业国了,随着罗马成为地中海世界的霸国后,客观上沟通了各地的经济联系,促进了以意大利为中心的地中海世界商业贸易网的形成。

罗马的政治制度开始有了变化。由于元老院议员拥有许多大庄园,新型的农业为元老院贵族日益独揽大权提供了经济基础。元老院议员操纵着政治机器,各种公民大会成了元老院政策的驯服工具。面对幅员辽阔的各行省,罗马的城邦政体显然需要调整,才能进行有效的管理。起初,罗马通过每年增选执政官担任西西里和西班牙总督,但公元前 146 年后,随着行省的增加,这种体制也显得力不从心。逐渐的,行省管理的新制度产生了。依据这一体制,行政长官在罗马任职期满后就被委派担任行省总督,且元老院具有总督委任权。于是,元老院的实力进一步加大。行政长官们被元老院牢牢控制住,因为他们未来的政治生涯如何,在很大程度上取决于他们被委派到哪个行省任职。

与此同时,罗马行政管理的法令也逐渐定型。在各行省发展过程中,罗马的法庭经常需要解决外国人之间、罗马人和罗马城市民之间的争端。在一些案件中,罗马的成文法并非总是适用,于是在棘手的司法实践中应运而生了职业法理家,他们依靠法学、公民法和"国际法"的各种原则来解决无明显先例可循的案件。这样,一组指导和隶属于罗马各城市和国家间的关系的法律先例,开始在罗马各地出现和运用。先例和法理家的意见和原则被汇编成册,成为法理的依据。于是理性法和普遍法的基本原则逐渐形成,罗马的法律文化日臻完善。

共和国后期,罗马社会的矛盾加剧①。作为共和国基础的罗马小农在外省低价的粮食供应和大量奴隶廉价劳动力的双重挤压下,纷纷破产。为缓和社会冲突,扩大罗马兵源,维护共和国的统治,公元前 133 年平民保民官提比略·格拉古(Tiberius Sempronius Gracchus,前 162—前 133)进行了土地改革。规定任何公民占有的公有地不得超过 500 犹格(拉丁语:Iugera,约合 130 公顷或 310 英亩),如有子嗣者,他的长子、次子还可各占 200 犹格;超过部分收归国有;国家向无地农民分发 30 犹格的份地。这一土地法案遭到了以元老院为首的贵族保守势力的强烈反对,但最终还是在平民的支持下得以通过。为具体实施土地法案,提比略决定竞选下一年保民官。贵族元老以此攻击提比略要当独裁者,借机杀害了他。10 年以后,提比略的弟弟盖约·格拉古(Gaius Sempronius,前 153—121)出任保民官,他继承哥哥的遗愿,继续改革。为争取更多的支持者,盖约除了恢复提比略的土地法外,还制定了其他法案,如粮食法、审判法等。在任期间,盖约提出了给被征服的意大利人("同盟者")以罗马

---

① 诸如奴隶与奴隶主之间,大小土地所有者之间,罗马统治者与被征服地区之间,各种矛盾空前尖锐。公元前 2 世纪后期,两次西西里奴隶起义就是例证。

公民权,遭到元老院的反对。在再次竞选失败后,盖约与他的哥哥一样遭到元老院的暗算,在公元前121年的一次公民大会上,盖约及其支持者约3000多人被杀。

格拉古兄弟改革尽管以失败告终,但极大地打击了元老贵族,提高了骑士阶层的地位。

第三节　罗马走向帝制

一、影响帝制演变的因素

关于城邦向帝制的过渡问题,史学界有两种相互对立的观点。一种看法认为,城邦向帝制的过渡是普遍规律,古代文明古国的历史发展都没有摆脱这一形式;另一种观点则认为,城邦是否走向帝制是文明古国各自内部矛盾运动的结果,普遍规律说值得商榷。

诚然,历史的发展是必然和偶然有机结合的结果。城邦的发展必将导致帝国之说缺乏说服力。希腊城邦直到消亡之时,仍是城邦制,显然是与希腊半岛独特的地理环境及其生产、生活方式有关。城邦向帝制的演变确实是各国自身内部矛盾运动的结果。包括特定的地理环境的影响。就罗马而言,共和向帝制演变的主要因素如下。

首先,长期的海外征服,使罗马的奴隶制经济和社会关系发生了重大变化。主要表现在:第一,罗马贵族和骑士的势力增长。在对外战争中,一些贵族担任要职,侵吞战利品,霸占公有地而获得了大量财富。一些包税人、承包商通过包税和承包公共工程,贩运商品、奴隶,经营高利贷和银钱兑换也发了大财,成为新兴的骑士阶层[①]。贵族和骑士是罗马社会的大奴隶主,他们倾向集权。第二,奴隶制得到了空前的发展。战争造就了成千上万的奴隶(主要是战俘及掠夺而来),罗马市场上,奴隶价格十分便宜,以至当时的罗马市场上谈到货物廉价时流行着这样的俗语:像撒丁人一样便宜。廉价的奴隶被广泛地应用于各种生产劳动和家庭劳役,奴隶种植园十分普遍。第三,土地集中和大农庄形成,自由农民破产。2世纪后,大农庄遍布意大利中部、南部和西西里岛,农庄生产粮食或经济作物,也有的经营畜牧业。由于大农庄的排挤,沉重的赋税和频繁的战争的影响,罗马的自由农民纷纷破产,流落城市,生活困苦。由此,极大地破坏了城邦的社会基础。

随着奴隶制经济的发展,罗马社会的各种矛盾(奴隶主与奴隶之间,罗马同被征服者之间,大土地所有者和平民之间,统治阶级之间)也激化起来,阶级关系和社会关系的复杂化,使原先的共和制已无能为力,尤其是斯巴达克起义后,罗马的唯一出路可能就是建立帝制了。

---

① 罗马骑士阶层包括政府的包税人、银行家和较富有的商人,起初这个阶层是由那些收入足以使他们能够凭自费在骑兵中服役的公民组成,而到此时,除元老阶层外一切拥有大量财富的人,都称为骑士。

其次，日益扩大的版图，使当时古典意义上的民主共和政体难以管理与协调。共和国后期，罗马的疆界称得上幅员辽阔，社会阶层复杂、种族矛盾频繁、行政事务多样。为平定叛乱、解决国内的各种矛盾、协调各阶层的不同利益、有效管理各行省，原先的以罗马城为核心的共和政体与运行方式显然难以为继，需要调整。这也为专制与独裁提供了一些条件。

最后，共和派和独裁派的斗争，以独裁派胜利而告终，是罗马帝制得以建立的直接原因。

二、军事独裁制度的出现

1. 马略与苏拉

格拉古兄弟改革失败后，罗马土地兼并和农民失地现象日趋严重，兵源不足，军事力量大为削弱，共和国危机四伏。马略虽出身低下，但功名显赫，在他的周围，聚集了一个政治派别，后人称其为平民党。元老院支持的则称为贵族党。"两党"争夺控制共和国的斗争，最终导致共和国的灭亡。

公元前 108 年，马略（Gaius Marius，前 157—前 186）利用他的名将声望当选为执政官。为扩大兵源和提高战斗力，马略于公元前 107 年推行了军事改革。他把以财产资格和自我装备为基础的战时临时征集的公民兵改为常备的雇佣兵，规定凡自愿当兵的公民（包括无产贫民）皆可应募入伍，由国家供给装备和薪饷；士兵入伍后，必须服役 16 年，退役后分给份地。

马略的军事改革，扩大了兵源，重新调整与提高了军队的战斗力。因为这一政策使罗马的士兵从应征入伍者转变成为长期服役的职业军人，他们不像公民兵有家室与田地等产业需要照看，因而不反对远离家乡的持久战，也比较愿意接受严格的纪律和训练，从而大大提高了军队的战斗力。马略的改革同时也为军事独裁统治的建立奠定了基础。因为改革后的罗马军队已成为职业化的常备雇佣军，军队统帅可以利用军队为后盾，取得政治上的优势，进而导致军事独裁的出现。

第一个建立军事独裁统治的是苏拉（Lucius Cornelius Sulla，前 138—前 78）。苏拉出身于没落贵族家庭，由于战功显赫，公元前 88 年被选为执政官。翌年，在贵族的支持下，苏拉被封为征讨本都起义①统帅。当他离开罗马东征时，马略及其拥护者占领了罗马，宣布苏拉为人民公敌，处死了其同党，并实行了一些有利于平民的改革。公元前 84 年苏拉凯旋，在意大利和罗马与马略展开了新的斗争。苏拉于公元前 82 年重新占领罗马，并被元老院指定为无限期的独裁官，拥有无限的权力。苏拉可以修改法律，任意处死罗马公民，没收任何人的财产。为消灭政敌，苏拉采用"公敌宣告"的办法，放逐或杀害了 2000 名骑士和近百名持不同政见的元老，建立起了罗马历史

---

①　公元前 89 年，臣服于罗马，位于小亚细亚的本都王国发生了反对罗马统治的大起义。

上第一个军事独裁政权。直至公元前 79 年,苏拉隐退①。苏拉和马略的较量,开创了罗马史上用武力进行政治斗争的先例。

苏拉军事独裁政权的出现,是城邦共和制危机的政治体现,也为以后罗马帝国的建立埋下了伏笔。

2.前、后三头同盟

公元前 73 年夏,罗马发生了历史上最大规模的奴隶起义——斯巴达克起义。罗马奴隶与角斗士在他们卓越的领袖斯巴达克(Spartacus,? —前 71)的率领下,勇敢顽强地为争取自身的解放而斗争,沉重地打击了罗马秩序。起义历时两年,于公元前71 年春被残酷地镇压。但罗马共和国本身也受到重创。

在各种社会矛盾加剧,尤其是在镇压奴隶起义的过程中,罗马人找到了军事独裁这样一种新的统治形式。但军事独裁的权力该由何种政治力量掌握,执行什么样的政策,仍是元老贵族派和骑士民主派之间斗争的焦点。斯巴达克起义后,罗马走向帝制的步伐进一步加快。前、后三头同盟是罗马向帝制过渡的最后两站。

公元前 70 年,庞培和克拉苏当选为执政官。庞培(Gnaeus Pompey,前 106—前48)被认为是一位杰出的军事统帅,而克拉苏(Marcus Licinius Crassus,约前 115—前 53)的政治影响主要来自于他的巨额财产和对斯巴达克起义的成功镇压。两人都野心勃勃,希望执掌罗马大权。恺撒(Julius Caesar,前 100—前 44)出身于破落贵族,他以改革派的形象、慷慨大度的作风以及在西班牙等地的战功而赢得平民和一部分上层人士的支持和信任。三人都想垄断政权,但任何一人都无力单独掌握。公元前60 年,在恺撒的撮合下,三人结成秘密同盟(史称前三头同盟),并商定在罗马事务中相互支持,而不理会元老院的意见。其中庞培的老兵是三头同盟的军事核心。公元前 59 年,恺撒出任执政官。

公元前 58 年,恺撒改任高卢总督。在高卢,恺撒以怀柔和武力征服相结合的方法,镇压了克尔特人的反抗,并将整个高卢并入罗马版图。恺撒把掠夺来的巨额财富用于公共娱乐、发放粮食等,深得平民和士兵的欢心。由此,恺撒培植起了一支训练有素并只听命于他个人指挥的军队,很快在财富、兵力和声望等方面超过了其他两位同僚。

为缓和彼此间的矛盾,"三巨头"于公元前 56 年达成瓜分权力的协议:庞培和克拉苏任下年执政官,任满后分别为西班牙和叙利亚总督,恺撒在高卢的权力则延长 5年。不久,克拉苏战死于东方战场,三头同盟成了两雄对立。为与恺撒争雄,庞培倒向贵族元老派,以尽力削弱对方势力,并煽动元老院通过追究官员在以往任职期间的违法行为,对恺撒构成威胁。公元前 49 年,恺撒为保卫自身的权力从高卢进军罗马,庞培与一批元老仓皇出逃。恺撒在夺取了罗马政权后,旋即出兵彻底击溃庞培与各地的反抗势力。在追击庞培至埃及后,恺撒扶植埃及女王克娄帕特拉,埃及成了罗马的盟国。公元前 45 年,恺撒被元老院宣布为终身独裁官,此外,他还兼有大元帅、大

---

① 苏拉隐退的原因始终是个不解之谜。

祭司长等头衔，以及"祖国之父"称号，成为总揽罗马一切大权的独裁者。

恺撒在短时期内，对罗马社会与政治制度进行了大量的改革。例如赋予外省人以罗马公民权，把部分城市贫民安置到殖民地定居；改良道路，促进商业发展，采用太阳历（儒略历）等。尤其是恺撒对意大利以外地区的征服，使罗马文化圈辐射到整个西欧，意义重大。恺撒时期，罗马实际上已蜕变成一个帝国。从这一意义上说，恺撒称得上是罗马帝国的奠基人。

公元前44年，恺撒被拥护共和制的贵族派布鲁图斯（Brutus，前85—前42）等刺杀。但共和国并没有因此而复兴，危机反而进一步加深。公元前43年恺撒派的三个主要领袖安东尼、屋大维、雷必达，结成"后三头同盟"，联合进军罗马，解散了原来的政府，并经元老院认可，以"安定国家的三雄政治"为名获得了5年的国家统治权，公开建立了集体享有无限权力的军事独裁制度。与前三头同盟不同，后三头同盟具有合法性。前40年，三巨头划分了势力范围：安东尼（Marc Antony，前82—前42）统治叙利亚、巴勒斯坦等东方各省，雷必达（Lepidus，？—约前13）统领罗马西部和北非地区，屋大维（Octavian，前63—14）则继承恺撒在意大利和高卢地区的地盘。

后三头同盟共同执政后，为争夺罗马的最高权力展开了激烈的斗争。公元前36年，屋大维剥夺了雷必达的军权，把罗马西部地区和非洲各行省置于自己的统治之下，进而形成了与安东尼两分天下的局面。与此同时，安东尼也在东方发展自己的势力，并鬼使神差地爱上了埃及女王克娄帕特拉，与女王结婚后长期滞留埃及。公元前32年，屋大维在元老院宣读了安东尼将罗马东方的国土赠给埃及女王克娄帕特拉（Cleopatra，前69—前30）及其子女的遗嘱，旨在引起罗马人对安东尼的不满。果然，元老院宣布安东尼为"祖国之敌"并向埃及宣战。翌年，屋大维率海军在希腊西海岸的亚克兴大败安东尼。安东尼逃向埃及。屋大维则开始有条不紊地攻占东方各行省。当屋大维于公元前30年到埃及，正式兼并这个国家时，安东尼和克娄帕特拉双双自杀于埃及宫廷。埃及托勒密王朝从此灭亡，罗马延续了5个世纪的共和制也宣告结束。

第四节　罗马帝国的兴亡

一、奥古斯都的元首政治

公元前30年，屋大维成为罗马国家的唯一统治者。他吸取了恺撒被刺的教训，没有公开恢复恺撒式的军事独裁制度，而是尽量把自己的政权用合法的外衣掩盖起来。公元前27年1月13日，屋大维宣布恢复共和国。与此同时，他也接受了元老院和军队授予他的奥古斯都和皇帝的头衔①，并掌握着军事、行政、司法和宗教大权。

---

① 奥古斯都（Augustus）这个头衔有"神圣"之意，皇帝（Imperator）原意是"凯旋将军"。

共和时代的国家机构仍保留着,屋大维自命为元首(Princeps),即"国家第一公民",因此之故,人们把他和他的继承者所统治的时期称为元首制或早期帝国,以区分共和时期(前6世纪—前27)与后期帝国(284—476年)。元首制持续了两个多世纪,在这两个世纪里,罗马经历了美好的黄金时代。

奥古斯都执政后,进行了一系列的改革。

首先是行政和社会改革,旨在稳定社会基础。奥古斯都重组元老院,限额600人,并严格从财产和道德两个方面确定议员资格。从理论上讲,元老院仍享有法定的权力,但其实际控制权已不复存在。原有的行政长官职位仍然每年由选举产生,但须由奥古斯都特别推荐。此外,奥古斯都还定期亲自任命元老院议员担任他授权范围之内的高级军事指挥官和行政总督。骑士通常被任命为次要的军事指挥官和地方财政官,在一些较小的行省,骑士财政官具有绝对的管辖权,并直接向奥古斯都负责。由此,骑士阶层的社会作用也发生了变化。

奥古斯都·屋大维

从过去的元老院政敌成为政府官员和土地所有者。共和国后期尖锐的政治矛盾得以缓减。公民大会则以不健全的形式继续发挥着作用。

为进一步稳定统治基础,加强帝国实力,奥古斯都还积极推行财政改革。首先增设了一些新的税种,以充实国库。其中在意大利征收销售税及罗马公民应纳的遗产税,奴隶解放税的收入上交特别军用金库,以支付罗马老兵的退役费。其次变革旧的包税制,杜绝营私舞弊行为。帝国财政官负责税收,并逐渐替代骑士包税人。奥古斯都还下令各行省人口普查,以更公正地履行纳税义务。

军队是奥古斯都独裁统治的支柱。奥古斯都军队改革的目标是精兵简政,以质量取胜。亚克兴战役后,有近半数的士兵退役,退役士兵都得到了土地或退役金。经过整顿,罗马保留了25万人的军队,其中一半是军团,一半是辅助部队。军团的士兵主要是从意大利招募的罗马公民,辅助部队的士兵则来自较好战的行省,通常保持原有的武器和作战编队,受罗马军官指挥。两者都是志愿兵。对贫困的罗马公民来说,参军既有可能挤入上层社会,退役时又可指望得到大笔退休金;辅助部队的士兵服役期满后,还可望获得罗马公民权,因而都愿意从军。改革后的罗马军队便由28个最精锐军团的常备军和相应的辅助部队、9000人的近卫军和一支海军陆战队组成。奥古斯都率领着这支军队先后征服了阿尔卑斯山山区的一些部落,平定了西班牙西北部地区,占领了莱茵河与易北河之间的地区,帝国的疆界前所未有地广阔。此后不久,整个地中海成了罗马帝国的内湖,罗马成了横跨欧、亚、非的大帝国。

二、早期帝国的社会经济概况

奥古斯都一系列有效的社会改革,确保了此后200多年的罗马和平。此间,罗马出现了涅尔瓦(Neroa,96—98)、图拉真(Trajan,98—117)、哈德良(Hadrian,117—

138)、安东尼·庇护(Antoninus Pius,138—161)和马可·奥勒乌斯(Marcus Aurelius,161—180)"五贤帝",史称五贤帝(Good Emperors)时期。在他们的统治下,帝国空前繁荣,疆界也达到最大范围,文化则处于极盛期。

这一时期罗马帝国的疆界辽阔①。

就欧洲而言,帝国实际上包括了两个独特的地理区域:地中海地带和大陆地带。地中海地带是古典文明的发源地,包括意大利和希腊、法国南部、西班牙(中央高原除外)和亚得里亚海的东海岸。但是,地中海东部的社会模式、经济生活和政治管理方式与西部显然有所差别。在西部地区,罗马文明和拉丁语占主导地位,而在东部地区,希腊语和希腊文化仍占优势。因此,帝国时期罗马文化实际上一分为二:西部的罗马文明和东部的希腊化文明。就政治而论,罗马化支配着东部,因为帝国的文职人员和军队主要从意大利和罗马化的行省中招募;但就经济而言,东部远比西部活跃,那儿商业和制造业发达。这也使得随后的一个世纪里,两大地区分裂发展成为无可挽回。

大陆地带主要是指恺撒征服的高卢卢瓦尔河以北地区和奥古斯都时期征服的多瑙河地区。这些地区雨量充沛,土质肥沃,但从未得到充分的开发;大陆地带人口不足,城市稀少,只能说是部分地融入了地中海社会和文明,因此,这一地区也是罗马帝国在"蛮族入侵"时期最早失守的地区。

显然,庞大帝国之下是一个个自给自足的政治、经济单元。随着罗马文明在西部各行省的传播,许多地方自治市按罗马城的模式组建。公元2世纪,整个罗马帝国可以看成是一个城市的集合体。每座城市都有属于自己独立的乡村,其行政长官一般由选举产生,官员不拿官俸,并由市元老院协助工作。自治市政府的重要职能之一是收税,此外,负有在其管辖范围之内行使审判权,并负责保养道路以及接送帝国官员和传递信件等职责。

早期帝国在经济方面较之过去有进一步的发展,不仅生产工具有明显的进步,且分工日益细密。意大利的园艺业尤其是一些行省的农业发展迅速,埃及的小麦、纸草和玻璃制品,叙利亚的亚麻布、毛织品和各种水果,小亚细亚的羊毛、木材和小地毯,意大利的酒、油和各种制造品,高卢的谷物、肉类和羊毛,西班牙和不列颠的各种矿产等,使罗马呈现出物产丰富、经济繁荣的美好景象。

与此相对应,商业贸易也十分活跃,意大利和各行省、各行省之间都有频繁的贸易往来。在西部,高卢和意大利等地的商人沿莱茵河、多瑙河、维斯杜拉河到北欧进行贸易;东部,希腊、叙利亚等地的商人经过阿拉伯、伊朗和中亚商路与东方(远至中国)进行贸易。帝国从外部进口的商品主要有:波罗的海地区的琥珀、毛皮和奴隶,撒哈拉沙漠以南的象牙、黄金和奴隶,亚洲地区的各种奢侈品,包括香料、宝石、调味品

---

① 福斯湾到克莱德湾一线是北部边界,莱茵河和多瑙河则是东部的天然边界,南部边界直达撒哈拉沙漠。帝国全盛时期的面积将近350万平方公里,约1万公里边境线,估计人口7000万~10000万人。

和最受欢迎的丝绸。商业的发展,促进了金融业的进步,一些大城市出现了专门经营存款、贷款以及汇兑的业务部门。

随着工商业的发展,帝国境内兴起了一些著名的城市,如不列颠的伦丁尼(伦敦)、高卢的卢格敦(里昂)、多瑙河的文多波那(维也纳)等,帝国最大的城市当然要数罗马[①]。城市中大多设有公共澡堂、公共剧场以及住宅区、公共市场和商店。正是罗马的这些城市构成了帝国及帝国文化的基本细胞。

三、罗马的法律制度

罗马人留给后世文化的一个最宝贵的遗产之一是其法律制度。罗马法律对后世欧洲的封建制度和资本主义时期法律制度都产生过极其深刻的影响。也正是在罗马法律制度与传统的基础上,形成与发展出当今世界大陆法系或称民法法系。

罗马的法律制度经历了一个逐渐发展的过程。罗马在国家形成的初期,没有成文法典,只有被人们接受并默认为社会生活中相互关系之规则的习惯法。由于习惯法没有固定的成文形式,因此具有很大的伸缩性和不确定性。在实际诉讼中,法官常常故意压迫平民,袒护贵族。罗马平民对此十分不满。为了改变这种不平等的地位,平民便组织起来向元老院施加压力,要求编纂成文法。公元前450年前后,罗马颁布的《十二铜表法》是罗马世界最早的一部成文法,也是罗马法进化史上第一个伟大的里程碑。《十二铜表法》主要涉及土地占有、债务关系、婚姻、家庭、财产继承、伤害以及诉讼等方面的法规,在一定程度上对贵族的专横和滥用权力作了限制。但总体而言,这是一部简单、保守,代表农业民族的成文法。

十二铜表法

随着平民反对贵族斗争的逐步胜利以及罗马对地中海地区的不断扩张,自公元前3世纪起罗马法律进入了一个新的发展阶段(前3世纪—前1世纪),即市民法占统治地位和万民法逐渐兴起。市民法也称公民法,内容主要包括有关共和国的行政管理、国家机关及一部分诉讼程序的问题,涉及财产方面的很少。由于法律的适用范围仅限于罗马公民,居住在罗马的异邦人不能享受此法的保护,因而公民法存在明显的缺陷[②]。随着罗马对外征服地区的扩大,罗

---

① 当时的罗马城占地 5000 英亩,人口约 100 万,其规模与现代城市相当。
② 主要表现为:法律的主体范围狭小,内容保守、形式主义色彩浓厚、保留大量氏族残余等。

马的社会政治和经济都发生了巨大变化，公民法不足以解决帝国疆域内出现的各种复杂的问题。适应罗马征服地区的扩大和商业的发展的万民法①应运而生。该法律承认奴隶制和私有财产的合法性，明确了买卖、合作和契约的原则。作为民法的补充，万民法主要适用于帝国的外来居民。

元首制下，为了有效统治庞大帝国，罗马法律发展到了顶峰。这固然与帝国时期司法领域的扩大有关，更重要的是奥古斯都及其后继者们对改进和加强法律制度的共识。当时著名的法学家盖约斯、乌尔比安、帕皮尼安和保卢斯对罗马法的发展起了至关重要的作用。正是这些律师和法学家们在判案和司法实践中，将法学和法律原理具体化，使其成为罗马法系的基础。从公元 3 世纪开始，帝国内部自由民间公民与非公民的区别消失，原先适用于不同法律主体的公民法和万民法之间的区别也失去实际意义。罗马法进入整理和提炼的阶段。

帝国时期在法学家影响下发展起来的罗马法包括三个组成部分，即民法、万民法和自然法。民法是罗马及其公民的法律，包括元老院的法令、元首的敕令、大法官的公告和某些具有法律效力的古代习惯。万民法则是不论种族如何对所有人一视同仁的法律。自然法是罗马法律中最为重要的组成部分，尽管它不是司法实践的产物，但称得上是罗马哲学的结晶。当时罗马的斯多噶派认为，所有的人在本性上都是平等的，都有权享受一些基本权力，政府无权对此加以侵犯。把自然法作为一项法律原则，其创始人可推西塞罗②。西塞罗曾经说过，"真正的法律是与自然协调一致的健全的理性，它扩及所有人之中，始终如一，永恒不变。颁布有违这一法律的条例，是宗教所禁止的，即便部分地废止它也不可以，同时我们也无法通过元老院或人民摆脱它的约束。"③这种自然法优先于国家本身的观念，实际上指出了法律原则即抽象的正义原则的概念。对后世司法的独立和公正观念至关重要。

公元 526 年 2 月，东罗马皇帝查士丁尼大帝（Justinianus，483—565）颁布一项敕令，任命一个由 10 名法学家组成的委员会，编纂修订法典。《查士丁尼法典》共 12卷，卷下分目，每目按年代顺序排列敕令的摘录，上面标出颁布敕令的皇帝的名字和接受人的姓名，敕令的末尾注明日期。《查士丁尼法典》颁布后不久又陆续颁布了《查士丁尼法学总论》、《查士丁尼学说汇编》和《查士丁尼新律》三部分，作为《查士丁尼法典》的续编。以上四部法典，在 12 世纪统称为《查士丁尼民法大全》。由于《查士丁尼法典》最早编成，并且是这部《民法大全》的核心，所以一般以《查士丁尼法典》作为这部民法大全的代称。

《查士丁尼法典》是世界上第一部完备的奴隶制成文法，它系统地搜集和整理了自罗马共和时期至查士丁尼为止所有的法律和法学著作，卷帙浩繁，内容丰富，标志

---

① 万民法意为"各民族共有"的法律，其体系也比市民法更完备。
② 西塞罗（M. T. Cicero，前 106—前 43），罗马最著名的演说家、散文家和政论家。
③ 菲利普·李·拉尔夫等著：《世界文明史》（上卷），北京：商务印书馆 1998 年版，第 352 页。

着罗马法本身已发展到极其发达、完备阶段,对以后欧洲各国的法学和法律的发展有着较大的影响。

值得一提的是,《查士丁尼法典》的内容和立法技术都是十分先进的。它所确定的概念和原则具有措词严格、确切和结论明晰的特点,尤其是它所提出的自由民在"私法"范围内的形式上平等、契约以当事人同意为生效的主要条件和财产无限制私有等重要原则,为后世法律奠定了基础。

与古代其他社会的法律相比,罗马法有两大显著的特点。首先,罗马法是人法,而非神法。同时期尤其是东方社会的法律大多以神的名义颁布,像两河流域的《汉穆拉比法典》称法律的条文是太阳神的意志,印度的《摩奴法典》取名以摩奴神之意。而罗马的第一部成文法《十二铜表法》则是由 10 人组成的"立法委员会"经过多年的考察(包括去希腊取经)制定的,以世俗的名义发表,罗马人没有称法本身是神的旨意,也表明了罗马人重人事的特性。

其次,罗马法是面向实际而非唯理的法律。正因为罗马法是人法,因此它注重实际,随着实践的变化不断地修正。当实践与理论相矛盾时,务实的罗马人总是舍弃迂腐的理论而致力于实际需要的满足,充分体现了罗马法的求实精神。

在古代世界有如此完备的法律体系,堪称奇迹。促使罗马法律完善的因素至少有:第一,奴隶制商品经济的发达;第二,世界帝国政治统治的需要;第三,对于前人法律成果的有效继承与发展;第四,精湛的立法理论与技术。

四、奴隶制危机与帝国崩溃

1. 三世纪的危机

公元 3 世纪罗马帝国的经济、政治陷入全面危机,史称"三世纪的危机"(Crisis of the Third Century,235—284)。危机的根源是奴隶制社会基本矛盾的发展。另外,"五贤帝"最后一位哲学家皇帝奥勒乌斯去世后,道德败坏、残暴妄为的儿子康茂德(Commodus,180—193)出任皇帝,导致罗马内战的再次发生,也是奴隶制危机的主要原因。

危机在经济方面的主要表现为农业萎缩、工商业萧条、财政枯竭。以奴隶劳动为基础的大庄园经济由于奴隶来源的减少,劳动力受到影响,加之奴隶劳动的强制性,积极性不高,导致农业生产的阻滞和破坏。为此,奴隶主不得不放弃大规模的庄园生产方式,把庄园分成小块租给奴隶或自由民,向他们收取实物或劳役地租和少量租金。奴隶制开始向隶农①制改变。而尚存的小农经济在重赋、官府的压榨下也难以维持生计。农业的衰弱制约了农产品向城市的供应,各行省自身手工业的发展,也减

---

① 隶农,据拉丁文 Coloni 音译"高伦"。罗马奴隶制末期的小块土地佃耕者,其中包括被释放的奴隶,故称隶农。隶农有微薄的家室经济,份地可世袭,但在土地关系上仍依附于庄园主。隶农是中世纪农奴的先辈。

少了帝国各地手工业产品流通的必要性，进而导致了工商业的萧条。① 但是，帝国宫廷和官僚机构的开支依然浩大，节日庆典繁多，挥霍浪费严重，国库空虚。为克服财政困难，帝国政府开始发行劣质货币，从而引起通货膨胀，物价飞涨。城市经济走向衰败。

其次，政治的奢靡与混乱。公元 3 世纪时，皇帝的宫廷、官僚体系、军队都已扩展到前所未有的程度。为了维持这套膨胀中的国家机构，帝国政府开支巨大。公共庆典挥霍无度。据统计，公元 1 世纪时罗马全年的节日为 66 天，公元 2 世纪时增加到 123 天，公元 3 世纪时则增至 175 天。在节日里，歌舞升平。演出奴隶角斗、斗兽、戏剧、模拟海战和骑战等，所有开支皆由国库支出。为此帝国政府不得不采取竭泽而渔的政策，加大向各地城市摊派税收。政府还常常采用发行劣质货币以应付紧迫的开支。公元 3 世纪初，金币含金量减少了 17%。新的银币，安敦尼币含银量仅 50%。公元 3 世纪中叶，银币用铜铸造，外包一层银，含银量只有 5%，有些甚至只有 2%。劣质货币的发行必然造成通货膨胀，而足值的旧币则被收藏保存，更影响了货币流通。同时，罗马上层统治纷争激烈，帝位更迭频繁，从 235 年起，50 年间先后登位的有 20 多人，有时一年内要更换 4 个皇帝。中央政权瘫痪，地方势力则称雄割据，帝国政局一片混乱。在政治与社会灾难面前遭受重创的自然是人民大众，他们的处境极度恶化。公元 3 世纪中叶鼠疫的再度流行，造成罗马人口大减，使危机的帝国更是雪上加霜。

在经济、政治危机和人口资源锐减的多重压力的同时，帝国外部的日耳曼人和波斯人开始突破罗马原有的防线，向帝国境内蔓延；境内阶级与民族关系紧张，民众起义不断，先后有公元 273 年的罗马造币工起义；263 年的西西里奴隶战争；小亚细亚、北非的暴动等。其中规模最大、时间较长的暴动，应该是高卢的"巴高达运动"，它持续了 200 余年。

盛极一时的帝国处于风雨飘摇之中。

2.帝国全面崩溃

284 年，近卫军长官戴克里先（Diocletian，约 243—313）取得了帝国政权，罗马进入后期帝国时代。戴克里先废止了元首制，正式采用君主制。为挽救帝国危亡，戴克里先实行了一系列的改革。在行政方面，他把帝国分成 4 个部分，由他和 3 个助手分别统治，即所谓的"四帝共治制"，旨在克服帝国的分裂倾向。在财政方面，开始实行新的税种，农村征收土地税和人头税，对城市居民则单征人头税。

但好景不长，305 年戴克里先退位后，新一轮的王位争夺战开始了。306 年君士坦丁（Constantine，约 280—337）做了西部的皇帝，并于 323 年掌握了全国政权，不久他废除了"四帝共治制"，重新对帝国进行统一管理。由于当时帝国的经济文化中心已移向东方，330 年君士坦丁把东方的拜占庭作为帝国新都，并命名为君士坦丁堡。

---

① 几乎与此同时，罗马东部地区城市生活和手工业技术更加发达，贸易规模也大大超过西部。

戴克里先和君士坦丁的改革,虽然暂缓了帝国的崩溃,但不能解救帝国的危机。395 年,帝国正式分裂为东、西罗马帝国,统一的罗马帝国最终只成了人们的一种记忆。

这一时期,对后世影响较大的是帝国的宗教政策。公元 1 世纪,帝国境内的巴勒斯坦犹太省出现了一个犹太教的异端派:基督教。以耶稣为首的基督教派在传道的过程中,一直受到罗马政府的打击和犹太教正统派的排挤。为稳定帝国基础,振作日益颓废的公民精神,君士坦丁皇帝作出了向基督教妥协的姿态。313 年他在米兰发布敕令,承认基督教的合法地位,归还没收的教会财产。从此基督教成了帝国的官方宗教。帝国后期,动荡的社会和日常生活的不确定性,使越来越多的人转向宗教以寻求安慰。因为基督教带来了救世主,并在平民百姓感到无所归依、为生活所抛弃时,得到了友谊和幸福天堂的许诺。皇帝狄奥多西(Theodosianus,379—395)在位期间,基督教被尊为国教。但结果却未遂所愿,他们只是延缓而不能避免帝国的灭亡。

从 406 年起,西部罗马的皇帝们已无力阻止来自高卢、西班牙和非洲的法兰西人、勃艮第人、西哥特人和汪达尔人的长期的大规模入侵。

与此同时,帝国内部的奴隶和隶农起义更加如火如荼,巴高达运动重新高涨,进一步发展成为声势浩大的农民战争,致使罗马对帝国西部统治趋于瘫痪。在北非则爆发了"亚哥尼斯特"(意为"战士")运动。大规模的起义所导致的社会混乱,使帝国不堪一击。410、450 年,"蛮族"人曾两度洗劫罗马。476 年,西罗马最后一位皇帝罗慕路在日耳曼雇佣军军官奥多亚塞(Odoacer,434—493)的逼迫下退位,标志着西罗马帝国的灭亡。

3.罗马衰亡的原因

罗马帝国尽管经历了两个世纪的和平与黄金时代,但 3 世纪时还是走向了衰落,可见文明与社会都没有永远繁荣昌盛的道理。4 世纪中叶,罗马内部的隶农、奴隶和平民起义不断,驻扎在边疆的日耳曼民族从大肆骚扰边境直至大举入侵,使帝国受到极大冲击,最后被日耳曼人所颠覆,继而拉开了西欧封建时代的序幕。

关于罗马帝国灭亡的原因,长期以来,史学界争论不休,至今没有定论。代表性的观点主要有三种。第一种认为,给罗马帝国以最后一击的是日耳曼人的入侵,西欧在从奴隶社会向封建社会这一根本性变革过程中,决定的力量应是入侵罗马的日耳曼各族。第二种认为,帝国灭亡的决定因素是帝国内部奴隶和隶农的起义,日耳曼族的入侵,对帝国的灭亡起着推动作用。第三种观点认为,西欧从奴隶制向封建制过渡的决定力量是罗马的生产力的发展,但日耳曼因素也不可忽视,两种因素相互影响与综合,导致西欧从奴隶社会向封建社会转变。

我们认为,罗马社会发展到后期,内部已经出现了许多封建因素,小农破产、隶农制出现,奴隶制度日见衰弱,从而对外部的"蛮族"入侵缺乏抵抗力。政治动荡,内战不断,使罗马社会经济衰落。就政治统治而言,罗马帝国尽管有着较为全面的政治、法律制度,但其缺陷也是明显的。比如缺乏明确的皇位继承法。当政皇帝去世,尤其是突然去世,往往缺乏合法的继承人而导致内争;另一个缺憾是没有让足够的人民参与政府工作。帝国中大多数居民已不像共和国时代公民那样参与政治,帝国大而无当,对他们来说已没有切身的体认,外邦人对国家的兴衰无动于衷,更不用说效忠罗马。公民精神的衰弱是罗马社会衰弱的缩影。

帝国后期最大的经济危机是奴隶制衰弱和劳动力短缺。直到图拉真皇帝(98—117)时期,罗马的奴隶制一直是靠战争和对外征服提供新的奴隶来源来维系的。但对外征服终有偃旗息鼓的一天,经济衰退也使帝国无力举战。于是奴隶来源枯竭,而奴隶主又不愿在生产技术上投入精力和财力,罗马农业衰退,最终导致社会经济基础瘫痪。另一方面,人力资源的短缺和自耕农的破产也使罗马兵源不足,从而在与日耳曼人的战争中处于劣势。

最后,帝国本身就存在着一些分裂的倾向。帝国独特的地理疆域,使帝国貌似强大,实则存在着分裂解体的隐患。地中海地带明显有两个中心,即以希腊文化和希腊语言占主导地位的东部和以罗马文明和拉丁语占主导地位的西部。尽管东部的经济文化比西部更加活跃,但在政治上却受制于西部。恺撒征服的高卢卢瓦河以北地区和奥古斯都征服的多瑙河地区,经济欠发达,人口不足,城市稀少,是帝国的边疆,不仅与中心地区缺乏联系,且文明的基础也不深厚,使得"蛮族"最早在这里突破。

第五节　罗马文化及其特点

罗马文化在西方文化中具有承前启后的意义。它一方面继承了希腊的理性主义、人本主义传统,并在其深层的精神文化上与之共鸣[1],另一方面,罗马文化也显示了伟大的创造力,世界主义的宽容心态,独特的罗马体制和法律制度,都是"罗马性"的某种体现。

可以认为,西方的古典传统源于希腊,发扬光大于罗马。罗马是西方古典文明的高峰。

一、奥古斯都的文化政策

罗马文明的黄金时代是早期帝国时期(前30—2世纪末),这一时期也是罗马历史上少有的和平时代,尤其是屋大维·奥古斯都(前30—14)在位时期,罗马经济发展、文化空前繁荣,被称为"奥古斯都时代"。

屋大维·奥古斯都是一位励精图治的皇帝。在推动罗马经济发展的同时,屋大维致力于文化发展,实行了一系列文化政策,使罗马文化进入了前所未有的发展阶段。

大张旗鼓地推行澄清风俗运动,提倡简朴正直的社会风尚。奥古斯都登基之时,人口逾百万的罗马城世风日下。为整顿风纪,奥古斯都极力恢复传统宗教信仰和质

---

[1]　例如罗马文化中的质朴务实的精神,就是一种理性精神。

朴保守的古老风俗,并从正面提倡重视家庭古风,要求并下令公民过正常的家庭生活,先后颁布了《朱理亚反通奸法》、《朱理亚婚姻法》等法令与政令,以严刑峻法力纠时弊。

大兴土木,建设罗马。奥古斯都曾经立下誓言,要让石头的罗马城变成大理石的罗马城。在位期间,奥古斯都主持修复和新建了近百个神庙,罗马广场的扩建工程无论在当时后世,都算得上是举世瞩目。改建后的罗马广场更显得气宇轩昂。环顾四周,庙宇林立,拱廊环绕,纪念碑、纪念柱及各式雕像穿插其间,雄伟壮丽之余更添富丽堂皇。此外,奥古斯都还关注公共设施的修复扩建,道路、桥梁、引水渠等工程相继完工,使罗马的市政建设堪称古代世界的最高水

圆形剧场

平。由罗马城通向帝国各行省的道路也相继开通,"条条道路通罗马",说的就是这一时期的史实。

对文学艺术的扶持与鼓励。奥古斯都深知宣扬帝国声威、体现世代更新的最好形式是文学艺术,故对此十分重视。罗马文学的发展尽管在恺撒与西塞罗时代已打下了相当的基础,但奥古斯都时代文学艺术的繁荣也与奥古斯都本人督促、关怀、扶持甚至审查和管制有很大的关系。据说奥古斯都与当时著名诗人维吉尔、贺拉西、史学家李维等都有深厚的友谊,有时还自己写诗撰文,附庸风雅。奥古斯都提倡文学作品弘扬和歌颂民族传统、乡土情调和爱国精神。有学者认为,民族传统的含义是要使拉丁文学在水平上达到可与希腊相比之下的同时,建立起自己完整的体系和独立的风格;乡土情调则是对罗马文艺反映意大利本土特色的要求;爱国主义是强调以罗马民族的丰功伟绩教育公民群众。[1] 这三个方面的意图在决定罗马艺术的精神风格方面有着不可估量的影响。

二、罗马的文化成就

罗马文化是在吸收希腊文化和东方文化的基础上发展起来的,并对西方文化产生了深刻的影响,其高超的成就在世界文化史上也占有重要的地位。

罗马文学在其形成过程中,深受希腊文学的影响。共和时代较著名的诗人和剧作家有安德罗尼库、尼维阿斯和普劳图斯。安德罗尼库首次将《荷马史诗》译成拉丁文。尼维阿斯则是第一位拉丁诗人,写作了第一部罗马史诗《布匿战争》和历史剧《罗慕路》。普劳图斯(Plautus,约前254—前184)一生写有许多生活剧,最著名的喜剧有《孪生兄弟》和《一坛黄金》等,体现了作者对社会、财富的批判。共和时代最著名的

---

[1]　参见朱龙华:《罗马文化与古典传统》,杭州:浙江人民出版社1993年版,第165页。

拉丁散文作家则推大伽图(Cato the Elder,前234—前149)、西塞罗和恺撒。大伽图也是罗马早期的政治家、农学家,一生博学多才,是拉丁散文文学的鼻祖,其代表作品有《创世记》《论农业》等。西塞罗也是罗马著名的演说家。他留下了58篇完整的演说辞和大量的书信和作品。西塞罗的散文很多是政论演说,其语言犀利、逻辑严密,是拉丁散文的典范。

罗马文学的黄金时代是奥古斯都时期,当时出现了维吉尔、贺拉西和奥维德三位著名诗人。维吉尔(Vergil,前70—前19)的作品大多是歌颂罗马、赞扬帝国制度,深受屋大维的欢心,被誉为桂冠诗人。他的诗歌对文艺复兴时期的欧洲也有极大的影响。《牧歌》、《田园诗》和史诗《埃涅阿斯》三部作品是其主要代表作。其中《牧歌》的风格和韵律都很优美,是罗马有史以来能听到的最富旋律美的六行诗。贺拉西(Horace,前65—前8)著有《讽刺诗集》、《长短句集》和《颂歌》等作品,其中《颂歌》被誉为罗马抒情诗的典范,对西方文学产生了较大的影响。奥维德(Ovid,前43—约17)的诗歌则以爱情题材为主。他的代表作是《变形记》,该书以希腊和罗马神话为题材,具有较高的文学价值,也为后世留下了一部研究古代西方神话的辞典。

罗马史学也较发达,共和时期最著名的史家要数波里比阿(Polybios,前200—前118),他的《通史》(40卷)描写的是布匿战争时期的历史,现存仅5卷。帝国时期的著名史学家有李维、塔西佗、普鲁塔克和阿庇安等。李维(Livius,前59—后17)的《罗马史》,塔西佗(Tacitus,约55—约120)的《编年史》《日耳曼尼亚志》,普鲁塔克(Plutarch,约46—126)的《希腊、罗马名人传》,阿庇安的《罗马史》等,都存有大量珍贵的史料,是西方不朽的史学名著。

罗马哲学虽然起步较晚,并深受希腊哲学的影响,但不失为罗马个性。帝国时期较有影响的唯心主义哲学家塞涅卡(Seneca the Younger,前4—65),他从哲学的角度介入伦理学问题,著有《论天命》《论智者不惑》《论幸福》《论宽恕》《论道德》等,提倡宿命与禁欲,认为天命、命运主宰整个自然界,对日后罗马宗教的发展不无作用。

罗马的建筑艺术颇具成就。神庙、圆形剧场、浴池、凯旋门、纪念柱等,都是建筑艺术的杰作。其中,最著名的建筑物是屋大维时代修建、哈德良(117—138)时代重建的万神殿,代表了古代神庙建筑艺术的最高成就之一。罗马剧场建筑的典型则是公元1世纪晚期修建的哥罗赛姆大剧场。最壮丽的凯旋门是提图斯凯旋门,此门是为纪念战胜犹太人凯旋而建,门上的浮雕刻画着当年提图斯出征犹太人胜利的情景。

注重实用是罗马文化的个性,因此罗马在农业科学、地理学、天文学有很多建树。大伽图的《论农业》是人们研究当时意大利农业经济发展状况的宝贵资料。托勒密(Ptolemy,约90—168)的《天文学大成》(13卷),论证了大地为球形,是宇宙的中心,其他天体环绕地球运动,并叙述了太阳、月亮和行星运动的规律。托勒密的天文学体系主宰西方世界近千年。

三、罗马人的生活方式

由于地理条件和生产方式的影响,罗马以农业立国。长期的战争,也造就了罗马人好斗的特性。因此,罗马人的精神特质是农夫—士兵精神的结合。罗马人崇尚的品质是诚实、节俭、坚忍、勇气、服从与献身。

罗马人的生活方式很大程度上受其生命与价值观念的影响。早期的罗马人信奉斯多噶主义①,提倡简朴、顺从自然的生活观,加之受生产力水平的限制,整体而言,罗马人生活方式较为古朴。帝国后期,罗马人的生活才日益奢靡。

衣:罗马人的衣着比较简朴。一般的罗马人只有一袍一衣。罗马袍子大多以一大块半圆形的衣料缝制,圆心开口,披在肩上,任两边自然下垂。衣通常是短袖内衣,由单幅衣料开个圆口,形似现今的 T 恤,长及膝,腰上系带。帝国时代,东方式的长袖袍子开始流行,用料也日益讲究,如东方的绫罗绸缎,小亚细亚的毛呢,埃及的轻纱,高卢的厚布,西班牙的皮革等,但其奢华程度仍难以与东方宫廷的艳丽相媲美。

食:传统的罗马一日三餐也比较简单。早餐通常是面包加乳酪,午餐是面包或麦粥,加上肉、水果等,晚餐则较为丰富,通常有三道菜,首盘有蛋、蔬菜,主盘有烤肉、烧鸡,尾盘则有鱼、虾。帝国时代宫廷开始吃天下珍肴美味,包括爱琴海的孔雀、小亚细亚的松鸡、希腊北部的羔羊、埃及的椰枣等。所缺的恐怕就是中国的熊掌、猴脑、燕窝、蛇肉了。

古罗马十分重视家庭与家族生活,家族是社会的基本单位。家族即指"自由的罗马公民与他同甘共苦的妻子,还有他们的儿子和合法的儿媳及他们的未婚女儿和孙女、以及家中各人所有的财物",在"罗马公民的心目中,人生的目的和精髓就在于自有家室和儿孙满堂。人死并非祸患,因为死是必然的,但一个家族或一个氏族绝灭却是一场灾难"。②所以,为了避免这一灾难的发生,罗马法律允许合法地收养他人的子女作为自己的子女。古罗马时代的婚姻实行一夫一妻制,法律规定了结婚年龄,男性必须年满 14 岁,女性必须年满 12 岁。但是在现实生活中,还是有大量不到法定婚龄就结婚的妇女。罗马人是一个务实的民族,也是一个浪漫的民族。奥维德可以说是罗马人的恋爱导师,他的长诗《爱经》专门教导人们如何去爱。与希腊一样,罗马社会也不排斥同性恋。罗马史专家、英国历史学家爱德华·吉本(Gibbous,1737—1794)在《罗马帝国衰亡史》中提到,罗马帝国的前 14 个皇帝中,除 1 人外,其他的或是同性恋,或是双性恋。对此,社会也不认为构成什么道德问题而给予默认。

罗马的民居一般是四墙围成的方形小院,房屋靠四边安排,中央辟一方形小天井。富家的别墅则比较高级,有自来水直通住所,甚至还装有暖气。

---

① 斯多噶为希腊文 Stoikoi 的音译,意为画廊。该学派为公元前 4 世纪芝诺创立于雅典,后传入罗马,成为古罗马衰落时期的宗教唯心主义学说。

② 特奥多尔·蒙森:《罗马史》(第一卷),北京:商务印书馆 2010 年版,第 63 页。

四、罗马文化的特点

罗马文化在吸收和继承希腊及周边文明的优秀成果的基础上,结合罗马社会的特点,不断地发展与创新,形成了自己的文化特色。"希腊的科学,罗马的技(艺)术"这一俗语,很好地概括出了罗马文化特点:注重实际,讲求实效。

罗马帝国是从一个小村庄发展到城邦共和国,继而扩张成一个大帝国的。这条独具特色的帝国之路,构成了罗马文明的重要特征之一。城邦共和国时期的罗马,在政治体制上可以说是对希腊的承袭,塞尔维乌斯改革、五百人院、元老院、执政官、保民官制度等,使得罗马有着与希腊相似的社会政治体制。但罗马毕竟不是希腊,内外的压力和斗争的需要,把罗马造就成了一个大帝国。为实现对辽阔疆域的有效统治,罗马孕育出了既不同于希腊更不同于东方的政治体制。如历史学家波利比阿所推崇的那样,罗马体制是集民主、王权、贵族三合一的混合政体。三者互为牵制又有合作,从而保持了政治的稳定。① 因为这种独特的体制,尽管帝国存在几百年,但人们的集权意识淡薄,相反始于希腊社会的公民意识却依然牢固。

从罗马的社会政治体制,可以看出罗马人务实的风格。实用、有效的政体就是最好的政体,因此奥古斯都建立帝国时,仍可以保留着共和时期的体制,而只对此作必要的修改与调整。罗马法律的产生与发展,同样也体现了罗马高超的应变能力和现实主义精神。

由政治及于文化,我们同样可以看到罗马人质朴务实的精神。罗马兴起之初,受希腊及周边文化的影响,罗马对于外来文化的态度是开放和宽容的。罗马人最先接受的文化是伊达拉里亚文化,伊达拉里亚人的工程建筑、生产技术和工艺风格以至典章礼仪,皆对罗马有很大的影响。例如,工程务求坚固实用,美观尚在其次;城市设施比较注意引水工程,军事设施强调营寨的建设和道路的修筑等,就有伊达拉里亚文化重视技艺的影子。这种文化学习也有助于罗马质朴务实的民族精神的养成。

如前所述,罗马精神是农夫—士兵的精神。在农业生产方式下的罗马人也敏锐地认识到,在人类之外存在着单独或集体的"力量"(Power),对此绝不可忽略并且必须服从,否则将会招致灾祸。与这种力量"心甘情愿的合作带来了一种献身观念"②。于是乎,罗马人承认诸神的特权,服从父母、长辈和国家的权威,满怀"恐怖"与仁厚之心对待公共利益,忠诚于城邦与帝国。

公元前 3 世纪,罗马人开始征服希腊的同时,也把文化学习的眼光投向了那里。罗马的政治制度、宗教思想都与希腊有着相通之处。由此,在希腊和罗马文化的背后,隐藏着丰富的文明源泉和深刻的历史经验。如果没有这些,后世的西方文明将是不可想象的。

---

① 参见朱龙华:《罗马文化与古典传统》,杭州:浙江人民出版社 1993 年版,第 31 页。
② R. H. 巴洛:《罗马人》,上海:上海人民出版社 2000 年版,第 2 页。

第二编　神光下的中世纪

中世纪(Middle Age)这一名词，由文艺复兴时期意大利著名诗人彼特拉克首创。按他的原意，古代希腊、罗马时期是一个美好的黄金时代。但从西罗马帝国灭亡及日耳曼族入侵后，西方世界即进入了一个政治分裂、经济落后、文化愚昧的时代。在这一时期，人们被宗教及僧侣所宣扬的来世及天堂所蒙蔽，对现实社会和实际知识的奥秘毫无兴趣；人们关心的只是如何躲过今世的苦难和地狱的折磨，现实的一切乃是进入另一个世界的前奏与依据。这是一个黑暗的时代，是现代①和古典黄金时代的一个中间期，即中世纪。后来学者们据此把公元4—14世纪的西欧历史发展，划称为中世纪。

在以往的一些西方学者看来，中世纪是欧洲文明的耻辱。教会专制，文化单一，戕害人性。现在已经有越来越多的人改变了这一看法。的确，我们不能苛求历史。事实上，西方中世纪社会仍处于不断的发展之中，只是发展速度没有公元16世纪以后那么快。其中一些在"彼特拉克们"看来羞于一提的因素，如政治上的割据，落后的庄园经济制度等，也对日后资本主义的萌芽与发展起了一定的作用。公元11世纪以后，随着城市的兴起，市民文化的涌现，更使西欧人的精神文化获得很大的提升。

---

① 彼特拉克认为他所处的时代是现代(Mordent Time)。

大事年表

486 年	法兰克墨洛温王朝开始
6 世纪初	克洛维建立法兰克王国
529 年	《查士丁尼法典》完成
7 世纪初	不列颠七国时代开始
756 年	教皇国建立
800 年	罗马教皇为法兰克王查理举行皇帝加冕,称查理大帝
9 世纪早期	统一的英吉利王国形成
843 年	凡尔登条约,查理曼帝国分裂,近代法兰西、德意志、意大利三国的雏形出现
962 年	神圣罗马帝国建立
1054 年	基督教东、西教会彻底分裂
1066 年	"征服者"威廉征服英格兰
1073 年	格利哥利七世当选教皇,皇帝和教皇间的斗争开始
1077 年	卡诺莎事件
1096—1291 年	十字军东侵
1100 年	欧洲第一批大学建立,城市文化兴起
1215 年	英国"自由大宪章"
1265 年	英国首次召开议会
1266—1274 年	中世纪神学家,经院哲学家托马斯·阿奎那在世
1302 年	法国首次召开三级会议
1337—1453 年	英法百年战争
1347—1374 年	鼠疫流行病在欧洲蔓延,人口锐减
15 世纪后半期	英法成为中央集权国家,英国圈地运动
1492 年	哥伦布到达美洲,发现"新世界"

第三章

"蛮族"登上舞台:封建国家诞生

　　西欧早期封建国家是由日耳曼人建立起来的。公元 3 世纪前后,随着罗马帝国的衰弱,其周边的日耳曼各部落乘虚而入,他们最终攻破帝国的西部防线(以公元476 年罗马西部皇帝退位为标志),在现今的西欧地区建立了新的家园。不过,由入侵而建立起来的一系列日耳曼人的新国家,既非罗马式更非纯日耳曼式,而是两种因素混合而成的一种新模式。西方文明因此而更具特色。

第一节　欧洲民族大迁徙

一、日耳曼古代社会

　　日耳曼人属雅利安人种,是欧洲的古代民族之一。据称,最早使用"日耳曼人"这个词的是希腊历史学家波希多尼。在恺撒的《高卢战记》中也将所有莱茵河以东的民族统称为日耳曼人。

　　公元前 5 世纪起,日耳曼人以部落集团的形式分布在北海和波罗的海周边的北欧地区。公元前后,他们已分化成若干部落[①],包括斯堪的纳维亚人、条顿人、朱特人、汪达尔人、哥特人、法兰克人、勃艮第人、盎格鲁撒克逊人等,尽管他们有着相同的血缘和习俗,但彼此间常常相互对抗,有时也联合起来,与罗马军队交战。

　　关于日耳曼人古代社会的情况,可依的资料是罗马史家塔西陀于公元 98 年写的《日耳曼尼亚志》。当时,日耳曼各部落均处在原始社会向阶级社会过渡的时期,森林和牧场是公有财产,耕地原则上归集体所有,但已分派给个体耕种。

古代日耳曼人

──────────

　　①　公元前后,日耳曼人主要分为东、西、北三支,东、西两支辗转迁徙,北支仍留在北欧。

公元 150 年后，日耳曼人不再流动，有了定居的村落，知道用木头盖房子，屋里涂以油亮的粘土，挖有藏东西的地窖。农业比恺撒时代进步，但只种谷物，还没有菜园和果园。畜牧业仍占重要地位，他们常以畜群的多寡相夸耀。能制造金属器具和带轮子的车。人们以兽皮为衣，但妇女已能穿上带有紫边的亚麻布衣裳，说明已能织布。也有轻便的铁制武器。在靠近罗马帝国的地区，日耳曼人也使用罗马货币进行交换。

日耳曼男子喜欢冒险，常常外出掠夺，不愿耕种土地，也不愿从事平凡的劳动。日常的劳作大多由妇女、老人等担当。日耳曼人信奉"英雄"式的个性精神与生活态度：好战、勇敢、忠诚、重视荣誉、慷慨、挥霍。家庭中实行严格的一夫一妻制。

公元 1 世纪初，日耳曼部落的社会结构以自由人——武士为基础，但已经有了阶级分化。日耳曼社会主要由三大部分组成，最上层为世袭贵族，通常是大地主。大多数日耳曼人是自由民，一般拥有自己的小块土地。最底层是即非自由民又非奴隶的阶层，其处境与罗马帝国的隶农相似，是中世纪盛行于西欧的农奴的先驱。由于长年战事不断，部落酋长、军事首领和扈从队长的地位和作用显著提高。他们开始脱离生产，占有优良土地，获取更多的财富。

部落的主要权力来源于自由民大会。指挥作战的军事首领，或"王"则由大会选举产生。青年人经过正式仪式便获得了佩剑的权力，中世纪由扈从晋升为骑士的仪式就源于此。在日耳曼部落中，每位杰出的首领都有扈从，他们战时守卫在领袖身边，效忠他，服从他；首领则向他们提供武器、给养及战利品。这种制度有助于后来封建制度的形成，因为西欧封建制度的基础之一便是骑士对封建领主的忠诚。

在日耳曼各部落中，定居在莱茵河沿岸的法兰克人，最早完成了从畜牧业向农业的过渡，人口和总体实力的增长也最快，因此他们在日后西欧封建制度形成过程中担当着重要的角色。

二、欧洲民族大迁徙

公元 3—6 世纪，欧亚大陆普遍遭受了游牧民族的入侵。历史上，游牧民族迁移的方向一般是自东向西，因为欧亚大草原的地理坡度使西部水源较充足，土地更肥沃，从而吸引着逐水草而居的游牧民。当时游牧民族的侵略路线主要起自中国北部及蒙古地区，沿着横贯欧亚大陆北部的草原走廊，止于中欧匈牙利平原，然后以匈牙利为基地，袭击周围欧洲各地区。

游牧民族同周围文明中心的互相交往及影响的日益增进，是导致其入侵的基本原因。随着游牧生活向农业生活的转变，人口增长及经济、军事力量的增加，一旦游牧民族周边地区（属农业文明）稍有衰弱的迹象，总会激起他们入侵的欲望。当然，农业民族对游牧民族的入侵也通常进行着顽强的抵抗。公元 1 世纪，"匈奴"在中国长城前的失败而被迫西迁，最终促成了欧洲和非洲的民族大迁徙。

匈奴（hun，义为破坏者、野蛮人）是发祥于中国北方蒙古高原的一个古老的游牧民族,夏称"熏育",商称"鬼方",西周称"猃狁",春秋称"戎""狄",至秦汉始有"匈奴"之称。为掠夺人口和财富,匈奴四处攻掠,一直为中国中原之大患。秦朝时中原筑长城以御之。汉高祖刘邦转而反击匈奴,在白登山被困七日后,无可奈何转而和亲。至汉武帝时,卫青、霍去病大败匈奴,边患暂解。公元48年,匈奴分裂为南北二部,南部归附汉朝,北部继续与汉为敌。东汉明帝时,窦宪、耿秉率军大破北匈奴,单于率部向西逃窜,开始了匈奴西迁的漫长的历史征程。

历史上说的"匈奴西迁"是指匈奴人由于遭到中国东汉王朝的不断打击,由北单于和大贵族率领一部分部属约20万人,于公元91年离开漠北,向西方迁徙的历程。辗转迁徙,至4世纪匈奴经中亚细亚到达东欧。374年,在匈奴王巴兰姆伯尔的率领下,匈奴人越过顿河,侵入东哥特人领地。451年,匈奴人在其首领——号称"上帝之鞭"的阿提拉(Attila,?—453)的率领下,以匈牙利为基地大举挺进西方,兵临罗马城下,经过教皇利奥一世的苦力周旋,匈奴人在获得财帛之后即撤出意大利。

匈奴这支具有冲击力的队伍的向西倾斜,导致了原居住在中东欧的日耳曼人的向西大迁移,由此触动欧洲民族大迁徙的多米诺骨牌。日耳曼人渡过奥克苏斯河、多瑙河或莱茵河,向罗马帝国边境渗透。历史上也习惯于把这次亚欧游牧民族的大流动,称为"欧洲民族大迁徙"。

公元3—4世纪时,日耳曼人开始逼近罗马帝国边境,他们经常进攻罗马的边防军。罗马帝国政府则采用"以夷制夷"的策略,雇用日耳曼人充当边防辅助部队,一些日耳曼将帅还当上了罗马军队的指挥官,结果反而使日耳曼人在罗马军队中扎下了根。到公元4世纪时日耳曼人竟然成为罗马军队中的重要组成部分。4世纪后期,日耳曼人对罗马帝国的缓慢渗透逐渐为急风暴雨式的大迁徙所取代。因为当时扎根于匈牙利平原的匈奴人再次西移。匈奴凶猛强悍,骁勇善战,个个都是优秀的骑手,来时排山倒海,去时十室九空。372年匈奴人击败了阿兰人[①],374年渡过顿河,侵东哥特领地,东哥特兵败,头领自杀。375年,匈奴人与西哥特人交战。西哥特领袖阿山那里克溃败,只好向罗马皇帝请求"避难"。获得准许后,376年西哥特人渡过多瑙河,定居罗马境内。这是所有日耳曼人中最早迁入帝国的一支,"蛮族入侵"开始。378年,西哥特人以遭到帝国官员欺骗与辱骂为由,与帝国军队发生冲突。同年,西哥特人在亚德里亚堡战役中大败罗马军队,东罗马皇帝维伦兹也战死疆场。亚德里亚堡一战,打破了罗马不可战胜的神话。

当罗马帝国内部衰落时,日耳曼各部落先后占据了境内各地区的控制权。帝国崩溃后,日耳曼人建立了一系列新国家,成为欧洲新兴文明的基本组成部分。

---

① 居住在东欧黑海北岸和西亚一带的主要居民。

第二节　西欧封建制度的形成

一、日耳曼王国的建立

日耳曼民族的大迁徙使西欧历史发生了极大的改变。410 年，西哥特人再次洗劫罗马城，而后北上进军南部高卢和西班牙，汪达尔人则渡过直布罗陀海峡直取非洲。在西罗马帝国的最后岁月里，除了意大利地区外，帝国的其他部分相继落入日耳曼血统的军事冒险家手里，皇帝实际上成了傀儡。公元 476 年，西罗马统帅日耳曼籍军官奥多亚塞逼迫皇帝退位，推翻了西罗马帝国，结束了这出滑稽剧。一种新的国家形式就此诞生。

西欧早期封建国家是由日耳曼民族在西罗马帝国的废墟上先后建立起来的。其中，东哥特人占据了意大利和西西里岛，建立了东哥特王国。西哥特人占领了西班牙和高卢南部，并在那儿建立了西哥特王国。法兰克人则在高卢的中、北部建立了法兰克王国。汪达尔人建立的王国版图主要包括北非西部沿地中海一带及撒丁岛和科西嘉岛。勃艮第王国的势力范围主要在高卢东南部。盎格鲁人和撒克逊人则渡过海峡，在不列颠定居下来，并迫使当地的克尔特人退到不列颠西部或渡过英吉利海峡移居到现法国的西北部。[①]

公元 4—6 世纪相继建立的各日耳曼王国，其政治、经济制度和社会结构与罗马帝国大相径庭，社会发展水平低下，加之战乱不断，欧洲文明发展的步伐明显地放缓了很多。

二、封建制度的确立

公元 5 世纪，西罗马帝国灭亡和日耳曼王国相继建立，标志着西欧进入了封建社会。封建制度在西欧的形成和发展，是罗马奴隶制生产关系没落和日耳曼原始社会瓦解两者有机结合的产物。在各日耳曼王国中，法兰克王国[②]的实力最强，封建化[③]的过程也较为典型，并对欧洲近代国家的形成有重要影响。

法兰克人是日耳曼人的一支，原住在莱茵河的下游。法兰克在高卢语中有"勇敢""正直""自由"之意。3 世纪时，法兰克人开始越过莱茵河进入高卢。486 年，法兰克人的一支，萨利克人(Salian Franks)的军事首领克洛维(Clovis，481—511)联合其他部落在苏瓦松击败罗马军队，征服了卢瓦尔河以北的高卢地区，为法兰克王国的建

---

① 从此，法国西北部被称为"布列塔尼"，意即"小不列颠"，至今不列颠西部和布列塔尼尚有克尔特人的后裔。

② 法兰克王国从 486—843 年，历时 360 年，经历了墨洛温和加洛林两个王朝。在查里曼统治时期(768—814)，法兰克王国达到鼎盛。843 年，法兰克王国一分为三，逐渐发展成为后来的德、意、法三国。

③ 指一切前封建性的因素向封建因素的转化。

立奠定了基础。此后，克洛维东征西讨，到他晚年，占据了高卢全境，法兰克成为当时西欧最强大的日耳曼王国。由于克洛维出生于墨洛温家族，历史上将他开创的王朝称为墨洛温王朝。克洛维获得成功的原因是较早地皈依了基督教①。这不仅使他赢得了教皇的支持，而且也得到了当地高卢——罗马人的认同与援助。

　　不幸的是，克洛维死后，其子孙们为争夺王位，展开了长期的内讧。公元6—7世纪的高卢在墨洛温王朝的统治下，几无和平，经常是一片混乱状态。这种社会成为扈从团体尤其是武装扈从成长的理想环境。开始，扈从队由一群自由武士组成，自愿效力于一位首领并为首领的利益而战。国王的扈从称为"亲兵"，"亲兵团"可以被视为是国王的武装伙伴，享有很多特权。② 至公元7世纪中叶以后，法兰克宫相专权，国王游手好闲、无事可做，称为"庸王"（也称"懒王"），史称"庸王时期"（639—751）。"庸王时期"的宫相查理·马特（Clarles Martel，714—741），是个雄心勃勃的人物，"马特"意即"铁锤"。他所进行的改革，对法兰克封建制度的形成具有开创意义。

　　查理·马特上台时，法兰克王国面临着一系列的内忧外患。克洛维时期实行的无条件赐地制度逐渐暴露出它的弊端，天长日久，国王已无地可赐。无条件赐地制度不仅在经济上削弱了王权，而且在政治上也造成了地方坐大和封建割据。与此同时，外族包括日耳曼其他部落和阿拉伯人不断入侵，严重威胁着法兰克墨洛温王朝。

　　为应付来自各方面的危机，查理·马特一方面进行了采邑③改革，即将无条件的赐地分封制改为有条件的采邑分封制。封赐者称为封君或领主，受封者称为陪臣或附庸。得到封地的臣属必须为领主尽一定的义务，通常是率一定数量的骑兵为领主服兵役。若陪臣不履行义务，封君可以随时收回采邑。陪臣死亡，土地必须交还封君。封君死亡，陪臣应将土地交还给封君的继承者。陪臣的后代如想继承采邑，或陪臣在封君死后仍然想保持原来的采邑都要重新举行封赐仪式。查理·马特的采邑改革建立了以土地关系为纽带的领主和附庸之间的主从关系。此后各级封建主纷纷效仿，也把土地层层分封，从而形成了西欧金字塔型的封建制度。

　　另一方面，为确保法兰克领土的安全，顽强抵抗外族入侵。732年，在图尔战役中，查理·马特打退了凶悍的穆斯林人。从此，阿拉伯穆斯林人向西推进的势头被阻止，图尔战役通常被认为是西欧历史的重要转折点。

　　751年，查理·马特的儿子矮子丕平（Pepin the Short，714—768），废除了墨洛温王朝末代国王，创建了加洛林王朝。④ 加洛林王朝最著名的国王是查理大帝（Charlemagne，742—814）。查理曼一生中的大部分时间是在戎马倥偬中度过，一生中经历的战争有目可数就有50多次。通过一系列的征服战争，查理大帝建立起了一

---

　　①　496年，克洛维率3000亲兵在兰斯大教堂接受洗礼，并重申古罗马法中所赋予的教会的司法豁免权和财产免税权，从而等到教会的支持。

　　②　参见弗朗索瓦·冈绍夫：《何为封建主义》，北京：商务印书馆2017年版。

　　③　采邑就是承担一定义务的封地，或者说有条件的封地。

　　④　丕平的拉丁名字为"Carilus Magnus"，故称"加洛林"王朝。

个幅员辽阔的大帝国,版图西起大西洋,东止多瑙河,南到地中海,北抵波罗的海,囊括了今之法国、比利时、德国、荷兰、瑞士及匈牙利和大半个意大利。史称"查理曼帝国"。800年,教皇利奥三世为他举行称帝加冕仪式,授予他"伟大的、爱好和平的罗马人的皇帝",史称"查理大帝"。

到查理曼帝国时期(768—814),法兰克的封建化进一步发展。查里大帝通过公爵、伯爵、大主教、主教等在全国建立起了直接或间接的统治。如把全国分为若干郡,各郡派有伯爵等官员治理,每年派巡安使视察全国各地;修改蛮族法典,颁布敕令;改革货币,发展经济;创办学校,传播文化,等等。一度使查理曼帝国成为幅员广阔、国力雄厚的国家。为取得贵族的支持,查理大帝在授予贵族们土地的同时,又广泛地授给他们"特许权",即让贵族们拥有自己领地内的司法、行政、军事、财政等权力。慢慢地,"我的附庸的附庸不是我的附庸",土地和官爵变成了世袭,领地成了国中之"国"。于是,日耳曼的廷臣、将军与罗马原有的主教、修道院长和贵族们一起,构成了西欧的封建主阶层。

查理大帝

一般说来,封建制形成、确立的过程为封建化过程,意即在封建生产关系的主导下,各种非封建因素向封建关系的转化。西欧封建化过程一方面是采邑制向世袭领地的"封土"(Feodum)的确立过程,另一方面则是原有罗马帝国的隶农和日耳曼小农逐渐沦为农奴的过程。这两个过程相辅相成,封地与农奴则共同构成西欧封建社会的基本要素。

由于封建混战加之瘟疫、苛捐杂税,致使大批农民破产,沦为教俗封建主的奴隶。一部分尚未破产的自由民,不堪封建主的排挤与压迫,被迫将土地"献给"封建主,以便获得"庇护"。按惯例,庇护者须维持被庇护者的生活,一般采用分给后者一小块土地以自耕自食;被庇护者必须为主人尽各种义务。由于失去土地和人身自由,被庇护者日益沦为依附于主人并被固着于土地的农奴。

约公元9世纪中叶,以法兰克王国为典型的西欧封建制度确立[①],其基本组织形式是封建庄园。庄园大小不等,一般由一个村庄或几个村庄组成。国王、各级封建主和教会的领地都划分为许多庄园,遍布各地。庄园生产的目的是为领主及侍从提供生活资料,维持养家糊口的水平。因而从本质上说,庄园是自给自足的自然经济单位,只有少数庄园不能生产的物品,如盐、铁等,才通过交换取得。庄园的土地一般分为两部分,较好的部分作为领主的自营地,由农奴以服劳役的形式耕种,收获物归领主所有,此即劳役地租;另一部分土地则划为若干小块,作为份地,租给农民,由他们自耕自种自收自用。公元11—13世纪,西欧人口增加,需求增长,也刺激了庄园中商

---

① 西欧封建化过程各地长短不一,法兰克在9世纪确立,而德意志要迟至12世纪才完成。

业活动的展开,尤其是城市兴起后,庄园生产越来越为市场及价格的变化所左右,庄园经济与商品经济的联系日益密切,直至庄园经济解体。

庄园剥削方式主要是地租和各种捐税。地租的形态主要有劳役、实物,具体如筑路、运输、砍柴,向领主交纳家畜、鸡蛋、麦酒、水果,向教会交纳什一税等。随着城市的兴起和货币经济的发展,货币地租开始时兴。

按封建原则,西欧庄园实际上是一个独立或半独立的社会经济实体。庄园中的经济权、行政及司法权都掌握在领主手里,领主对封土上的土地和人民实行着全面的统治。其中庄园法庭①是领主行使其权力的最重要和最经常的手段,一般的民事案件,事无巨细都必须在本庄园提起诉讼。领主或其代理人是当然的法官,参与审理的其他人员一般称"陪审员",他们都是庄园的农奴或其他身份的农民,组成"陪审团"。庄园法庭开庭时,庄园里的人,无论什么身份都须出席,无故不到者,将被罚款。法庭有程式化的诉讼程序和标准的语言,整个审理过程及判决决议一般都被记录在案,它们成了后人了解和研究中世纪社会状况的绝好史料。

三、西欧封建制度的特点

应该说,西欧的庄园领主制与东方的地主制经济是有所不同的。欧洲庄园的土地归领主所有,尽管早先这些土地是国王赐予的,但一旦分封,土地便约定俗成地成了领主的私有财产。封建主分散地掌握着各自的经济权力,庄园各自为政,自给自足。国家(国王)没有统一管理经济的机构和能力,甚至连全面掌握整个王国的经济情况都不大可能。土地原则上不能买卖,直到中世纪后期,这种情况才有所改变。

对应于经济结构,西欧封建社会的政治结构也颇有特性。欧洲的封建制是以封土为基础形成的一种社会制度和政治制度。在这种制度下,有两种最基本的社会关系:一是封君与封臣的关系,继而发展为贵族的等级制;二是贵族与其农奴之间的关系。前者彼此间的关系主要表现为政治关系,后者则主要是经济关系,因为农奴通常提供的是经济方面的义务,且少有政治权利。但不管社会关系属何种形式,其政治制度的基本特征是共同的。

首先,欧洲封建制是在契约的基础上,建立起来的纯粹私人之间的关系。封建主之间,虽然表面上看由于土地和权力分封,造成上级对下级之间的权利和义务关系,构成严格的等级制。但是,这种关系并不是无限度和无条件的。在欧洲典型的封建制度下,不存在君臣之间、统治者与被统治者之间的关系,一切都转化成领主与封臣间(或农奴)的关系。封君对封臣的下属是不能直接行使封建性权力的。14世纪的法国就流传着这样一句格言,"我的附庸的附庸,不是我的附庸"。领主与封臣之间关系的基础是私人性质的契约,双方都须履行各自的权利与义务。其中,领主最重要的

---

① 对应于封建等级制,中世纪法庭也有不同的等级与种类。一般有国王法庭、郡法庭、区法庭等,庄园法庭是其中最基层的司法机构。

义务是保护他的封臣,在封臣行了臣服礼并履行了应尽的义务后,领主不得剥夺其封土,有时还必须奉召出席领主法庭陪审;封臣则必须为领主服军役等,领主与封臣双方如果任何一方未履行其义务,这种臣属关系就可能破裂,这显然不同于东方的君臣关系。

其次,公共权力私有化与政治的独立性。因封建制以封土为基础,所有的权利与义务都与土地相关。某个人拥有一块领地,同时也就享有了这块土地上独立的政治权、司法权、经济权等管理臣民的各项权力。此时,领地拥有者对上级封主有相对的政治独立性。这种政治独立性加之封地和所谓的公职都是世袭性的,公共的义务和私人的权利混在一起,一切都变成了个人私有的东西。君主把国家看作私有领地,把它们分割成许多片,然后分封出去。理论上,国家没有中央权力,甚至连中央机构都没有,因为国家权力也随土地一起被层层分散下去。由于不存在公共权力,也就不存在对公共权力的义务和忠诚。因此,欧洲封建制下不存在国家与忠于祖国的观念。个人的忠诚指向私人,信守对某个人(领主,通常是公爵或伯爵)的誓约和诺言,是中世纪臣民的道德。这又与东方的忠君爱国的封建爱国主义构成差别。

再次,国家与民族非一体性。与东方封建权力结构的国家主权与民族一体性不同,中世纪欧洲是一个只有"领地",没有"国家"的大世界。由于分封制,大小领主都视自己的领地为"私有地",各自行使着司法权与行政权。"国家"在那儿仅是一个地理概念,国家与权力是分离的,因为君主在分封土地的同时也分封了权力。因此,中世纪王权兴起以前的西欧"国家"缺乏中央权力,也没有中央权力的所在地——"首都"。

与国家这种分裂状态相对应,中世纪欧洲"民族"的概念也是十分含混的。从理论上说,因为领地的分封制可以给任何人以领地权,而封地又是独立王国。这样,权力在一个民族内部是分裂的。由于土地分封包括了连同土地上的人,加之联姻、馈赠等,各民族之间就形成了交叉状态。例如,英国国王就曾在法国有 2/3 的领土,虽然他名义上是法国的附庸,但实际上享有 2/3 的法国主权。又如,奥地利的哈布斯堡家族在很长一段时间内同时是奥地利、波希米亚(捷克)、匈牙利的国王和意大利小邦的君主(公爵或伯爵)。中世纪的欧洲人只知道自己属于哪个领主,而不关心这个领主是哪"国"人。君主不分国界,臣民不论民族。分散的封建欧洲由基督教信仰连结在一起,国家权力与民族属性无关。

西欧民族国家的形成最早也在中世纪晚期,像德国和意大利则是在 1870 年左右才完成了统一。

最后,领主和臣属之间的地位相对平等。由于彼此之间是私人间的个人关系,且除了履行各自的权利与义务外,双方之间的关系相对松懈,每个领地所有者都有自己的独立空间。由于缺乏国家统治所特有的强制性,封君和臣属之间双方地位相对平等,一旦双方中的某方违反契约,或彼此发生争执,双方之外没有一个更高权威来对违约行为进行裁判和强制执行裁判,诉诸私人战争来解决纠纷成为一种常见的现象。

可见，中世纪欧洲封建契约关系既承认了贵族的等级特权，也承认了契约双方的某种平等。这种相对的平等与独立性不仅为后来的等级君主制发展，也为代议制民主的出现打下了基础。

公元 11 世纪中叶，随着西欧城市的兴起，以庄园制为基础的自给自足的经济受到挑战。市民力量的兴起，为西欧王权的强大提供了物质和社会的支撑。欧洲封建社会进入了新的发展阶段。

第三节　中世纪人们的生活

一、贵族与骑士

贵族与骑士是欧洲中世纪的一个重要阶层，他们构成了中世纪社会生活的主要方面。贵族，顾名思义就是高贵的宗族，是西欧封建社会的统治阶级。人们一般以封号、出身、权势、职业、土地财富等作为判定贵族的标准。中世纪的贵族主要是原罗马帝国的元老贵族和日耳曼世家大族相互融和的基础上形成的，尤其在封建制确立过程中，大批封建贵族应运而生。根据中世纪政治发展的阶段性，也可以把贵族分为三个时代特性：公元 8—11 世纪的"封建贵族"，主要以采邑制为基础，贵族谱系尚不明确；公元 12—14 世纪的"等级贵族"，等级森严；公元 15—16 世纪的权贵贵族，贵族已不再具有严格等级规定性，一些富裕的市民也通过赎买成了"穿袍"的贵族。

骑士，即职业战斗人员。它源于日耳曼时代伴随王（或部落首领）周围，以战斗为生的军事侍从。公元 10 世纪末在封建关系作用下，为领主看守城堡的骑士阶层才悄然兴起。他们纵横驰骋于疆场，热衷于比武，在贵族淑女面前又是风度翩翩的谦谦君子，给今天的人们留下了许多浪漫的遐想。成为一个骑士，也是中世纪一个男人的最大梦想和最高荣耀。

但是，要成为一名骑士并非易事。据说，对骑士的培养在婴孩出生的那一刻起就已开始。贵族或骑士的儿子一出生就由父亲亲自监督着给孩子洗澡，以示一个真正骑士漫长的训练历程的开始。之后为孩子举行基督教洗礼仪式，寓意他将成为基督骑士。7 岁后，孩子就被送到本地或外地的有名望的骑士或领主家中，接受骑士教育。教学的主要内容有学习宗教知识、日常生活礼仪及一些技巧。长到 14 岁时，成为骑士的扈从，学习骑马打仗的本领，经过几次实战，扈从也就积累了相当的战斗经验与技巧。扈从以一个准骑士的身份学习和服务直到 21 岁，在通过一个所谓的骑士授予仪式后，方才成为真正的骑士。

最初，骑士与贵族分属两个阶层。贵族是作战的骑士，但骑士并不等于贵族。贵族是世袭的土地所有者，不仅拥有大量财富，更有广泛的权利；而骑士则处于贵族与农民之间，是贵族的军事随从，属于低级贵族。公元 12 世纪开始，两大阶层开始相互融合并逐渐形成了具有一定封闭性的、有着严格等级差别的贵族阶层，即公爵、侯爵、伯爵、子爵、男爵的等级系列。

贵族与骑士制度其实表征着一种生活方式。中世纪的政治实际上是贵族政治，贵族是各国政治生活的中坚，只有贵族才有政治生活。参政议政是贵族的特权，他们也优先甚或独占着国家的各级公共职务。在非公法系统中，贵族也是当然的政治领袖，在领地内集公权与私权于一身。

中世纪贵族与骑士的生活是与战争联系在一起的。好战是他们的习性，这或许是因为战争能够充分展示贵族阶级的英雄主义，也能使他们日常单调乏味的生活增添"乐趣"。西欧封建割据，小国林立，稍有摩擦，战端便起。幸好一般战争规模不大，往往是数百或几十位骑士之间的私战。作战时，双方在某一田野排开阵形，相互对垒，在一番言语挑衅后，便开始集体冲锋，接着是捉对厮杀。胜者为主人，败者为俘虏，干脆利落。中世纪规模最大的战争是十字军东侵。英国狮心王查理、法王圣路易、神圣罗马帝国皇帝巴巴罗萨·腓特烈一世（1152—1190）都参加了这场名为讨伐异端的侵略战争。

作战的间歇，贵族、骑士们会进行一些类似战争的游戏来打发时间，如集体比武和个人比武是最经常的活动方式。每次比武大会，都是武士们展示自己的勇气、力量、风度的最佳场合，也是他们向贵妇人大献殷勤，赢得荣誉与爱情的大好时机。当然比武也有失手的时候，如法王亨利三世（1574—1589）就在一次比武中死亡，为亨利四世开创波旁王朝"铺平"了道路。此外就是打猎了。领主与骑士们在狂吠的猎犬的带领下，浩浩荡荡地去周边的林地猎狼、熊等，也是一项极为刺激的活动。

贵族与骑士的衣食住行，也部分折射出他们的生活方式。中世纪，衣着表征着人们的身份与地位，几乎所有国家都对衣着有明确的规定，甚至衣着的长短、颜色都有具体的规定。比如非贵族不能穿金戴银，不能穿丝绒、毛皮等质地优良、昂贵的衣服。农民只配穿黑与灰色。贵族的服饰是华贵的，东方的丝绸和精美的羊毛衣物最受他们的钟爱。黄金、珍珠、美玉等都被当做饰品，贵族们在服装上相互攀比，使它成了财富、地位的象征。贵族和骑士的爱情是最为后人津津乐道的话题。贵族骑士勇敢、宽容、虔诚、举止优雅、风度翩翩以及对爱情的缠绵，是中世纪爱情文学的主题。

在长期的职业军人生涯和社会环境熏陶下，骑士们养成了自己特殊的精神气质和价值取向——即所谓的骑士精神。骑士精神的核心是侠胆忠诚。具体表现为勇敢尚武、光明磊落、崇尚正义。中世纪的决斗就是一个绝好的例子。骑士们或为他们心目中的荣誉和正义，或为各自封主的利益，甚至是为了获取某位贵妇人的爱情，相互面对面地以性命相搏，决一胜负。在惯于权术、深谙韬晦之计的东方封建权贵们看来，决斗是野蛮、幼稚与可笑的行为，而在西方骑士们眼里，决斗则是敢作敢为、光明正大的品质的集中体现。这种明明白白的争斗方式，也影响到后世西欧政治与政治家风格。不同政见的人各自组成自己的党派被认为是正当与合法。

而政治上的敌对也不一定导致私人间的敌视。不像古代东方,结党营私,要受到法律和道德的谴责。

视荣誉为生命,是骑士精神的重要特质。中世纪骑士的荣誉感很强,不许别人侮辱,一旦受辱,他可以要求决斗,而封臣对违命的属下的惩罚,也不得进行人格污辱。这种精神既源于原始日耳曼人自由、平等的社会精神,也是欧洲"个人尊严"的渊源。

公元11、12世纪,随着西欧封建社会的发展,尤其是基督教会对骑士行为(制度)的长期干预和影响,骑士精神不断地渗入了基督教的信条,骑士精神变成了一种极为复杂的行为规范。但是骑士精神的基本内涵如崇尚荣誉、勇敢豁达、谦恭忠诚这些精神品质一如既往。

城市兴起后,市民的财富骤增,贵族与骑士日益破落。15世纪以后,随着西欧绝对主义王权的兴起,贵族也更多地依附于王权,特别是法国路易十四时代的贵族以晋进巴黎,出入宫廷为荣。但不管怎样,贵族自由的精神气质仍然遗存,西欧的贵族们也常常结成联盟,抵抗王权的侵扰,维护自身的利益,比如英国的贵族迫使英王签署"自由大宪章",法国高等法院的"福隆德运动"。

二、婚姻与家庭

与东方封建社会一样,家庭(家族)也是西欧中世纪封建社会生活的基本细胞。不过与东方不同,英文的家庭Family来自拉丁文,意指同在一个屋顶下生活的人。所以一个家族中的成员并非都有血缘或姻亲关系。

西欧中世纪早期家族是按照日耳曼人的传统组织起来,并与男子联系在一起的,一家之主对居住在一起的全体成员行使公认的权利和保护权。所以,当时的贵族家庭也包括仆人、佣人和依附者,即穷亲戚、寄养者和骑士等,如果一个人可以住入贵族家中满一年零一天,就可成为此家庭中正式成员。一般的农户仍然以核心家族为主。家主死后,家主之位和他的权力传给长子,但所有的儿子都有继承权。如法兰克王室就是因为这种家族的继承权力而导致王国一再地被分割。丈夫死后,遗孀就在长子的保护之下;如果儿子未成年,遗孀有权管理财产。一般情况下,女儿只有在没有兄弟的情况下,才享有继承权。

大约公元11世纪以后,西欧开始普遍流行长子继承制。即财产完整地传给长子,幼子们以及女儿没有财产的继承权,但可以有一些物品作为补偿。17世纪的法国诗人夏尔·贝洛根据法国民间故事编写的经典童话《穿靴子的猫》,曲折地反映了欧洲中世纪时"长子继承权"的法律文化:一位磨坊主死后,留下了3个儿子。家里剩下的钱正好够办丧事。在把父亲安葬了以后,老大提议分配遗产:他给自己留下了父亲的磨坊,给了老二一头毛驴,而给老三汉斯的只是一只猫。没想到一只猫为它的穷主人赢得了一座城堡、一位公主的爱情和一个王位。在欧洲中世纪,各个继承人的遗产继承份额是不同的,尤其是不动产只能由长子来继承。在这个故事里,老大的建议是有法律依据、也会得到法律支持的,只有他才能继承不动产——磨坊,而老二和老三就只能继承动产——毛驴或者猫,或者是一些金钱。但在现实生活中,幼子们并不是都像汉斯那样幸运。长子制剥夺了其余诸子的继承权,"这样一来,幼子们只得漂流于外,以宝剑在别处寻求生路。"①1096年第一次东侵的十字军队伍中,就有大量的无地骑士,他们大都是被剥夺了继承权的贵族幼子。还有一些子弟被父母送到修道院,这也是一条容易接受的出路。中世纪的一些贵族子弟追求富有的寡妇,大概也与这种家族的继承权有关。

建立家族的基础是婚姻。中世纪的婚姻是两个家族(家庭)的结合,必须考虑双方的门第、财产等因素。因此,大多数婚姻都是奉父母之命,爱情婚姻是很少见的。尤其在上层社会,联姻常常是提高社会地位,参与政治事务的手段,新人们的意愿就更少顾及。根据教会法律,男子的婚龄不得低于14岁,女子不得低于12岁。现实中,早婚并不多见。一般男子的平均婚龄为20~24岁,女子在14~16岁之间。② 由于长子继承制的关系,人们大多是晚婚的,贵族家庭更是如此,因为父母迟迟不将财产转移给他们,男性婚配年龄大多在25岁以上③。联姻也有固定的形式,一般分为求婚、订婚和结婚三步。中世纪早期也有抢婚的形式(不经新娘同意,或本人同意但违背家族意愿的)。但是,公民法和教会法都反对这样的行为。法兰克最古老的《萨利克法典》甚至用死刑来警告那些教唆他人的儿子、女儿结婚的人。不过,由于宗教、贫穷和继承权的原因,在西欧社会上也存在一批终身不婚人士,约占总人口10%。

中世纪的教会对婚姻的影响很大。基督教认为,婚姻是上帝所设立的,是庄严神圣的,也是婚姻当事人永远的约定。在公元4、5世纪,教会开始要求结婚的基督徒从教士那里得到婚姻祝福,教会的婚礼仪式开始形成。公元9—12世纪,完整的基督教会婚姻仪式出现了,教会对婚礼的祝福越来越普遍,在教堂举行婚礼的诏告也流行起来。从这时起,婚姻被理解为圣事。教会规定近亲不得结婚,教会也反对同性恋,反对堕胎,提倡禁欲。尤其在一些宗教节日里要求禁欲,如基督降临节期间、圣灵降临的一周内、整个守斋期、周日、有时还规定周三和周五,以及圣餐礼仪式前后都被要求禁欲。

由于晚婚、禁欲、继承权的原因,加上经济不够发达,卫生条件差,疾病、瘟疫的流行等,西欧中世纪的人口一直不旺。公元600年左右,欧洲人口降至2000万,到1200年突破6000万,1250年接近7000万,1300年约7300万,是欧洲中世纪人口最高峰。人口的平均寿命也较低,大约男子47岁、女子44岁。

中世纪人口的90%生活在农村。庄园是农村最基本的生活与生产单位。领主高大漂亮的住宅和农民的低矮灰暗的房屋构成庄园的外观。一般领主的住宅与农民的房屋并不毗邻,而是有一些距离,或者一条小溪,或者一小片树丛,或者一条小的街

---

① 汤普逊:《中世纪经济社会史》(下册),北京:商务印书馆1984年版,第343页。
② 汉斯—维尔纳·格茨:《欧洲中世纪生活》,北京:东方出版社2002年版,第32页。
③ 长子继承制也影响到西欧的婚姻模式。在这种继承制下,只有有继承权的儿子才能在家(父母之家)结婚。其他子女要待在这个家中必须保持不婚,否则要离家外出发展、谋生。

道将它们隔开。庄园中一般还有一座教堂，它不仅十分醒目，而且也是村庄的中心和公共生活的中心。

庄园中的生产者并非生活在田园牧歌里。他们要担负繁重的劳役，平时饮食也十分粗糙。蔬菜限于洋葱、韭菜、萝卜和甘蓝之类，并统统煮成一种稀汤。一年难得碰上几回肉食，除非是节日或隆冬季节。当然，富有的贵族生活也不像东方那么精致。在公元 15 世纪以前，欧洲还谈不上什么美食，即便宫廷宴会，也多半是白煮、烧烤轮番上阵。牛、羊、猪、鸡、鸽子、各种野味，统统装在大盘子里，一齐端上大桌。香料、糖、咖啡、茶叶等引进很晚，刀、叉、勺子等餐具直到公元 16 世纪才普及。

中世纪的庄园生活

第四章

神性与俗性：封建社会的发展

公元 11 世纪前后，西欧在完成封建化的同时，社会也有了显著的进步。其主要标志是，第一，产生于罗马帝国的基督教进一步发扬光大，成为西欧的主导文化，从而形成了西方文明中的基督教传统；第二，城市的重新兴起与发展。在生产力发展的基础上，西欧社会迅速崛起。神性与俗性在欧洲封建主义下并行不悖，共同发展。政教二元性是西欧封建社会的特点。

第一节   基督教文化占主导地位

基督教是当代世界三大宗教之一。目前，世界基督教信徒人数约占全球总人中的 1/3，比较保守一点的估计也有 1/4。[①] 整个中世纪，基督教不仅在欧洲精神舞台上占主导地位，在政治和经济事务中也居有重要的位置。基督教对近现代西方文明更有着深刻的影响，是西方文明的基石。

一、基督教的产生与发展

1.基督教的产生

宗教作为一种社会意识形态，本质上是自然力量和社会力量在人们意识中的歪曲或虚幻的反映。人们相信现实世界之外，还有超自然的力量存在，而这种超自然力量可以主宰或影响人们的命运。阶级社会中，阶级压迫、社会不公等较之自然灾害更多地给人们带来苦难与伤害。当人们不理解各种灾难的社会根源时，便产生祸福命运由神操纵的观念。这是任何宗教（包括基督教在内）产生的根源。当然，人性中也有某种精神追求，希望弄清生命的起源与意义，希冀获得灵魂的安定和精神上与宇宙的和谐一致。可以说，宗教也源于人们内心的一种精神需求。

一般认为，基督教最初出现在公元 1 世纪的巴勒斯坦地区。马克思曾经指出，基督教是犹太教的私生子。的确，基督教是由犹太教发展而来的，它首先是犹太世界的产物。犹太民族是一个多灾多难的民族，历史上曾先后遭到巴比伦、亚述、埃及、波斯、塞琉古、罗马等侵略与蹂躏，多次饱尝亡国之苦。犹太人不甘命运，不懈地反抗斗

---

① 黄心川主编：《世界十大宗教》，北京：东方出版社 1988 年版，第 271 页。

争,但均以失败告终。久而久之,颠沛流离中犹太人开始有了救世主拯世的观念①,这种企盼清楚地记载在犹太民族的宗教经典——律法书和先知书中。公元前2世纪以来,散居在小亚细亚的犹太人中间就有一个宣扬"救世主将要降临"的秘密宗教派别,基督教就是从这一教派中脱胎而来的。犹太教的一神论、末世论、魔鬼论等宗教信仰对基督教影响甚大,很多已被吸收到基督教的教义和崇拜仪式中。

希腊、罗马文化对基督教的最后形成,作用不可低估。如公元19世纪一位德国学者指出,如果在基督教的起源和最初形成期中,不是已经有西方和东方,有希腊罗马精神和犹太精神共同参与其中,它就决不会成为西方和东方的共同宗教,特别是后来成了西方特有的宗教。

公元1世纪正是罗马帝国强盛时期。帝国的强大与统一,是基督教形成和发展的土壤。首先,统一的帝国为文化的融合与交流创造了空间与条件;经济和贸易的展开,也有助于思想的交流和思潮的传播。如柏拉图主义强调的理念论、神秘经验和灵魂不灭思想以及鼓吹人类一体、天人和谐、同受一位主宰支配,提倡寡欲、节制的斯多噶主义等,和基督教的上帝本身及其与世界、人类关系的基本概念有渊源关系。而罗马人注重实际以及他们的法制观念、权利和义务的思想等对基督教伦理的发展、教会体制的形成,都有直接影响。当时罗马帝国形成了以西塞罗为代表的折衷主义思潮,流风所及,使初期的教会不仅向往彼岸和来世的福乐,也注重此岸世界的行为和今生的生活。

另一方面,统一强大的罗马帝国,即使在鼎盛时期也决非真正的"太平盛世"。民族矛盾、社会矛盾深刻地潜伏在帝国内部。帝国政府对行省,特别是边远行省的经济和政治压迫更甚,行省的税收负担很重。在罗马统治时期,犹太人的多次反抗与起义的一次次失败,使一些犹太人感到前途渺茫,失望之余,转而希望救世主的拯救。所以,基督教是在继承了先人的思想遗产的基础上,一些生活在罗马帝国社会底层的人,不堪忍受现实的苦难,精神上希望得到解脱,并怀着对来世、对千年王国的美好愿望而发展起来的一种宗教。

基督教从公元1世纪形成,到发展为一种世界性的宗教,成为欧洲中世纪的精神支柱和西方文明的基石,是经历了一个曲折的过程的。

我们认为,公元30年至70年,是基督教的形成时期。基督教的创始人耶稣,生于巴勒斯坦北部加利利地区的一个小镇——拿撒勒②。关于耶稣生平的史料很少,罗马史家塔西陀的《编年史》中有少量提到。据《圣经》记载,母亲马利亚,当时已许配给木匠约瑟。未婚的童真女马利亚由圣灵感孕,生下儿子,取名耶稣。耶稣少年时代没有受过正规的教育,但聪慧过人,勤学好学。12岁时,父母曾带他去耶路撒冷,归

① 早在公元前586年,犹太人被新巴比伦国王尼布甲尼撒二世掳到巴比伦(史称巴比伦之囚)时,犹太人就有了救世主的观念。
② 耶稣出生的确实日子已不可考。一般研究者认为是犹太王大希律在位(前40—前4)期间。后来罗马教皇以罗马太阳神的生日制定了12月25日为耶稣的生日即圣诞节。

途中,发现耶稣不见了。夫妇俩赶紧找回去,赶回圣殿时,他们看到耶稣在入迷地听犹太教师讲道,并不时地参与讨论,在场的各位都惊叹于耶稣的不凡谈吐。耶稣开始传教已快30岁,曾收12人为弟子,他们被称为使徒。耶稣宣讲天国的福音,劝人悔改,远离恶行。他的教训和所行的神迹,在下层民众中得到极大的回应。约公元33年,耶稣被贪婪的弟子犹大以30个银币出卖给正统犹太教分子,罗马帝国犹太省总督庞迪我·彼拉多则以叛逆罪将他钉死在"十字架"上①。大弟子彼得是耶稣死后复活②的见证人。信徒们以耶稣"死而复活——升天——重新降临——建立

基督的诞生

大卫王国"的信念聚集在一起。他们相信耶稣是救世主(基督)③,认为崇拜基督,通过悔罪、受礼,可使灵魂得到一种超人的力量,即获得"圣灵"。因为他们信仰基督,被当时的犹太教徒称为"基督徒",教派则称为"基督教"。

这一时期,基督教信徒主要是犹太社会下层的劳苦大众。因为,耶稣的传教给他们以希望。"你们有福了,因为天国是你们的",在这个天国里,"叫有权柄的失位,叫卑贱的升高,叫饥饿的得饱美食,叫富足的空手回去"。耶稣号召大家爱上帝、爱邻人,使信徒们感到温暖。信徒相信上帝(或天主)创造并管理世界,耶稣基督是上帝的儿子,降世成人,救赎人类。信徒的政治观念是相信耶稣是未来大卫王国的君主。他们的社会理想则是信徒平等,生活上共产互济。这种政治、社会观念无论对罗马帝国的统治,还是对现存的不平等秩序都是一种反动。

基督教形成之初,遭到正统犹太教的迫害。犹太人视基督教会为离经叛道的异端,常常向罗马当局控告他们。罗马政府认为基督教只是犹太教的一支,起初并不怎么逼迫基督教会。直到尼禄皇帝(Nero Claudius Ceasar,54—68)在位时,教会的人数激增,使罗马政府感到了威胁,于是开始了迫害。但是迫害反而使基督教更加广泛和迅速地传播。耶稣在世时,基督徒主要活动在加利利一带;耶稣死后,信徒集中在耶路撒冷;屡遭迫害后,信徒逐渐离开耶路撒冷,分散到巴勒斯坦各地,在叙利亚、小亚细亚和塞浦路斯岛等地传教,基督教慢慢地扩展到爱琴海流域,最后流入罗马。

把基督教带入罗马的是使徒保罗。保罗是基督教中仅次于耶稣的重要人物,对基督教的发展有着重要的贡献。保罗原名扫罗,出身于一个虔诚的犹太教家庭。早年受过犹太教严格正统的宗教教育。此外,保罗还通晓希腊文,熟悉希腊哲学。作为虔诚的犹太教徒,保罗曾积极参与对基督教的迫害。据说,在一次前往大马士革追捕基督教徒的途中,保罗亲见耶稣显现神迹,至此悔改成为基督教的坚定的捍卫者。保

---

① 所以,基督徒信仰"十字架"。
② 耶稣复活的这一天成为后世的复活节,即每年春分后又逢月圆的第一个星期日。
③ 在希腊文中,"救世主"为"基里斯督",中国基督徒把"基里斯督"简称为"基督"。

罗传教于地中海与小亚细亚之间,向人们宣示基督的福音不仅是为了犹太人,也是为了世上的大众百姓;耶稣的死与复活,使整个人类得到了救赎。这就为基督教成为世界性宗教打下了宗教基础。

公元60—70年,全巴勒斯坦犹太人掀起了反罗马统治者的大起义,迫使罗马当局派重兵镇压。结果,犹太人惨败,死难者达60万。耶路撒冷城也惨遭破坏,犹太人的耶和华圣殿被烧毁,犹太人的土地全部被没收拍卖。犹太战争的失败,使犹太人的正统教会受到沉重的打击。犹太教的崇拜中心耶路撒冷及耶和华圣殿遭摧毁后,作为犹太教异端支派的原始基督教却"因祸得福",有机会走上了"独立的道路"并得到迅速发展。

2.基督教的发展

中世纪基督教的迅速发展时期是在公元1世纪晚期至4世纪初。这一时期,尽管基督教仍是帝国的"非法团体",但由于它开始从反罗马秩序变为力求与罗马帝国妥协,取得了罗马统治者的好感。加之帝国后期社会及政局的动荡,人民的不安定感日愈加剧,无所归依转而投向宗教的怀抱,以求得精神的安宁。基督教不仅传教的外部环境有所好转,信徒也大大增加。

这一时期基督教迅速发展可以从以下事实中得到体现。

首先,信徒人数和成分发生了变化。罗马帝国全盛时期人口约有1亿,其中基督教徒占了1/20;北非的教徒密度更大,基督教徒占了1/10。信徒也从原先的奴隶、苦力、手工业者、教师等社会下层,向"尊贵的妇女和男子"、富裕的市民等社会上层发展。

其次,信徒成分的变化,影响了教义和教仪的改变。信徒宗教生活和道德观点的变化,进而又影响了教会组织的变化。公元2世纪中叶,主教制出现,至2世纪晚期开始流行。主教的权威,使一个地区的教会有了统一的领导,有利于加强教会的组织和对教徒的训练。各主教管辖的区域称为教区或主教区,资力雄厚的教会主教,拥有很大的权威。其中罗马教会的主教权势较大,一些教会都受到它的资助。按照天主教会的传统说法,耶稣基督的第一个门徒彼得乃众门徒之首,耶稣对他说:"你是彼得,我要把天国的钥匙给你。"彼得在传教过程中去罗马并担任了罗马教会的第一任主教。从此,罗马主教均称自己为彼得的继位

四大使徒

人,天国钥匙的掌管者,其地位因而也在其他主教之上。这便是"教皇制"的由来。中世纪西欧罗马教会规定的"七件圣事"①,在公元3世纪的正统教会中已开始流行。

---

① "七件圣事"为洗礼、坚振礼、告解(悔罪)、圣餐、婚配、终傅(临终忏悔)和圣职。

　　公元 3 世纪末，基督教已成为一支不可忽视的社会力量。为巩固摇摇欲坠的帝国，罗马统治者们在大规模的迫害未见成效的情形下，开始改变手法，转而对基督教进行"收编"与安抚。公元 313 年，罗马帝国西部皇帝君士坦丁和东部皇帝李锡尼在米兰达成协议，结束对基督教的迫害，并联名发表"宽容敕令"（史称米兰敕令）①。敕令规定基督教和帝国境内的其他各宗教一样，享有信仰自由；原被没收的基督教教会财产予以归还。从此基督教成为官方认可的合法宗教。以后，帝国政府大力扶持教会，基督徒可以担任官职，还可以免除兵役、免税，教会权势迅速增长。392 年，狄奥多西一世（Theodosious Ⅰ，346—395）正式宣布基督教为罗马帝国国教，异教神庙一律关闭，一些房屋、土地被没收，许多神庙改为了基督教教堂。此后，基督教在世俗社会便拥有了许多特权，诸如教会的土地一律免税；主教有权干预世俗法庭审案，自由出入监狱；教堂周围五十步内为政府"治外法区"，任何罪犯，躲进这一区域，便可免遭政府机关的逮捕。4 世纪以后，教会成了大地产主，在非洲和东方各省都有罗马教会的土地。与此同时，政府也对基督教会进行严密的控制，使其成为帝国的精神支柱。

　　由于政治区划、语言、文化传统等差异，事实上罗马帝国全境一直分作东西两个部分。基督教也逐渐形成东西两大派。西派传播于高卢、意大利到北非迦太基一带，传教通用拉丁语，故也称拉丁教会，中心是罗马。东派教会通用希腊语，也称希腊教会，以亚历山大里亚、耶路撒冷为中心，散布在马其顿、希腊半岛至埃及一线和以东地区。330 年君士坦丁设东都于拜占庭，改名君士坦丁堡，也称新罗马。此后，东部教会便以君士坦丁堡为中心与西部的罗马教会两相对峙，埋下了日后东西教会大分裂的种子。

　　由于基督教会的政治、经济势力的扩大，到公元 4 世纪时，大批人士加入教会，他们不仅出于信仰，也出于更多的现实保障的需要。这同时为中世纪教会势力的炙手可热奠定了基础。

　　在传教过程中，耶稣的弟子将耶稣生前的言行事迹和有关他的一些传说故事收集成册，大约在 1 世纪末逐渐形成了《福音书》，随后这些福音书与使徒们的言论、书信、事迹等合辑，为《圣经·新约》。397 年，由教会哲学家奥古斯丁主持的在非洲迦太基城召开的第三次迦太基宗教会议上，正式批准现在的新约为正典。由此，犹太教的经典《圣经·旧约》与新约一起，构成了《新旧约全书》，成为基督教的重要典籍。目前，世界上用各种语言与文字写成的《圣经》版本多达 1400 种。

　　3. 中世纪教会的全盛时期

　　整个中世纪，基督教是西欧封建制度的精神支柱。在长达一千多年的封建时期，教权和王（皇）权的互相利用和斗争，对基督教的发展产生了重大影响。

　　中世纪，西欧国家政权组织和教会组织各成体系，这种西欧社会所特有教会与国家的二元结构体系，深刻地影响了西方文明的发展。与封建制度相适应，教会"按照

---

① "米兰敕令"原件今佚，国外有些学者因而对其历史真实性表示怀疑。

封建的方式建立了它自己的教阶制"。教会的教阶制由主教①、神父、助祭三品位组成。一般认为这种教阶制在教皇格列哥里一世（Gregorius Ⅰ,540—604）在位时打下了基础，故格列哥里一世被教会史家称为"中世纪教皇制之父"。

格列哥里一世以后，虽然教会权力很大，但仍受到世俗政权的干扰和威胁。公元8世纪法兰克王矮子丕平为感谢教皇对他篡位的支持，出兵意大利，击败伦巴底王国，迫使伦巴底王国向教皇降服。756年，丕平再次进军意大利，把从拉文那到罗马的整个中部意大利赠给了教皇，史称"丕平献土"，这一事件标志着"教皇国"②的开始，意味着教皇同时也是世人的国君。作为报答③，800年，教皇利奥三世为丕平之子查理曼加冕，称之为"最虔诚的奥古斯都，伟大的创立和平的罗马人的皇帝"。这一举动不仅为日后"君权神授"观的形成奠定了基础，对于中世纪基督教势力与世俗势力特别是王权的结合也有着重要的意义，可以说是一个政权和教权合作的典范。从此，整个中世纪，基督教成了欧洲的重要政治力量。

教皇国形成后，教皇为抬高自己的权势，力求摆脱世俗政权的辖制，宣称教权大于政权，引发了政教之争。

中世纪的政教之争，是欧洲政治生活中的大事。其中最著名的是公元11世纪末叶格列高利七世（Gregorius Ⅶ,1020—1085）同德皇亨利四世（Henirich Ⅳ,1050—1106）之间的"主教叙任权之争"。主教授职权又称主教叙任权或册封权，以前多由国王掌握。1075年，教皇格里高利七世宣布教皇的地位高于一切世俗政权，因而有权册封神职人员。德皇亨利四世不甘示弱，宣布废黜教皇以相对抗。格里高利七世则针锋相对发布敕令，废黜亨利四世，革除其教籍，解除臣民对他的效忠誓约。一时间，德意志境内的诸侯乘机反叛。面对严峻形势，亨利四世于1077年冬亲赴教皇所在地卡诺莎城堡，赤足披毡站在寒冷的雪地里苦苦恳请教皇接见，当面请罪，史称"卡诺莎觐见"。待教皇收回成命，平定内乱后，亨利四世进军罗马另立了教皇。德意志皇帝与教皇的斗争几经回合。直到1122年，亨利五世与教皇卡利克斯特二世达成《沃尔姆斯宗教和约》，双方才相互妥协。

另外，教皇卜尼法斯八世（1235—1303）同法王腓力四世（1268—1314）的斗争，1309—1382年教皇的"阿维尼翁之囚"④等等，都可以认为是政教之争的典型案例。

东西方教会分裂，对中世纪基督教发展影响极大。公元6世纪上半叶，查士丁尼一世登上东罗马帝国皇位，自封为教会元首，直接干预教会审订教义并从事组织事

---

① 主教品位自上而下又分为教皇、枢机主教（红衣主教）、宗主教或都主教、总主教、一般主教。

② 直到1870年意大利统一，教皇国的领地归意大利王国所有，教皇退居罗马城西北角的梵蒂冈高地，面积约0.44平方公里。1929年，根据教皇与意大利政府签订的《拉特兰条约》，梵蒂冈成为独立国家。

③ 公元799年，罗马教廷变乱。据说利奥三世被人毒打后抛弃，被查里曼的随从所救。查里曼请人治好利奥三世，并助其重登教皇之位。

④ 1305年，受法王支持的法国人贝尔脱朗·特哥继任教皇，称克列门五世。1309年迫于法国贵族的压力，克列门将教皇驻地自罗马迁至阿维尼翁（今法国南部）。自克列门五世起的7任教皇都是法国人，并受法王控制。故称。

务,使教会依附于国家政权。由于东部教会有皇帝的
支持,转而不承认罗马教皇为教会最高首脑,东西教会
裂痕渐深。至公元 9 世纪后半期,罗马教皇尼古拉一
世(858—867 在位)与君士坦丁堡宗主教佛提乌
(858—867,877—886 在位)互相绝罚①,史称"佛提乌
分裂"。东西教会之间的争执更加白热化。由于在教
义及礼仪等问题上的分歧②,1054 年,君士坦丁堡宗主
教色路拉里乌和罗马教皇利奥九世互相宣布革除对方
教籍,标志着东西方教会的正式分裂。从此,东部教会
以"正宗"自居,称正教,因宗教仪式中主要采用希腊
语,故也称"希腊正教";西部教会以"普世性"自许,称

罗马教皇英诺森三世

公教(即天主教),因中心设在罗马,故也称"罗马公
教"。东西教会分裂后,各自走上了不同的发展道路。

二、基本信仰和伦理规范

公元 476 年,日耳曼人的入侵,致使西罗马帝国的灭亡,但历史的变迁和社会的
动荡,并未危及基督教的生存。由于与日耳曼"蛮族"征服者达成了历史性的结合,基
督教在新的统治者的支持下,把自己的信仰扩展到了整个欧洲,它的教义成了欧洲人
民的唯一的强制性信仰,垄断了欧洲人民的精神生活和信仰。

为了争取和巩固自己的胜利,扩大自己的影响,基督教建立起了一套捍卫信条,
论证教义的神学理论。由于早期在规定教义信条的论争中发挥重要作用的一般是基
督教神父,即所谓的"教父",故称这一时期建立起来的神学理论为"教父神学",也由
于它通常采用的是哲学形式,故也称"教父哲学"。

教父哲学的重要代表人物是奥古斯丁(Aurelius Augustinus,354—430,亦称作
希坡的奥古斯丁 Augustinus Hipponensis,天主教译"圣思定""圣奥斯定""圣奥古斯
丁")著有《忏悔录》《论三位一体》《上帝之城》《论自由意志》《论美与适合》等。奥古斯
丁年轻时生活放荡,曾一度醉心于新柏拉图主义和怀疑论哲学。据说某次对《圣经》
的阅读使他顿悟,虔诚地皈依基督教。395 年奥古斯丁升任希坡主教,他边传教,边
写作,不仅系统地论证了基督教的神学哲学体系。在美学、伦理学、哲学方面也有很
深的造诣。他提出的著名的"双城理论"认为,"上帝之城"意味着爱与永恒,"世俗之
城"则是恶与死亡。基督教与教会是上帝之城的象征及其在尘世的体现。只有在他
们的教导下行善、求善,才能最终归向上帝之城,享受永福。

---

① 绝罚为拉丁文 excommunicatio 的意译,意为教会与受处罚者断绝交往。
② 比如"和子问题",东方教会宣称"圣灵从父而来",西方教会认为"圣灵(和子)从父而来";圣餐礼仪式也
有不同,西方的圣餐只有面饼,而东方的有面饼与酒;等等。

可以认为，基督教神学是关于信仰内容的系统化和理论化的说明。一般认为，基督教神学的基本观念主要体现在以下几个方面。

上帝论。主要论及上帝的存在，上帝的属性和上帝的三位一体。认为宇宙是有秩序、有目的的，因为创造宇宙的上帝有理性和逻各斯（Logos）。上帝根据他心中的模型或合理的计划（即逻各斯）来创造万物。逻各斯来自上帝，犹如光来自太阳，逻各斯本质上与上帝同一、同在，是第二个上帝；逻各斯借耶稣基督而变成人，耶稣基督是逻各斯的化身，是有血有肉的逻各斯。上帝、耶稣、逻各斯三位一体，上帝是唯一的神，又包括圣父、圣子、圣灵三个"格位"即三一论。世上的一切都是由上帝创造并管理着的。

基督论。基督是上帝的化身。上帝通过基督的道成肉身，神、人两性向世人启示其本性和成全救世的旨意。

人类的原罪和救赎之道。人类始祖亚当、夏娃不听上帝的嘱咐，偷吃了伊甸园知善恶树上的智慧果，冒犯了上帝，从而犯下了罪行。人类的始祖犯了罪，这种罪便代代相传。罪性是人的本性。人们既然有罪，就必须忍受一切苦难，只有信仰上帝，不断地悔罪，才能使自己的灵魂得救，享受永福；凡不信上帝的人，就认之为不义，不在上帝的拯救之列，只能被抛入地狱不灭之火。这就是通常所说的"因信称义"。

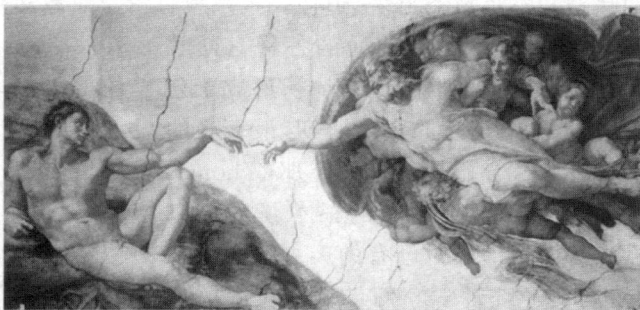

上帝创造亚当

天国报应说。基督教认为，只有一切服从上帝的安排，不断地悔罪，死后灵魂才能升入天堂，否则就要被抛入地狱。信在今朝，见在未来，是基督教信仰的实质。天堂是一个美妙无比的极乐世界，而地狱则到处有不灭之火烧人，蛇蝎咬人，是肉体和精神都将受到无尽折磨的可怕之处。那些诚爱上帝、真心悔罪的人，才能得救，进入天堂。善恶终究会在天国中得到报应。

基督教神学的另一个命题是"超越尘世"，面向来世。在《圣经》里，耶稣在走上十字架之前对他的门徒说："我的国不属这世界"，因为耶稣传播的福地在彼岸。早期基督教的观念中具有强烈的末世论的色彩，他们摒弃了尘世的诱惑，等待基督重返人间，等待末日审判和千年王国的到来。虽然期待一再落空，千年王国姗姗未至。但这种期待的心理却根深蒂固。教徒们把这个世俗的世界视为他们精神朝圣旅程中的一个客栈,进入天堂之前的一个涤罪所,忏悔、祈祷、善行,以求上帝的悦纳,使灵魂得以进入天国,是他们追求的目标。肉欲的生活、物质的享受都是不幸和充满罪恶的。对来世的信仰和超越主义的价值观,无疑降低了国家、社会与物质生活在人们价值体系中的地位。

基督教的伦理思想和法律思想则具体体现为"摩西十戒"[①]:(1)除上帝外不可信别的神;(2)不可造拜偶像;(3)不可妄称上帝的名字;(4)要守安息日为圣日;(5)要孝敬父母;(6)不可杀人;(7)不可奸淫;(8)不可偷盗;(9)不可作假见证;(10)不可贪恋他人的财物。基督教的伦理规范,旨在反映并调整上帝与人的关系,是上帝与人订立的契约。因为上帝与人是善恶的两极,上帝作为绝对的善,人则是绝对的恶,人只有信仰上帝才能获得完善。是否遵守基督的道德伦理,遵从上帝的"法",是"最后审判之时"上天堂还是下地狱的根据。

三、中世纪经院哲学

经院哲学的前身是教父哲学。教父哲学之所以让位于经院哲学,一方面是因为经济发展和政治矛盾的结果,可以认为经院哲学是教权与君权的矛盾与斗争在思想文化尤其是哲学和宗教领域的折射;另一方面则是随着人们认识能力和思维水平的提高,教父哲学的缺陷和不足愈益显著,迫使一批宗教哲学家对教父哲学进行改造。

经院哲学[②]最初起源于 9 世纪前后的各种宫廷学校、教会学校和修道院。经院哲学的体系最初形成于公元 9—11 世纪,公元 13 世纪是它的黄金时期,最著名的代表人物则推多明我会[③]修士托马斯·阿奎那(Thomas Aquinas,约 1225—1274)。经院哲学的根本任务是以教父哲学为基础,以哲学的形式对已有的天主教教义和教条进行论证和辩解。经院哲学家们借用柏拉图的理念论,亚里士多德的形式逻辑理论,通过三段论推理,试图使本来已经不合时宜的教父哲学变得更为思辨性、系统性,更加理论化和哲学化。

阿奎那是基督教思想史上一位杰出的神学家。阿奎那出身于意大利南部那不勒斯附近的一个权贵家庭。

托马斯·阿奎那

---

① 按《圣经》记载,以色列人的首领摩西率领出逃埃及的犹太人在西奈山上与他们的上帝雅赫威订立了契约。只要犹太人遵守这十条戒律,上帝就会把他们带到"流满奶和蜜的地方"。之后,犹太人将奉为生活准则,也是最初的法律条文。

② 中世纪研究《圣经》的场所被称为经院,把那些用哲学的外壳,以《圣经》及各种教条为研究对象,并采用玄虚繁琐的论证方法的教会学者称为经院哲学家,其思想体系便被称为经院哲学。

③ 多明我会(The Domincan Order),1215 年由修士圣多明(St. Dominic)建立,擅长以辩论与演说来战胜教会异端。

年轻时，违背家庭意愿，加入了新成立的多明我会，后被派往巴黎学习，开始崭露头角，并参加了当时一些重要的哲学与神学辩论。在他的努力下，亚里士多德的著作列入了大学的课程。阿奎那一生著作颇丰，其中《神学大全》被教会视为是与圣经、教谕并列的最重要的著作之一，被誉为是"集中世纪神学和哲学之大成的巨著"①。阿奎那的神学思想实际上就是一种系统的宗教哲学，并对后世的各种宗教学说产生了巨大的影响。阿奎那宗教哲学的基本特点在于把亚里士多德哲学与基督教哲学相结合，将"理性"引入了神学并给予了基督教神学以新的形式，使之发展到了一个新的阶段②。阿奎那经院哲学的要点主要有四个方面③。

关于神学的性质与目的。阿奎那毫不讳言，他的神学目的是要阐明基督教信仰所宣扬的真理。阿奎那认为，要说明基督教信仰的真理性并为人人所信仰，就必须使基督教教义依据于人人生而有之的自然的理性，进而给教义以理性的证明。当然，其中有些教义是可以证明的，有些信条（如三位一体、道成肉身、原罪等）则无法证明。不能证明的仍是神启的真理，它直接来自于上帝的启示，由于超越了人类的理性之外，因而不能认为是反理性的。只有信仰它，才能理解其合理性。托马斯·阿奎那进一步认为，如果试图在理论上证明宗教的神秘性，实际上是破坏了信仰；如果只相信那些由理性或哲学所证明的东西，就更没有好处。信仰是意志的命令。信仰可以为理性开阔视野，补充理性之不足。

关于上帝的存在。阿奎那宗教哲学的中心是证明上帝的存在。他认为，上帝的存在是毋庸置疑的，上帝的本质与存在是同一的。问题在于我们对上帝的知识极不完备，并不知道上帝的本质，不可能从上帝的本质推论上帝的存在。阿奎那认为要证明上帝的存在，只能应用后天性的证明，即通过对上帝所产生的种种结果的经验，推知这些结果的原因的存在，进而证明上帝的存在④。

关于灵魂的非物质性和不朽性。阿奎那认为，上帝不仅创造了物质世界，也创造了人以及人的灵魂。人是物质和灵魂的结合物。智慧、感觉和生命力三者构成了单一的灵魂。他运用亚里士多德形式质料说和柏拉图的理念说来论证灵魂的不朽，认为灵魂既然能认知一般概念，显然是非物质的；既然是非物质的，就不会因肉体的消亡而消失。作为现实性（生命）的形式，灵魂是一种绵延的存在，灵魂不死。阿奎那进一步论证说，人之所以与一般自然物不同，是因为它具有不同于一般自然物的"形式"。形式又分为"实体形式"和"非实体形式"两种。一般自然物是非理性的存在，只能是非实体的形式，也没有自身独立的存在面；而实体形式则不同，它具有实体性或精神性，不会随着非实体性的自然肉体的破坏、死亡而消失，因而是不朽的、永远存

---

① 戴维·米勒：《布莱克维尔政治思想·全科百书》，北京：中国政法大学出版社 2011 年版，第 19 页。
② 在此前，奥古斯丁神学被罗马教廷奉为正统神学，其哲学基础是柏拉图主义。
③ 参见吕大吉《西方宗教学说史》，北京：中国社会科学出版社 1994 年版，第 100—109 页。
④ 托马斯·阿奎那在《神学大全》中提出了五种后天性的证明方法，即事物之动力、事物成因之理证、事物的可能性与必要性、事物的等级性和事物目的性，这一学说对西方神学、哲学和宗教学说有深远的影响。

在的。

阿奎那的思想体系因糅合有亚里士多德的哲学思想而一度受到正统派的抨击，甚至被斥责为异端。直到 1323 年，教皇约翰二十二世承认阿奎那为圣徒，标志着其学说最终取得了胜利。

经院哲学虽然是中世纪西方正统的官方哲学，但从它诞生之时起，内部就存在着唯名论和唯实论的斗争。唯名论认为个别事物是先于概念而存在的，概念只是用来表示事物的相似性，是事物的名称。唯实论则是正统派，认为一般概念是先于个别事物而存在的精神实在。两者的主要分歧在于一般概念与个别事物谁是第一性。由此，我们认为唯名论具有唯物论的倾向，其代表人物有贝伦加尔、阿伯拉尔和罗哲尔·培根[①]。当然，唯名论与唯实论的争论不仅仅是一场影响深远的纯思辨论争，它更是封建政治斗争在宗教哲学领域的反映，曲折地体现了王权与教权两种政治权力所主张的不同的政治发展方向。

四、基督教的地位与作用

基督教从公元 4 世纪在罗马帝国全境传播以来，就逐渐成了一种世界性的宗教，对人类文明的发展特别是西欧文明的发展起了很大的作用。

公元 476 年，西罗马帝国在"蛮族"的入侵下灭亡。当时的"蛮族"日耳曼人较之罗马而言是一个落后民族。在蛮族入侵过程中，帝国的大批土地、城市、建筑、文物被毁。而教会由于与蛮族社会的及时结合，基本上还是保留着帝国以来所具有的经济、政治和社会力量进入中世纪[②]，为欧洲顺利从古典向中世纪过渡提供了一座桥梁。尤其是文化教育方面，由于古代文化的破坏和日耳曼人的粗野，使中世纪早期文化处于较低的起点，而教会对罗马文化的继承和发展作用巨大，古罗马残存的文典主要靠教会保存，教士和僧侣在很大程度上起着传承文化的作用。

中世纪时期，西方文化具有鲜明的特质和机制，这就是宗教文化占主导地位，基督教渗透到西方社会文化的每一个层面，各个阶层的精神生活和物质生活都打上了宗教的烙印。哲学是神学的奴仆，教育是宗教的工具，文学和艺术也是教义的衍生物。

中世纪早期，西欧文化相对落后，史称"黑暗时代"。由于基督教会是那一时代西欧文化的垄断者和意识形态的支配者，所以有人把这种落后现象完全归咎于基督教。这似有不妥，我们认为，一方面，应当承认，蒙昧与禁欲是教会的两大特征。作为麻痹和统治人民的必要手段，教会的蒙昧和禁欲使世俗文化一度沉寂。另一方面也应该看到中世纪文化教育掌握在教会手中，毕竟还是有文化和教育的，只是基督教垄断下

---

① 罗哲尔·培根（R. Bacon，约 1216—1292），是近代自然科学的先驱，在其具有唯物论倾向的唯名论的哲学思想指导下，他广泛涉猎数学、物理、化学、光学和医学领域，并取得了丰硕的成果，有"奇博士"之称。

② 例如，教会在西罗马帝国的废墟上，保持着教区为基本单位划分的组织系统，为日耳曼诸王国汲取罗马行政区划体制提供了蓝图。基督教的教阶制为世俗封建制度的形成提供了理论依据和规范。

的文化教育有它的特色。首先它是为教会服务的，文化教育是教会的奴仆，其次，掌握文化，控制教育的一般是教会人士，世俗文化教育被排斥在外。直到中世纪中期，市民大学和市民文化兴起，这种状况才有所改观。

中世纪初期，正规的学校机构是教会管辖下的宗教机关，一般分为三种：修道院学校、主教学校和教区学校。修道院学校又称僧侣学校，大约兴起于公元 6 世纪，其办学的主要目的是培养僧侣，规模较小；主教学校又称大教堂学校，最早出现在公元 7 世纪的英格兰，随后遍及西欧各地。起初由主教本人担当常任教师，公元 8 世纪起，开始有专门的教学人员。主教学校又可分为歌咏学校、文法学校及神学学校等，教学内容则是"七艺"（七门自由艺术）①。教区学校则较为简陋，校址通常设在村庄小教堂或牧师家中，讲授平时生活中所需要的最基本的知识，包括识字、写字、读祈祷文和唱赞美诗等。教会学校教育为西欧教育的发展奠定了基础。

大学是中世纪欧洲留给人类的最为重要的文化遗产之一。它固然是西欧政治经济发展的产物，但也是中世纪初期几个世纪所形成的文化积淀以及基督教文化的推动的结果。如巴黎大学的前身是巴黎附近规模较大的修道院和主教学校的组合。

中世纪，所有的文化活动都渗透着宗教影响。现代戏剧是随着表现圣经故事和圣徒生活的奇迹剧的出现而诞生。中世纪文学的主

巴黎大学

要题材是再现基督教化的骑士精神。公元 12—13 世纪艺术的主要成就是大教堂的建设及其内部的雕塑、绘画等，上帝、天堂、圣徒是艺术创作的永恒的主题。

基督教是欧洲人的精神支柱。教会被认为是获得上帝恩赐的媒介，有罪之人可以借此得到灵魂的拯救。教会则依据《君士坦丁赐书》和"两剑理论"②，利用日常生活的礼拜、忏悔、补赎等宗教仪式对人们进行严密的精神控制。

基督教与西方文化的关系也十分密切。首先，基督教文化加强了欧洲人的统一意识。欧洲统一（European Unity）是今日西欧的一种意识。可以说，欧洲内在的一致性在于欧洲各国文化都是在基督教文化影响下形成的。从罗马帝国灭亡到中世纪欧洲趋于稳定的很长一段时间内，混乱中唯一剩下的是成为帝国精神影子的基督教。基督教是欧洲统一文化的基础。

其次，基督教文化与西方法学传统息息相关。基督教的法律如"摩西十戒"是对犹太教圣典的继承。"摩西十戒"是欧洲中世纪法律、伦理、道德规范的基础。教会的

---

　　① "七艺"包括文法、修辞、逻辑、数学、几何、天文学、音乐。
　　② 君士坦丁赐书是一份伪造成的文件，意为君士坦丁迁都君士坦丁堡时，把他对西罗马帝国的统治权交给了教会。"两剑理论"是对《圣经·路加福音》第 22 章 36 节和 38 节的解释，两剑是俗权和教权的象征，由耶稣的门徒掌握。

法规、《圣经》的释文是中世纪法庭审案的依据。基督教的法律概念和意识,对西方法制社会的形成意义深远。公元 11—13 世纪,随着市民阶级的兴起,政教之争的加剧,罗马法开始复活,国家法应运而生。而随着商品经济的发展而逐渐完善的民法,最终使西方社会走上了法制化的道路。

第三,基督教文化与西方哲学、文学与艺术的关系非同一般。西方哲学中长期探讨的诸如宇宙起源、宇宙本体、人生价值、善恶伦理观念等,都受基督教文化的影响。西方绘画、建筑、雕刻、音乐等都与基督教会的思想和活动分不开。基督教与科学也有不解之缘,教会在阻碍和压制科学的同时,也鼓励科学在符合信仰或为了信仰的前提下发展。

第二节　城市——中世纪的花朵

在欧洲历史上,城市及市民社会的形成及其所起的历史作用,不仅受到欧洲史专家的关注,也引起了学界的广泛兴趣。中世纪城市的兴起及其独特的性质和地位,是西方市民社会形成的前提,它对欧洲政治和社会民主化也具有深刻的影响。

一、西欧城市的复兴

西欧社会从西罗马帝国崩溃,奴隶社会解体进入封建社会初期,很少有作为商品经济的城市存在,这主要是因为随着罗马帝国发达的奴隶制的衰落,古典的城市也随之受到沉重打击。日耳曼人入侵以及长期的战乱,使欧洲动荡不安。当时凡战争所到之处,便是一片废墟,城市也随之陨落。更重要的,西欧中世纪初期从日耳曼的马尔克(农村公社)到封建的庄园制,生产方式基本上都是自给自足的自然经济。庄园内部尽管存在着农业和手工业的分工,但在中世纪初期,受生产力发展的制约,彼此之间并没有很大的需要进行工商业的交换。作为工商业的城市也就失去了其大量存在的基础。

公元 10 世纪前后,欧洲大陆的政治格局逐渐安定下来,阿拉伯人向欧洲的扩张得到遏制,东西方的势力暂时得到了平衡。不断骚扰欧洲大陆的斯堪的那维亚人也退了回去,东斯拉夫人和匈牙利人的入侵也被击退。随着政治格局稳定,欧洲进入了一个相对和平的时期,经济也随之开始复苏。社会生产力有了显著的提高,劳动人民的生产积极性也有所高涨。随着工具的改进,技术的提高,人民也积累了一定的生产经验。三圃制逐渐得到推广,铁犁、铁斧被广泛使用,耕地面积扩大。农作物品种增多,产量显著增加,这就为手工业的发展提供了条件和可能;农业的发展要求手工业提供工具;农产品的增加,使更多的人可能脱离农业,专门从事手工业。日积月累,手工业技术改进,专门化程度提高,使手工业者在满足领主的要求的同时,也有余力接受外来的加工、订货。庄园内部的分工,使交换成为可能和必然,作为商品交换的基地——城市也就应运而生。

手工业的发展，使工匠们要求摆脱领主庄园的束缚而独立经营的愿望愈益强烈。一些农奴，尤其是具有专业技能又向往自由的手工业农奴，以逃亡、赎买、交纳定量手工业成品的方式，冲破领主的控制，到有利于进行产品交换的地方，如港口、河边渡口、交通要道或城堡寺院附近定居，从事商品生产。于是乎，手工业者聚集的地方逐渐地成为了新兴的城市。

中世纪有许多城市是由手工业者从农庄分离出来后集居而成的。但也不乏一些城市是由军事堡垒发展而来的。公元9世纪时，为抗御诺曼人的攻击，西欧不少地方兴建了城堡，内有封建主的住宅、教堂、仓库等，如遭敌人袭击，附近的居民都躲在此地。这类城堡因生活品交换的需要，加上堡内又比较安全，逐渐地出现了一些市场并得到发育，形成城市。西北欧、莱茵河以东的一些城市就属此类型。当然，与东方城市一样，西欧也有城市是由宗教中心或政治中心发展而来的。比如，主教的驻跸之地往往会发展出相当规模的城市。

总之，西欧城市兴起的途径是多种多样的，但主要途径和原因是生产力、经济的发展，而使众多手工业者脱离庄园集居而成，城市是封建庄园的对立物。公元11—13世纪是西欧城市的发展与发达时期，许多城市在这一时期兴起并繁荣起来。

刚兴起的城市不大，设施简陋。一些著名的城市如热亚那、威尼斯、佛罗伦萨等也只有几千人。作为居民点，城市还是因其人口密集在一个相对狭小的空间而与农村有所差别。由于"西欧没有一块土地没有领主"，城市仍然摆脱不了封建领主的奴役。有时一个城市分属几个领主所有，他们任意向城市居民勒索赋税，摊派徭役，甚至公开抢劫。城市越发展，与领主的矛盾越尖锐。城市要发展，必须经历艰苦卓绝的斗争。城市的商业和贸易活动，首先需要自由的保障，城市自治成了城市斗争的目标。

二、城市的发展与市民生活

一般认为，一个典型的中世纪西欧城市，首先在外观上与乡村不同：被墙垣环绕且人口稠密。其次是它的自治性：生活在城市的市民通常以"宗教兄弟会""和平友谊会"等组织形式聚集在一起 并订立所谓的"公共誓约"，要求其成员相互遵守。在这些"公共誓约"的基础上形成了城市或市镇"自治联盟"（commune），或称之为"公社"。第三，特有的城市制度：城市法。"各类城市的市议会，都是主权实体；每个城市都是一个自治的市民社会，各自制订法律、自行征税、自管司法、自行铸币，甚至根据各自需要结成政治联盟、自行宣战或媾和"。①

西欧城市发展经历了三个阶段。

公元11—13世纪，在反封建领主的斗争中发展。在封建主领地上兴起的城市，可以满足封建主消费的需要，因而，领主一般采取招引别的庄园内的农奴来定居城市

---

① 汤普逊：《中世纪晚期欧洲经济社会史》，北京：商务印书馆，1992，第174页。

并对城市采取庇护的政策。但是由于城市处于领主的司法、政治权力之下,形同封建领地,居民则要交纳象征农奴义务的各种杂税,一开始就引起居民的不满。

封建领主的剥削和压迫阻碍了城市的自由发展。城市居民为求生存,必须创设适合于手工业和商业发展的环境,于是城市居民便组织起来,开展反领主,争自治权的斗争。1057 年米兰市民起义,反对城市领主——大主教。1094 年建立了城市自治政府,选举执政官,建立了米兰公社。1112 年,法国琅城市民起义,反对领主的掠夺,他们高喊"公社"的口号,要求建立城市公社,经过长期顽强的斗争,终于取得自治。

城市自治一般由国王或封建主持特权证书予以肯定,称为"特许状"。特许的内容大致有人身自由、土地自由、司法和财政独立等。城市自治一方面表现在同封建领主之间的关系上,另一方面也表现在城市制度和城市生活中。以法国诺曼底的卢昂为例,城市制度由一个以城市上层分子,多为富商组成的百人会议作为市政管理机关,具有司法、行政权以及任命市政官员的权力。市政执行机关由百人会议选举 24 人组成,其中 12 人为市政官,12 人为顾问。百人会议还有权推荐 3 人为市长候选人,最后由国王裁定 1 人为市长。市长权力广泛,包括主持法庭、处理日常行政事务等。在许多自治城市还设立了由市民组成的法庭和陪审团,他们按城市法律审理各种诉讼案件。由市民组成的陪审团保证了执法的民主性和公正性。现代西方国家的陪审团制度,就是从中世纪流传下来的。毫无疑问,城市生活的主体是市民,即各城市中具有市民权的全体居民。与古希腊城邦一样,城市公民必须宣誓,遵守城市法律,维护城市利益。

自治后的各城市尽管各有特色,但有几点是共同的:一是自由权。即所有城市居民都是自由人。任何一个农奴,无论身份如何,只要在城市中住满一年零一天,就可以成为自由人。西欧中世纪有句谚语:"城市的空气使人自由。"自由吸引着农奴逃往城市,城市由此不断得到发展。二是赦免封建义务。与自由权相适应,城市中的个人不对领主庄园承担封建义务。三是司法权。城市有自己独立的法庭、官员任职规则等。"自由"与"自治"是西欧中世纪城市的重要特质。

城市中的另一个重要力量是行会。行会是了保护本行业利益而互相帮助、限制内外竞争、规定业务范围、保证经营稳定、解决业主困难而成立的一种组织。行会可以认为是中世纪城市中最主要的经济组织和社会互助组织。当时的行会主要有两种形式:商人行会和手工业者行会。商人行会的主要职能:对外是为其成员形成对当地市场的垄断,故严格限制外地商人在当地的贸易;对内则保持一个稳定的、没有竞争的经济制度,故对内统一价格,严惩个人垄断。手工业行会正式成员必须是行东。行会章程对生产规模、学徒帮工数量、工资、生产过程、价格、原料、市场都有规定。一般而言,行会的行规有两个倾向:一是平均主义倾向,使每个市场者机会均等;二是对内反对自由竞争,对外造成垄断。

这一时期的行会对城市的生产和生活秩序的规范,有利于城市的发展①。行会的一些条规如对产品质量的重视、公平交易等,也有助于日后资本主义职业道德的形成。

公元13—14世纪,城市在行会与城市贵族之间的矛盾与斗争中发展。城市获得自治后,一般说来统治权自然落到上层少数富人之手,其中包括大富商、高利贷主、房产主和地主等,他们构成城市贵族。手工业者和商人们为了保护各自的利益,往往要对手工业生产和商业活动进行规范。因此,从政治上来看,中世纪的城市主要是由行会组成,行会代表了城市市民的利益。

城市贵族一般据有城市的重要位置。市议会议员、政府首脑、司法审判团等多数职位皆掌握在他们手中,他们是城市的真正拥有者和统治者。城市当局向手工业者征收苛捐杂税,而富人的大量财富不仅几乎全不纳税,而且他们还通过承包生活必需品的间接税,以哄抬这些商品的价格,从中渔利。城市贵族和行会之间的斗争由此激烈,有时甚至达到了武装起义的地步。

一般说来,在商业占优势的地区,如意大利的威尼斯、热亚那和汉撒同盟的汉堡等地,城市贵族势力雄厚,行会斗争往往以失败而告终。在手工业比较发达、行会占优势的地区如佛罗伦萨、奥格斯堡、科伦等,行会一般都取得了胜利。当然,市政大权不会掌握在下层小行会手里,而是落入富有的上层大行会的股掌中,由他们与城市贵族联合统治。

公元14—15世纪,行会内部的斗争推动城市发展。随着生产的发展和市场的扩大,行会内部的手工业之间的竞争也日趋剧烈。一些手工业者为适应市场的需要,竭力扩大自己的生产规模以增加产量。行会内部的分化不可避免。大作坊主和较富裕的手工业者开始剥夺小作坊和小匠师,由他们供给原料和半成品,经小作坊们加工后,再收购包销其产品。于是富者愈富,贫者愈贫。而行会仍维护着老一套规章制度,到14、15世纪之交,行会开始成为生产和技术进步的障碍。

行会手工业分化还表现在行会之间的不平衡和作坊内部关系的不平等。小行会在大行会的排挤下,日益衰落。行会内的帮工和学徒的处境也日益恶化,劳动时间长、工资低,晋级条件苛刻,除非是匠师的亲属,不得未经考核加入行会,更不得不参加行会而自行开业。

帮工和学徒们为了自身的利益,组织了"兄弟会""伙伴社"等,与匠师展开斗争。1350年,伦敦剪毛业行会发生大规模的帮工起义。1378年,意大利佛罗伦萨梳毛工人和行会外的小手工业者起义,被认为是历史是第一次雇用工人反对工场主的起义。

西欧城市在斗争中发展,特别是在与行会的斗争中,出现了资本主义的一些因素。

---

① 中世纪市场狭小,对产品数量、价格等不能不进行限制,否则无法进行正常再生产,所以行会在保障小商品生产方面有进步意义。但随着生产的发展,其保守性愈来愈显,最后被手工工场制度代替。

　　随着城市的发展,市民阶层开始形成。市民(Burgess,直译为布尔乔亚)是指居住在城镇的一切居民,包括商人、工匠、自由民、学徒、律师以及逃亡的农奴。只要他们在城市中的身份是自由的,就可以视为市民。与封建的庄园里生活的人们不同,从事商业和手工业城市的市民们经济关系相对平等,政治关系也是自治自由的,构成了不同与封建制度的市民社会,并对近代市民社会诸要素的形成提供了基础。

　　城市市民的生活方式与庄园的农奴显然是有差别的。一道城墙把城市与乡村分隔开来。典型的中世纪的城门状如罗马时代的凯旋门,城门两侧有高大突出的塔楼护卫,门前的护城河形成一道天然的屏障。城内街道纵横交错,但大多是泥路,故晴天沙尘飞扬,雨天一片泥泞。由于土地金贵,城市的建筑也逐渐向高处发展。为了增加住宅居住面积,上层的建筑往往比下层的要凸出一些,所以到了建筑的顶层,差不多突到街道中央的上空,严重影响了城市的采光。城市中心一般都设有广场和教堂。城市广场既是节日集会欢庆的场所,也是集市之地和人们休闲的好去处。教堂是城市的灵魂,城市建筑中最宏伟壮观、精美绝伦的往往是教堂。一座教堂通常是一座城市的标志与象征。如巴黎的象征是巴黎圣母院,坎特伯雷的象征是坎特伯雷大教堂。

　　城市生活也比乡村更丰富多彩,年轻人参加赛跑、摔跤、投石等游戏;居民们参加各种节日活动,如1月6日主显灵节、2月14日圣瓦伦丁节(即情人节)、3月的复活节、4月1日的愚人节、5月的五朔节、6月22日的仲夏节……直至12月25日的圣诞节,几乎每月都有节日,所有的节日都伴有相应的庆祝活动。

　　城市居民的衣着打扮也折射出生活方式的某种信息。城市贵族衣着考究,色彩光鲜,而普通市民大多穿紧身短上衣和紧身短裤,偶尔也戴有沿小帽。妇女则穿紧身上衣和齐腰的长裙,不仅质地低劣,做工也粗糙。

欧洲封建社会城市一瞥

　　中世纪城市的另一面是拥挤狭窄,卫生与公共设施极差,垃圾成堆、污水横流,极易感染疾病。1348年欧洲黑死病流行时,受打击最大的就是城市。

　　但自由与自治吸引着人们,在城市创业与生活。

　　中世纪的大学也是城市文化的重要组成部分。大学的诞生与城市的复兴密不可分。在中世纪的拉丁语中,"大学同时由'studium'和'universitas'表示。'studium'意味着高等教育机构,'universitas'表示行会组织,它保证高等教育机构的自治并行使其功能"。[①]

　　公元11世纪,在意大利北部的一些城市兴盛了一些世俗的学校,后逐渐发展为

---

　　① 参见雅克·韦尔热:《中世纪的大学》,上海:上海人民出版社2007年版,第39页。

大学。中世纪第一所世俗大学是 1158 年成立的波伦尼亚大学。大学通常是以行会的形式组成,有自己的章程。比如,巴黎大学主要是由教师组成的行会,意大利的波伦尼亚大学则主要是由学生组成的行会。除了教师和学生外,大学还有一定数量的为大学工作的职业人员:执事(担任传达联络工作的办事员)、图书管理员、抄录人、理发师、药剂师等,他们同样享有大学所特许的一些权利。当时著名的大学有 1168 年成立的牛津大学、1209 年的剑桥大学、1253 年的巴黎大学等。公元 13 世纪,随着大学的发展,其内部分化出学院。学院(Facultes)是与教学组织相关的大学行政分支机构。他们根据不同的知识学科地位,划分为神学、法学(教会法和民法)、医学三个高级学院。到公元 14 世末,欧洲有约 40 所大学,1500 年左右发展到约 65 所大学。大学是中世纪留给后世的宝贵财富。

三、城市的地位与作用

城市工商业的发展,极大地影响了西欧社会的发展方向。主要表现在四个方面。

伴随着城市兴起和发展而来的是封建社会的基本矛盾尖锐化、复杂化。城市的发展,极大地冲击了封建的自然经济;各种产品的增加,诱惑也随之增多,领主的贪欲增大,领主们加紧向农民搜刮,要他们交纳货币地租,强迫农奴用钱财来赎取人身自由。农村的阶级矛盾日益激化,大规模的农奴起义不断爆发,动摇了封建社会的根基。

城市的发展改变了西欧社会的阶级构成,使阶级关系发生了变化。由于城市工商业的发展,新的市民阶层出现了,他们脱离农庄,最终走向了封建制度的对立面。市民阶级要求结束分裂割据的局面,使他们能更大范围地参与工商业活动。相对弱小的市民阶层往往选择支持王权,因为混乱中王权代表了秩序。这样,便出现了市民与王权的联盟——英国的国会和法国的三级会议。市民阶级登上历史舞台,不仅成为监督统治者和政府行为的一支主要的社会力量,也为日后资产阶级革命提供了广阔的空间。

城市的繁荣也为国家统一提供了条件和基础。自然经济占统治地位时期,地区之间缺乏相互联系。如今,商品经济的发展,各地的经济联系加强了,出现了全国性或地区性工商业城市。这样,就为结束封建割据局面创造了经济前提,也为全国统一创造了条件。

市民文化、城市大学和由此发展起来的文艺复兴运动等,动摇和破坏了封建制度的精神支柱——封建神学,为资产阶级的文学、艺术、法学、哲学的发展和宗教改革,为自然科学的诞生准备了初步条件。

在近现代西方政治与社会民主化的道路上,市民及市民社会的力量更是不容低估。首先,它是一种对抗暴政的强大力量,凭靠特许状这种"社会契约"形成和发展起来的市民社会是封建政治国家的对立面。西欧市民社会和政治国家的二元对立雏形自此形成。其次,自治城市的市民社会成了罗马私法生长的温床,在城市生活中罗马法中的私法、私域、私权与公法、公域、公权对抗的观念再次得到张扬。这种公私分离、私人权利和国家权力对立的思想经启蒙思想家尤其是黑格尔的重新阐发后,使创建自由的 Civil Society(市民社会)成为资产阶级革命的理想。黑格尔的市民社会理论也是现代自由主义市民社会理论的思想渊源。

第三节　等级议会制

市民社会的成长,促使西欧社会与政治制度发生改变。等级议会制的出现,标志着市民阶级登上政治舞台。等级议会制既是西欧绝对君主制的前奏,也为资本主义政治制度的建立提供了契机。

一、等级议会制的缘起

等级议会制是西欧,尤其是英、法近代民族国家形成过程中所经历的特殊的政治制度形式。它作为西欧历史长期发展的产物,在世界政治制度史上并不具有普遍性。

第一,王权的强化是等级议会制形成的重要力量。

中世纪前期,王权的衰落似是"无可奈何花落去"。王室领地的分封,尤其是致命的土地与爵位的世袭分封,使国王对封建时代最重要的资源——土地的控制权受到极大损害。掌握土地资源的领主们在各自的辖地内行使着政治(行政、司法等)权利,与君王们分庭抗礼。但是王室总是不甘心经济资源的丧失和政治大权的旁落,伺机扩张权力。强化的王权成了欧洲民族统一和政治集权的前提,也是等级议会制形成的重要力量。而城市的兴起与发展又促进了王权的强大。

11 世纪兴起的城市尽管有类型之别,但对封建制度的腐蚀作用是一致的。中世纪欧洲的城市既不同于希腊、罗马时代,也不同于东方的封建城市。在希腊、罗马,城市同整个社会是连成一体的,是整个社会和政治制度的一部分。在东方,城市是国家的核心,封建的政治统治通过城市这一中心向全国辐射。城市犹如封建帝国肌体的筋骨,支撑着帝国庞大的身躯。而在中世纪的西欧,大多数城市是在封建主的领地和城堡及教会的领地和修道院的重重包围中突围出来的,一开始就是作为封建主义的对立面而出现的。它们是封建肌体的毒瘤,是一种异己的力量。城市中的商业与贸易的展开,手工业的发展,都需要有自由的保障。争取与封建领主同样的独立自主的地位,是城市生存与发展的目标。

然而,城市的生存与发展又离不开封建割据,这似乎是一个悖论。然而千真万确,西欧封建城市获得自由、自治的先决条件之一是严重的政治割据局面。中世纪早期,政治上的权力分割和离心倾向造成极其混乱的权力关系和严重的地方保护主义。在这种局面下,各级封建主不仅不能携手合作共同对付城市,反而因彼此之间的利益冲突而相互制约,甚至支持和保护城市,使城市有机可乘。而欧洲王权地位尴尬,既不能一统天下,也不能建立君主专制政体。由于公权衰微,私权膨胀。相应地,新兴城市的对立面就不是以国王为核心的统一的封建主群体,而是包括国王在内的封建主个体。国王为压制境内的封建主,也有意扶持城市。城市与王权的结盟是欧洲等级议会制的必要前提。

教权的衰落,是王权强大的第二个要素。中世纪欧洲政治格局是政、教二元体系并存。教权与王权,好像是坐在同一块跷跷板上的顽童,此起彼落。公元 11 世纪前后,天主教通过克吕尼运动,革除教会腐败势力,教权开始振兴。到公元 13 世纪,教权开始凌驾于王权之上直至完全支配王权,其标志性事件是历时 200 多年的十字军东征,代表人物是教皇英诺森三世(Innocentius Ⅲ,1198—1216)。十字军东征自始至终是在罗马教皇亲自发动、组织和领导下进行的,各国各阶层的人们(包括君主)都追随着教皇,长途跋涉,到异地作战,一时间,教皇和教廷成了欧洲国际政治的中心。英诺森三世作为教权鼎盛时期的代表人物,不仅左右德意志皇帝的选任,还迫使英国国王为教皇附庸,干预法国国王和西班牙莱昂国王的婚事。西班牙阿拉贡国王是他的附庸;葡萄牙、波兰、匈牙利、丹麦的君主都向他屈服。英诺森三世被称为"万王之王","万主之主"。

但好景不长在。公元 14 世纪以后,西欧教权迅速走向衰落。这一方面是因为英诺森及其后继者关心的主要是世俗事务,教会追逐政治权力,漠视教徒在信仰上的需求,使作为精神领袖的教皇形象在信徒中大打折扣。而教廷机构的日趋庞大和复杂,使教廷的开支日益巨大,英诺森三世和他以后的教皇们巧立名目,肆意搜刮,通过各国教会组织征收苛捐杂税。经济利益的冲突,使教廷与民众、与西欧各封建主(包括国王)的矛盾日益加深。另一方面,由于城市经济的发展,市民阶级兴起,市民从自身利益出发,要求强大的王权。公元 13、14 世纪,顺应这一需要,君权学说在西欧思想界开始抬头。如法国巴黎的约翰(1265?—1306)提出了君权独立的主张,人文主义诗人但丁(1265—1321)认为帝王的权力和权利直接源于上帝,从而否定了教皇的中介作用。在这种社会思潮的影响下,日益强大的君主越来越不愿屈从于教权之下。1309—1378 年教皇的"阿维农之囚",表明罗马教权至上从此衰落。

随着商品经济的发展和民族意识的增长。教皇与教会的衰落便成了一种必然。跷跷板上另一头的欧洲君主权力开始上升。

罗马法的复兴,为王权的强大提供了法理依据。西欧封建制度的法理依托主要是日耳曼的习惯法,城市兴起后所形成的市民阶级在身份、地位、利益上都明显与封建制下的领主和农奴不同。日耳曼的习惯法显然对他们不适用。为争取自由与权利,市民们求助于以私法为主体,强调自由与权利的罗马法是再自然不过的事情了。公元 12 世纪,罗马法在欧洲复兴,罗马人特有的"法学的论证"的思维方式和推理方式也随之得到发扬。中世纪的法学家们继承罗马时代必须为权力提供法律和权利依据的做法,竭力为王权寻找法理依据,并从罗马法中引申出国王意志具有法律效力的结论。如公元 2 世纪罗马著名法学家盖尤斯宣称,"皇帝本人是根据法律获得法治",

因而"具有法律效力"。① 乌尔比安认为,皇帝所决定的都有法律效力,因为人民已经把他们的全部权力通过王权法移转给他。这些罗马法理使中世纪的法学家们深受启发。罗马帝国时代著名法学家为帝制的集权所寻找的法律根据和权利根据,到了此时则成了从理论上解除传统日耳曼习惯法对国王权力限制的"福音"。君主权力于是有了自己的法律武器。

第二,王权与市民的结盟直接导致了议会的产生。

中世纪西欧的城市从本质上说是掺进封建旧机体的异物。它的出现,使原有封建社会的二元对立阶级关系(领主与农民或农奴),变为复杂的三角阶级关系(领主、农民、市民)。由于农民(奴)基本上不直接面对政治生活②,这种三角阶级关系便演化成国王(法定的最大的领主)、贵族(领主)和市民三角政治关系。由于三方政治力量势均力敌,任何一方都无力单独执掌政权。这时,历史就要求出现一种新机构,一种新制度。可以认为,等级议会制实质上是三角政治力量势均力敌在政治制度上的反映。

三种政治力量的三角关系,折射出当时代变化了的社会经济和政治结构。其中国王与贵族是封建经济和政治结构中的主体。贵族们早年追随国王出生入死,看着国王"长大"。有些国王之所以能登上王位,还依仗着贵族的支持。于是贵族们(尤其是一些大贵族)倾向于把国王看作是一个领主或封建宗主,至多把他当做"同辈中的带头人"。③ 由于王权在西欧不具有至高无上的神圣性,一旦贵族的利益受损,他们就会与国王分庭抗礼。王权要扩张自己的权力,势必也要钳制贵族势力。国王和贵族的这种相对"平等"关系,也成了公元13世纪等级议会的社会心理基础。

由于在城市发展的进程中,市民利益更多地与贵族利益相冲突,市民便逐渐向王权靠拢。而王权还不够强大到足以控制贵族,王权也需要市民的支持。国王、贵族、市民三种力量的均势,有助于形成两两结盟、遏制一方的机制。这种机制就是等级议会制。

二、等级议会制的权力结构

等级议会制在欧洲的出现,意味着一种新的权力体系和政治秩序的诞生。就权力结构而言,等级议会制奉行的是二元主义结构原则。以国王为一方,以等级会议为另一方,"它们是分离的互通信息的政治中心",④双方共同协商来制定政策,但是,即使双方取得一致意见,它们代表的也是各自的利益。等级会议和统治者(王权)共同构成了一个统治制度的两端,是等级议会制度把这两个有自我权利和权能的合伙人结合到了一起。二元结构中,最重要也是最能体现其特点的是等级制度中封建因素

---

① 盖尤斯著,黄风译:《法学阶梯》,北京:中国政法大学出版社1996年版,第2页。
② 领地上农奴等在中世纪的政治生活中主要与领主发生关系,其公共领域是庄园,领主贵族是他们政治上曲折的代言人。
③ 贾思弗兰科·波齐,沈汉译:《近代国家的发展——社会学导论》,北京:商务印书馆1997年版,第50页。
④ 贾恩弗兰科·波齐,沈汉译:《近代国家的发展——社会学导论》,北京:商务印书馆1997年版,第51页。

和城市因素的同时并存。正因为城市的存在,使等级议会制度与先前的封建等级制度在社会、经济和文化内容上有明显的差别。

就权力关系而言,等级议会制以国王为权力中心,以贵族和市民为两翼,形成一个不规则三角形关系(如右图所示)。

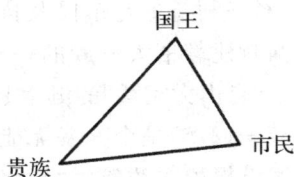

其中,国王与贵族的距离稍大于国王与市民的距离;三者之间贵族与市民之间的距离最大;政治关系中距离与离心力成正比,彼此间距离越大,离心率越大。当然,三者之间的距离也不是一成

等级议会制的权力结构图

不变的,各种力量之间的结盟与消长,取决于彼此间政治与经济利益所构成的矢量。这种三角关系通常以两两结盟的方式来保持均势。当贵族的分裂倾向严重时,王权与市民联合,以遏制诸侯叛乱;当王权出现专制的倾向时,市民就与诸侯携手,以防止王室权力膨胀。当市民的要求超出封建制度的许可范围时,国王便于贵族结成同盟。由于存在着两两结盟的可能性,任何一方也不能用自己单一的力量形成独自统治的局面。三角形的均势格局是等级议会制的最佳状态。一旦这一格局被打破,等级议会制也就寿终正寝了。

三、国会与三级会议

英国的国会和法国的三级会议是西欧等级议会制的典型。

古代英国(那时叫不列颠)地处欧洲文明的最边缘,约公元 1 世纪才被纳入西方文明圈内,当时由罗马军队占领,称罗马不列颠省。但罗马对不列颠的统治并不稳固,也不长久。公元 407 年,当君士坦丁带领罗马兵团离开不列颠后不久,日耳曼部落中的盎格鲁人和撒克逊人渡海来到不列颠,很快成了那里的主人。从此,不列颠进入了七国时期的"王政时代"(6 世纪中叶至 827 年)。公元 8 世纪末至 9 世纪初,北欧(丹麦、挪威)人入侵不列颠。在抗击外敌的过程中,盎格鲁·撒克逊各王国走向了联合。9 世纪初,威塞克斯王国获得最高权力,联合王国开始使用"英格兰"这一名称。1066 年 1 月,英王信教者爱德华(Edward the Confessor,约 1002—1066)过世,法国诺曼底公爵威廉以亲属为由要求继承王位,并宣称爱德华生前已将王位许诺于他,但遭到英国贵族会议的反对。以此为借口,在教皇的支持下,公爵兴师英国,并于同年 10 月在伦敦加冕称王,是为威廉一世(William the Conqueror,1066—1087),史称"征服者"。

诺曼征服后,英国虽保持了比较强有力的王权,但王权的社会基础并不稳固,英国贵族的"自由"传统依然强烈。公元 11 世纪前后,英国城市兴起,从事工商业活动的市民阶级要求国家统一,反对封建割据。尽管王权与市民之间存在矛盾,但为了与封建领主的共同斗争,并出于其他许多共同的利益和要求,王权与市民结盟。公元 12 世纪前,城市与英国王权一直保持着这种联盟关系,但尚未参与国家政权机构。

亨利二世①在位（Henry Ⅱ,1154—1189）期间,为加强王权实行了军事改革,以征免役金代替军役,致使一部分骑士小贵族转向经营土地,从事工商业。他们在政治、经济利益上与市民及自由民上层逐渐趋于一致。市民与骑士的政治联盟,是当时抗衡封建教俗大贵族的一支重要力量。

"自由大宪章"的诞生是英国历史上的重大事件。"无地王"约翰（John Lackland,1167—1216）是个残暴无能的国君,他恣意破坏封建惯例,无端没收封臣土地,任意增加城市捐税。约翰对"自由"的任意践踏,引起了市民、骑士和大贵族等社会各阶层的普遍不满。1215年,大贵族联合其他社会阶层武力迫使约翰签署了《自由大宪章》。其主要内容有:保证大贵族的土地继承权,国王不得任意没收;国王未经法律许可,不得对任何自由人逮捕、监禁、没收财产,或加以任何损害;国王保证不侵犯教会的权利和自由,不干涉教会的选举,不剥夺教会的土地;统一度量衡;确认伦敦及其他城市的自由权利。宪章还规定从大贵族中选出25名代表组成委员会,监督国王对宪章的执行,如果国王破坏宪章,大贵族有武装反抗的权利。

大宪章尽管是英国封建阶级之间权利瓜分的产物,但其积极意义有目共睹:一是确认了法律高于国君,将王权置于法律的约束之下,这就为西欧社会法治代替人治埋下了伏笔。二是保障自由人权利的一些条款,经过几百年的社会实践变成宪法秩序的普遍程式,从而构成近代英国宪法的基础。

约翰及其后继者亨利三世不甘于王权的削弱,在保守派贵族的支持下与西门·孟福尔（Simon de Montfore,1206—1265）为首的激进派贵族发生了内战。1264年5月,双方在英国南部决战,国王派战败,亨利三世及其儿子被俘,孟福尔独掌大权,成了实际的统治者。1265年,孟福尔在伦敦召开议会,参加会议的代表,除教俗大封建主外,每郡派骑士代表2人,每城派出市民代表2人,讨论全面确保和平与安定等国事。是为英国国会的开端。

孟福尔领导的贵族反叛虽一时得逞未能持久,但孟福尔的创制却在英国的宪政史上留下了永久性的印记。爱德华一世（Edward Ⅰ,1272—1307）登基后,仿照孟福尔的做法,于1273、1275和1283年三次召开新的国会,史称"模范国会"。此后,国会几乎每年都要召开,逐渐成为惯例。公元14世纪,国会取得批准税收、颁布法律等权力。1343年起,国会分为由教俗大封建主组成的上院和由骑士、市民组成的下院。国王常常联合下院同上院斗争,市民在英国的政治生活中起着越来越重要的作用。英国议会的出现,标志着英国等级君主制的确立。中世纪英国的宪政制度的确立,也为资产阶级革命后君主立宪制奠定了历史基础。

法兰西王权从无到有,远比英国经历曲折。自查理曼帝国瓦解后,西法兰克封建领主制盛行,政治权力下移,领主在其领地内行使独立的行政、司法权力。统一的国家政权机构实际上已不复存在,王权名存实亡。直至王权复兴前,法国没有系统的国

---

① 英国金雀花（或普兰他日奈）王朝的创立者。

家政权机构和制度,没有统一的法律,封建等级制度维系着各级封建主之间的等级阶梯联系,维持着社会秩序。

法国王权的强化,主要依靠两条途径。一是通过王室领地扩张消除割据势力,以增强王权。法国王室利用联姻、外交、战争、购买等手段,千方百计扩张领地。公元14世纪初,王室领地与人口已达全国土地总面积与总人口的70%,使王权有了行使自己权力的空间。二是不断扩充国王的实权,实行军事、司法和财政大权的集中。尤其是公元10世纪后,随着城市的发展,法国国王和城市联合,为恢复王权开始了不懈的斗争。

路易六世(Louis Ⅵ,1108—1137)在位期间,致力于王室领地内部的治理整顿,制服领地内不顺从的城堡主,改变了分权独立的局面,法国王权开始抬头。其间,城市用金钱和市民武装支持国王,国王则帮助城市从地方领主的控制下获得自治的权力。至路易七世(Louis Ⅶ,约1120—1180),法国王室给城市颁发的自治特许状达25起之多。

腓力二世(Philippe Ⅱ Auguste,1180—1223)是法国王权加强的关键时期,他不仅颁发了84个城市自治特许状,还加强了御前会议的地位和中央对地方财政、行政、司法、军事方面的控制,如推行"拜宜制"①,开始使用雇佣军等,为后来法国中央统治机构的建立奠定了基础。路易九世(Louis Ⅸ,1226—1270)时期,继续推行了司法、行政和军事方面的改革,如1257—1261年,多次颁布敕令,禁止王室领地的司法决斗,并将叛逆、铸伪币、伪造王室法令、文件等司法犯罪案件,收归王室法庭审理,进一步扩大了王权。

在国王之下,教俗贵族组成的贵族会议是最高权力机构。早在公元12世纪,国王遇到税收问题时,也召集某些城市的代表与会,但并不经常更没有形成制度。随着城市的发展,市民阶级的力量已不容忽视。

法国王权的加强,势必与教权产生冲突。1302年教皇颁布"神圣一体敕谕",提出教会只有一个元首,教权高于任何帝王的主张,政教关系进一步紧张。国王在与教皇的斗争中,亟须各阶层的支持和财政援助。于是,腓力四世(Philippe Ⅳ,le bel,1268—1314)于同年第一次正式、公开地召集全国性的三级会议,有高级教士、世俗贵族和富裕市民三个等级的代表参加。这标志着法国的政治统治又进入了一个新的阶段,即议会君主制阶段,此后至路易十四时代,三级会议在法国经常召开,各省也有自己的三级会议。

英国国会和法国三级会议是一种国王与等级代表会议结合的政治形式,它把王权与市民的联盟用等级的形式固定下来。市民以等级代表的身份参与国家大事;国王则运用等级代表会议进行统治。这种政治形式形成之初,不仅加速了政权的集中,促进了统一的民族国家的形成,也有利于资本主义经济的发展。

---

① "拜宜制"是一种新型的王室官制,官吏由国王随意任免,支付薪金,并直接对国王负责。

第五章

走向海洋:新兴西方的崛起

经过公元 4—14 世纪的所谓"黑暗时期",到 15 世纪,西欧资本主义生产关系萌芽,各种新的因素开始显现。随着商品经济的发展,市民阶级力量壮大,促进了市民文化和世俗文化的进步,基督教的文化垄断地位开始动摇;市民阶级和君权的结合,加强了封建王权,进而挑战了教会的政治统治;民族意识加强,统一的君主国诞生;崇尚冒险和个人主义的传统也复活了。所有这些,使传统的西方开始向现代转变,新兴西方开始崛起。

在中世纪的大半时间内,西欧受到来自游牧部落(包括匈奴人、日耳曼人、阿瓦尔人、马扎尔人、蒙古人和突厥人)的侵入。这一方面是因为西方的政治分散、经济落后;另一方面,也由于西方处在传统的侵略路线[①]的末端。近代初期,随着西方的崛起,这一古老的格局被打破了。技术上的优势,尤其是武器和船舶制造的进步,加上背靠大西洋的得天独厚的地理优势,使得西方在海洋上获得了同以往游牧部落在陆上所具有的同样的优势。新航路的开辟,使世界局势发生了根本的变化,世界政治和经济地图的重点开始向欧洲转移。人类活动的舞台也开始从大陆转向海洋。

第一节　地理大发现

欧洲的扩张,主要与一系列航海相联系。西欧史学家把公元 15—17 世纪欧洲航海者开辟新航路和"发现"新大陆通称为"地理大发现"。一般认为,新大陆发现的直接结果之一,便是现代欧洲资本主义社会的出现。实际上,两者互为因果,资本主义因素的出现,也是导致欧洲扩张的原因。

一、前提与基础

1.西欧商品经济发展的要求

公元 13 世纪以后,西欧农奴制逐渐解体,人们的生产积极性提高,生产技术取得了进步,自然力代替了人力和畜力,尤其是风车广为流行。生产技术的进步直接带来

---

① 　传统的侵略路线是指游牧部落从中国北部→横贯欧亚大陆→中欧多瑙河流域的大草原之间的迁移、侵入,可以说,近代以前世界的侵略扩张通常是由东至西。

了手工业的发展和社会分工的专门化和扩大化。专门化的直接后果是经济交往的增加，也就是商品经济的发展。

商品经济的发展，为资本主义生产关系的产生创造了条件。中世纪后期，西欧社会两极分化严重，一方面财富越来越集中在少数人手里，与此同时，大多数人则越来越贫穷，失去土地，甚至失去了一切，只剩下劳动力。一旦富人手中充足的货币演变为资本，而直接生产者转化为雇佣工人的时候，资本主义生产关系就形成了。历史上，这种生产关系最早出现在意大利的佛罗伦萨和威尼斯。而后向西北欧的佛兰德尔、英国等地扩展。

公元15世纪后半期，西欧资本主义生产关系逐渐发展。对商品经济进一步发展起推动作用的贸易、货币的需求越来越大。这两个因素又恰恰是西欧较为欠缺的，于是贸易与货币的短缺日益成为阻碍西欧商品经济进一步发展的瓶颈。

东西方的商品贸易往来由来已久，从罗马帝国时期，东方的货物就开始向西方输入。中世纪前期，由于种种原因，东西方的贸易一度停滞。公元13世纪随着西欧城市和社会经济的发展，东西方的贸易发展加速。当时，东方的丝织品、宝石制品、香料、糖等大量地涌入西方。但廉价的东方商品经波斯人和地中海沿岸的阿拉伯商人们转手，运到西欧后价格提高很多，中间商获利甚大。公元15世纪中叶以来，地中海沿岸的土耳其奥斯曼帝国兴起，他们控制了东、西方的传统航道，对欧洲商人横征暴敛、百般刁难，严重影响了欧洲商人的利益。因此，西欧商人渴望另辟一条通往东方的航路，进行直接贸易，以降低成本和风险。据一位葡萄牙商人的分析：一旦找到了不经过地中海的商路，东方货物所缴纳的通行税便仅及过去的1/80。

也有人从当时东方社会的发展水平高于西欧这一角度分析说，大航海实际上是当时落后的西方对先进的东方的向往。随着商品、货币关系的发展，作为货币和制造货币的贵重金属——黄金，身价大增。但西欧黄金开采量不大，在对东方的贸易中，西方又长期入超，西欧黄金严重缺乏。商人和新兴的工业资产阶级需要资金扩充资本，以求进一步发展；上层社会尤其是贵族，需要增加收入来购买更多的奢侈品；市民阶级需要金钱提升生活品质。西欧各国的国王、贵族、高级教士和普通市民，都沉醉在"寻金梦"中，哥伦布在日记中的一段话，反映了当时西欧人的心态："黄金真是一个奇妙的东西，谁有了它，谁就成为他想要的一切东西的主人。有了黄金，甚至可以使灵魂升入天堂。"以《马可·波罗游记》为典型代表的一些关于东方的传奇、游记的发表和流行，使这种狂热有了确切的目标。例如在《马可·波罗游记》一书中，作者把印度、中国、东南亚等东方国家描绘成"遍地黄金，香料盈野"的美好天堂。强烈的诱惑成了巨大的吸引力，使他们甘愿冒着生命危险，来打通通向东方的新航道。

社会的思潮一旦与人的私欲相吻合，就会唤发起一股强大的社会力量。

2.宗教文化的因素

西欧扩张的宗教因素和经济因素是交织在一起的。地理大发现在某种程度上可用基督教的扩张主义来解释。基督教浸透了普济主义①,具有改变异端信仰的热情和好战精神。基督教的好战性源自犹太游牧民所崇拜的复仇和惩罚之神。《马可福音》要求基督教徒"到世界各地去,将福音传布给每一个人",所以,基督教一开始就强调"四海一家",宣称自己是世界宗教。积极传教一直是基督教会的主要特征。

由此,欧洲有历时久远的远征传统,海外扩张从某种角度可以理解是这一传统的继续。

自公元 13 世纪《马可·波罗游记》发表,欧洲人知道东方有一些大国(印度、中国)是非伊斯兰世界,希望这些国家的人能皈依基督教。有关约翰牧师的传说也起了重要作用。传说在遥远的东方,有一块土地的人民是信仰基督教的,约翰是他们强有力的统治者。因此,基督教狂热分子也一直渴望能同约翰的臣民建立联系,以便从东、西两方大举夹攻伊斯兰世界。

为上帝服务和寻求黄金,可能是欧洲人最初开始海外冒险的最强烈的两大动机。英国航海家弗朗西斯·德克雷爵士(Francis Drake,约 1540—1569)在为美洲殖民进行"宣传"时写道:他们将得到的是有关我们宗教信仰的知识,而我们将得到的是这一地区所拥有的那种财富。一举两得,何乐而不为?

3. 技术的发展

欧洲技术的发展,是扩张的先决条件。如果没有适当的造船和航海技术,航海家们是不可能到达印度和南、北美洲的。

欧洲在中世纪的发明可以与希腊、罗马文明时期的文化成就相媲美。"非人力"的动力源等相继发明,风车、水车等广泛应用,这可能与欧洲人力缺乏有关。

就欧洲扩张来说,重大的技术进步表现在造船、航海设备、航海术和海军装备上。例如,船体由狭长单层甲板帆船改为圆体帆船,侧舵变为艉舵,从而使船的速度更快、操作更灵便。罗盘的使用和航海资料、地图的绘制等,都为航海提供了可能性。尤其在船上装备火炮的技术,更使航海有恃无恐。

另外,地理学的进步,也对航海具有观念上的启发意义。在古希腊时代,西方就有了大地是球形的观念,而且由于地中海位于欧亚非交汇处,特殊的地理位置和基督教的影响,也使中世纪的西方人有了欧亚非三分的 T—O 型地理观(即 T 型世界图形②)。公元 15 世纪起,托勒密(公元 2 世纪的希腊天文学家)的球形世界观重新享誉西方,其优点是从数学角度来观察地球表面问题,但缺陷在于低估了地球的圆周,亚欧之间的距离很近,印度洋只是它们的内海。这种知识与观念,也对冒险与探索起了推波助澜的作用。

---

① 一种认为所有的人都最终将得救的神学学说。
② 这种地图把世界描绘成一个大圆盘,耶路撒冷位于圆盘的中心,尼罗河、顿河和地中海构成了有象征意义的十字架。

知识与技术的发展，使欧洲人在海上具有某种决定性的优势，这一先决条件使他们有能力夺取和控制海洋。到 1905 年，日本在对马海峡打败俄国人以前，西方人一直是世界海洋的无人挑战的"主人"。

4. 中央集权的新君主国家的崛起

中世纪后期，随着民族国家的兴起，等级君主制向中央集权的新君主制过渡。强大的民族君主政体发展的政治趋势，有利于国内各种因素（力量）结合成一体，指向外部世界，从而大大促进了西欧扩张的步伐。

西欧自 814 年法兰克帝国查理曼去世后，便进入了一个四分五裂、政治混乱的时期。生活在各个城堡、小国中的人们甚至"不知国家，只知上帝"。直到公元 15 世纪民族国家诞生和中央集权确立，这一局面才有所改观。概括地说，9—15 世纪西欧的政教关系发展分为三个时期：9—11 世纪教权、君权平起平坐，携手合作，教皇帮助皇帝（国王）制服日耳曼的世俗封建主，皇帝（国王）帮助教皇与平等地位的东方教廷相抗衡；11—13 世纪末教皇权力至高无上，西方世界为基督教一统天下；14—15 世纪君权逐渐强大，直至出现中央集权的民族君主国，也有人称之为绝对君主制。

民族君主国的出现，主要得益于市民阶层的出现和市民力量的壮大。君主们和市民为了自身的利益结成非正式联盟，从而使王权得以加强。

随着王权（民族君主）的力量日渐增强，国家机构逐渐完备，君主们在动员人力、物力以从事海外冒险事业方面，作出了极其重要的贡献。诸如发特许证给合股公司，用皇家海军作后盾，甚至出钱资助等。西欧君主之所以积极支持海外事业还有制度的原因，因为西欧封建式领主经济结构从多方面限制了君主对财富的榨取，而国家征税的权力又大多掌握在由贵族把持的议会手中，新兴王权的君主们为应付日益增长的财政需求，就不得不另辟财源。这一结构性特点决定了他们对国内贸易和海外扩张的特殊兴趣。

5. 海洋文明的航海传统

众所周知，西方文明是一种海洋性质的文明。希腊、罗马时期就面向海洋，具有半岛文化的特征。早在希腊时代，人们就扬帆远航，殖民征服。农商结合、畜牧航海是他们的传统。地中海也一直是整个西方文明重商主义海洋文明的汇合处。15 世纪，当历史舞台的中心从地中海转向大西洋沿岸时，大西洋沿岸的西班牙、葡萄牙、荷兰、英格兰、法兰西等国家就成了开辟海洋时代的先锋。

此外，差不多同一时期发生的文艺复兴运动，提倡个人主义和现世主义，使人们逐渐认识到人类的伟大与高贵，对自己的能力与创造力充满自信。人们无需担忧对来世的审判，只需发展和证明自己与生俱来的潜力。观念的变革也有助于西欧航海运动。

二、新航路开辟的进程

西方史学家认为，"地理大发现"经历了两个时代。就其成果而言，公元 15—17

世纪是"黄金时代";公元 18 世纪为"白银时代"。就主导地区而言,公元 15—16 世纪是伊比利亚阶段,主角是伊比利亚半岛的西班牙、葡萄牙两国。公元 16—17 世纪是西北欧阶段,主角是荷兰、英国与法国。

前面提到"地理大发现"是与资本主义经济因素相联系的,而倡导欧洲扩张的是封建国家(专制制度最强盛的西班牙、葡萄牙),这似乎让人疑惑。但历史往往出人意料,西班牙、葡萄牙两个封建君主国不会想到,正是大航海或"地理大发现",使他们国家的历史发生了转折。伊比利亚半岛国家能担当起"地理大发现"初期的历史主角,除了前面提到的几点基础外,还有特殊的原因。诸如:西地中海人口过剩;西、葡两国王室把开辟新航路同开拓疆土、扩张版图、增加王室收入、过奢侈生活联系在一起;两国的军事贵族也较热衷于军事征服;两国宗教势力强大,希望通过海外扩大传教;两国的一些沿海城市商业繁荣,造船和航海业也很发达,为航海创造了一定的条件;靠近地中海,得天独厚的地理优势使航海更加便利,等等。

在伊比利亚阶段,远洋航行具有重大意义。大体上有三条航路开通。

1.欧洲通往印度的新航路开辟

最先探寻通往东方新航路的是葡萄牙人。葡萄牙亨利王子(Prince Henry,1394—1460)积极支持航海事业,他创办航海学校、设立观象台、资助数学家和手工艺人改进和制作新的航海仪器等,不仅为葡萄牙培养了大批的航海人才,也开了航海的一代风气。

公元 15 世纪中叶葡萄牙探险队已沿西非海岸到达了佛得角(1445)。1486年,葡萄牙人迪尼斯·迪亚士(Dias,约 1450—1500)进行了更远的航行,当航行者接近非洲大陆南头的时候,风暴把他们的船吹离了海岸,绕过了非洲的南端。等到他们又见到陆地时,忽然发现太阳在他们的右边升起,其实他们已经进入了印度洋。他们在印度洋航行了一段时间后,船员感到疲惫不堪,不愿继续航行。迪亚士不得不返航,途中意外地发现了非洲南端的尖角。这个尖角给热衷于抢占土地和财富的葡萄牙统治者带来了美好的前景,故把这个尖角地带命名为好望角(Cape of Good Hope)。

1497 年,葡萄牙贵族达·伽马(Vasco da Gama,约 1469—1524)率领 4 只帆船组成的队伍,从里斯本出发,向南航行,绕过好望角,由阿拉伯航海家领航,从非洲的东海岸进入印度洋。1498 年 5 月到达印度西南沿海城市卡里库特。达·伽马首先实现了西欧人的梦想,找到了通向神话般的国家的新航路。

达·伽马的航队满载宝石、香料、丝绸等东方产品回到葡萄牙,获得相当于航海费用 60 倍的暴利,同时也带回了从非洲到印度一路的航海资料。从此,一个新的非洲地区向葡萄牙人打开了大门。物产丰富的非洲,也使葡萄牙人获益匪浅。

2.哥伦布"发现美洲"

西班牙人是从另一个方向寻求通往印度之路的。

克里斯托弗·哥伦布(Christopher Columbus,约1451—1506)是意大利热亚那纺织工人的儿子,从小就非常喜欢航海,他认为从大西洋向西航行,可以开辟联结欧亚两大洲的捷径。于是,他先向葡萄牙国王游说,葡萄牙当时正热衷于开辟非洲,没有给予支持。1485年哥伦布移居西班牙,希望得到西班牙王室的支持。6年后,西班牙王室才正式"赞助"哥伦布的远航计划,为他配备了3只帆船和大约90名水手。

1492年8月3日,哥伦布告别了国王和王后,离开了巴洛斯港,开始横渡茫茫的大西洋。船队于10月12日到达巴哈罗群岛中的一个小岛,哥伦布举着西班牙王旗登陆,宣布占领了那个小岛,他以为来到了东方,称小岛为"圣萨尔瓦多"(意即救世主),把岛上的土著居民叫印第安人(Indians)——印度居民。哥伦布迫不及待地向他们追问黄金,岛上居民告诉他南边有富裕的地方,于是,他们就穿过巴哈马群岛,来到古巴(以为是中国)。又从古巴到海地(以为是日本)。每到一地,哥伦布都以西班牙国王名义宣布占领,并在海地建筑了第一个殖民据点。

哥伦布

从1493—1504年,哥伦布三次出航,先后到达安的列斯群岛、特立尼达尔和中美洲的一些地区(今洪都拉斯),但始终没有找到传说中的大量黄金。哥伦布的航行由于没有给西班牙王室带来预期的利益,从此受到了冷落。1506年郁郁寡欢的哥伦布在失意中死去。

公元15世纪末16世纪初,意大利航海家亚美利哥(Amerigo,1451—1512)考察了南美洲海岸,断定那里不是亚洲,而是"新世界""新大陆",后来这大陆的名字叫亚美利加洲(America),但哥伦布最先到达的南北美洲之间的岛屿,一直叫做西印度群岛。广阔的美洲大陆,给欧洲殖民者和资本主义发展提供了无限的想象力和相当的空间。哥伦布仍是欧洲人心中的英雄。

哥伦布环球航行仿真
模型—桑塔玛丽亚号

3.麦哲伦环球航行

为了从葡萄牙不能控制的方向着手争夺亚洲,西班牙积极寻找横贯美洲的海峡。

贵族出身的葡萄牙人费尔南多·麦哲伦(Ferdinand Magellan,约1480—1521),是个训练有素的航海家,由于在本国得不到重用,投效于西班牙国王。1519年9月20日,他率领一支西班牙船队——5只帆船和265名海员——开始了伟大的壮举。沿途,他遭到暴风、赤道无风带的闷热、寒冷、南半球的飓风,直至同伴的责难和背叛,但麦哲伦依然执着地沿着南美东部海岸向南航行。次年10月,船队终于见到了一座海峡——大西洋与太平洋之间危险难行的通道,后称为麦哲伦海峡。西出海峡后,船队在浩瀚的大洋上连续航行了 3 个多月,大洋上没起险恶的风浪,船员叫它"太平洋"(Pacific Ocean)。

饥渴和疾病袭击着船员,加上没有新鲜的食物,许多人得了坏血病,陆续死亡。1521 年,船队登上了菲律宾岛。当时,菲律宾群岛上有许多部落,麦哲伦想征服他们,就采取了挑唆的方法,挑起部落械斗,结果,自己也被杀死在海滩上。船员们逃出了菲律宾,在摩鹿加群岛(印尼的马鲁古群岛)装了一船香料,剩下越来越少的人通过印度洋,绕非洲返回,1522 年 9 月,18 个形容枯槁的船员乘着一只"维多利亚"号破帆船回到西班牙。

麦哲伦环球航行,标志着人类第一次环球航行宣告成功,大地是球形的科学真理也得到了确证,从此人们知道了存在着连成一片的世界大洋。航行对科学的发展和人们宇宙观的改变,都有重大意义。

一系列的扩张,使西、葡两国的财富大大加强,但财富(以黄金为标志)的增加,反而引起了物价的上涨,并没有给伊比利亚封建国家的经济发展带来好处。这是因为伊利比亚国家的扩张不是主要以经济实力和经济动力作后盾的,而是因为他们兼备有利的地区环境、航海技术和宗教动力。所以很快被有经济实力的荷兰、法国和英国所取代。

公元 16—17 世纪,海外扩张的中心转向西北欧,荷兰、英国和法国充当了历史主角。西北欧的早期扩张地区主要在北大西洋,这一方面是因为威慑于西、葡两国势力的强大,而且教皇也把整个世界划分给了西、葡两国[①];另一方面,西北欧国家一些航海家也以为,即使赤道是可以穿越的,那么,北极同样也可以穿越。但是事实证明这种努力失败了,他们没有到达太平洋,只发现了北大西洋(加拿大附近)的哈得逊海峡、哈得逊湾等少数陆地。在无路可走的情况下,西北欧国家开始向西、葡的航线提出了挑战。太平洋也不太平了。

公元 17 世纪的远航发现在精神上与前几个世纪有所不同,尽管经济利益始终占主导地位,但此时却是在资本主义精神的鼓励下,其间也夹杂着一些科学探索的兴趣。

在活跃的资产阶级领导下,公元 17 世纪荷兰已拥有强大的海上势力,阿姆斯特丹成为主要的金融中心及享有盛名的文化中心。尤其是荷兰的海船征服了各个海洋及海上贸易,使其享有"海上马车夫"之誉。荷兰的航海与征服活动主要有:1577—1580 年,弗朗西斯·德克雷环球航行。1602 年,荷兰东印度公司成立(垄断和负责东方贸易)。1621 年,荷兰西印度公司成立(垄断和负责南、北美洲的贸易)。

---

① 1494 年 6 月 7 日,西班牙、葡萄牙两国为解决殖民冲突,经罗马教皇亚历山大六世的调停和仲裁,签订了条约,同意在佛得角群岛以西 370 里加(1 里加为 5.92 公里)处(相当于西经 46°),从北极到南极划一界线,线以东一切非基督教的新发现的领土归葡萄牙,线以西归西班牙。此后这条线称为教皇子午线。

　　但由于荷兰的人口和自然资源缺乏，使它的经济扩张与海外扩张受到影响，到公元 18 世纪时，荷兰的海上霸主地位已让位于英、法两个新兴资本主义国家。

　　大航海，使西欧各国由中世纪的陆上争战转向了海上的争夺。在早期航海阶段，各国海上的纠纷主要靠神权（教权）来平息。比如哥伦布发现新大陆后，引发西、葡两国的海洋权争夺。1494 年，教皇亚历山大六世仲裁，两国在西班牙卡斯蒂利亚的托尔德西里亚斯签订了条约，同意在佛得角以西 370 里加处划界，史称"教皇子午线"。线东新"发现"的土地属于葡萄牙，线西划归西班牙。《托尔德西里亚斯条约》，平息两国在大西洋的争夺。1522 年，麦哲伦完成环球航行，地球是圆的被验证，又引发西、葡对太平洋的争夺。1529 年，教廷又通过《萨拉戈萨条约》来强行平息争端。条约规定，马鲁古群岛东部的 17° 为双方领土划分界限，西班牙放弃对该岛屿的全部控制权。但代价是葡萄牙要交付西班牙价值 35 万的达卡金币。

　　公元 17 世纪以后，随着资本主义的发展，法的意识增加。各国对于海洋争夺上升到了法律的争辩阶段。荷兰作为后起之秀，不满于海洋世界被西、葡两国瓜分。1602 年，荷兰成立了东印度公司。随后便在太平洋上与葡萄牙发生了争执。1608 年，荷兰格劳秀斯著《海洋自由论》，就是为荷兰海上活动提供法律依据的。格劳秀斯在书中提出了一个重要的论点："每个国家均可自由地穿行到另外一个国家，并可自由地与之进行贸易活动"。然而，荷兰人的公海自由理论受到了来自英国的挑战。1618 年，英国塞尔登写了《海洋封闭论》，为英国占有英伦三岛周围海域的权利辩护。所以，英荷两国都在为自己的海洋权益找寻法律依据。1702 年，荷兰法学家宾刻舒克出版《海洋主权论》，提出"陆地上的控制权，终止在武器力量终止处"的概念。

　　可以说，领海与公海概念的出现，是近代海洋争霸过程中各国博弈的产物。海洋自由与海权原则基本确立，是大航海的又一意外结果。

　　以上，欧洲人称之为"地理发现"的"黄金时代"。

　　地理发现的"白银时代"始于公元 18 世纪。此时航海主要由政府组织，而不像前一阶段，主要由私人投资者所组织。舰队也往往是海军军官指挥的"战舰"所组成，常常也有科学家或画家等随行。航行的目的一般是进行太平洋探险以寻找南部大陆。

　　这一时期的主要收获为：发现新西兰岛和澳洲大陆，北太平洋区域的美洲与亚洲海岸的基本结构也弄清。一般认为英国航海家库克（1728—1779）以后，世界上留待人们探测的海岸线已经为数甚少了。

　　公元 18 世纪欧洲扩张主要表现在英、法间的海外竞争。北美洲、非洲与印度是两国竞争的主要地区。由于法国更热衷于欧洲霸权，英国更热衷于海外殖民，最终使英国在扩张中占领先地位，确立了英国在世界的海上霸权地位。

　　海外扩张为西北欧国家实现世界霸权奠定了基础。逐渐地，西北欧国家以其政治、军事、经济以及一定程度上的文化优势，开始控制整个世界，这种局面一直持续到1914 年第一次世界大战爆发。

三、对西欧社会的影响

差不多在同一时期,中国明朝的郑和也先后七次奉命出海(1405—1433),史称郑和下西洋。当时中国的社会经济、政治、技术发展水平都高于西方,而郑和下西洋的规模、行程、航海组织等方面也都超过了哥伦布和达·伽马。但令人遗憾的是,先于哥伦布航海的郑和后继乏人。中国虽然走出了南洋,却没有真正走向世界。在朱明王朝的海禁政策下,航海偃旗息鼓。

公元15—17世纪西欧社会由于更多地受经济力量的驱动,前赴后继的远洋探险,给西方资本主义发展带来了深远的影响。

美洲的发现与新航路的开辟,改变了西方人的世界观,使他们从狭小的欧洲放眼到了整个世界。新的世界地图绘制出来了,人们对于海洋和世界有了新的认识。举国上下的航海热被激发出来。从此开始了欧洲人向海外已知和未知的地区进行征服和殖民扩张的大进军。新航路开辟后,基督教也开始它的殖民扩张。"一个传教士抵得上一营军队",这种殖民活动派生出来的客观作用也把西方的科学、文化和技术带入了殖民地、半殖民地社会。

加速了西欧封建制度的解体和资本主义的发展。新航路的开辟,东西方直接贸易的实现,促进了西欧商品货币关系的发展。商品货币关系的发展,使西方以封建地租关系为纽带的封建制度逐渐破产。西、葡作为封建大国,由于扩张后的商品货币经济发展而引起了专制主义的衰落。西欧的封建制度在商品经济和海外市场的冲击下,开始解体。资本主义生产关系随之发展。

引起了"价格革命",提高了资产阶级的经济地位,从而促进了资本主义生产的发展。西班牙和葡萄牙由于封建势力比较强大,扩张得来的财富主要用于扩大宫廷开支或支付对外贸易的亏空(买奢侈品而带来的贸易入超)。大量的金银转手流入英、法、荷等工商业较发达国家。由于海外贸易猛增,英、法、荷等西欧国家的金银数量增加反而引起金银价格下跌,物价上涨,史家称为"价格革命"。通货膨胀,反而使资产阶级经济地位提高,资产阶级把掠夺来的财富转化为资本,扩大工场手工业,从而促进了资本主义生产力的发展。

改变了西欧各国的经济地位,为西方文明的飞速发展奠定了基础。新航路的开辟,使东、西方贸易的主要商路从地中海转移到了大西洋沿岸。意大利商人对东方贸易的垄断地位逐渐丧失,意大利商业城市日趋衰落。位于大西洋沿岸的一些城市逐渐发展起来,经济中心转移到西北欧,西北欧成了世界上最有影响、最生气勃勃的地区。

新航路开辟后,随着资本主义经济的发展,统一的世界经济市场开始形成,使世界上第一次有了现代意义的宗主国和殖民地。正如亚当·斯密所说:海外的地理大发现给欧洲一切商品打开了一个新的无穷无尽的市场。这个市场囊括了亚洲、非洲和美洲几乎所有不同的国家,并且使资本主义的发展突飞猛进。按"全球分裂"作者斯塔夫里亚诺斯的说法①，空前未有的贸易量使这种新型贸易扩大到所有国家和大陆，使他们统统纳入一个新的国际市场经济之中。经济的外缘地区成了"经济中心"地区的殖民地或半殖民地，从此经济市场有了第三世界，即经济中心的外缘地区。世界贸易的货物也有了改变，从原来主要从东方进口奢侈品到进口东方的原材料，出口西方的大众需要为主的成品与半成品。资本主义能控制和统一全球经济，其奥秘之一就在于此。

　　海外贸易也有助于世界各地区、各民族间的文化联系。新航路开辟后，欧洲和亚、非的贸易往来扩大，和美洲也有了进一步的联系。在商品交流的同时，也交流了彼此的文化。特别值得一提的是，哥伦布发现美洲后，新旧世界开始了生态体系、农业和文化的大交流，比如旧大陆的柑橘，苹果，香蕉，芒果，洋葱，咖啡，小麦，大米等流向新大陆，而美洲特有的玉米，西红柿，土豆，香草，橡胶树，可可，烟草等也相继来到了所谓的旧大陆。在物种、食物甚至病菌的交换中，彼此的文化也得到了交流。为此，有学者提出了一个有意思的名词，叫哥伦布大交换（Columbian Exchange）。②

第二节　商业革命

　　可见，"地理大发现"对欧洲社会的影响不仅仅是地理的。"地理大发现"是西方资本主义萌芽所推动的，它的成功，也预示着资本主义社会的到来。资本主义的最早阶段，是商业资本主义。

　　世界新航路的开辟，使欧洲商人活动的范围迅速扩大，贸易额大幅度增长，商品的种类不断丰富。航海后，伴随而来的殖民地的拓展，奠定了欧洲人"世界中心"的地位。这种地位原先主要是靠掠夺，久而久之，在欧洲人的眼里就视为"理所当然"了。

一、近代早期殖民征服

　　欧洲国家的殖民掠夺是与新航路的开辟同时进行的。西班牙和葡萄牙这两个伊比利亚半岛的小国在此后的一个多世纪里，首先成为称雄世界的殖民帝国。

　　公元15世纪末至16世纪初的头10年，西班牙殖民者占领了加勒比海西印度群岛，在海地、牙买加、古巴等岛上建立了殖民侵略据点，并进一步向中南美扩张。整个殖民过程是血腥和残暴的。

　　1519年，西班牙小贵族费尔南多·得泰斯率领一支几百人的队伍和14门大炮，侵入墨西哥内地。他仗着优良的武器装备、玩弄阴谋诡计，征服了阿兹特克，不但抢劫了那里的宝藏，还大肆进行屠杀，仅在乔鲁拉，两小时就杀了6000人。至

---

　　①　参见斯塔夫里亚诺斯：《全球分裂——第三世界的历史进程》（上册），北京：商务印书馆1993年版。
　　②　参见艾尔弗雷德·W. 克罗斯比：《哥伦布大交换：1492年以后的生物影响和文化冲击》，北京：中信出版社2017年版。

1523—1524 年间,中美洲许多地区先后被西班牙殖民军占领。1532—1535 年,西班牙另一个殖民强盗法兰西斯科·皮萨罗带了不到 200 人和 2 门大炮进攻秘鲁的印加人,同样大耍诡计,假装要求与印加国王阿塔华尔巴会面,见面礼却是将印加国王逮捕,勒索大量赎金。皮萨罗许诺,只要印加王能把 7 米长、5 米宽的囚室里一个人手能及的高度内堆满黄金,他就能获释。但赎金到手后,这个强盗骗子却绞死了印加王。

至公元 16 世纪中叶,除巴西外,北起墨西哥南至阿根廷的广大中美洲,基本上被西班牙人征服。在征服中南美洲的过程中,西班牙对印第安人进行大肆掠夺和残杀。他们到处挖掘陵墓、破坏神殿、搜括金银,还进行欺骗性掠夺性贸易,将一些不值钱的小玩意如花边、玻璃、耳环、纽扣、刮脸刀等,高价卖给印第安人。据统计,自哥伦布踏上西印度群岛起到 1640 年,西班牙共从美洲掠得黄金 875 吨,白银 4500 吨。

殖民者对反抗的印第安人大肆进行屠杀,如果一个西班牙人被杀,就要 50～60 个印第安人抵命,在他们的残酷掠杀下,印第安人大量死亡。公元 15 世纪末海地人口约 6 万,到 1548 年只剩 500 人。牙买加在 1503 年有 30 万人口,西班牙入侵后,不到 50 年,印第安人几乎完全绝迹。由于印第安人大量死亡,美洲劳动力缺乏,公元 16 世纪初起,殖民者开始从非洲掠取黑人为奴。奴隶贸易利润高达十倍甚至几十倍,成为西欧资本主义原始积累的主要来源之一。

西班牙殖民势力向太平洋西南角的延伸是 1564—1571 年完成对菲律宾群岛的入侵和征服。

葡萄牙人的掠夺手段与西班牙大致相似,所不同的是其掠夺地区主要在非洲和东方地区。从公元 15 世纪起葡萄牙在非洲西海岸的几内亚、刚果、安哥拉等地设立了许多据点。公元 16 世纪初,葡萄牙又占领了东非海岸的莫桑比克、索法拉、基尔瓦等地,并把这些据点作为从西欧到达东方这条航线上的补给站。为了控制绕非洲到印度的航路,葡萄牙夺取了作为红海和波斯湾锁钥的索科特拉岛和霍尔木兹岛。

由于葡萄牙是一个资源贫乏、人口稀少(约 150 万)的小国,而所侵略的对象又主要是具有悠久文化和人口稠密的东方地区。殖民者无力占有大批领土,遂采用海盗劫掠,建立武装"商站"和控制海运等殖民方式。1509 年,葡萄牙人在阿拉伯海的第乌港附近击败了数量上占优势的穆斯林舰队,进而确立了印度洋上的海上霸权。为了控制印度而夺取卡利卡特①的企图虽然失败了,但却于 1510 年攻占了果阿,建立自己在东方的殖民据点;1511 年占领马六甲,接着又在科伦坡、苏门答腊、爪哇、摩鹿加群岛建立商站,并以这些商站为基点,向周围土著居民进行欺骗、掠夺性贸易。1553 年葡萄牙以曝晒水浸货物为由,乘机登陆澳门,并强占中国澳门 300 多年(1999 年澳门回归中国)。

随着葡萄牙在东方帝国地位的确立,往日与印度进行贸易的阿拉伯商人和威尼

---

① 卡利卡特(Calicut),印度喀拉拉邦境内一港口,也是中世纪对外贸易的重要地点。

斯商人的地位逐步下降。

　　葡萄牙人也插手美洲新大陆，它入侵美洲是在 1500 年。这一年葡萄牙国王派航海家卡布拉尔(P. A. Cabral，约 1460—1526)率远征队准备去印度，但是途中在赤道海流的冲击下离开了航道，结果飘流到南美洲巴西登陆，于是巴西就成为了葡萄牙的领地。

　　但是，西班牙和葡萄牙的殖民优势是短暂的。它们既受到殖民地人民英勇反抗的打击，又受到后起殖民国家的倾轧。另外，也由于西葡两国从殖民地榨取了大量的财富，因而无须对其半封建的、以土地为基础的贵族经济和社会进行重新改组，这反而使它们失去了发展的后劲。公元 16 世纪下半叶，英、法、荷兰国等崛起，它们步西、葡之后尘，也开始向海外扩张。

　　公元 17 世纪以后，荷兰、英、法等国渐次取代了西班牙、葡萄牙。其主要因素是：第一，荷、英、法的兴起从时间上虽比西葡两国晚了一步，但是，荷、英、法在进行殖民主义的扩张时，国内资本主义工业也不断向上发展，而西葡始终固守封建专制制度，国内经济不但没有发展，而且逐渐下降。第二，西葡从殖民地掠夺的大量金银，只是在初期对本国工商业有某些刺激作用。绝大部分金银不是消耗在欧洲等地的战争中，就是消耗在王室和大贵族骄奢淫逸的生活中。第三，西葡两国所需的工业品要从英、荷、法等国输入；运往殖民地的商品，也大多从英、荷、法等国购买。结果，每年从殖民地运回的大量金银，一转手又流往英、荷、法等国。有种说法称西班牙是只"黄金漏斗"就是这一意思。根据 1608 年西班牙"印度事务院"的材料，当时由美洲殖民地运回的金银，有 2/3 又流往国外。

　　公元 17 世纪荷兰堪称当时最发达的资本主义国家，一度掌握着世界海上霸权。荷兰人拥有当时世界上最强大的商船队，商船数量多达 1.5 万艘，在国际贸易中起了重要作用。波罗的海沿岸地区的粮食，由他们运往地中海；德意志的酒类、法国的手工业品、西班牙的水果及殖民地的产品也由他们运往北欧销售。当然，荷兰资产阶级并不以高额的利润为满足，国土狭小的荷兰还力图从海外活动中占领更多的领土，于是，荷兰人也参加了抢占殖民地的行列，积极探索前往东方的航路。他们首先拦劫从葡萄牙运货到北欧的船只，而后捕捉从亚洲运送财物到葡萄牙的船只。1602 年，荷兰的几家贸易公司合并，组成荷属东印度公司，并从荷兰政府那里取得了荷兰本土同非洲和东印度群岛之间的贸易垄断权。1619 年，荷兰殖民者在爪哇建立了第一个殖民据点巴达维亚(即今天的雅加达)，而后陆续侵占了苏门答腊、香料群岛(即今天的马鲁古群岛)、马六甲和锡兰(即今天的斯里兰卡)，还一度侵入我国领土台湾，并在日本的长崎取得了贸易据点。1652 年，荷兰人又在南非的好望角建立了殖民地，作为对亚洲侵略的中继站。在西半球，荷兰成立西印度公司负责经营美洲的殖民事业，同时对西班牙国王船只和财物进行抢劫。

　　不过，荷兰的殖民活动主要还是在东印度，特别是对印度尼西进行了长达近 3 个世纪的控制。荷兰殖民者先是通过垄断当地特产胡椒、香料，后来进行棉花、丝绸、茶叶和咖啡等产品的贸易,大发横财。

英国对外殖民扩张主要采取三种手法:一是建立海外贸易公司,垄断市场,如勒凡特公司、东印度公司、伦敦公司等,都属这种类型。二是在北美、印度等地建立殖民地。以北美为例,1624年,荷兰人在奥尔巴尼建立了第一个欧洲人的定居点。1626年,荷兰人以价值60荷兰盾(约合24美元)的物品从印第安人手中买下曼哈顿岛,取名为新阿姆斯特丹。1653年,新阿姆斯特丹设市,成为荷兰人殖民地的首府。1644年,英国人占领新尼德兰,建立了英国人的纽约殖民地,新尼德兰的首府新阿姆斯特丹也改名为纽约。纽约殖民地是北美独立时的13个殖民地之一。1686年,纽约成为第一个获得英国皇家特许状的殖民地城市。三是发展海上走私贸易,建立海盗船队,打击海上劲敌西班牙。1588年英国舰队在敦刻尔克海面与西班牙"无敌舰队"持续激战两周,最后以西班牙失败而告终。从此西班牙海上舰队一蹶不振,英国登上海上霸主的地位。在非洲,1616年以后,英国以黄金海岸为主要基地,修筑起堡垒和商店,开始经济性的、有组织的、大规模的奴隶贸易。

法国在波旁王朝的开创者亨利四世在位时,结束了国内动乱,之后也于公元17世纪初着手海外殖民。它先后在加拿大、圭亚那、安德列斯群岛、马达加斯加和印度获得了最初的立足点。

至公元19世纪中叶,整个世界已被欧洲殖民主义者瓜分完毕。尤其是老牌殖民者英国和法国的殖民范围遍布全球。非洲的西北部,北美的北部,亚洲的印度支那半岛等大多被法国占领。非洲东南部,北美南部,亚洲的印度和东南沿海地区被英国侵占。英国的殖民范围最广,号称"日不落帝国"。

二、商业革命与重商主义

海外殖民,给西欧资本主义增添了新的动力。公元16世纪,西方经济发生了重大转变,商业资本得到迅速发展,也有人把这一时期称为"商业革命时代"。一般认为,商业革命与农业革命和以后的工业革命,同样是改变世界面貌的重大革命[1]。商业革命是工业革命的先导,并为工业革命创造了必要的条件。

商业革命包含着以下一系列变化:

首先,新航路开辟后,改变了原本相互隔绝的世界,地区间沟通频繁,开始了所谓的"全球化"进程。洲际贸易日益拓展,世界市场逐渐形成,如美洲以种植业为主,生产大量的烟草、砂糖、咖啡及棉花,并销往欧洲等地;粮食、布匹等美洲所必需的日用品从欧洲进口。同时由于种植园的发展对劳动力的需求增大,非洲的奴隶大量贩运到美洲种植园。"三角贸易"[2]因此繁荣起来。亚洲的茶叶、丝绸、瓷器和香料等奢侈

---

① 夏炎德:《欧美经济史》,上海:三联书店1991年版,第193页。
② 三角贸易(Triangular Trade),指在英属美洲殖民地、非洲和西印度群岛之间进行的以贩卖黑奴为主的贸易。

品也出现在全球各地。当然处于洲际贸易中心地位的是西欧。他们凭借着海洋与技术的优势，驾船穿梭于各地，通过控制商业和航运业大发横财，使世界体系的形成从一开始就带有强烈的不平等因素。

世界市场的拓展使新的商品出现在各国市场上，引起了广泛的物种交流：欧洲人把旧大陆的牛、马、羊及他们的农作物（麦子、葡萄、甘蔗、洋葱等）带到了新大陆；而美洲的农作物也传播到了欧亚大陆，如高产的玉米、甘薯、马铃薯等，还有花生、豆类、西红柿等，这些食物极大地丰富了整个世界的食物资源，到现在仍然是人类的基本食物。而原产美洲的烟草、可可等农作物目前已经遍布世界各地，成为人们生活中的必需品。

其次，地理发现所导致的商业范围和殖民地的扩大，使欧洲人重新掌握东西方贸易。地中海的商业城市地位逐渐让位给大西洋沿岸城市，巴黎、伦敦、阿姆斯特丹等成为商业中心。伴随着商业中心的转移，新的商业强国开始崛起：大西洋沿岸的国家西班牙、荷兰、英国和法国成为四大商业强国，率先开始了商业资本主义。由于海外贸易有利可图，各种海外公司纷纷建立。这种海外公司从政府那里获得了贸易特许权，政府也给贸易公司以各种保护和支持。为发展本国的商业，欧洲各国都不约而同地采取了贸易保护主义政策。货币经济占了支配地位，统一的货币开始出现。美洲金矿开采后，币材供应充足，货币流通量速度增加，物价大幅度上涨，"价格革命"也大大地刺激了资产阶级经济活动。

最后是近代信用制度建立。中世纪，基督教强烈反对高利贷，因此，那时的银行业在西欧是不体面的行业，少量经营高利贷的行业大多被伊斯兰教徒和犹太教徒所垄断。到了公元14世纪，由于观念的更新，为获取利润而借钱给别人已没有罪恶感，高利贷成了一个公认的实在，给政府贷款通常也有很高的利息（15%），为此，各国的金融机构包括国家银行、商业银行、保险公司及交易所相继建立并且日益红火。

欧洲银行业的创始者为意大利一些城市的大商行。最著名的是总部设在佛罗伦萨的梅迪奇银行，分行遍布意大利。瑞典银行（1657年）是最早的政府银行。英国银行（1694年）在早期资本主义发展史上起巨大作用。另外，随着贸易的扩大，信贷业务出现了。一个阿姆斯特丹的商人可以用当地的汇票，向威尼斯商人购买商品，威尼斯商人可以把汇票存入威尼斯银行，或在那里换取现金。逐渐地，支票也开始盛行起来。股份公司也发展起来了，它们向投资者发行股票，投资者作为公司的股东，根据投资的多少，分享公司利润。

15世纪晚期佛罗伦萨
出现的银行

金融机构建立和信用工具的广泛使用，不仅给工商业与市场经济的发展以莫大的便利，而且其本身就是商业革命的重要标志。商业革命时代的经济理论是重商主义。

　　重商主义(Mercantilism)产生于公元 16 世纪西欧资本主义原始积累时期,反映这个时期商业资本的利益和要求。重商主义不仅对资本主义生产方式进行了最初的理论考察,也是一种经济实践。该理论的核心是相信货币的重要性,把贵金属(尤其是黄金)看做是财富的标志。鉴于金银可用作交换各种物品,重商主义者认为,一个国家拥有金银越多,这个国家便越富,因而千方百计获取金银。所以,重商主义也称"重金主义"。在对外贸易上,重商主义相信不可能所有贸易参加国同时出超,而且任一时点上的金银总量是固定的,所以一国的获利总是基于其他国家的损失,即国际贸易是一种"零和博弈"。

　　从理论上说,重商主义就是政府广泛地干预经济,以促进国家繁荣和国力的增加。也就是说,政府干预经济,不仅为了保证贸易和经济的发展,更重要的是使更多的财富流入国库,增加国家的实力。因此,也有人称之为"中央集权下的经济统治"。

　　鉴于重商主义对经济活动的这种理解,重商主义政府的具体政策主要体现在:第一,奖励贸易(贸易保护主义),鼓励多出口、少进口,使流出的金银少于流入的金银。第二,维持贸易出超,保护关税。对进口的货物,课以高关税,或者是根本禁止进口某些产品(尤其是奢侈品)。对出口的商品以保护、奖励,降低关税,鼓励制造业的发展。第三,重视人口的增殖和殖民地的拓展。这一时期,崇尚这种经济理论的不仅是专业的经济学家,更有一些政治学家和哲学家坚定地信奉。如法国的让·博丹,英国的托马斯·霍布斯等。

　　在西方所有施行重商主义的国家中,英国最具代表性。英国是一个没有金银矿的国家,它发展成为"日不落"帝国,的确是靠了贸易、航运业与海外殖民。其中重商主义政策起了极大的推动作用。为了发展对外贸易,英国政府对于本国能够生产的商品尽量加以鼓励。比如,为支持本国呢绒业的发展,1571 年,英国决定城里和乡下的每个人在星期天必须戴一顶英国呢绒帽,除非他离开自己的居住地,仅少女、小姐、贵妇人和贵族、绅士允许有例外。而对外来的同类商品征收高额进口税;对于国内不生产或产量不够的工业原料则允许自由进口。对于成品的出口政府予以鼓励,并往往给以补助金,对于工业原料的出口则加以限制。为了增加出口减少进口,政府还颁布戒奢崇俭法令,对有些消费物品如法国与葡萄牙的酒采取限制或禁止的办法。积极扩占殖民地,作为原料供应地与工业品的可靠市场。

　　为保护本国工商业利益与扶植新兴的航运业,打击荷兰海上力量,1651 年,英国政府颁布了《航海条例》,条例规定有些北美殖民地的土产如食糖、烟草、棉花与靛青等只可供应英国。凡是产品输入英国,只能由英国船只或输入地区的船只运送,从英国出口的商品,只许由英国船只运送。条例颁布后,很快引起了第一次英荷战争(1652—1653)。荷兰战败后,被迫遵照执行条例。通过商业航运与殖民战争,从1600 年到 1700 年间,英国不仅在欧洲、非洲、美洲之间建立起了跨大西洋贸易网,并且还建立起了对亚洲进行贸易掠夺的通道。到公元 17 世纪后半期,伦敦成为跨大西洋多边贸易的中心,为英国商人打开一个世界市场。

英国的重商主义政策，促进了商业繁荣、财富积累和经济增长。据重商主义者查尔斯·达维南特的推算，英国的社会财富在 1600 年达 1700 万镑，到 1630 年增加近一倍，达 2800 万镑，1660 年再增加一倍，达 5600 万镑，到 1688 年增加 50％以上，达 8800 万镑。[①]　正是重商主义时代的经济发展和资本积累为英国工业革命奠定了坚实基础。

法国大力倡导重商主义的是法国路易十四时代的财政总长柯尔培尔（Jean-Baptiste Colbert，1602—1661）[②]。他用行政的方式管理经济事务，希望政府包揽一切工商事务，执行经济干涉政策。故而，法国的重商主义也称"柯尔培尔主义"（Colbertisme）。

为了扩大出口，柯尔培尔采取各种办法鼓励和发展本国的工场手工业，尤其是官办手工工场。在他任职期间，大型"王家手工工场"从 68 个增加到 113 个。另外，他还采取给工场手工业者发放贷款、避免兵役、自由选择信仰等优惠条件，来扶植工场手工业。

为增加国库收入，柯尔培尔大刀阔斧地推行财政改革，严格控制贵族免税的人数，严加监督财政支出。他还大力扶植新兴工业，特别是对开办费用大而且难以举办的新工业，给予垄断和补助的特权，并延揽各国技术工匠到法国传艺。积极发展对外贸易，对工业品进口加税，对工业品原料降低进口税，对本国工业品出口降税。为了保证法国出口商品的商誉，柯尔培尔很重视商品质量、工艺技术和管理问题。如对纺织品染色方法、呢绒品的质量和宽度等做出严格规定，违反者处以重罚；制定管理手工工场的条例，以及设置检察官等。

为奖励人口，柯尔培尔劝阻年轻人去修道院当修女和修僧，免除有 10 个或 10 个以上的孩子的家庭的赋税。

为扩展对外贸易，柯尔培尔时代的法国也积极发展航运业和海军力量。同时，成立了许多特许的海外贸易公司，加强了对殖民地的掠夺和剥削；法国还先后对尼德兰、英等发动商业战争，从而扩大了殖民地和海外市场。正因为柯尔培尔对法国工商业发展的贡献，他也被称为"法国工商业之父"。

商业革命奠定了西方资本主义的基础。如积累财富，追逐利润、金银的威力、竞争性观念和一整套制度的建构，有力地推动了经济进步。商业革命也使资产阶级力量迅速崛起，为资本主义发展提供了阶级基础，并为随后的工业革命准备了条件。

---

①　查尔斯·达维南特：《论英国的公共收入与贸易》，朱泱等译，北京：商务印书馆 1995 年版，第 160 页。

②　柯尔培尔（Jean-Baptiste Clobert，1619—1683），出身于富商家庭。他最初是"太阳王"路易十四年幼时期的执政者扎里尼的助手之一，在 1662—1683 年，出任路易十四的财政大臣。柯尔培尔也是一个杰出的政治家，颇有能力且意志坚强。在执政的 20 多年里推行了一系列严格的重商主义政策。

中世纪西欧诸国王朝简表①

英国王朝表

威赛克斯王朝(802—1066)　　　爱尔伯特(802—839 在位)
　　　　　　　　　　　　　　　伟大的阿尔弗烈德(871—899)
　　　　　　　　　　　　　　　爱德华(信教者)(1042—1066 在位)

丹麦人王朝(1013—1042)
诺曼底王朝(1066—1154)　　　　威廉(征服者)(1066—1087)
　　　　　　　　　　　　　　　斯蒂芬(1135—1154)

金雀花王朝(安茹王朝)　　　　　亨利二世(1154—1189)
(1154—1399)　　　　　　　　　理查一世(狮心王)(1189—1199)
　　　　　　　　　　　　　　　约翰(无地主)(1199—1216)
　　　　　　　　　　　　　　　爱德华一世(1272—1307)

兰开斯特王朝(1399—1461)　　　亨利四世(1399—1413)
约克王朝(1461—1485)　　　　　爱德华四世(1461—1483)
都铎王朝(1485—1603)　　　　　亨利八世(1509—1547)
　　　　　　　　　　　　　　　伊丽莎白一世(1558—1603)

斯图亚特王朝(1063—1714)　　　詹姆士一世(1603—1625)
　　　　　　　　　　　　　　　查理一世(1625—1649)

法国王朝表

墨洛温王朝(481—751)　　　　　克洛维(481—511)
加洛林王朝(751—987)　　　　　矮子丕平(751—768)
　　　　　　　　　　　　　　　查理大帝(768—814)
　　　　　　　　　　　　　　　秃头查理(840—877)
加佩王朝(987—1328)　　　　　　休·加佩(987—996)
　　　　　　　　　　　　　　　菲力普二世(奥古斯都)(1180—1223)
　　　　　　　　　　　　　　　路易九世(圣路易)(1226—1270)

---

① 　参见黄春高著:《西欧封建社会》(附录),北京:中国青年出版社 1997 年版。

	菲力普四世(美男子)(1285—1314)
瓦罗亚王朝(1328—1589)	菲力普六世(1328—1350)
	约翰二世(1350—1366)
	查理六世(1380—1422)
	查理七世(1422—1461)
波旁王朝(1589—1791)	亨利四世(1589—1610)
	路易十四(1643—1715)
	路易十六(1774—1789)

神圣罗马帝国(德意志)王朝表

加洛林王朝(800—911)	查理曼(800—814)
	路易(幼儿)(899—911)
法兰克尼亚王朝	康拉德一世(911—918)
(911—918;1024—1125)	康拉德二世(1024—1039)
	亨利四世(1056—1106)
	亨利五世(1106—1125)
萨克森王朝	亨利一世(捕鸟者)(919—936)
(919—1024;1125—1137)	奥托一世(大帝)(936—973)
	罗退尔二世(1125—1137)
霍亨斯陶芬王朝(1138—1254)	康拉德三世(1138—1152)
	腓特烈一世(巴巴罗萨)(1152—1190)
	腓特烈二世(1215—1250)
	(空位)(1254—1273)
哈布斯堡王朝	鲁道夫一世(1273—1291)
(1273—1291;1298—1308;	腓特烈三世(1440—1493)
1314—1325;1438—1740)	
那索王朝(1292—1298)	
卢森堡王朝	亨利七世(1308—1313)
(1308—1313;1346—1437)	查理四世(1347—1378)
巴威王朝(1314—1343)	

第三编　思想文化的革新

　　公元 14—15 世纪,地中海沿岸的一些城市出现了资本主义生产方式的最初萌芽。这一方面是因为封建主义在此地较为虚弱,另一方面也因为地中海是东、西方贸易与文化交流的中心,容易出现新生事物。14 世纪,意大利出现了最早的一批手工工场,这是从封建主义特有的手工生产向资本主义生产迈出的重要一步。由于商业、高利贷以及手工工场的繁荣与发展,给意大利各城市创造了大量的财富,并形成了由银行家、商人和工场主构成的新阶层,他们在一些城市夺取了政权。意大利城市国家是西欧资本主义的曙光。文艺复兴也最早在意大利出现。

　　资本主义在西欧国家的进一步发展是同公元 15—16 世纪初的地理大发现联系在一起的。按照恩格斯的说法:"只有在这个时候才真正发现了地球,奠定了以后的世界贸易以及从手工业过渡到工场手工业的基础,而工场手工业又是现代大工业的出发点"。如果说,14、15 世纪意大利的工场手工业只是局部和规模不大的话,那么,16 世纪中叶起,工场手工业在西欧先进国家已是相当普及。意大利、西班牙的沿海城市、德国南部、法国北部,尤其是尼德兰(今荷兰—比利时)、英国等国资本主义生产方式蒸蒸日上。经济的变革,也导致了经济与文化发展中心的转移,文艺复兴也从意大利向西欧地区扩展。

　　任何经济活动的背后,总是隐藏着某种价值与观念。这一时期西欧的社会、经济、技术如此急剧的变化,必然给欧洲各国人民的精神生活带来重大转变。主要的和实质上的变革是"教会的精神独裁被摧毁了",人们的思想经历了重大的革命。这种思想革命既是由经济生活的变化所引起,也是新兴阶级的精英分子主观推动所致。

　　综观西方封建主义向资本主义过渡时期的文化革命(或者是观念革命),我们认为它是一个长期、曲折的过程,先后经历了三次高潮:文艺复兴、宗教改革和启蒙运动。三大思想文化运动对西方文明的影响是深远的,它们在政治、经济、科学、文化及思想方面都打下了深深的印记。

　　有理由认为,西方近代化(封建主义向资本主义过渡及完成)过程中,社会的三大结构(政治结构、经济结构、文化结构)同时朝着一个方向演进,为以后现代化的实现奠定了基础。尤其是文化结构、思想观念上的革命,是西方文明发展(现代化)的精神源泉。

大事年表

第六章

现代文明的曙光：文艺复兴

文艺复兴是指公元 14—17 世纪，西欧国家先后发生的第一次资产阶级文化运动，也是人类文明发展史上的一次伟大的思想变革运动。公元 16 世纪资产阶级史学家认为它是古代文化的复兴，因而得名。通过这场变革，使欧洲观念从以神为中心的神文主义向以人为中心的人文主义转变。从此，欧洲人的精神开始觉醒，人们的生活重点从天堂来世转移到了地上现世。由于各国的社会和历史条件不同，文艺复兴在各国有着自身的特点。

第一节　基础与土壤

"文艺复兴"（The Renaissance）一词原意是指人文学科的"复兴"或"复活"。14 世纪在意大利城市共和国的一些学院和大学里，教授人文学科的学者除了讲授神学外，还"复活"了希腊、罗马的古典知识，开始讲授苏格拉底和柏拉图的作品、思想与学说。这些古典知识都是属于非基督教的世俗学科。人文学者在讲授、"复活"与研究古典文化知识的同时，不仅重新找到了人自己，而且还发现了一个崭新的世界。于是，他们在思想上，在课堂上，都突破了神学为本的学科束缚，从而开创了一代新风。

意大利第一个人文主义诗人弗兰齐斯科·彼特拉克（Francesco Petrarch，1303—1374），最早对文艺复兴概念提出了自己的看法，被称为"文艺复兴之父"。他认为：古罗马晚期到他所处的时代是一个"黑暗的时代"，古典文化之精华和公众品德之精华的毁灭是黑暗时代的两大标志。人类必须摆脱这个"黑暗时代"才能有所发展。他认为：古代是人类创造力的鼎盛时代，而"黑暗时代"又是人类无所作为的最低点，所以人类要前进，要文化复兴和社会进步，就有赖于古典学术（语言、文学风格与道德思想）的复活，这样，人类的创造性才会得到空前的发挥。这一看似简单的观念实则是一个重大的思想突破。于是，复活古典，创造文化进步成了人文主义者根深蒂固的信念。

不过，"文艺复兴"作为专有术语，是由意大利艺术史家乔治奥·瓦萨里（Giorgio Vasari，1511—1574）提出的。在 1550 年问世的名著《意大利绘画·雕刻·建筑名家列传》导言中，瓦萨里正式把"再生"（rénaissance）作为专门术语，介绍给西方世界。1751—1772 年出版的法国《百科全书》，使用了法文词（Rénaissance）来表述发源于意大利的 Rinascita。从此以后，Rénaissance 逐渐成为西方各国文献中共同使用的专门术语。"文艺复兴"①这一术语，就这样在欧洲作家的著作和讲演中逐步被运用，并深入人心。由于学者基本上进行人文学术的研究，所以也就被称为"人文主义者"。

一、社会基础与物质前提

文艺复兴的产生并不是偶然的，它伴随着封建制度的解体和资本主义的产生这一过渡时期而波浪式发展。公元 14—16 世纪，是西欧诸国封建社会经济、政治开始急剧变化的时期，各国先后由封建制度逐步向资本主义转变，文艺复兴就是在这二百年中逐渐产生与发展的。复兴运动的始作俑者是意大利北部的诸城市。而后，法国、西班牙、德国、尼德兰和英国先后受到感染。公元 16 世纪作为一场新文化运动，文艺复兴在西欧诸国兴盛起来。

意大利是东、西方贸易的中心，地中海沿岸也是西欧资本主义的发祥地。经济的发展、贸易的交往必然伴随着文化、价值观念和宗教信仰的交流。在与世界各民族（希腊人、犹太人、埃及人、波斯人、阿拉伯人、中国人）的广泛接触中，意大利人的心灵开放了，思想活跃了。千余年来基督教精神垄断所造就出来的单一的信仰和规范，被异教文化所冲淡了。

但是，我们不能也不应把文艺复兴对教会的冲击与对立看得太过严重。不仅当时人文主义者不可能是无神论者，而且他们与教会有着千丝万缕的联系。人文主义者与教会可能都没有意识到这场复兴运动在思想上和文化上的深刻的革命性。运动一开始是受到教会支持的，教会往往把过剩的财富转化为艺术美，因此，教会也是文艺复兴形式上的推波助澜者。

意大利沿岸的城市共和国体制，使王权与封建意识相对淡薄，这也给新观念的突破提供了土壤。

公元 14—16 世纪，是西欧从封建主义向资本主义转折的时代。新兴资产阶级凭借人民斗争的威力，掀起了一场思想文化领域的反封建斗争。当时著名的反封建斗争有德国的"鞋会"组织，农民们联合城市市民，反对封建主义，给城市高利贷者也带来了沉重的打击，并为全国性的宗教改革和农民战争作了组织上的准备。意大利有"使徒兄弟派"的起义。法国 1357 年发生了莫城"扎克雷"（意即乡下佬）起义，英国 1381 年爆发了瓦特·泰勒起义。这些农民起义都有反封建、反罗马教会的性质，推动了农奴制度的改革和废除，也为资本主义的发展提供了极其有利的条件。

城市人民也激起了反封建斗争，如 1378 年，意大利佛罗萨城爆发了工人反对资本家的"梳毛工人起义"，这是世界历史上第一次雇佣工人反抗资产阶级的起义。起义本身暴露了手工工场的内在矛盾，同时又为文艺复兴时期空想社会主义产生奠定

---

① "再生"如何被译成了"文艺复兴"，据学者研究源于日译。具体可参见张椿年《从信仰到理性——意大利人文主义研究》，杭州：浙江人民出版社 1993 年版，第 2—8 页。

了思想基础。总之，在各国人民群众反抗僧侣、贵族的有利形势下，新兴的资产阶级开始了一场文艺复兴的新文化运动。

文艺复兴产生在资本主义生产关系的萌芽基础之上。"一定的文化是一定的政治和经济在观念形态上的反映。"当时的意大利如同古希腊的城邦一样，分裂但是繁荣，意大利的城邦国家是文艺复兴的现实基础。文艺复兴最初发生在意大利的佛罗伦萨等地，这也与公元14世纪资本主义的萌芽最早发生在佛罗伦萨城和15世纪资本主义生产关系先后在威尼斯、热那亚、米兰、那不列斯等城市共和国产生有关。新的生产方式需要并孕育出了自己的文化和艺术。

二、文化与技术条件

思想文化有其继承性，任何一种新文化都是在旧文化的基础上发展而来的。中世纪时期，意大利和拜占庭各地保存了大量的古典文化遗产，为欧洲文艺复兴运动的兴起提供了重要条件。

早在公元14世纪初，意大利先进的思想家们就不懈地在希腊、罗马古典文化的宝库中寻找适合本阶级的文化成分，专门从事新文化的创新。人文主义者奔走于各地教堂、修道院，搜集古代的作品、手稿、抄本，作考古发掘等等。在欧洲诸国，特别是意大利和拜占庭曾保存下来的希腊、罗马古典文化遗产，被那些新兴的资产阶级人文主义者如饥似渴地搜罗、吸收，并加以改造以适应资产阶级的需要，为文艺复兴提供了丰富文化养料。

中国造纸术和印刷术经阿拉伯人西传，在西欧诸国广泛使用，也有力地推动了西欧文艺复兴运动的兴起和发展。中国的四大发明，是在欧洲文艺复兴产生之前陆续传入西方的，他们成了资产阶级社会发展的必要前提。公元12世纪以前，欧洲人还不会造纸，文字都写在羊皮纸上或骨器和木块上，这样，就给文化的发展带来一定的限制。公元12世纪后，造纸才由阿拉伯人逐渐地传入西欧，各地纷纷建立了造纸厂。到公元15世纪，西欧普遍地学会了造纸术。这一时期正值文艺复兴的发展时代，造纸与印刷术成了传播新文化的必不可少的工具。

正如马克思所说：火药、罗盘、印刷术——这是预告资产阶级社会到来的三项伟大发明。火药把骑士阶层炸得粉碎，罗盘打开了世界市场并建立了殖民地，而印刷术却变成了传播新教的工具，并且一般地说变成了科学复兴的手段，变成创造精神发展的最强大的推动力。

文艺复兴的产生也有一些特定的因素。比如，公元13—14世纪的西欧大瘟疫带来的灾难。黑死病使欧洲经济萧条，1/3人口丧生。瘟疫冲击了欧洲人的对上帝万能的信念：既然上帝是万能的，他为什么不拯救人类于水火之中。瘟疫、死亡，人生无常也使世俗人士更加珍视生命，产生"享受人生"的想法。文艺复兴在某些方面就是迎合了这种社会心理。

另外，佛罗伦萨能够作为意大利文艺复兴的发源地，不得不提复兴赞助者美第奇家族①的贡献。美第奇家族从银行业发家,逐渐进入意大利乃至西欧的政治中心,不仅财力雄厚,政治根基也十分深厚。这个家族中不仅出过教皇,皇后,更多的时候他们则是佛罗伦萨的实际权力控制者。难能可贵的是他们对艺术的热情赞助。文艺复兴时期的著名学者、艺术家都受惠于这个家族,比如马萨乔、波利切提、米开朗基罗、达芬奇、伽利略、马基雅佛里等。一些雄伟的建筑也在他们的资助下,流芳百世。比如圣母百花大教堂,至今都是佛罗伦萨的象征。

总之,西欧社会系统内多种因素的综合,形成了一股狂飙,掀起了文艺复兴的海潮,拍打着西欧近代社会的大门。

第二节　文艺复兴演进脉络

如果说,地理大发现是欧洲向未知的物质世界进军的话,文艺复兴则标志着欧洲向人类精神世界的进军与探索。欧洲的文艺复兴运动起于公元 14 世纪初期,止于17 世纪中期,全部文艺复兴的运动,分为三个阶段。

一、运动的萌发

公元 14 世纪初—15 世纪中叶,是文艺复兴运动的萌发时期。

西方文艺复兴的广泛兴起,是以意大利文艺复兴为基础的。意大利之所以成为文艺复兴的先锋,除意大利早先是罗马帝国的中心,境内拥有大量的古典遗产外,与拉丁人的民族气质也有一定的关系。如德国诗人海涅所说,在意大利炽热晴空下,拉丁民族的情感是热情奔放的。强调感官享受,重视人的欲望的文艺复兴在那里悄然萌发。

早期意大利文艺复兴以文学成就最为突出。其主要代表人物可谓是早期资产阶级文化的杰出代表。其中最著名的是意大利佛罗伦萨文坛上的"三杰":但丁(Dante,1265—1321)——跨时代的文豪、文艺复兴的先驱者。彼特拉克——意大利第一个人文主义诗人、号称桂冠诗人。薄伽丘(Boccacio,1313—1375)——意大利和西欧第一个资产阶级自由主义和现实主义的文学家。

但丁诞生在意大利佛罗伦萨一个颇受当地人尊敬的小贵族家庭里。他幼年丧母,青年丧父,一生经历坎坷。代表作《神曲》分《地狱》、《炼狱》和《天堂》3 部,每部由33 首"歌"组成,加上全书的序曲,总共有一百歌之多,计一万四千多行。长诗采用中古时期所特有的梦幻文学形式,通过但丁的自叙描述了在 1300 年复活节前的那个星期五凌晨,他正准备登上充满荆棘的小山时,被三只张牙舞爪的野兽(豹、狮、狼,象征淫欲、强暴、贪婪)拦住了去路。危急时刻,古罗马时代的伟大诗人维吉尔受但丁青年时期所爱恋的对象、天使碧雅特丽丝的嘱托前来搭救,于是但丁在他的引导下游历了地狱和炼狱。但丁的这部作品,同中古时期的其他作品一样,字里行间充满了寓意。

---

①　美第奇(Medici)家族 15 世纪至 18 世纪中期在欧洲拥有强大势力的名门望族。

《神曲》用意大利方言写成,并吸收了大量的民谚与民谣,从而开创了用西方民族语言创作之先河,并且对意大利民族语言的形成和发展都有重要意义。因此,但丁也是第一位意大利的民族诗人。

诗人但丁

彼特拉克出生在意大利佛罗伦萨附近的阿雷佐,是一个公证人的儿子。早年在法国和意大利求学。父亲希望彼特拉克学习法律和宗教,但是他的主要兴趣却在于写作和古罗马文学。1327年,23岁的彼特拉克与一位名叫劳拉的骑士妻子邂逅相识,并深深地爱上了她。尽管岁月在流逝,但彼特拉克对劳拉的爱恋之情却有增无减。这种恋情激发了他持续的创作冲动,诗人把他的爱恋全部倾注到了366首作品中。人们把这些诗集结出版为《爱情诗集》(也称《歌集》)。全部诗集分上下两部分:《圣母劳拉之生》和《圣母劳拉之死》,其中十四行诗317首,抒情诗29首,六行诗9首,叙事诗7首,短诗4首。彼特拉克的诗作格调轻快,韵味隽永,表达了肯定人生、热爱生活的思想感情。

通过长期的创作实践,彼特拉克把十四行诗推到一个完美的境地,发展成为一种新诗体,即"彼特拉克诗体"。这种诗体被后来的乔叟、莎士比亚等著名文学家和诗人所模仿,为欧洲诗歌的发展开辟了新的道路。因此,彼特拉克又被尊为"诗圣"。

薄伽丘是佛罗伦萨商人凯利诺和一个法国女人的私生子。幼年时生母去世。不久,父亲再婚,他在严父和后母的冷酷中度过了童年。早年,薄伽丘在父亲的压力下,学习经商,后又改学法律。但无论是商业还是法律,都引不起他的兴趣。自幼喜爱文学的薄伽丘通过自学诗学,阅读经典作家的作品成就了他的文学生涯。代表作《十日谈》,也被称为"人曲",是与但丁《神曲》齐名的文学作品。

《十日谈》以1348年佛罗伦萨城黑死病肆行为背景,讲述了10名男女青年到乡村避难,借欢宴歌舞和讲故事消遣时光,10天里每人讲一个故事,故称《十日谈》。全书100个故事刻画了数百个不同阶层、三教九流、具有鲜明个性和性格的人物形象,展示出意大利广阔的社会生活画面。透过故事,薄伽丘辛辣地嘲讽教会的荒诞,热情讴歌人的欲望,赞美爱情。不少故事叙述了卑贱者以智慧和毅力战胜高贵者,体现了作者的人文主义思想。

可见,人文主义文学家通过文学作品揭露教会的腐朽、荒淫、贪财并针对教会的蒙昧主义展开反击。在这些作品中,体现的是人的价值,重视的是现世生活,表达的是人的情感与欲望。他们提倡"人道",反对"神道";提倡"人权",反对"神权";提倡个性解放、反对中古教会的禁欲主义。如但丁在《神曲》中就大胆地提出了人道和个性解放的期望,提出了"自由意志"与禁欲思想相对抗。他说"自由意志是上帝赋予人类的'最大的赠物'和'最大的杰作'",要求人们表达个人的自由意志,抒发个人的志向,铸造自己的命运,掌握人类的历程。

在启蒙文学家的启发下,出现了一些现实主义的艺术作品和历史著作,乔托

(Giotto,1266—1337)作为近代现实主义绘画艺术的拓荒者,被誉为"欧洲绘画之父"。他在阿累那礼堂的壁画中,通过圣母玛丽亚一家及其耶稣的一生,表达了尘世和人生的情感与境遇。此外,像马萨乔(Nasaceio,1401—1428)的人物画与风景画、多纳太罗(Donatell,约1386—1466)的人体雕刻(大卫像)等,充分显示了现实主义的艺术魅力。人文主义者还大力宣传文化知识,以启迪和发挥人的聪明才知。如列奥纳多·布鲁尼(Leonardo Bruni,1370—1444)是15世纪上半叶最卓越的人文主义者,他在伦理、政治、历史、宗教等领域全面地发展了人文主义。他把历史看成是人本身活动的历史,在他的史学名著《佛罗伦萨史》中,我们已看不到天意的作用。在布鲁尼那里,人是通过履行自己的社会义务来表现自己的社会性,充分肯定了人在现实生活中的作用。

二、运动的繁荣

公元15世纪中叶到16世纪中叶,是文艺复兴运动的繁荣时期。

这一时期文化的繁荣主要以绘画艺术、新的文学戏剧和新的哲学思想来体现的。其主要特征有三个方面:

首先,新兴资产阶级的新文化已达到了全面的繁荣、昌盛,并越出了意大利的国界扩及到了欧洲各国,英、法、德、荷兰、西班牙先后出现了文艺复兴的高潮。此时的意大利虽然资本主义萌芽已经停滞,政治上扰攘不宁。但由于意大利城市的长期繁荣,积累了一定的物质基础,加之早期文艺复兴的辉煌业绩,文化的惯性,使意大利仍处在西欧文艺复兴的中心。

意大利后期文艺复兴取得了多方面的成就,尤以绘画与造型艺术最为突出,其著名的代表人物有意大利"艺术三杰":列奥那多·达·芬奇、米开朗基罗和拉斐尔。

达·芬奇自画像

达·芬奇(Leonardo da Vinci,1452—1519)生于佛罗伦萨郊区的芬奇小镇,其父为律师兼公证人。达·芬奇自幼勤奋好学,兴趣广泛。少年时代就显露出绘画与音乐方面的才能,后被其父亲送往佛罗伦萨著名艺术家委罗基奥那里,系统地学习造型艺术。委罗基奥的作坊是当时佛罗伦萨著名的艺术中心,经常有意大利人文主义者在这里聚会,讨论学术问题。达·芬奇在这里结识了一大批知名的人文主义者、艺术家和科学家,开始接受人文主义的熏陶,也成就了他一生的伟业。

达·芬奇是一个奇才,不仅是伟大的画家,也是一个数学家、力学家和工程师。他在数学、解剖学、生物学、光学、力学、地质学等方面都有非凡的才华,死后留下了七千余页的手稿，被认为是罕见的全才①。达·芬奇在绘画上的代表作是《最后的晚餐》、《蒙娜丽莎》。

《最后的晚餐》是达·芬奇直接画在米兰一座修道院的餐厅墙上的。沿着餐桌坐着十二个门徒，形成四组，耶稣坐在餐桌的中央。他在一种悲伤的姿势中摊开了双手，示意门徒中有人出卖了他。耶稣背后的门外是祥和的外景，明亮的天空在他头上就似一道光环。他的双眼注视画外，仿佛看穿了世间的一切。作品构思巧妙，布局卓越，细部写实传达出门徒们丰富的心理内容，令人赞叹不已。

《最后的晚餐》

米开朗基罗（Michelangl Michelangelo，1475—1564）出生于佛罗伦萨斯加柏里斯镇的一个法官家庭。他没有继承父亲的职业倒是传承了父亲暴躁的脾气。据说由于脾气急躁不太合群，米开朗基罗与达·芬奇和拉斐尔的关系都不怎么融洽。但他酷爱雕塑，为了彻底地了解人体结构，他曾亲自解剖尸体进行研究。米开朗基罗的代表作品有大理石雕塑《大卫像》《摩西像》及著名的西斯廷教堂天顶壁画《创世纪》、西斯庭祭坛壁画《末日的审判》都极具雄伟气概。米开朗基罗为作天顶壁画，把自己封闭在教堂之内，拒绝外界的探视，历时 4 年。500 多平方米的天顶

末日的审判

上 343 个人物的绘画，从脚手架设计到内容安排、从构图草创到色彩实施全部由他一人完成。壁画《末日的审判》耗时 6 年。在这幅画中，基督的动作不在于重申救赎的

① 四百年来，人们一提起人类的文化进步，就会想起文艺复兴这一灿烂辉煌的一页，提到文艺复兴，就自然要提到达·芬奇。但最近几年，新的技术、自然科学的研究方法开始运用到社科领域后，国外一些人把达·芬奇的个人资料运用计算机分析处理后，对他是全才的说法提出了质疑，认为他完成自己全部油画、壁画、发明、研究出的思想论点等等这么多的工作量，即使连续作战、毫不停息，至少要经历 74 年的创造性的工作，即他从 7 岁开始到死，一刻不停地工作才能完成这么多的工作，这可能吗？达·芬奇有个怪癖：把自己的事业授以高度机密，既没有家庭，也没有近友。所以，是不是奇才就成了一个"谜"。

达·芬奇在给米兰公爵的自荐信中说："战争时，我可以发明武器、筑垒攻城；和平时，我会兴修水利，建造宫殿。同时，我又是医学家、音乐家、戏剧家和画家。"虽说现代科学的研究对他是否是奇才提出了质疑。但无论如何，我们不能否认达·芬奇是个伟大人物。

理论,更在于强调惩罚的信条。基督高扬的右手示意把不在生命册上的亡灵挥入火湖,基督的左手不是托起获救的生灵却指向自己躯体上被钉十字架时受枪刺的创伤。整幅画是现实主义与浪漫主义幻想的奇妙结合。

拉斐尔(Raphael,1483—1520)出身于宫廷画师之家,从小就随父学画。在学画过程中,天资聪颖的拉斐尔积极吸取各派画家的优势和长处,尤其是达·芬奇的构图技法和米开朗基罗的人体表现及强健风格,形成了其独具古典精神的和谐明朗、优美典雅的艺术风格,成为和达·芬奇、米开朗基罗鼎足而立的文艺复兴艺坛三杰之一。

拉斐尔擅长画圣母像。他的一系列圣母画像,都以母性的温情和青春健美而体现了人文主义思想。其中,比较有名的有《圣母的婚礼》《带金莺的圣母》《草地上的圣母》《花园中的圣母》《西斯廷圣母》《椅中圣母》《福利尼奥的圣母》《阿尔巴圣母》等。其绘画特点是典雅、秀美、圆润、和谐,被后世称为画圣。

拉斐尔的代表作品有《圣礼之争》《雅典学派》《帕那苏斯山》等。其中为梵蒂冈宫绘制的壁画《雅典学派》最为著名。壁画把古希腊以来的 50 多个著名的哲学家和思想家聚于一堂,画面以柏拉图和亚里士多德为中心①,包括苏格拉底、毕达哥拉斯、阿基米德、第欧根尼、达·芬奇等著名学者,以此歌颂人类对智慧和真理的追求,赞美人类的创造力。

雅典学派

人们习惯于将达·芬奇的《最后的晚餐》、米开朗基罗的《末日审判》和拉斐尔的《雅典学派》三幅现实主义壁画合称为文艺复兴盛期的三大杰作。达·芬奇的艺术深沉、含蓄、充满理智与智慧;米开朗基罗的艺术博大、雄伟、充满着激情与力量;而拉斐尔的艺术则以优雅、秀逸、和谐完美为标志。三杰的艺术风格鲜明,代表了文艺复兴时期艺术的完美境界。

第二,新兴文学戏剧方面的成就令人瞩目。意大利最伟大的诗人阿里奥斯托(Ariosto,1474—1533)的《疯狂的罗兰》,表现了一个因爱发狂的骑士罗兰(Roland)的曲折经历。诗人以罗兰和安杰丽嘉的爱情为主要线索,把其他骑士的爱情、冒险经历和上百名人物(国王、僧侣、妖魔、仙女等)的故事巧妙地编织起来,构成了一幅意大利文艺复兴时期社会生活的画卷。诗中对罗兰发疯的过程和复杂的心理变化,刻画细致,层次清楚。史诗把叙事和抒情、悲剧和喜剧的因素融为一体,对欧洲的叙事长诗产生了深远的影响。

拉伯雷、塞万提斯和莎士比亚被誉为后期文艺复兴的"文坛三杰"。

---

① 位居画面中心的柏拉图和亚里士多德,一个手指着上天,另一个则指着他前面的世界,以此表示他们不同的哲学观点:柏拉图的唯心主义和亚里士多德的唯物主义。

法国文学家拉伯雷(Rabelais,1493 或 1494—1553)出身于法官家庭,是个博学多才的人文主义者。早年在修道院生活,酷爱研究自由艺术。拉伯雷多次跟随大主教出使罗马,游览文艺复兴运动的发祥地意大利,访问名人和古迹,进而深刻地影响了他的人文主义思想。讽刺小说《巨人传》是他的代表作。

《巨人传》的创作出版历经 20 年。作品以神话般的人物形象、荒诞不经的故事情节、妙趣横生而有时不免流于油滑流俗的独特风格,表达了文艺复兴时代反封建、反教会的严肃主题。小说总共分为五卷。第一卷写高康大的出生、受教育、抵御外敌侵略和建立特莱美修道院的故事;第二卷写庞大固埃的出生、巴黎求学和结识巴奴日的经过;第三卷围绕巴奴日是否应该结婚的话题引出了各种奇谈妙论;四、五卷描写为了探求婚姻的答案,庞大固埃和巴奴日、约翰修士一道出外寻找"神瓶"的经历。小说主人公——父子两代巨人高康大与庞大固埃都具有超乎寻常的体魄和力量、公正善良的品德和乐观主义的天性,体现了人文主义者对"人"、"人性"和人的创造能力的充分肯定。通过他们,拉伯雷不仅表现了人的价值、人的伟大,更强调了人文主义教育的重要作用。《巨人传》出版后风靡一时,两个月内的销售数额超过了《圣经》9 年销售数的总和。至今各种文字的《巨人传》版本多达 200 多种!

西班牙小说家、剧作家、诗人塞万提斯(Saavedra,1547—1616)出身贫困,童年生活十分艰难。一生经历坎坷,连他那不朽的《堂·吉诃德》也有一部分是在监狱里构思和写作的。1616 年塞万提斯在贫病交加中去世。

长篇小说《堂·吉诃德》,主要描写一个瘦弱的没落贵族堂·吉诃德因迷恋古代骑士小说,扮作骑士四处游侠、碰壁受辱的生活遭遇。小说中出现的人物近 700 个,描绘的场景从宫廷到荒野遍布西班牙全境,尤其是可笑、可敬、可悲的吉诃德,求实胆小又聪明公正的仆人桑丘的生动刻画,堪称世界文学史上的经典。小说透过滑稽夸张的虚构情节揭露了

塞万提斯

社会的黑暗,抨击教会的专横,揭示人民的困苦。被一些评论家们称为文学史上的第一部现代小说。

莎士比亚(Shakespeare,1554—1616)是英国文艺复兴时期伟大的剧作家、诗人,欧洲文艺复兴时期人文主义文学的集大成者。莎士比亚出身于富裕的市民家庭。父亲破产后,莎士比亚独立谋生,尝尽生活的艰辛,做过各种职业,也使他增长了许多社会阅历。莎士比亚的代表作:四大悲剧——《哈姆雷特》《奥赛罗》《李尔王》《麦克白》;四大喜剧——《仲夏夜之梦》《威尼斯商人》《第十二夜》《皆大欢喜》;历史剧——《亨利四世》《亨利五世》《理查二世》等。另外还有 100 多首十四行诗。莎翁塑造的人物形象性格饱满、栩栩如生;作品悲喜交融、富于诗意和想象,充满了人生哲理和批判精神。

这一阶段文学戏剧的主要特点是以通俗的语言结合现实社会生活,揭露社会矛

威廉·莎士比亚

盾,追求现实世界的生活;拥护宗教改革,维护新兴资产阶级的利益;希望国家统一,发展刚刚兴盛起来的资本主义。

第三,新的哲学思想得到了蓬勃发展,在反封建、反教会中显出了巨大的威力。

随着文艺复兴的展开,人文主义思想传播到欧洲各个国家,为资产阶级提供了一种新的世界观和一套新文化,人文主义成了一种广泛的社会思潮。这一时期的政治思想家在人文主义的影响下,在政治观念上开始摆脱神学的影响,提出了许多新颖的观点。他们从人本身出发,用人的眼光观察、解释社会政治问题,以理性与经验为根据,论证他们的政治要求和主张。

资产阶级国家学说的主要奠基人、资产阶级政治思想的启蒙家,意大利的马基雅维里(Machiavelli,1469—1527)对国家与政治学说的发展作出了特殊的贡献,被誉为"近代政治学之父",其代表作主要有《论蒂特·李维的前十年书》《君主论》《佛罗伦萨史》。马基雅维里的政治思想反映了新兴资产阶级建立民族统一国家,加强中央集权制的强烈要求。他提出政治学应以"国家的利益"为政治行为的唯一行动准则;一个强有力的君主在统治之时要以实力为原则,要像狮子一样的勇猛,狐狸一样的狡猾。为了达到自己的利益可以不择手段;外交事务必须保持实力,为此可以不讲信用、不守诺言。这种崇尚极权的政治学说对当时四分五裂的意大利而言具有一定的进步性。马基雅维利也是西方思想史上争议最多的思想家。英国哲学家罗素认为他"是以诚实的心智思考不诚实的政治",迄今他的名字仍不公正地作为狡猾、口是心非和在政治事务中运用欺诈的象征。他的《君主论》被认为是影响西方社会的十大著作之一。

法国著名政治思想家,近代主权学说创始人让·博丹(Jean Bodin,1530—1596)的国家学说也影响深远。他在其代表作《论国家六书》中,对法国和其他一些国家的公法理论作了缜密的梳理,以历史与比较的方法对国家的产生、成长、条件、变化与衰落作了系统的分析,提出了主权与治权的区别,并将法治纳入到了国家观念之中。博丹在国家理论、主权理论和政体理论上都颇有建树,不仅使启蒙时期的思想家(如霍布斯、洛克、孟德斯鸠)深受启发,也奠定了近代国家主权学说的基础,对于民族国家的兴起具有重要现实意义。

这一时期,空想社会主义也出现了。康帕内拉(Tommas Campanella,1568—1639)的《太阳城》,托马斯·莫尔(Thomas More,1478—1535)的《乌托邦》等,都认为私有制是劳动人民不幸的根源,首次提出了消灭私有制的问题,试图建立一个财产公有,人人劳动,平均分配的理想社会。

概括来说,这一阶段的政治思想家的特点在于强烈要求国家统一,加强君主专制,把建立民族国家放在首位。更重要的,他们不受"资产阶级的局限",提出了资本主义私有制是劳动人民不幸的根源，要求消灭私有制，预言共产主义的未来，并寄予深切的希望。当然，他们是新兴资产阶级的代表，但仍没有摆脱基督教的神学控制，像康帕内拉、莫尔等都认为上帝是万物的本源和归宿，承认上帝的存在，是虔诚的基督徒。

三、运动的尾声

公元 17 世纪初到 17 世纪中叶，是文艺复兴尾期。这一时期文艺复兴运动不但使人文科学和学术得到发展与繁荣，而且也带来了自然科学和哲学的勃兴。这一时期的主要成就体现在科学领域发生了巨大的革命，近代自然科学、近代唯物主义产生和发展。

1543 年被认为是近代自然科学的诞生年。这一时期，首先冲破神学世界观的学科是天文学。在天文学方面取得伟大成就的是波兰天文学家哥白尼（Copernicus，1473—1543）。哥白尼于 1543 年发表的《天体运行论》，以不可辩驳的事实和精确的数据，提出了"太阳中心说"，从而推翻了教会奉为经典的"地心说"，使自然科学从神学的统治下解放出来。意大利科学家和数学家布鲁诺（Bruno，1548—1600），继承和发展了哥白尼的学说，认为宇宙是物质的、无限的、永恒的，无所谓中心；地球只是宇宙中的一粒微尘，围绕着太阳旋转，太阳只是太阳系的中心而不是宇宙中心。从而彻底否定了"地心说"。意大利物理学家、天文学家伽利略（Galilei，1564—1642）是文艺复兴时期最后一位科学家。一系列巨大的科学成就，使文艺复兴运动达到了登峰造极的地步。

也在同一年（1543 年），比利时人、荷兰医生安德烈亚斯·维萨留斯（Andreas Vesalius，1514—1564）出版了《人体构造》一书。作为近代解剖学的创始人，维萨留斯在书中记叙了关于人体骨骼、肌肉、血液以及各种器官的解剖结果，认为心脏是人体血液循环的中心，对中世纪教会所倡导的盖伦的古医学人体的中心是肝脏的论点提出了挑战。也正因为此，维萨留斯被认为是与哥白尼齐名的近代科学的创始人。

由于天文学等的新发现，从此自然科学不再受神学的控制，人类精神开始阔步地向前迈进。但由于长期受教会思想的熏陶，加之社会历史条件的制约，这一时期的科学家不可能彻底地摆脱神学的束缚，也使他们的学说染上宗教的色彩。

法国学者勒奈·笛卡尔（René Descartes，1596—1650）是一位杰出的哲学家、数学家、物理学家和心理学家，被誉为是使哲学思想从传统的经院哲学束缚中解放出来的第一人。笛卡尔的代表作有《物理学》《形而上学的沉思》《哲学原理》等，尤其是《物理学》成了 19 世纪法国唯物主义的基础。荷兰的唯物主义者斯宾诺莎（Spinoza，1632—1677）在其代表作《神学政治论》《伦理学》中，继承和发展了笛卡尔的思想，把他的二元论改造为一元论，认为宇宙只有一个实体，那就是自然界。英国哲学家弗兰西斯·培根（Francis Bacon，1561—1626）是近代资产阶级第一个唯物主义哲学家，其主要著作有《新工具》和《学术的进展》，他提出"知识就是力量"的名言，并倡导了近代实验科学方法。

　　综观文艺复兴的内容，我们认为可以概括为三个字：多——成果绚丽多彩；广——涉猎的领域极其广阔；深——研究的学科极其深邃。

第三节　地位与影响

　　文艺复兴是一场伟大的思想文化运动。恩格斯认为它是"一次人类从来没有经历过的最伟大的、进步的变革，是一个需要巨人而且产生了巨人——在思维能力、热情和性格方面，在多才多艺和学识渊博方面的巨人的时代"。① 的确，文艺复兴与其说是"复兴"，不如说是在"创新"，在欧洲历史上具有划时代意义。

一、神文主义向人文主义的转变

　　文艺复兴首先带来了人们的思想、观念的巨大变化。其中最突出和最重要的是人的重新发现与认识，即关于人的价值观念的转变。在基督教神学主导下的中世纪，人本身是鄙贱的，人在现实世界是不足称道的。在这种观念引导下，人们压抑着自己正常的欲望，消极处世，把一切寄托于来世，致使社会进步与发展缺乏精神动力。文艺复兴发现了人和人的伟大，提出了"人是最宝贵"的思想，从而肯定了人的价值和创造潜力。人作为现实世界的主体，享受现世的幸福是人生的目的。

　　强调自由意志，崇尚政治自由。中世纪，人是封建俗权和教权双重淫威下的奴仆，缺乏甚至没有个性自由和政治自由。文艺复兴强调自由意志是上帝赋予人类的最大赠礼和最大杰作，进而在政治上反对压抑自由意志和个性发展的封建主义，赞颂共和制度和民主能够开启民智、发挥潜能，为日后政治变革奠定了思想基础。

　　反对愚昧，提倡理性。中世纪，封建神学主宰一切，教会宣扬人的愚昧无知便是德性，致使大多数人思维麻木、观念愚钝。文艺复兴则针锋相对地提出了"知识就是力量"的口号，尤其是 1543 年哥白尼的《天体运行论》与维萨留斯的《人体构造》的发表，在人与天地关系的根本问题上，与封建神学观念展开了正面论争。以是年为标志诞生的近代自然科学，在当时特殊的社会环境中首先作为革命的精神力量，对西欧观念变革产生重大影响。随着科学的不断进步，终于使人看到了理性的力量，使封建神学观第一次受到了真正的威胁。

　　于是，在探索人生、自然与社会的进程中，人们的思想观念经历了从神文主义到人文主义的转变，西方的社会面貌日新月异。

二、对欧洲文化运动的开创意义

　　文艺复兴不仅在观念变革上具有开创意义，而且对整个西欧的现代化进程也具

①　《马克思恩格斯选集》(第 3 卷)，北京：人民出版社 1976 年版，第 445 页。

有深远的影响。这一时期，人文主义者一方面立足于资本主义的现实萌芽，依据社会和本阶级的需要弘扬古代希腊罗马的文化传统，使之与当时代的思想观念相糅合；另一方面，又能超越现实，较为清醒地把握未来资本主义的发展潮流，将人们朦胧的新意识、新思想从自发提升到自觉，使之与社会未来发展潮流相吻合。渗透着人文精神的政治、社会和思想领域充满着强烈的现代气息。尽管这种现代性在程度上不像启蒙运动时期那么广泛与深入，但就其基本精神而言却是开拓性与方向性的，可以说，文艺复兴为资本主义思想体系奠定了基础，标志着欧洲现代历史的开端。

文艺复兴对人类文化宝库也是一个巨大贡献。那些著名的人文主义、作家、艺术家、天文学家以及他们不朽的作品与成就，都给人类文化史增添了新的篇章。

文艺复兴最早在意大利掀起后，至公元 17 世纪人文主义的思想与观念在欧洲广为传播。公元 18 世纪以后"人文主义"逐渐地被"人道主义"所替代，从人文主义到人道主义，作为一种社会思潮，在欧洲思想史上，没有任何思想可以同它比拟。在资本主义上升时期，人道主义起着积极的作用，代表着进步的思想。

欧洲公元 17 世纪的宗教改革，公元 18 世纪以法国为中心的启蒙运动，北美独立战争期间震撼世界的"独立宣言"，1789 年法国的"人权宣言"，都不同程度地受到了文艺复兴的影响。

三、对中国的影响

文艺复兴对中国的影响也不能忽视。文艺复兴繁荣时期（公元 15—16 世纪中叶），正值中国明末清初之际。当时，给中国带来新文化的（自然科学、天文学）主要是天主教的耶稣会教士。这些传教士，随着欧洲的早期殖民势力的侵入，先后来到亚洲东方和中国境内。对西方殖民者来说，传教士是侵略的触角，是试探的信号。但也不能否认传教士的东来，既带来了精神鸦片——天主教，也带来了西方的科学技术——天文、历算、地理、炮铳。

传教士在传教的同时，也介绍西学，尤其是一些自然科学与天文学知识，他们绘制世界地图，制作浑天仪、地球仪、测星仪等等。传教士们还与中国学者合作，翻译了大量的书籍，主要涉及宗教、科学两大类。据统计 1664 年出版宗教书籍约 140—150 种，科学书籍约 150 种。

由于罗马教皇克列门十一世于 1704 年 11 月 20 日发布"教仪问题"禁令，禁止中国的信徒祭祖祀孔，甚至不许入祠堂行一切之礼。为此康熙皇帝于 1720 年下诏，禁止西方传教士在中国的传教活动，直到鸦片战争中国一直处于"闭关"状态。这固然防范了殖民主义对我国的渗透和破坏，同时也阻碍了先进技术与科学知识的引进与文化之间的交流。

第七章

新教伦理：欧洲宗教改革

随着文艺复兴在西欧的扩展，人们的视野开阔了，思想、观念开始得到解放，特别是唯物主义的重新抬头给基督教唯心主义以极大冲击。基督教教会本身随着时间的流逝越来越腐化，教皇的权威已受到各国世俗政权的怀疑，教会内部也逐渐积聚了一股改革力量。16、17世纪，终于酿成一场意义深远的改革运动。

实质上，宗教改革与文艺复兴一样，是一场思想解放运动。改革后，出现了所谓的"新教"的三大主流派别，新教的信仰同资本主义精神的发生与发展有着密切的联系。

第一节　宗教改革的缘由

宗教改革的发生与资本主义的生产及其生活方式在西欧的萌芽与扩展息息相关，也受文艺复兴以来从神文主义到人文主义的新文化转变的鼓励，人文主义犹如一股清新的风，吹散了中世纪宗教所笼罩的沉闷空气。

一、天主教教会的腐败

整个中世纪，教会是封建制度的强大精神支柱，人们心中的圣殿。但到宗教改革前夕，教会的腐化却到了登峰造极的地步。如罗马教皇亚历山大六世（Alexander Ⅵ，1492—1503），是靠贿赂当选的，生活十分奢靡，曾将一对母女同时收为情妇，又与亲生女儿发生不正当关系，在当时成为一大丑闻。教皇英诺森八世据说就有八个私生子。又如，瑞士一位主教纵容教士的放荡行为，按教士们的私生子数目收税，中饱私囊。还有一个主教把他管辖下的一个修女院修女变为自己的情妇。巴黎圣母院的教士甚至把自己的住所变成了赌场。从教皇至主教，都肆无忌惮地利用职权，出卖神职，增加收入，扩大势力，整个教会一片乌烟瘴气。马丁·路德揭露说：罗马本是神圣之城，而现在变为肮脏之城了。……谁第一次往罗马去，他去找骗子，第二次他染上了骗子的习气，第三次他自己也就成为骗子了。在民众的心目中，教皇的权威一落千丈。宗教改革的目的之一就是要使崇高的神性从污秽的遮蔽中解放出来，重新焕发圣洁的光芒，回归真正的基督理想。

这个腐朽的教会，却拥有非凡的政治与经济势力。经济上，教会拥有西欧全部土地的 1/3,有权征收什一税和许多花样翻新的苛捐杂税。政治上,教皇有权为国王、皇帝加冕,使王权绕上了一圈神圣的灵光。文化上,教会垄断教育和意识形态,使政治、法律、科学都必须为教会服务,成了它的奴婢。教会还宣称,罗马教会从未犯错误,也将永远不会犯错误,凡不尊重它的就不是天主教徒,凡对教会的行为,如赎罪券、圣物崇拜持怀疑态度者,或持新思想者,统统列为异端。严酷的审讯和残暴的惩罚令人毛骨悚然,甚至连死人都不放过。比如宗教改革的先行者英国牛津大学教授、神学博士约翰·威克里夫(John Wycliffe,约 1320—1384)公开批评罗马教会的教规,否认教士的宗教赦免权;主张圣经权力高于一切,要求简化宗教仪式,用英语做礼拜,建立不受教皇控制的英国教会等。教皇对其深恶痛绝,在威克里夫死后 30 年举行的康士坦宗教会议(1415 年)上宣告他为异端,不但被逐出教会,而且所有对他的追思都是有罪的,要将他的骸骨挖出,丢在教会墓园之外。12 年后,有一位教皇发现此令尚未执行,乃于 1428 年将他的骸骨挖出并焚烧,将骨灰丢入溪中。

二、"异端"教派的冲击

教会的腐败与炙手可热的权势,形成强大的反差,导致一些人士的强烈不满。在中世纪,一些贫苦农民、城市贫民和新兴的市民中,不断出现教会的"叛逆者",他们拒不接受教廷的信条,被正统教会斥责为"异端"。公元 12、13 世纪,随着新兴城市的发展,各种异端派别也逐渐壮大,其中有法国南部与意大利北部城市的阿尔比派。他们反对天主教会的富有和特权地位,要求建立廉价教会。为此,教会组织十字军讨伐,建立异端裁判所审判。但所谓的"异端"重未消失过。上面提到的英国教士威克里夫异教运动就是显证。

公元 15 世纪,异端思想进一步发展,出现了新教的萌芽,最具代表性的是英国的罗拉德派和捷克的胡斯派。

英国罗拉德派运动是公元 14 世纪威克里夫宗教改革运动的继续。大约公元 1380 年左右,支持威克里夫的学者尼古拉·赫里福德在牛津组织小组,是为最早的有组织的罗拉德派。罗拉德运动在英国绵延达一个世纪之久,路德新教传入英国后,罗拉德派才逐渐与新教合流。捷克的胡斯(Jan Hus,1369—1415)是布拉格大学文学院院长,布拉格伯利恒教堂神父。他拥护和宣传威克里夫的学说;提倡用捷克语传教,抨击天主教会,要求恢复教会的纯洁性,反对赎罪券,提出平信徒在圣餐礼中也可领受圣杯等主张。胡斯把讲道和学术活动结合起来,使伯利恒教堂成为当时捷克宗教改革的中心。1415 年的康士坦宗教会议在审判了威克里夫后,又宣称胡斯犯有异端罪,处以火刑。胡斯拒不悔罪,在刑场上向群众唱诗讲道,在烈火中慷慨就义。胡斯的死,激起了捷克人的反教会大斗争,史称"胡斯战争"。最终使捷克获得了民族独立。

还有就是所谓的"神秘主义"思潮。公元 13 世纪,神秘主义在德意志的代表人物是爱克哈特[1](Eckhart,Meister Johannes;约 1260—1327)。爱克哈特认为人为万物之灵,人性是神性的闪光。一个高尚的人可以与上帝直接进行精神上交流。这种主张上帝与万物融合,人与上帝精神合一的神学思想,直接否定了腐败的神职人员的神圣性。1326 年,爱克哈特的主张被指控为异端。但这一思想并没有沉寂,公元 15 世纪时一些神秘主义社团流行起来,其中最著名的是"共同生活兄弟派",他们创办学校,培养青少年,影响很大。

"异端"的反正统教会的行为是欧洲宗教改革的先声。

三、德国发展的特殊性

宗教改革运动首先在德国发难并成为中心,与德国特定的社会状况不无关系。

公元 15、16 世纪的德意志资本主义经济虽有了较快的进展,出现了分散型甚至少数集中型的手工工场。其中银矿开采和冶炼技术的进步尤其突出。从 1460—1530 年间,德国的银矿年产量增加 5 倍,最高年产量约 300 万盎司。商业也相当繁荣。但总体来说,发展水平不如英、法等欧洲其他国家。

当时德意志经济发展的主要缺陷是发展不平衡与分散性。彼此间缺乏联系,全国统一的国内市场和经济中心没有形成,分割局面尚未打破。德意志境内的大城市多半分布在边区,与外国的联系要比和本国的联系更为密切。为了保护自身的利益,德意志各城市往往按地区组成同盟,当时德意志主要的城市同盟有"汉撒同盟"(北部诸城市的联盟)、"莱茵同盟"(莱茵河畔的城市同盟)、"士瓦本同盟"(多瑙河上游的城市组成),这些同盟中,资本主义生产关系萌芽并得到了一定的发展,整体经济实力较强。

经济分散的特性,势必影响政治的发展。与其他欧洲国家不同,德意志成长起来的市民阶级与王权缺乏紧密的联系,王权得不到市民的支持。而神圣罗马帝国皇帝为远征意大利,总是同封建诸侯妥协,这样反而助长了封建割据。德意志在名义上虽然是"神圣罗马帝国",但实际上不过是一个地理概念。到宗教改革前夕,整个德意志没有全国性的法律,没有统一的常备军和币制,也没有安全、通畅的交通道路。与当时英、法已形成绝对主义王权不同,当时德意志有七大选帝侯、十几个大诸侯、二百多个小诸侯、上千个独立的帝国骑士和许多独立的帝国城市。国内分崩离析,关卡林立,币制繁杂,严重地影响了经济的进一步发展,加上罗马教会对德意志的掠夺,各种矛盾更加尖锐、突出,从而使德国成为以宗教改革为外衣的第一次资产阶级革命的发生地。

由于德意志的分裂,现代统一的民族国家迟迟没有建构。缺乏强有力的政治统治者,因而对于各邦稍有偏激的种种思潮也缺乏有效控制。这也在一定程度上有利

---

[1] 德国神秘主义哲学大师,出身于生于图林根霍赫海姆贵族家庭。著有《德语讲道集》,可谓是德国宗教改革的先驱,马丁·路德的指路者。

于新思想和非主流的宗教流派的发生与传播。

恩格斯在《德国农民战争》一文中指出"16世纪的所谓宗教战争也根本是为着十分明确的物质利益而进行的"，"是阶级斗争"[①]。的确，阶级矛盾和阶级斗争的尖锐，也催生了德国的宗教改革。

公元16世纪初，德意志社会阶级关系随着经济关系和利益的多样化也逐渐复杂化。最有权力的封建统治阶层——皇帝、教会、世俗诸侯，他们是变革的对象与阻力，但他们之间的内部矛盾十分突出。皇帝、世俗诸侯觊觎教会的领地与财产，不满教皇对德意志教会的控制和专横。骑士领地少、收入有限，加上军事技术的改进和火药的运用，使他们在军事上的地位日益降低，他们嫉妒教皇财富，也反对凌驾于他们之上的诸侯。低级教士出自平民，收入微薄，生活与一般群众相近似，他们反对教会的堕落、腐败，也想要接管教会财产。中产阶级，包括富裕的手工业者、商人和新兴手工工场主，在当时是变革的因素。他们受诸侯的压榨，不满于僧侣的渎职、骑士的掠夺和城市贵族独立把持市政，要求改变分割局面。天主教的许多清规戒律（如禁止放贷取息等）对工商业的发展不利。但这些人还没有统一的意识，还没有形成资产阶级，只是涣散的正在形成中的，特别软弱的新的剥削者。城市居民下层，包括破产行东、贫困的帮工、日工、手工工场工人、无业的游浪者，这些人是旧封建社会的没落成分，他们和正在萌芽的近代无产阶级最初先驱者成分相结合，有强烈的变革现状的要求，但没有成为一支独立的政治力量。农民与封建主的矛盾是德国社会的主要矛盾。农民负担着沉重的赋税，仅什一税就分为大什一税（谷物）、小什一税（蔬菜）、血什一税（牲畜）等。压在农民头上的是整个社会阶层——诸侯、贵族、僧侣、城市贵族、市民。广大农民被压得喘不过气来，他们成了宗教改革中闵采尔[②]的农民战争的主力军。

另外，在天主教世界中，德国可谓是受罗马天主教会经济榨取的重灾区。德国的教会神职人员，从大主教、主教到最低级的神甫，都必须把收入的一部分上缴教皇。神职人员在上任的第一年必须把全年的薪金贡献给教皇，称为安纳茨。16世纪初，罗马教廷每年从德国榨取的财富，达30万古尔登[③]，这个数目比神圣罗马皇帝的年平均收入要高出好几倍。

民族与宗教压迫、社会矛盾与阶级冲突交织在一起，终于在德国引发了影响世界的宗教改革。欧洲宗教改革的发起人是德国维登堡大学的神学教授马丁·路德（Martin Luther，1483—1546）。

---

① 《马克思恩格斯全集》（第7卷），北京：人民出版社1959年版，第400页。
② 托马斯·闵采尔（约1490—1525），1524—1525年德国农民战争的领袖，德意志农民和城市平民的宗教改革家。
③ 16世纪德国金银币单位。

第二节　各国宗教改革概况

一、德国马丁·路德改革

1. 赎罪券问题

德国是宗教改革的故乡。发难者马丁·路德出生在德意志东部的一个小山村。父亲是个小矿主,也是一个虔诚的基督教徒。1501 年路德进入埃尔富特大学学习法律。据说是一次神迹改变了他的一生。一次旅行途中,路德遭遇了大风暴。危急时刻,路德恐怖地大叫"圣安娜救我,我将去做修士"。果然,天空中出现了圣安娜。[①] 风雨平息,路德平安地回到了家。此后,路德便义无反顾地来到修道院学习神学。1512 年获神学博士学位后来到维登堡大学任《圣经》学教授。

马丁·路德

改革的导火线是反对推销赎罪券。

赎罪券问题由来已久,可以追溯到十字军时期。1095 年,教皇乌尔班二世(Urban Ⅱ,1088—1099 年在位)为了让十字军战士加强其宗教信仰,一心参战,宣布所有参军的人,可以获得减免罪罚,并为每一位十字军人发放赎罪券。公元 14 世纪初,天主教会开始在欧洲兜售此券。教皇宣称教徒购买这种券后可赦免"罪罚"。教会的赎罪券,是基于基督教特有的救赎哲学。人类犯有原罪,上帝为了拯救人类指派耶稣基督降临人世,传播教义,并且以耶稣被钉上十字架来替人类赎罪。所以,耶稣以后的人类只要信仰上帝、就可以赎罪得救。《新约·约翰福音》中说,耶稣在复活后对门徒们显灵,并向他们吹一口气,指示说:"你们受圣灵。你们赦免谁的罪,谁的罪就赦免了。你们留下谁的罪,谁的罪就留下了。"以后基督教士就此宣布,作为耶稣基督门徒的继承人,他们具有赦罪的功能。罗马天主教则宣称,耶稣以及后来殉教的圣徒的血,积累下来形成"圣公善库",用以赎免人类的罪孽绰绰有余。这一"功德库"由圣彼得接班人——罗马教皇代表的天主教会来执掌。他们代表上帝来赎人的罪孽,开启从炼狱到天堂的大门。

1515 年罗马教皇利奥十世(Leo X,pope,1475—1521)以筹集修建圣彼得大教堂经费名义,任命美因兹大主教为"专员",推销赎罪券。大主教又把在德国地区的推销权交给了一位修士。据说修士在教堂门口摆了钱柜,每天卖力地推销赎罪券并宣称,只要购买赎罪券的钱一敲响钱柜,罪恶的灵魂就可以从炼狱升入天堂。[②] 这种明目

---

① 圣安娜是希伯来女神,德国矿工的保护神。据说是圣母玛利亚的母亲。
② 据说无耻的赎罪券推销员,对一位信徒说:"你投下银钱,现在我看见你父亲的左腿已经迈出炼狱的火焰,只剩右腿还在火里面;再继续加钱吧!"那人说:"不必了。我父亲并没有右腿!"

张胆的欺骗和勒索，引起了人们普遍的困惑和谴责。当时牛津大学校长就称兜售赎罪券的人为"赎罪券贩子"，揭露他们"走街串巷，出售赎罪券，至于价格，有时是两便士，有时是一顿酒钱……甚至是一次嫖妓或肉体交易"。①

赎罪券变质为教会特别是腐败分子搜刮钱财的工具，引起了宗教人士及百姓的不满。1517 年 10 月 31 日，马丁·路德在维登堡大学教堂门口贴了一张名为《关于赎罪券效能的辩论》(即著名的《九十五条论纲》)的"大字报"，公开抨击贩卖赎罪券的行为，要求辩论赎罪券问题。马丁·路德认为："教皇没有赦免任何罪恶的权力，这种权力在于上帝"。靠忏悔和信仰，直接与上帝交往，灵魂才能得救。这一观点被后人称为"信仰得救"。由此引爆了欧洲宗教改革的导火线。

2."因信称义"的路德宗

《九十五条论纲》②一经贴出，就引起了极大的反响。路德在"论纲"中争辩道："赎罪券能并且仅仅能免除教会的惩罚；教会能免除教会所加的惩罚，不能免除上帝所加的惩罚"。"赎罪券决不能赦免罪过；教皇本人无权作此赦免；赦免罪过之权属于上帝。""真正悔改的基督徒勿需赎罪券就得到上帝的赦免；基督要求每一个人做这种真正的悔改。"畅快淋漓的辩说，使人耳目一新。路德的行为成了个爆炸性的新闻，通过口口相传，很快在各个村庄传开来，论纲也很快汇成了小册子，一月内飞遍了基督教世界。各种自发的支持或抗议路德的示威席卷了整个德国。路德也因此成了德意志的民族英雄。

教皇自然不能容忍这种"反动言论"。1518 年，教皇命令路德到罗马受审。路德得到了萨克森选侯腓特烈的庇护，拒绝前往。1519 年夏天，教皇派特使、知名的天主教神学者艾克与路德在莱比锡展开了一场论战。路德由维登堡大学校长亲自陪同，200 名学生作护卫，一路浩浩荡荡开赴辩论地——普莱森堡(Pleissenberg)。辩论现场座无虚席，艾克巧妙地下了圈套，与路德辩论教会对胡斯的处罚问题。路德则公开宣称胡斯是对的，他的信仰也是对的。这种辩论是需要相当的勇气的。因为之前路德只是在赎罪券问题上与罗马教廷有分歧，现在路德是在向整个基督教世界挑战教皇的权威。气急败坏的教皇便宣布路德学说为"异端邪说"，限路德 60 天内公开承认错误，否则，开除教籍。路德在一些德意志诸侯特别是萨克森选帝侯和市民的支持下，并不理睬，还针锋相对地写了《致德意志基督教会公开书》《教会的巴比伦之囚》《论基督徒的自由》等反教会，论改革的小册子。这些小册子与《九十五条论纲》一起，成了日后宗教改革的纲领性文件。

路德宗教改革的核心问题是如何拯救灵魂。这也是基督教的中心教义之一。圣经主张"义人因信而得生"，中世纪教会在承认此说的同时，一直把诸如童身、守贫、施

---

① 威廉·曼彻斯特:《黎明的世界》,北京:化学工业出版社 2017 年版,第 153 页。
② 具体可参见路德文集中文版编辑委员会:《路德文集》,第一卷,上海:三联书店 2005 年版,第 12—23 页。

莱比锡神学论战

舍甚至购买圣物等"事功"和教士的中介作用,视为人的灵魂告示的必要条件,并以此为基础,建立起了教会在整个社会领域的至上地位。路德宣称,灵魂得救靠的是个人虔诚的信仰,不必通过僧侣的中介、监督和干预,更不靠对教会的捐献和繁缛仪式。只有信仰才能使人成为义人,而圣经是信仰的唯一源泉;每个信徒可以以自己的方式自由解释圣经。这种"信仰得救"论否认了教皇有权赦免罪恶灵魂,否认了只有通过教皇或神圣人员才能赎罪的说法,进而也就否认了教皇和整个神职人员存在的必要性;只要个人自己与上帝心有灵犀,真诚信仰也可以使灵魂得救。路德对"因信称义"学说的系统论述,构成了新教神学理论的基础与核心。正如英国学者林赛在他的《宗教改革史》中所说:"当路德宣称,一个真正信奉基督的人必须直接和怀着对上帝的真实信仰依靠上帝、上帝才会通过基督对他说'我是你的救世主'时,他就是重新发现了宗教。"[①]

由于该学说触动了教会的根本,反对形式化的"事功",因而充满了反教会精神。

此外,路德主张取消教阶制度,建立廉俭的"民族教会",用民族语言传教。并号召全国贵族联合一致,反对教皇;要求教皇"交还我们的自由、权利、财产、荣誉、身体和灵魂"。

1521年4月,支持教皇的德意志皇帝在沃姆斯召集了帝国议会,讨论路德的教籍问题。教皇利奥十世随即发布教谕,开除路德教籍,并责成政府当局镇压路德。路德由于受到了萨克森选帝侯的保护,郑重声明:"我坚持己见,决无反悔",他当众烧毁了教皇谕令和一些教律,表示与教廷公开决裂。以后的日子里,路德在选帝侯的领地瓦德堡专心致志地用德意志方言翻译《圣经》,为此路德也被称为"现代德语之父"。

在路德宗教改革的鼓励下,德意志下层民众也开始了属于自己的革新。面对托马斯·闵采尔领导农民起义,路德开始走向保守,他先写了《劝基督徒勿从事叛乱书》,并回维登堡大学讲道,号召平息骚乱。此后他对待农民起义的态度由劝抚、调解到力主镇压。1525年,路德写了《反对杀人越货的农民暴徒书》,骂农民像"疯狗",农民起义应当受到"肉体和灵魂的死刑"。

---

① 托马斯·马丁·林赛:《宗教改革史》(上册),北京:商务印书馆1992年版,第370页。

尽管路德后来成了一名温和派，但由他发起的宗教改革，迅速扩散，引发了全欧性的宗教改革。由马丁·路德创立的信义宗（路德宗）成了新教的主要宗派之一。

1529 年，帝国议会在斯拜尔召开。由于会上天主教诸侯占优势，会议重申 1521 年沃姆斯会议反对异端的禁令。路德教派诸侯拒绝接受这个决定，并提出抗议，故此后新教徒被称为"抗议者"（Protestant）。

路德宗起先主要在挪威、丹麦、瑞典等北欧国家流传，后向各地传播，从而打破了西欧天主教一统天下局面。目前，路德宗信徒约 8000 万，占新教徒总数的 1/4，是新教中信徒人数最多的教派。

由马丁·路德点燃的德意志宗教改革，就像火炬接力一样，传遍欧洲。不仅欧洲人民的思想与精神经历了一次洗练，也改变了欧洲宗教世界格局。

二、瑞士加尔文改革

1. 从慈温利到加尔文

公元 16 世纪初的瑞士，是由 13 个独立州组成的松散联邦。但各州的发展不平衡，像苏黎世、日内瓦和伯尔尼等是商业和手工业比较发达的城市，资本主义生产关系已经出现，工场手工业和商业信贷都十分活跃。但有些州相对落后，受到邻国法国、德意志和罗马教皇的控制与影响。尤其是一些贫困地区，周边国家都把那里的农民作为雇佣军征募的对象，因而沦为强邦政治斗争的工具。同时教派斗争也削弱了瑞士的力量。建立一个强有力的瑞士民族国家是先进人士的共同愿望。在德国宗教改革的激励下，瑞士也开始了以苏黎世和日内瓦这两个城市为中心宗教改革。

苏黎世的宗教改革由瑞士神甫乌尔利希·慈温利（Ulrich Zwingli，1484—1531）倡导。慈温利 1484 年出生于瑞士的一个农民家庭，先后就读于维也纳大学和巴塞尔大学，崇拜柏拉图和伊拉斯谟[①]，是个满腹经纶的人文主义者。1518 年起，他在苏黎世教堂传教，否认教皇是上帝的代表，宣布《圣经》是信仰的唯一根据。

慈温利改革的要点是自由解释圣经和否定教会的权威，反对出售赎罪券，反对悬挂圣像，反对斋戒，反对教士独身。他的一些改革思想甚至比路德还要激进。比如他认为圣餐只是对基督的追念，否认祝圣后的饼与酒具有神秘的力量；而路德则坚持圣餐的"临在说"，即经祝圣后的饼与酒虽未化为基督的肉与血，但在信徒领受圣餐时，耶稣基督确实临在其中，与饼、酒融合并存。

改革在市议会的支持下进行，慈温利着手简化仪式、封闭修道院等，取得了一些成效。新教在城市流传，但遭到乡村保守势力的反对。1531 年慈温利在与天主教军队作战中阵亡，被分尸焚毁。新教失败，改革中心转到日内瓦。

---

① 伊拉斯谟（Erasmus，1469—1536），荷兰人文主义者，著有讽刺小说《愚人颂》和政论《论自由意志》。伊拉斯谟主张宗教行为的内在化与个人化，赞成宗教宽容。

2. 相信"预定论"的加尔文宗

日内瓦的宗教改革由法国新教倡导者加尔文主持。让·加尔文(Jean Calvin，1509—1564)，生于巴黎东北部一个资产阶级家庭。早年曾在巴黎、奥尔良等地的大学修习哲学、神学与法学，深受人文主义和路德宗教改革思想的影响。1533年，加尔文因宣传路德"因信称义"思想而受到法国当局迫害，被迫流亡德国。1536年加尔文在巴塞尔发表其神学名著《基督教原理》，系统阐述了他的宗教改革主张。同年7月遂应邀前往日内瓦主持宗教改革。1538年由于倡导过激的改革宗教，和市政当局冲突，被迫出走斯特拉斯堡，1541年返回日内瓦，重获市政当局支持，建立日内瓦归正会。

加尔文在日内瓦的改革是全方位的，改革使日内瓦成为政教合一的"神权共和国"。主要有以下几个方面：

废除天主教的主教制，建立长老制。教会长老一般由有威信的平信徒担任。长老会议，由各教区民主选举的代表组成，归市议会直辖。教会还设立由长老会议和6名牧师组成的宗教法庭，在加尔文的指导下审理各种案件。改组市议会，将日内瓦划分为数教区，各教区均由长老和教区的牧师团体处理政务，日内瓦市议会由长老、牧师和上层市民组成，是最高的行政机构，拥有司法权。虽然加尔文教会内部较为民主，但对非本派教徒的迫害也相当厉害。西班牙人文主义者、生理学家塞尔维特就是以异端名义被火刑烧死。

加尔文

简化宗教仪式，宣布《圣经》是信仰的唯一依据。加尔文派在圣事中只施行圣经所记耶稣亲自设立的洗礼和圣餐礼；取缔演戏和赌博，提倡节俭，反对奢侈，严禁一切浮华享乐的行为。

鼓励经商致富，宣称发财致富是上帝的使命，与传教一样是完成天职。

加尔文的神学主张与路德相似，主张"信仰得救"，反对繁缛的仪式和教阶制。不同之处在于，加尔文神学思想的核心是先定论(也称预定论或前定论)，该学说以路德的"信仰得救"为基础，吸收了奥古斯丁的预定论思想。加尔文认为，每个人在世界上所能取得的成就，都是上帝预先安排的。按上帝的旨意，追寻上帝，某些人可以得到永恒的幸福，他们是上帝的"选民"；另一些人则注定受到永罚，是上帝的"弃民"，这是上帝的意志尘世之人无法改变。信仰之人在信心的引导下才会祈祷、进而得救。一个人的成功或失败，发财或破产，是区分二者的标志。进而鼓励大家努力工作，追求财富，做个上帝的"选民"。可见，加尔文的先定论与一般的宿命论不同。它不主张消极地等待命运的安排，而是坚信自己是上帝的选民，以自己个人的奋斗与进取，不断取得成功，以此证明自己是"上帝的选民"。这种主张明显地反映了原始资本积累时期新兴资产阶级的奋斗进取、追求财富的心理。

历史上把这一宗派称为加尔文宗。

加尔文宗教改革对西方资本主义的兴起影响极大,流传甚广。加尔文教义传入英国,称"清教";传入法国,称"胡格诺教"。日内瓦也由此称为"新教的罗马"。

加尔文的布道场

三、英国亨利八世改革

1. 别样的改革动机

英国的宗教改革别具模式。与德国、瑞士不同,英国的整个宗教改革并不是由一位教会内的宗教改革家发动的,而是由世俗国王,出于完全世俗的动机,通过行政命令和立法措施推行的改革。

从历史上看,英格兰未像德意志那样,深深卷入欧洲和教皇政治的旋涡,因而那里的人民不像德意志人那样对腐败的罗马教会抱有强烈的道德义愤和民族仇恨。英格兰民族重现实、重实际的精神气质也使英格兰人不像德意志人那般热衷于内心的信仰或体验。因而,世俗化的宗教改革在英国是有土壤的。

英法百年战争后,英国致力于自身民族国家的建设。英国王权在 1485 年都铎王朝时期迅速增长,亨利七世(1485—1509 在位)在中等阶级的支持下,制服了贵族势力和议会,大大加强了君主的地位,这意味着绝对主义王权在英国取得初步的胜利。

在英国,中央集权遇到的最大对手是教会。英国天主教会拥有全国地产的 1/5～1/3,也享有各种特权。天主教领袖约克大主教、教廷驻英代表华尔赛也一直是亨利八世宫廷中权势显赫的大臣。当德国宗教改革的消息传来时,英国国王亨利八世(Henry Ⅷ,1509—1547)起初是反对路德的宗教改

亨利八世

革的,曾把路德的著作列为禁书,并为天主教会的七种圣礼写辩护文,深得罗马教皇赞赏,认为他是正统"信仰维护者"。

后来,可能是觊觎教会的财产,也可能是想要集中政治权力。总之,从表面上看是婚姻纠纷问题导致英国国王亨利八世掀起反对天主教的改革运动。

据说,亨利八世的原配王后是他的寡嫂,名叫凯瑟琳。俩人婚后一直没有男性合法继承人,且感情也不合。亨利有个情妇叫安妮·波玲。他希望教会同意他离婚,同安妮结婚,于是派华尔赛赴罗马面请教皇予以准许。由于凯瑟琳是神圣罗马皇帝查理五世(1500—1558)的姑母,教皇慑于查理五世的威势而拒绝了亨利的要求。

亨利国王利用国会与教廷对抗,开始了所谓的宗教改革。

2. 作为国教的安立甘教

1529 年,华尔赛被免职。1531 年亨利八世召开国会,以拥护教皇、蔑视王权罪起诉全体教士。1533 年,国会又通过法案,禁止向罗马教廷上诉。新上任的坎特伯雷大主教批准了国王的离婚案。历时 8 年的离婚案圆满解决。

1534 年,亨利授意国会通过"至尊法案"。主要内容包括:国王是英国教会的最高首脑,有权任命神职人员,规定教义;有权召集宗教会议,处理各种异端。授予国王以教会元首的称号,加冕安妮为王后[1],从而在组织上割断了英国教会与罗马教廷的一切联系。不过,亨利八世与罗马教廷决裂,对于英国形成完全的民族国家是有帮助的。

英国著名人文主义、亨利八世的国务大臣、大法官,《乌托邦》作者莫尔因拒绝宣誓效忠国王的教会首脑地位,遂以叛逆罪被斩首。

亨利关闭了许多寺院,没收了天主教的地产,其中大多廉价出售给农业资本家、新贵族和富裕市民,从而有助于资本主义的原始积累。王室也因此增加了收入,亨利八世成了英国历史上最富有的君主[2]。

由于英国的宗教改革缘于世俗的目的,所以,不像德国那样,有自己的教义、礼仪方面的主张,基本上是换汤不换药,天主教的基本教义、主教制度和宗教仪式仍沿用未变,至多是换了一个教会首脑而已。国王一旦达到了其加强自身政治和经济力量的目的后,便转过头来反对新教——清教徒。尤其是玛丽一世[3](Mary Ⅰ,1553—1558)在位期间,不仅亨利八世期间实行的宗教政策被废止,还大肆迫害新教徒。当时的宗教改革领袖,坎特伯雷大主教克兰麦被处以火刑,上百的教士被处死,致使大批新教徒移居联合省——荷兰,后来又移民美洲,新教徒对北美政治与社会发展起了重要作用。

伊丽莎白一世(Elizabeth Ⅰ,1558—1603),又重新恢复了国教会的统治地位,否

---

① 可怜安妮·波玲当了 3 年王后,被亨利处出,亨利又同新的对象结了婚。
② 据亨利八世的 1547 年财产清单估计,他的珠宝、挂毯和宫殿的总价值约为 30 万英镑,他的军事装备价值 30 万英镑,加起来价值相当于今天大约 2.5 亿美元。
③ 凯瑟琳皇后的女儿,与西班牙国王腓力二世(1556—1598 在位)结婚,残酷迫害新教,有"血腥的玛丽"之称。

认罗马教皇的权威,所有神职人员向女王效忠。从此,确立了国教的地位。

改革后的英国国教称为"安立甘教"。其基本特征:

(1)具有新教的基本信仰,但礼仪制度较多地保留天主教传统。

(2)坚持《圣经》为最高权威,在与《圣经》无抵触的前提下,不完全排斥其他教派。

(3)强调洗礼与圣餐,强调坎特伯雷大主教在精神上的宗主地位。

差不多与此同时,欧洲大陆的新教也传入英国。比如不遵守国教信条的加尔文教,在 16 世纪 60 年代

伊丽莎白一世

的英国已很有影响。他们主张"纯洁教会",反对国教会上层统治者奢侈、浮华的生活,要求清除国教中天主教会的影响。因此而被称为"清教徒"。这些"清教徒"大多具有资产阶级倾向,其中的一支是日后英国资产阶级革命的主导力量。

四、法国的宗教改革

1. 摇摆不定的宗教政策

欧洲大陆,尤其是邻近德国与瑞士的宗教改革也冲击着法国的宗教思想界。但法国宫廷对宗教改革的态度暧昧,往往根据国内外政治条件的变化而发生改变。导致法国的宗教改革性质极为复杂,既是新旧封建主矛盾与利益冲突的反映,也有人民群众反教会斗争的因素。

法国天主教会,无论在经济还是政治上都是法国王权的重要支柱。1516 年法王与教皇利奥十世签订了《波伦那条约》,规定神职人员由国王任命,教会的大部分收入归王室所有;主教的第一年薪俸归罗马教廷。当瑞士加尔文教(在法国称为胡格诺教)在法国流传时,对绝对主义王权构成了潜在的威胁。法王弗兰西斯一世(Francois Ⅰ,1494—1547)出于世俗原因,一开始是坚决维护天主教的。后来法国同神圣罗马帝国进行意大利战争(1494—1559),而新教的德意志各诸侯,是神圣罗马帝国的对手。出于政治利益与外交的考虑,法王弗法西斯一世有时也讨好新教,对国内的新教采取了容忍的态度,从而使法国的新教得到了迅速发展,使胡格诺派成了"国中之国"。

其实,法国的宗教改革并没有得到王权的支持。法国是个天主教势力极盛的国家,教会的统一意味着政治的统一。所以,历代统治者都对新教采取镇压政策。1547年,亨利二世(Herry Ⅱ,1547—1559)在巴黎高等法院专门设立一个法庭,用以迫害新教徒,史称"火焰法庭"。

2.改革作为争夺权力的工具

公元 16 世纪中后期,新教和天主教的斗争长期存在并形成三大营垒:西部、西南部是那瓦尔王国的王族波旁家族的安东尼和大贵族元帅克利尼为首的新教。东、北部是以介斯公爵法兰西斯为首的天主教阵营。第三派则以宫廷首相洛比塔尔为首,由于主张两派妥协,称"政治家派别"。

亨利二世去世后,年仅 10 岁的查理九世继位(1560—1574)。新教与天主教的斗争锐变成了争夺国家政治控制权的工具,双方发动了长达 30 余年的"胡格诺战争"(1562—1594)。战争中,新教徒得到了德国和英国新教的支持,天主教得到了西班牙的支持。战争使法国陷入一片混乱。

1562 年,天主教的介斯公爵在瓦西镇对正在做礼拜的胡格诺教徒发动突袭,当场死伤近 200 人。"瓦西镇屠杀"成为持续 30 多年的胡格诺战争的直接导火线。

"圣巴托罗缪之夜"

1572 年 8 月 22 日,新教的领袖安东尼之子,那瓦尔王子亨利与法王之妹、公主玛格丽特结婚,大批新教徒奔赴巴黎。在王太后和国王查理九世的纵容下,以介斯家族的亨利为首的天主教徒在 8 月 24 日圣巴托罗缪节之夜,制造了惨案,2 万新教徒死于天主教徒的屠刀之下。史称"圣巴托罗缪惨案"。[1]

1574 年,查理九世死,其弟亨利三世(1574—1589)继位,与介斯家族的亨利发生矛盾,于是爆发了"三亨利之战"(那瓦尔家族的亨利、介斯家族的亨利和国王亨利三世),争夺王位。

1584 年,亨利三世之弟安茹公爵逝世,亨利三世宣布那瓦尔亨利为王位继承人。天主教同盟与王室决裂。

1588 年,亨利三世派人杀了介斯·亨利。1589 年亨利三世又被天主教同盟刺杀。瓦洛亚家族绝嗣。接继承法,由那瓦尔·亨利继位。太后凯瑟琳提出亨利作为法国国王,必须改宗天主教。为取得王位,1593 年,亨利宣布放弃新教[2],1594 年进入巴黎,称亨利四世(Herry Ⅳ,1589—1610),开始了波旁王朝的统治。

当上了国王的亨利四世虽然改宗天主教,但对新教是持宽容态度的。1598 年亨利四世颁布了"南特敕令"[3],使新教的势力有所发展。路易十四时代,信奉"一个国王、一种法律、一种信仰",要求法国人民全体信奉天主教,1685 年无条件废除《南特敕令》。一时间,大批胡格诺教徒流亡国外,也带走了大量的资金与技术,使法国遭受了不可估量的损失。

---

① 关于这一事件,可以参看法国学者阿莱特·茹阿纳所著的《圣巴托罗缪大屠杀》,北京大学出版社 2015 年版。
② 亨利的理由是,"为了巴黎,是值得做弥撒的。"
③ 南特敕令的主要内容是,天主教仍为法国国教,恢复天主教会原有的特权,包括归还已被没收的土地财产;胡格诺派获得信仰自由和担任官职的权利,并保留 200 多个城堡,作为国王履行敕令的担保。

总之,法国的宗教改革运动有其复杂性:既有形成中的资产阶级、下层人民反天主教会、反封建的进步要求,又有大贵族利用它来进行分裂的反动因素,宗教改革与政治纷争交相错杂。

第三节　改革特色与世俗影响

宗教改革实质上是一场使神圣的宗教世俗化的运动,是继文艺复兴后又一次重大的思想革命。它的宗旨实质上与文艺复兴一脉相承,文艺复兴动摇了封建君权统治的基石,宗教改革动摇了传统神权统治的根基。

一、各国宗教改革的特色

综观整个欧洲宗教改革运动,我们可以看出各国都有自己的内容与特色。首先,宗教改革发生的社会环境不同。德意志经济分散,政治分裂,皇(王)权徒有虚名,不能有效地抵抗来自罗马教廷的盘剥和宗教改革势力的冲击。在欧洲封建系统的链条上,德国是薄弱环节,于是,宗教改革首先在那里突破,并成为资产阶级市民革命的先声。英、法两国资本主义较为发达,统一的经济市场已经形成,王权强大,正处于绝对主义君主时期,这些特点,造成英、法的宗教改革与德国的差别。在不同程度上,英、法两国的宗教改革都成了君主们进一步加强中央集权的工具。

其次,在改革的形式上也有所不同。在德国与瑞士,宗教改革由教会内部的宗教改革家发起,如马丁·路德是大学的神学教授;托马斯·闵采尔是一个教堂神甫,兹温利、加尔文也是教会人士。他们希望改造教会,建立清洁、廉价,符合社会发展潮流的教会,代表的是新生的阶级,支持的也是新生的力量。英国的宗教改革是由代表集权的封建国王,完全出于世俗目的而发起的,法国的宗教改革最终也成了封建诸侯争权夺利的工具。

最后,就改革的性质而言,各国也不尽相同。德国、瑞士的宗教改革具有资产阶级市民革命的性质。英、法的改革性质相对而言就复杂些,主观上是封建主义为巩固自身统治服务,客观上为资本主义的进一步发展扫清了障碍。

二、宗教生活世俗化

宗教历来是人们无法抛弃或不可忽视的精神与社会力量。基督教作为西欧封建统治的精神支柱,牢固地桎梏着普通百姓的精神,压抑着他们的潜能。然而,随着中世纪后期社会变革的日益加剧,新旧观念的激烈碰撞,人们的心理失衡,普遍存在着某种焦虑与恐惧,从而在心灵深处又有着对宗教信仰的渴望与狂热。顺应时代发展的宗教改革势必要冲击封建神学观念,同时又要利用传统宗教对社会心理造成的定势,注入一种新的价值观,把原本与资本主义经济发展相冲突的文化传统创造性地转换成一种积极的资本主义精神。因而这种背景下的宗教改革,实质上是文艺复兴的继续,在宗教领域反击神文主义,弘扬人性。难怪西方史学界流传着这样一句俏皮话:"伊拉斯谟生蛋,马丁·路德孵小鸡。"

宗教改革以德国路德的"因信称义"学说为先导。该学说以为:人应该通过虔诚的信仰使灵魂得救,每个人可以和上帝直接沟通,不必教会或教士做中介。这是在观念上对教会主宰一切、控制精神生活的反抗。一心寻求获救的信徒们摆脱了外在束缚,只要信仰上帝,便可免罪。宗教中的人自由了,人的获救靠自己,人生价值和意义的实现靠自己。每个人只要努力完成在尘世上的地位所赋予他的义务,就可以达到最高的道德境界。人们的观念解放了,不只围着天堂、来世转,宗教生活有了世俗意义。"因信称义"迎合了广大信徒的需要,获得普遍认同,因而很快风靡西欧。

"因信称义"使宗教生活世俗化,从而动摇了基督教(天主教)在社会生活的神圣地位。而改革中出现的"天职观"又使世俗生活宗教化、神圣化。"天职"即上帝之召唤。新教认为,上帝赋予每个人以世俗职业,人人在自己的职业中为上帝和邻人服务,人生的价值和意义在"尽天职"中得以实现。路德等使用"天职"一词,原本是希望世俗职业与"上帝的意志"相联系,却未曾料想它会对西欧观念产生巨大影响。

首先,"天职观"使近代平等观植根宗教领域。信徒平等,是早期基督教的社会准则,自它被尊为国教有了与封建等级制相对应的教阶制后,上帝面前信徒不再平等而有了贵贱之分。"天职观"认为,每个人之所以有不同的天职是因为上帝赋予人们以不同的天赋。"在上帝看来,每一种正当职业都具有完全等同的价值。"[1]"上帝面前人人平等"是对封建政权教权等级观的反动。启蒙运动时期,这一观念又演变为"法律面前人人平等",并与"自由"相结合,成为资产阶级精神观念的重要组成部分。

其次,"天职观"使个人奋斗,追求财富合法化,在某种程度上造就了勤奋、进取的社会氛围。在路德、加尔文等宗教改革家眼里,上帝是一种具有永恒创造力的积极存在,因而有信仰的基督徒也应当创造性的永不止息地追求与劳作,充分利用天职中的机会,发挥自己的潜能,显示自己的价值和力量。这样,劳动和成功被视为上帝规定的生活目标。在勤劳、进取的新教精神影响下,恪尽职守、努力工作成为一种时尚,"那种清教观念波及之处,都产生了有利于合理的资产阶级经济生活的影响。"[2]

宗教改革也促进了西欧平民教育的发展。为了使平信徒自己研读圣经,亲身体味上帝的福音,就必须使他们学会阅读、识字有文化。因此,西欧国家教会非常重视学校教育。1586年,海牙宗教会议规定每个城市必须设立学校。1618年又规定每个乡镇必须设立学校,并对穷人进行免费教育。

总之,宗教改革所释放出来的新精神、新观念,与文艺复兴所唤起的观念一起汇成又一股观念变革的时代大潮,猛烈冲击着教、俗封建观,使文艺复兴以来倡导的人文精神在西欧社会受到极大张扬。由于当时代宗教已成了人们的一种内心需求,大

---

① 马克斯·韦伯:《新教伦理与资本主义精神》,成都:四川人民出版社 1986 年版,第 58 页。
② 马克斯·韦伯:《新教伦理与资本主义精神》,成都:四川人民出版社 1986 年版,第 163 页。

多数人视信仰为生命的重要部分,宗教改革肯定信仰,信仰得救,类似的新观念必在人们的心灵深处震撼。从而使西欧观念变革在宗教这个文化结构的深层得以实现。恰如美国学者博耶所说,宗教改革是西方文明中一种创造性的文化力量。它不仅为即将来临的新时代提供了崭新的人生观、价值观,而且造就了成千上万的新教徒,他们"基本上都是爱思考、冷静持重的人,并且都相信劳动与勤勉是他们对上帝应尽的义务。"①改革后的欧洲宗教实际上成了资本主义文化的一个有机组成部分。

三、天主教的自我革新

宗教改革取得的成就,使天主教会在西欧的势力大受影响,其政治与社会地位受到威胁。天主教会也有了某种危机感。如何改变现状,清除时弊,重塑地位,成了当务之急。为此,天主教(旧教)主要从两方面着手:一方面反对新教异端,另一方面,也从内部进行自我调整。

首先,教会对信奉天主教的君主实行一些让步,承认他们在本国的宗教事务上有更大的权力,承认他们没收教会财产的既成事实,以换取他们的支持。为重新树立自己的威信,天主教会从 1545—1563 年,连续在意大利北部的特兰托召开宗教会议,讨论教义、教仪和教会改革问题。规定了"神品"、"婚配"、"弥撒"等圣事,重申教皇的权威不可侵犯,原有的教义、制度和仪式不得更改。宣布新的教派都是异端,天主教会的宗教裁判所更是嚣张一时。1542 年,罗马宗教法庭建立。法庭设在罗马的一个宫殿里,其地下室配有监狱,内设拷问室,各种刑具齐备。一切不利于它统治的书籍列为禁书②,一切有思想的人都可能遭拘捕,被监禁或烧死在火刑柱上,许多科学家如布鲁诺、伽利略等都遭到宗教裁判所的迫害。

与此同时,教廷大力整肃教纪,规定不穿僧衣者停职,免去纳妾教士的职务;驱逐闲居罗马的 113 个主教;谴责非宗教目的的唯利是图行为,严格控制赎罪券的出售。并通过法令废除了一些售卖赎罪券的机构。

在天主教自我革新中起重要作用的是耶稣会。西班牙贵族依纳爵·罗耀拉(1491—1556)原是位军人。1521 年,在与法军的一场战斗中,罗耀拉腿部负重伤,无法再当兵。养病期间心中非常闷烦,他开始研读基督及圣者传记,寻求献身之道。1528 年罗耀拉考入巴黎大学,结识了几个同道并立下"贫穷、贞洁和服务上帝"的誓言。1535 年 8 月 15 日,耶稣会成立。1540 年教皇保罗三世认可耶稣会是天主教的一个正式修会。

耶稣会仿效军队编制,组织严密,纪律森严。成员都是神父,参加者必须发誓"一生贞洁,贫穷,绝对服从修会和教宗的命令"。会士允许不穿僧衣,不过隐修生活,可

---

① 黑格尔:《历史讲演录》(第 3 卷),北京:商务印书馆 1978 年版,第 334 页。

② 1559 年,罗马教廷公布了第一张禁书目录,其中包括伊拉斯谟、哥白尼等大批作家的作品,甚至非官方的拉丁文《圣经》也在其中。

以出入各种世俗场所，以完成消除社会不公、减轻人们痛苦、将天主带给人类的伟大使命。在反新教的运动中耶稣会起了非常大的作用，成了教皇的"战斗部队"。

耶稣会士到各处传教，开办医院、学校等，扩大天主教的影响。比如利玛窦、汤若望、南怀仁(1623—1688)就到中国传教。他们来中国后，一时得到明万历以后的一些皇帝的赏识，如利玛窦(1152—1610)在中国生活了 28 年，与徐光启一起翻译了欧几里德的《几何原本》，绘制了汉文世界地图《万国地图》，被人们称为"博学西儒"，汤若望(1591—1666)，官升钦天监监正，掌管钦天监大印，并付与人事权，后又升为工部合侍郎。

这些天主教内革新派耶稣会士，在传教的同时把科技知识，主要是天文、数学、物理、地学等传入中国，对中西方的文化交流也起到了一定的作用。当然，传教士中也不乏流氓与败类，他们烧杀掳掠，对当地人民犯下了滔天罪行。

宗教改革后，欧洲的宗教格局发生了变化。由原先的天主教与东正教两分天下，变为天主教、东正教和新教三分天下的局面。由于新教与资本主义精神有着某种暗合之处，一般来说，新教昌盛之处往往是资本主义发达之地。

第八章
理性时代:科学与启蒙

　　科学与启蒙是公元 17、18 世纪西欧社会的两大进步主题。公元 17 世纪近代科学的发展,不仅使近代以来西欧社会思想观念与哲学的变革有了坚实的科学基础,也为日益发展的资本主义生产力提供了物质与技术的动力。公元 18 世纪的启蒙运动,总结了西欧文艺复兴以来思想文化运动的丰硕成果,基本勾勒出了未来新时代政治与社会精神的框架与图景。经过理性时代的科学与启蒙,西方的政治现代化从此迈开了坚定的步伐。

第一节　近代科学的发展

　　科学的起源可以追溯到人类文明的萌芽时期。但严格意义上说,真正的科学是到近代才诞生的。以 1543 年哥白尼发表《天体运行论》和维萨留斯的《人体构造》为标志,人类开始进入科学时代。[①] 从此,自然科学便从神学中解放出来。在牛顿确立了近代科学的牢固地位以后,科学就完全从哲学中分离出来,成为社会的一项重要事业。

一、近代科学的缘起

　　资本主义的兴起,生产的增长,推动自然科学的发展。公元 14、15 世纪,欧洲的资本主义经济有了长足的发展,如纺织业中出现了新的技术进步,脚踏纺车、脚踏织布机等开始使用与推广。随着经济的发展,人类长期所积累的技术成果也得到了广泛的应用。我国古代的重大发明,指南针、印刷术、火药等从公元 13 世纪先后传入欧洲后,此时也广泛地被运用到生产技术上。资本主义经济的发展,客观上给力学、天文学、化学、生物学等提供了许多研究课题,也提供了大量可供观察的新材料和新的研究手段,为以实验为基础的近代自然科学的诞生创造了物质条件。

　　文艺复兴与宗教改革为自然科学的兴盛创造了必要的社会条件。文艺复兴和宗教改革,犹如向基督教世界吹进了一股清新的凉风,使人们的视野更加开阔,从注重人的心灵转向自然和世界。价值观念的变革有力地推动了自然科学的诞生。

---

　　① 　但科学作为一种概念,直到 18、19 世纪,才在欧洲各国被广泛地使用,中国引进"科学"时,最初称"格物知致"。

　　文艺复兴运动创造了资产阶级的古典文学和艺术,也孕育了近代自然科学,尤其是对人及自然的崇尚与赞美,鼓励着人们探索自然奥秘的兴趣。如达·芬奇不但是位大画家,而且也是数学家、力学家和工程师。宗教改革动摇了罗马教会至高无上的权力,打破了教会的精神独裁,为自然科学从神学中解放出来创造了必要的社会基础。

　　宗教改革,也导致了知识的世俗化。在中世纪,一切知识都是宗教化的。教会主要关心人的现世的欲禁和来世的幸福,固执地认为自己拥有无所不包的天启真理。尽管教会有时也感到,利用科学和哲学的论据来反驳不信宗教或异端是有说服力的,但任何非宗教的思想(科学、哲学)必须服从教会的教义。所以,教会就成了科学道路上的主要障碍。宗教改革后出现的新教,提倡天职观,认为凡能改善人类的物质生活,改造社会的活动,在上帝眼中就是善行。在这种功利主义宗教中,科学被认为是最能荣耀上帝的事业。新教的这种直截了当地对科学的认可与赞许,对自然科学而言是一种福音。

　　希腊、罗马的古代科学遗产,是自然科学诞生的学术基础。科学的兴盛,除了对新时代提出的新问题、新课题的应对外,有许多课题是对古代学术的继承。比如由古希腊人奠定,由欧几里德更趋完整和系统化的古代数学为近代数学奠定了基础。托勒密和阿基米德开始运用数学来解答天文学和力学的一些问题[1],并对恒星的运行进行了大量的观测,作了详细的记载。近代科学家从托勒密的著作中学到了这些知识,进而对这些课题重新进行了研究。希波克拉底的体液说、盖伦对人体构造的论述,等都对近代医学有所影响。可以说,古代希腊、罗马时期所形成的亚里士多德体系,是科学的雏形,它为近代科学提供了可能的框架。

　　科学的诞生同样需要学术与技术的支撑。13世纪以来,西方各国相继产生的一系列综合大学,为科学家的成长提供了必要的场所。如意大利的帕多瓦大学、法国的巴黎大学、英国的牛津大学等等,这些大学起初虽没能摆脱神学的影响,但其教育手段正规、学术氛围浓厚,有利于科学家的成长。另外,指南针、时针、显微镜、望远镜等仪器的发明与运用,极大地拓展了科学家的观察范围和观察能力,成为促进科学诞生与发展的有力的技术前提。

二、革命性的发展

1. 天文学革命

　　在欧洲科学文化黎明的前夜,宗教与科学在"天、地、人"的一些最根本问题的认识上进行了长期的论争。1543年,比利时医生维萨留斯[2](Vesalius,1514—1564)的

---

　　[1]　古代天文学家研究的问题,如地球周长的确定、地球与天体的关系、恒星区域的地貌学、空间和时间的精确测定等等。

　　[2]　一说维萨留斯是尼德兰人,出身行医世家。本人曾任神圣罗马帝国和西班牙宫廷医生,最早使用人的尸体进行解剖,对解剖学命名加以标准化,也是近代解剖学的奠定人。在《人体构造》中,维萨留斯论证了男女肋骨数相同,从而否定了女人是由男人的一根肋骨演变的说法。

《人体构造》和波兰学者哥白尼的《天体运行论》，两本著作同时发表。它们分别就人与天地的关系问题进行了科学的回答，前者提出人体"以心为中心"，打破了血液循环以"肝为中心"的古医学理论；后者认为天体"以太阳为中心"，打破了千年来教会所倡导的"地心说"。两本书分别指出了古医学与古天文学的千年错误，打破了人们旧有的自然观，成为中世纪"科学"（如果有所谓的科学的话）与近代科学的界碑，标志着科学发展的新阶段。因此，该年被认为是近代科学诞生之年。

这里，特别值得一提是天文学，因为近代自然科学的革命，是由一系列天文学领域的发展得以突破的。

天文学能够承担这一使命，首先应当归功于悠久的天文学历史。在古代希腊世界，通过毕达哥拉斯、柏拉图、托勒密等人的研究，天文学已经提出了几种不同的古代学说与体系，成为一门最具理论色彩的学科。由于天文学与人们的生产和生活密切相关，古代和中世纪的欧洲都未中断对天象的观测。这些都成了近代科学寻求突破的前提条件。

其次，天文学在公元17世纪还有着巨大的经济效率。当时，欧洲环球航行、世界贸易、建立殖民地的"事业"方兴未艾。天文学家的图表、物理学家的摆钟和平衡轮钟，都意味着可以及时拯救海上遇险的船只和货物，可以征服远处海外的帝国。在功利主义的影响下，各国对天文学事业也较为支持。另外，远洋航行中对天文观测的需要和实测，进一步丰富了天文学的观测资料。而教会利用托勒密的地心说解释上帝的创世说，并以地心说为指导编制了天体运行表，在实际生活中与航海和观测的结果不符合，误差极大，改造在所难免。

最后，天文学在政治上也极具重要性。中世纪的天文学是一门十分敏感的学科。在天文学领域，两种宇宙观、新旧思想的斗争十分激烈。特别是到了中世纪后期，天主教会还别有用心地为托勒密的地心说披上了一层神秘的面纱。上帝把人派到地上来统治万物，就一定让人类的住所——地球处于宇宙中心。这是上帝的智慧，毋庸置疑。整个中世纪，天文学主要表现为占星术，观察天象等。这些在教会眼中是涉足上界之事、涉及掌握人类命运的神的领域，一般人不能随便进入。近代科学首先在这里突破，对于教会的精神与学术垄断是个极大的打击。

哥白尼作为近代天文学的奠基者，其伟大之处在于实现了太阳中心说和前人已有的数学方法的结合，使太阳中心说牢固地建立在实际观测与科学运算的基础上，从而使科学进入了新纪元。

尼古拉·哥白尼（Copernicus，1473—1543）是德国血统的波兰学者，出生于波兰的商业城市托伦。18岁那年，哥白尼进入波兰拉克拉夫大学学习医学，该大学是传播资产阶级思想文化的重要基地。在学医期间，哥白尼对天文学产生了兴趣。1496年，23岁的哥白尼前往意大利波伦亚大学学习法律、医学和神学。求学期间，哥白尼深受意大利人文主义的影响，也结识了许多文艺复兴运动的学者。在他们的影响下，哥白尼对托勒密的地心说发生了怀疑，立志要建构崭新的天文学体系，并潜心研究。

回国后,哥白尼在费劳恩译格大教堂任教士。哥白尼并不是一位职业天文学家,他的成名巨著是在业余时间完成的。

1512 年哥白尼草拟了一份《试论天体运行的假设》提纲,他一边据此长期的观察天象,一边研究古代天文书籍。1516 年哥白尼着手撰写《天体运行论》,约在 1525 年完成。书中的观测计算所得数值惊人地精确。比如恒星年的时间为 365 天 6 小时 9 分 40 秒,比现在的精确值约多 30 秒,误差只有百万分之一;月亮到地球的平均距离是地球半径的 60.30 倍,和现在的 60.27 倍相比,误差只有万分之五。因担心受宗教裁判所的迫害,该成果一直没有公开发表。手稿藏了 18 年,直到 1543 年,躺在病榻上的哥白尼才在朋友的支持与鼓励下,印刷出版。当他拿到浸透了一生心血的书时,已经双目失明,奄奄一息了[1]。该书由于彻底否认了教会的教条与学说,出版后果然被罗马教皇列为禁书。

哥白尼

《天体运行论》的核心思想有两方面:一是地动说。哥白尼从运动的相对性出发,论述行星的视运动是地球运动和行星运动复合的结果(等速平行运动是不能互相觉察的),从而驳斥了地不动说。二是日心说。通过实际观测,哥白尼认为地球并不在宇宙的中心,而是像其他行星一样距太阳有一段距离,并在自己的轨道上运行;太阳是宇宙的中心,它照亮了整个宇宙,并驾驭周围的行星,使它们围绕自己运转。[2]

哥白尼学说否定了上帝把地球置于宇宙中心的宗教教条,建立了较为科学的宇宙观,使"自然科学开始从神学中解放出来……科学的发展从此便大踏步前进"[3],标志着近代自然科学的诞生。

爱因斯坦也高度赞扬哥白尼对于西方摆脱教权统治和学术统治枷锁的精神解放所做的贡献几乎比谁都大,不仅铺平了通向近代天文学的道路,而且也帮助人们在宇宙观上引起了决定性的变革。

17 世纪,天文学革命是个连续的过程,且一次比一次更进步、更接近科学与真理。

2. 经典力学体系建构

继哥白尼的天文学革命后,公元 16—18 世纪自然科学得到了前所未有的发展,其中最突出的成就数经典力学体系的建立。力学体系由牛顿创立,但伽利略和开普勒对经典力学作出的重大贡献不可磨灭。

---

① 哥白尼在 1543 年 5 月 24 日去世的那一天才收到出版商寄来的书,一个小时后哥白尼与世长辞。

② 该学说后被意大利科学家布鲁诺修正。布鲁诺认为,宇宙无边无际,因而没有中心,太阳只是太阳系的中心。宇宙中存在着无数个太阳系一样的天体。布鲁诺的学说比哥白尼的更激进、更科学,也更彻底地动摇了基督教的基础。1600 年 2 月,布鲁诺被活活烧死在罗马的鲜花广场。

③ 《马克思恩格斯选集》(第 3 卷),北京:人民出版社 1976 年版,第 446 页。

伽利略(Galilei,1564—1642)生于意大利的比萨。他自幼喜爱机械,学习能力惊人,外文(拉丁文、希腊文)、哲学、音乐、图画,无所不好。伽利略17岁就读比萨大学,18岁受教堂的挂灯在风中摆动的启发,发现了摆的等时性原理,即在摆长固定的情况下,不管摆的幅度多大,所需时间相等。21岁伽利略发明了天秤,被人们誉为"当代的阿基米德"。

但真正使伽利略成为科学史上的巨人的是他的重物实验:著名的比萨斜塔试验[①]。1590年,伽利略在比萨斜塔上做了"两个不同大小的铁球同时落地"的实验,得出了重量不同的两个铁球同时下落的结论。他还站在斜塔上面让不同材料构成的物体从塔顶上落下来,并测定下落时间有多少差别。结果发现,各种物体都是同时落地,而不分先后。也就是说,下落运动与物体的具体特征并无关系。伽利略通过反复的实验,认为如果不计空气阻力,轻重物体的自由下落速度是相同的,即重力加速度的大小都是相同的。

伽利略的这一举动挑战了陈腐的旧观念、推翻了亚里士多德"物体下落速度和重量成比例"的学说,纠正了这个持续了1900多年之久的错误结论,进而推动了近代科学的发展。

1608年,伽利略听说荷兰米德尔堡眼镜店有人做成了一个可把远处事物放大的镜子,便专程前往求教,回来后认真研究了物体放大的原理。1609年,伽利略做成了世界上第一台能把远处物体放大32倍的望远镜。1610年1月7日,伽利略发现了木星的四颗卫星,为哥白尼学说找到了确凿的证据,借助望远镜,伽利略发现了太阳自转和黑子运动,金星和水星的盈亏现象、月球表面的凹凸不平,并认定银河是由星体组成。这些发现开辟了天文学的新时代。当时的人们争相传颂:"哥伦布发现了新大陆,伽利略发现了新宇宙。"

伽利略向威尼斯总督
演示使用望远镜

由于望远镜可用于战争侦察敌情,还可以提前3小时发现将要靠岸的船,不仅引起军界、航海者和政府的重视,还轰动了欧洲上层社会。意大利政府给予伽利略"特级教授""首席科学家"的荣誉称号。

由于一系列的发现,使伽利略坚信哥白尼的理论。但迫于教皇的淫威,又亲眼看

① 关于伽利略是否做过此实验,科学史上是有争论的。1909年德国学者沃尔维尔发表的《伽利略及其为哥白尼学说而斗争》一书中,提出"伽利略从未在比萨时的著作中写过这件事,在后来的著作也未偶尔提到过",从而提出怀疑。1935年美国著名科学史家库珀(L. Cooper)发表《亚里士多德、伽利略和比萨塔实验》一书,追随沃尔维尔的看法,提出"他在比萨教书时从未在比萨塔上做过所主张的实验,并把这个故事说成是"虚构"和"谎言"。此后争论不断。霍金在他的"时间简史"上也对此事提出了质疑。

到布鲁诺之死,他没有勇气将这一些学说公布于众。直到暮年(1632年),伽利略才发表了《关于托勒密和哥白尼两大世界体系的对话》,书中详细论证了哥白尼的太阳中心说,成为近代科学思想史的重要著作,也是科学史上最早的一部科普著作。

"对话"公开发表后,立刻受到旧势力的围攻。1633年,伽利略被召到罗马,接受宗教裁判所的严刑拷打,被判终身监禁。但在监禁期间,他仍致力于科学研究,写下了《新科学的对话》。这位科学巨人在离开人世的前夕,还重复着这样一句话:"追求科学需要特殊的勇气。"

伽利略的一生有许多伟大的发现:落体定律、摆的振动、抛射体、力的平行四边形等;在碰撞动力学、流体静力学、气体力学、磁学、光学、声学等领域都有很高的造诣。伽利略作为近代科学的奠基人,他的业绩完全体现了近代科学的特点,如,重视观察与实验、重视数学应用,注重向现代人学习、倡导科学与技术结合等等。

开普勒(Kepler,1550—1631),德国天文学家和数学家。出生德国南部瓦尔城的新教徒家庭,一生命运多舛。幼年,父亲应征入伍,从此下落不明,不久,母亲也因"魔女"(女巫)之罪被捕入狱。开普勒自己在一次天花痊愈后留下了后遗症,视力损伤,满脸麻子,但他有可贵的理想和旺盛的求知欲,这些促成了他成长为一位伟大的科学家。

大学毕业后,开普勒被派到格拉齐大学担任天文学教授。在那里,他努力追求学问,凭借着天才想象力,对天体运动提出了许多假设,总结出了"恒星运动三大定律"[①],被人们称为"天空律师"。

伽利略打破了亚里士多德的物体运动的速度与外力成正比的观念,开普勒打破了只能按完善的正圆做匀速运动的传统观念。两人都有独特的建树,而且两人都是好友,但他们好像都不理解对方的成就。于是把天上和地上的力学进行综合的工作,就由牛顿来完成了。

牛顿

牛顿(Newton,1642—1727),英国卓越的物理学家和数学家,经典力学和几何光学的奠基人,微积分的发明者之一。牛顿生于英格兰林肯郡格兰瑟姆附近的沃尔索普村,从小家境清苦。1661年牛顿求学于剑桥大学的三一学院,他半工半读,一度靠做仆人来维持生活和学业,先后获得学士和硕士学位。大学毕业后牛顿被他的数学老师巴罗推荐,接替他去剑桥开设数学讲座。[②] 牛顿不是一个成功的教授,来听他讲座的学生很少,但他的学术研究水平一流。1687年,他的巨著《自然哲学之数学原理》出版,使他获得了极大的声望。1703年,牛顿开始担任英国皇家学会会长,

① 恒星运动三大定律。(1)行星以椭圆运动。(2)地球其轨道从一点运行到另一点所需的时间与在这段时间内矢径所扫过的面积成正比。(3)各个行星周期的平方与各自离开太阳的平均距离的立方成正比。
② 巴罗转而去研究神学了。

1706 年被英国安娜女王封为勋爵。晚年从事自然科学与神学研究[①]，一直到逝世。在早期的科学家中，牛顿的处境是比较好的，这可能与英国社会的政治状况有关。牛顿的主要成就是将开普勒提出的行星运动三大定律和伽利略揭示的地球上物体不受阻挠时以均速直线运动的规律，二者进行综合，提出了万有引力定律。

在天文学家哈雷的极力赞助下，牛顿将这一伟大发现和力学三定律汇集写成了《自然哲学之数学原理》。该书的出版，标志着经典力学体系的完成。

《自然哲学之数学原理》是近代自然科学发展的集大成之作，被认为是迄今最伟大的科学著作，它在物理学、数学、天文学和哲学等领域产生了巨大影响。全书共分五部分，这一部分讨论了物质的量、时间、空间、向心力等的定义，从定义中导出科学命题。第二部分是"公理或运动的定律"，阐述了包括著名的运动三定律的运动规则。接下来的内容分为三卷。第一卷研究在无阻力的自由空间中物体的运动，许多命题涉及已知受力物体的运动状态（轨道、速度、运动时间等），以及由物体的运动状态确定所受的力。第二卷研究在阻力给定的情况下物体的运动、流体力学以及波动理论。第三卷是标题是"论宇宙的系统（使用数学的论述）"。由第一卷的结果及天文观测，牛顿导出了万有引力定律，并由此研究地球的形状，解释海洋的潮汐，探究月球的运动，确定彗星的轨道。

全书逻辑严谨，书中讨论的问题及其处理问题的方法，至今仍是大学数理专业中教授的内容。

《自然哲学之数学原理》被人们称为 17 世纪物理、数学的百科全书。在科技史上的作用可以说是无与伦比的，就它在思想史的影响而言，也可以与达尔文的《物种起源》相媲美。爱因斯坦曾经说过：至今还没有可能用一个同样无所不包的统一概念，来代替牛顿的关于宇宙的统一概念。而要是没有牛顿的明晰的体系，我们到现在为止所取得的收获就会成为不可能。

由于天文学和力学的发展，带动了数学，促进了微积分的创立，公元 18 世纪以后自然科学在化学、物理学、生物学等都有不同程度的进展。

三、科学的作用

欧洲近代自然科学的诞生与发展，深刻地影响着西方文明的结构与走向。

自然科学本身就是生产力。公元 18 世纪 60 年代起，欧洲各国先后发生的资本主义工业革命，就是在自然科学发展的基础上产生的。工业革命主要标志是蒸汽机的广泛应用。这是人类历史上继使用铁器之后的第一次技术革命。从此，世界进入了工业文明的时代。自然科学推动了社会生产力的发展，以后欧洲各国的经济就在工业革命的基础上飞速发展，实现了资本主义的工业文明。科学至上和物质主义，构

---

① 1693 年以后，他放弃了科学研究，担任了英国造币厂监查、厂长的职务，与此同时，牛顿也向他的数学老师一样转而从事神学研究，直到 1727 年逝世。

成了现代西方文明的特征之一。当然,生产力的发展又反过来促进了自然科学的飞跃发展。两者相辅相成,共同促进了人类文明的发展。

自然科学的发展也促进了哲学的变革。哲学是人们认识世界、改造世界的思想武器。科学是认识自己和改造世界的物质力量。自然科学的发展,同样促进了哲学的变革与发展。德国古典哲学的集大成者黑格尔,根据对自然科学的归纳、总结,第一个全面地叙述了辩证法的一般规律,建立了唯心主义的辩证逻辑体系。他用辩证发展的观点阐明了逻辑思维的辩证过程,并从其唯心主义的观点出发,提出了辩证法的规律和范畴的基本内容。尽管他的辩证法是唯心的,但其中还是有它的"合理内核"的,如对归纳和演绎、分析和综合、具体和抽象、历史和逻辑的辩证关系,表述得十分准确。马克思就是批判地继承了这种"合理内核",并在对它进行唯物主义改造的基础上,构建自己的哲学体系的。马克思主义哲学,也是在 19 世纪三大科学发现[①]基础上产生的,自然科学是马克思主义哲学的来源之一。

科学的发展对资产阶级社会观念影响是巨大的。自然科学不仅是改造世界的物质力量,而且也作为观念形态参与人们的精神生活,成为人们认识自然和认识人与自然关系的精神力量,是解放思想的精神武器。从哥白尼到牛顿的经典力学,自然科学从神学中一步步解放出来,也使人们从愚昧无知的精神状态中解放出来,人们的思维更加科学化,进步的观念开始深入人心。从哥白尼日心说到 19 世纪达尔文的生物进化论,科学对封建神学一次次地作了沉重的打击,科学的思想和观念开始在社会中扎下了根。特别是达尔文进化论的影响,超出了生物学的范畴,波及到社会和经济思想领域,因此而产生了所谓的"社会达尔文主义",提倡"适者生存"的生存竞争,从而助长了欧洲个人主义、冒险主义。

自然科学的诞生与发展也为随后的启蒙运动提供了思想基础。

四、中国为什么没有孕育近代科学

我国古代的科学技术,在相当长一段时期,一直居于世界的前列。当我们发明活字印刷的时候,西欧人还在羊皮纸上写字。可是近代以来,我国的科学却一直没有得到进一步的发展,近代自然科学更没有在中国产生,原因何在?

我们认为,科学技术的发展不仅受其各种自身因素的制约,而且还受到各种社会因素的深刻影响。欧洲中世纪的黑暗和科学技术的停滞落后,是同教会的愚昧统治直接相关的,近代自然科学在西方的产生和发展,也是同资本主义生产方式的兴起和资本主义生产的发展密切相联系的。中国自然科学停滞,与封建的政治、经济有很大的关系。

我国封建社会的经济结构,是一种小农业和家庭手工业相结合的自给自足的自

---

① 19 世纪科学三大发现是指能量守恒定律,细胞学说和达尔文的进化论。这三大发现在人类自然科学史上具有极重大的意义。

然经济。较大规模的工商活动基本上为政府机构所控制,而私商和私营手工业的发展往往构成对现存经济秩序的威胁。因此,历代特别是明代以来的封建统治者,极力地推行重农抑商、重本抑末的政策,严重地压制了商业资本和手工业资本的发展。在这种情况下,私人资本不仅不能发展成足以颠覆封建制度的经济实力,而且由于土地的可买卖制度,一些人通过土地买卖,成了新的封建土地所有者。做个安稳的、不冒风险的地主成了他们的最后归宿。

由于封建经济的封闭性,政府对海外贸易与市场开拓也不像西方人那样热衷。封建统治者不仅不重视,反而阻碍海外贸易和交流。由于抗倭,明朝经常地要实行"海禁",清朝一些统治者更是顽固地实行闭关自守政策,严重地阻碍了与海外的通商贸易。

政治与经济的特殊结构,极大地影响了我国资本主义的生成,也严重阻碍了科学技术的发展,因为腐朽的社会政治、经济制度不仅是生产力发展的桎梏,对科学技术也是极大的阻碍。

中国封建社会实行的是文化专制主义,令人遗憾的是,近代中国没有西方那样长期的、大规模的思想文化运动。到清朝,这种文化专制主义就更加的变本加厉,实行八股取士,大兴文字狱。在这种文化气氛中,学术空气一片死寂,新思想、新事物几乎无法生长与发展。而且八股取士的科举制度,使大多数的知识分子把埋头读经当成挤进社会上流的必经之路,无暇也无兴趣从事科学的探讨和研究。

当19世纪到来的时候,西方科学技术的普遍繁荣与中国科学技术的相对落后,形成一定的反差,中西社会经济发展的距离进一步拉大。

第二节　欧洲启蒙运动

文艺复兴后,欧洲资产阶级一直不懈地为自身的利益与资本主义的发展而奋斗。经过资本原始积累,对传统宗教的革新和科学技术上的一次次突破,资本主义社会改革的方向日见清晰。在新的社会革命到来之际,资产阶级迫切需要首先在理论上弄清一些认识问题,如资本主义的发生与发展是否合理?建立什么样的政治权威才符合资产阶级的利益并能够促进资本主义的进一步发展?资本主义社会的未来发展方向又是什么?由此,继公元16—17世纪思想领域的宗教改革后,公元17、18世纪欧洲又爆发了一次思想解放运动——启蒙运动。启蒙运动最早发源于公元17世纪后半期的英国,公元18世纪在法国表现得最为成绩斐然,对法国的思想界、对法国大革命、对整个欧洲的思想进步,有不可磨灭的贡献。

一、启蒙运动的深刻背景

"启蒙"(Enlightment)的含义是澄清、照亮、启迪。德国哲学家康德认为:启蒙就是人类脱离自己所加之于自己的不成熟状态。而所谓的不成熟状态就是人们不经别人的引导就对自己的理智无能为力。所以,人类的不成熟不是因为缺乏理智,而在于没有勇气运用理智。启蒙就是要启迪人的理智,使人们以理智的眼光看待社会与未来。启蒙运动的口号就是"一切以理性为中心""勇敢地运用自己的理智"。这是有其历史原因的。

18世纪,欧洲大陆的封建制度已到了没落时期,专制政治也发生了严重的危机。完成了原始资本积累的资产阶级已不像文艺复兴时代一样,寻求与支持王权的强大以获得封建专制羽翼保护下成长,而是希望夺取政权,以建立一切依照资产阶级利益办事的政治制度。而此时的英国,资产阶级革命已经完成,建立了以资产阶级和新贵族联合的君主立宪制,并在实际的政治生活中逐渐形成了两党制(辉格党、托利党)和内阁制,商品市场的经济正在发展,但这样的政治体系的合理性需要理论来论证和指导。法国的资产阶级们正在酝酿一场政治与社会革命,与此同时资本主义经济在18世纪的西欧(包括英国)也有了长足的发展,资产阶级也需要有他们自己的一套经济理论,以进一步引导与推动经济的发展。

天主教教会虽经历了文艺复兴和宗教改革的沉重打击,仍拥有极大的实力。作为封建统治的组成部分,只要封建制度存在一天,教会权力就有其存在的基础。封建教会垄断知识并以神权、宿命论和种种迷信思想束缚和奴役人民,与公元17世纪以来欧洲自然科学的思想与成果唱反调。政治的进步与科学精神的发展,都迫切要求对宗教神学再次进行强力冲击与改造。

资产阶级思想经过文艺复兴和宗教改革,开始形成并在人民中间传播。启蒙运动是文艺复兴的深化与拓展。与文艺复兴产生于资本主义萌芽时期不同,启蒙运动出现在欧洲资本主义生产关系日益发展,资产阶级处于上升时期的时代。此时,资本主义生产关系已接近确立,广大民众在社会生活与精神观念上更容易与启蒙精英的思想与理想达成某种"契合"。启蒙运动因得到民众的理解与支持而深入人心,波澜壮阔。

当然,启蒙之所以称为一场运动,除了上述因素外,还有一个重要的方面是那个时代涌现了一批出类拔萃、无所畏惧、有着共同信念且身负使命的启蒙哲人。彼得·盖伊称这些启蒙哲人就像是"一个喧闹的家族",启蒙时代是"相互交叠而联系密切的三代人的共同成就。第一代以孟德斯鸠和长寿的伏尔泰为领袖,为以后的两代确定了基调。……第二代在18世纪进入成熟阶段,"[1]他们是富兰克林、布丰、休谟、卢梭、狄德罗、爱尔维修、达朗贝尔等,正是他们把第一代的反教权主义和科学思想融合成一套现代世界观。第三代的代表人物是霍尔巴赫、莱辛、杰佛逊、康德和杜尔哥等。三代人前仆后继,成就了浩大的启蒙运动。

---

[1]　彼得·盖伊:《启蒙时代》(上卷 现代异教精神的兴起),上海:上海人民出版社2019年版,第28—29页。

二、英国启蒙运动

公元 18 世纪的欧洲被称为理性时代或启蒙时代。当时的思想家认为,人类社会也与自然界一样,具有"自然法则"。人们应该用理性的、符合自然法则(自然规律)的眼光观察生活和社会,进而提出了启蒙运动的两大重要概念——"进步"与"理性"。

启蒙运动总结了文艺复兴、宗教改革的思想,初步勾勒出近代资本主义的精神,并使之系统化。运动以公元 17 世纪英国为开端,在公元 18 世纪的法国达到高潮。

确切地说,英国启蒙运动是在英格兰和苏格兰两个地区展开的。英国启蒙运动的主要任务是为日益发展的资本主义政治和经济实践提供理论支持。由于英国启蒙运动发生在资产阶级革命以后,加上革命后君主立宪政治体制的"妥协性",规定了英国启蒙运动的温和性与"保守性"(与法国的相比)。

1. 英格兰启蒙

英格兰启蒙运动的代表人物主要是霍布斯和洛克。

托马斯·霍布斯(Thomas Hobbes,1588—1679),17 世纪英国唯物主义哲学家和政治思想家。霍布斯生于威尔特省一贫苦牧师家庭,15 岁进入牛津大学学习。作为德文郡伯爵威廉·卡文迪什的家庭教师,霍布斯的政治见解受到伯爵等具有"自由倾向"的上层贵族的思想影响。1610—1637 年,霍布斯有幸三次随贵族弟子游历欧洲,目睹大陆政局混乱及其对经济发展的影响,也感受到大陆科学,特别是力学与数学的成果。1637 年霍布斯回到英国后,恰逢英国革命的前夜,社会动荡不宁。1640 年霍布斯到法国避乱,在巴黎一呆就是 11 年。特殊的经历,促使他思考政府权力与社会混乱等问题,也有助于霍布斯把英国经验主义和大陆唯理主义哲学的整合,使其成为公元 17、18 世纪机械唯物论的著名代表。恩格斯称霍布斯为"第一个近代唯物主义者(十八世纪意义上的)"[①]。不仅如此,霍布斯在政治学、伦理学等诸多领域都作出了开创性的贡献,被誉为"现代人之父。"

霍布斯的代表作主要有,《论政体》(1640)、《利维坦》(1651)、《论物体》(1655)、《论人》(1658)。其中以《利维坦》最为著名。

《利维坦》[②]一书写于英国内战之时。书里的大多数篇幅论证了强大的中央权威才能够避免邪恶的混乱和内战,同时也传达了霍布斯对社会基础与政府合法性的基本看法。全书体系完备,论证严密,可以与亚里士多德的《政治学》遥相匹比。在西方政治思想史上占有重要的地位。

霍布斯政治与哲学思想的要点有以下几方面:

---

① 《马克思恩格斯选集》(第 4 卷),北京:人民出版社 1976 年版,第 485 页。
② "Leviathan"利维坦是《圣经》中提到的一种巨大海兽名称的音译,霍布斯以此书名就是借以表示国家具有威慑一切的权力。

——人性恶。霍布斯认为，人的本性是利己的，趋利避害即自我保存是支配人类行为的根本原则，人类第一共同的"欲望"就是对权力的不断的无休止的欲求与争斗，人与人之间就像豺与狼一样。利己主义是霍布斯全部政治思想的基础。

霍布斯

——自然状态与社会契约论。霍布斯认为，在国家成立前，人类处在一种自然状态中。在自然状态下，人人平等、自由，都运用自己的权力以求保全自己的本性。由于利益上的竞争，对他人可能伤害自己的猜忌和对名誉的追求，使人与人的战争不可避免。要摆脱这种糟糕的自然状态，人们必须放弃自己的权力，运用自然法即理性所发现的戒条和一般法则与共同契约，组建公共权力或国家。

——主权学说。国家起源于契约，那些被授予权力的人或议会，就是主权者。在对主权的阐述中，霍布斯提出了专制主义的主张。霍布斯认为，主权是国家的"灵魂"，它具有至高无上、不可分割、不可转让的性质。根据主权的归属，霍布斯将国家分为三种政体形式：君主政体、贵族政体和民主政体。其中君主制是最好的政体，因为君主政体最能够避免"内乱"，国家既然属于君主个人，君主的私利就和公益结成一体，君主的私利就是公利。

霍布斯的这一主张受到洛克与卢梭的激烈反对。

约翰·洛克（John Locker，1632—1704），英国新兴资产阶级的著名思想家、唯物主义哲学家和教育家，英国启蒙运动的先驱。洛克出生于商人家庭，父亲做过律师，是个清教徒，在英国革命时期站在国会一边，参加了克伦威尔的军队。洛克本人毕业于牛津大学，除了关心英国政治发展外，还从事哲学、物理、化学和医学等研究，并作为英国皇家学会的院士与许多著名的科学家如化学家罗伯特·波义耳、物理学家罗伯特·胡克等一起共过事。1666年，正当英国资产阶级革命末期，洛克结识了代表英国大资产阶级利益的辉格党领袖莎夫茨伯里伯爵，担任其家庭教师和医生。在伯爵受英王重用期间，洛克又做了他的秘书。这段经历对于形成洛克的政治倾向很有影响。洛克的主要代表作有：《论宽容异教的通讯》（1689）、《政府论》（1689）、《人类理智论》（1689）。

在哲学上，洛克继承并发展了霍布斯的机械唯物主义，建立了比较完整的唯物主义经验论的认识论体系。洛克著名的"白板说"，对资产阶级教育学说的影响非同小可。洛克认为，人的知识和道德上的善、恶观念并不是先天的，人的心灵最初就像一块白板，一切知识和观念都是从经验中获得的。在经验的基础上，通过归纳和演绎的思维活动，人就可以获得关于事物的知识和观念。

洛克以政治学的造诣著称于世。洛克政治思想是他多年政治经验的理性思考和总结。洛克发展了文艺复兴时期的自然权利思想，对自然权利理论进行了系统的论证[1]，认为人类是生而自由和平等的，具有生存权、自由权和财产私有权，这是由人类的理性所支配的，是天经地义的。其中，财产权是自然权利中最基本的权利，其他权利都以财产权为基础。

与启蒙时期的思想家一样，洛克也用自然法和社会契约论解释政府的起源、性质与目的。洛克认为，在自然状态中，自然法是每个人行使的，人人都是自己案件的裁判者。尽管自然状态是完备的自由状态，但由于缺乏明文规定的法律作为裁决人们之间纠纷的共同尺度，缺少一个公共的裁判者和公共权力来保证裁决得以执行。于是，人们为了更好地保护他们的人身和财产安全，相互订立契约，自愿放弃一部分权利，把他们交给他们中间被指定的人，国家由此产生。为此，国家重大的和主要的目的是保护人们的财产。最高权力"未经本人同意，不能取去任何人的财产的任何部分"。[2]

与霍布斯不同，洛克认为保护人权的最好政府是君主立宪制。洛克在《政府论》中，把政体形式分成三种：立法权由大多数人直接行使是民主政体；由少数精选的人行使是寡头政体；由一个人行使是君主政体。他认为既保留君主制，又由民选的国会掌握最高权力的政体，即君主立宪政体是最合理的。

为证明其合理性，也为了最有效地保护人们的生命、自由、财产，实现法治原则，洛克提出了分权的思想。他把国家权力分成三种：立法权、执行权、对外权。立法权是指导如何运用国家的力量以保障这个社会及其成员的权力；执行权是负责执行被制定的和继续有效的法律的权力；对外权是负责战争与和平，联合与联盟以及同国外进行一切事务的权力。三种权力中，立法权是最高权力，但以不侵害人民的生命、自由和财产为前提。三种权力必须分别由不同的机关行使。如果同一机关同时拥有制法和执法的权力，就会给人以极大的诱惑，促使他们去攫取权力，并在制定和执行法律时只顾自己的利益。三权中最高的权力——立法权由民选的国会行使，执行权和对外权由国王行使。

洛克的理论反映了英国资产阶级在保证自己决定国家基本政策以利于工商业发展的条件下，同封建势力妥协的要求，是为当时英国现行的政体辩护的。但分权说第一次为资产阶级用民主形式组织国家提供了论证，具有极大的历史意义，不仅对法国启蒙运动和美国独立战争期间的政治斗争和政治思想产生了深刻的影响，而且成了现代西方资本主义国家制度的一项主要原则。

2. 苏格兰启蒙

苏格兰启蒙运动也别具特色。它是一场以爱丁堡、阿伯丁、格拉斯哥等城市为中心而展开的精英运动，政界、学界、商界紧密结合。1732 年，苏格兰启蒙运动中的第

---

① 洛克是西方政治思想史上最早对自然权利进行系统论证的思想家。

② 洛克：《政府论》下篇，北京：商务印书馆 1981 年版，第 86 页。

一个重要社团爱丁堡哲学学会(Philosophical of Edinburgh)成立,哲学家休谟曾担任该协会干事,斯密也是会员之一。苏格兰式启蒙崇尚理性的同时也警惕理性,信奉经济自由主义,尊重传统与习俗,与法国式启蒙有差别。

大卫·休谟(David Hume,1711—1776),18世纪英国哲学家、历史学家、经济学家。与约翰·洛克(John Locke)及乔治·贝克莱(George Berkeley)一起并称"三大英国经验主义者"。休谟生于苏格兰爱丁堡,12岁就进入爱丁堡大学学习,1729年起专攻哲学。21岁时开始撰写其主要的哲学著作《人性论》。1763年,应英国驻法大使海尔特福德伯爵的邀请,担任使馆秘书。在巴黎期间,休谟与法国启蒙思想家狄德罗、达朗贝尔、爱尔维修、霍尔巴赫等交往过甚。回国后休谟曾任副国务大臣。休谟一生著作颇丰,所著的《英格兰史》一书独霸当时英格兰历史学界长达半个多世纪。1752年休谟提出"物价—现金流动机制"(Price Specie-Flow Mechanism),即在国际间普遍实行金本位制的条件下,一个国家的国际收支可通过物价的涨落和现金(即黄金)的输出输入自动恢复平衡。这一自动调节机制也被称"休谟机制"。尽管该机制有一定的局限性,但休谟的国际贸易理论对古典政治经济学影响极大。

当然,休谟思想启蒙中具有重要意义的仍是他的经验主义怀疑论哲学。休谟的主要哲学著作有:《人性论》《道德与政治论说文集》《人类理解研究》《道德原理探究》《宗教的自然史》《自然宗教对话录》等,它们构成了近代欧洲哲学史上第一个不可知论怀疑主义的哲学体系。

休谟怀疑论主要体现在对感觉印象来源、理性演绎、因果关系等现象的不确定性的理解。休谟认为,至于感官所发生的那些印象,它的最终原因是人类理性所完全不能解释的。我们永远不可能确定那些印象是由直接对象发生的、还是被心灵的创造力所产生,抑或由我们从造物主那里得来。

休谟从经验主义出发,怀疑所谓的理性演绎。休谟觉得尽管演证性科学中的规则都是确定的和无误的。但是当人们应用它们的时候,易误的、不准确的官能却很容易违背这些规则,而陷入错误之中。理性也可以由于其他原因的侵入、由于人类心里能力的浮动不定,而遭到阻碍。这样,全部知识就作为或然推断。

休谟承认建立在经验基础上的因果性知识构成了大部分人类知识,是人类行为的源泉。但是,休谟不承认客观规律性的任何断定,而是在观念与现象之中讨论这种因果关系。休谟认为,"整个说来,必然性是存在于心中,而不是存在于对象中的一种东西;如果我们把它看作物体中的一种性质的话,我们永远不可能对它形成任何哪怕是极其渺茫的观念"[①]。

休谟的怀疑论为19世纪英国非宗教的哲学思想提供了理论。休谟的不可知论观点为实证主义者、马赫主义者和新实证主义者所继承,对现代西方资产阶级哲学产生了广泛的影响。

---

① 参见休谟《人性论》,商务印书馆2005年版。

　　直到工业革命以前，西方在经济上奉行的是"重商主义"政策。重商主义视货币为国家财富的标志，主张由国家干预经济，加强对外贸易，鼓励多出口，少进口，把尽可能多的金银集中到本国。该理论对商业资本主义的发展作用巨大。英国资产阶级革命后，新经济在新政权的支持和庇护下，获得了飞速发展。随着资本主义生产方式——工厂制的出现，诸如"财富的来源是什么"、"怎样组织生产才能提高劳动效率？"以及"如何加速资本积累？"等一系列的新问题应运而生，成了摆在经济学家面前的新课题。

亚当·斯密

　　亚当·斯密（Adam Smith，1723—1790），启蒙时期最伟大的经济学家，西方古典政治经济学的奠基人。斯密生于苏格兰，求学于牛津大学，曾在爱丁堡大学、格拉斯哥大学任教。1765—1766 年，斯密陪伴年轻的巴克鲁公爵周游欧洲大陆，结识了伏尔泰、魁奈、杜尔哥、达朗贝尔和爱尔维修等法国著名思想家，受到法国重农学派经济思想的影响。他创立的古典经济学，把自由学说运用到经济学领域，反对重商主义，反对国家对经济生活的干预，提倡经济自由。斯密的古典经济学理论主要体现其名著《道德情操论》（1759）和《论国民财富的性质和原因研究》[①]（1776，简称《国富论》）中。其要义有：

　　——试图论证建立在寻求个人利益基础上的社会制度的合理性。亚当·斯密认为，人类的行为源于六种基本动机：自爱、同情、追求自由的欲望、正义感、劳动习惯与交换。由于上帝给了社会以自然秩序的规律，虽然每个人都在为自己的利益而奋斗，但最终全社会会因此在自然秩序中获得共同利益。因为人类社会内部规律就像大自然的运动规律一样，会使每个人的行为之间达到一种平衡。一种合理的社会制度就应该使每个人都享有按自己方式行动的自由。

　　——提倡"自由竞争"。亚当·斯密认为自由竞争是自由本身所规定的秩序，所以，国家不必安排贸易和工业，因为这种干预会违反供求的"自然规律"。"放任政策"会使最大多数的人取得最大的利益，因为市场"受一只看不见的手"的影响。他强调，人们进行自由竞争为自己寻求财富就能使整个社会富庶起来。政府的职责是保卫国家，维护社会安宁，而不是干预经济事务。

　　——劳动价值论。亚当·斯密认为国家的财富的来源不在流通而在于生产。生产则主要靠工人和农民的劳动，一切财富的本源是劳动，增加国民财富的条件是提高劳动生产率。但是，他又觉得劳动作为价值本源是在原始社会。在资本主义社会劳动价值主要分三类：工资、利润、地租。他还发现，劳动者附加在原料上的价值须分作两部分，一部分作为工资付给了劳动者，另一部分作为利润由资本家占有。这里面包

---

①　亚当·斯密的《国富论》被 18、19 世纪的西方经济学家视为经济学史的"圣经"，足见其地位与影响。

含了剩余价值论的萌芽。

亚当·斯密为英国的古典经济学建立了完整的体系,他的"自由竞争"和"放任政策",反映了当时英国在世界上的经济优势,也为工业革命造了舆论。"自由竞争"以后成了资产阶级经济活动的信条。另外,亚当·斯密理论的合理内核也为共产主义创始人所吸取,成为马克思主义的三大来源之一。

公元18世纪英国启蒙运动的另一杰出代表是保守主义思想家埃德蒙·柏克(Edmund Burke,1729—1797)。柏克的保守主义是与法国大革命相伴生的。1789年法国革命的激情激发着英国,英格兰激进主义运动也借重法国革命而勃然兴起,1688年以来长期稳定的政治秩序受到了挑战。基于经验性和政治敏锐性,柏克对法国革命一开始就持谨慎态度,随着大革命的高潮的到来,柏克成了法国革命的坚决反对者。也正是在批判和审视大革命的过程中,柏克建构起了他的保守主义政治思想,他的《法国大革命的反思》也成了保守主义的经典。柏克最早对"光荣革命"的原则作了界定,提出"光荣革命"与"法国革命"原则的区别在于前者是"守成与改革",后者是"天赋人权"。柏克认为,习俗与经验是历史和文明的体现,"各种立法、司法和行政权力都是它的创造物"。进而提出了社会渐进变革的重要性。

经验主义理性是英国式启蒙运动的特点,它虽不及法国那样惊天动地、波澜壮阔,但其平缓温和的方式与英国的传统和当时的社会现实是契合的。当时英国已经完成了资产阶级革命,君主立宪政体既标志着资产阶级取得了实际的统治权,又体现了某种妥协性。这种状况下的思想启蒙与法国相比,自然就具有了和风细雨般的特性。

三、法兰西启蒙运动

1. 欧洲启蒙运动的中心

启蒙运动在法国达到高潮并成为欧洲启蒙运动的中心,并不是偶然的,它有着深刻的社会文化根源。法国是欧洲各国中封建统治最顽固、最反动的堡垒,也是欧洲封建制度的最高典型。法国社会中特权等级与第三等级的矛盾特别尖锐,专制制度的危机更严重,反对专制制度的呼声也更高。这是启蒙运动的社会基础。法国资本主义经济的发展,新兴资产阶级力量的日益加强,形成了一批既有经济实力,又有文化教养的新兴资产阶级的代表,这些人与封建贵族格格不入,这为启蒙运动的掀起提供了阶级基础。

法国教权势力顽固而疯狂,迫使新兴资产阶级的思想家抛开宗教外衣,投向公开的理性宣传。而近代科学的兴起和英国革命的成功,为法国启蒙运动提供了科学依据和实践经验,从而使法国的启蒙运动成为欧洲之中心。

另外,中世纪以来,法国一直处在欧洲文化的中心,法国知识分子对新事物、新思想极为敏感。尤其是沙龙文化成为法国新思想的聚集地 。"沙龙"是法语 Salon 一字的译音,原指法国上层人物住宅中的豪华会客厅。后沙龙文化延伸到俱乐部、咖啡馆、书店甚至街头。自 1667 年法王路易十四在罗浮宫的阿波罗沙龙(阿波罗厅)举办皇家绘画雕塑学院院士作品展览会以来,法国沙龙文化方兴未艾。一般来说,一个典型的沙龙具备的特征一般是:雅致聪慧的女主人,"三观"相对一致的风雅人士,话题自由且引人入胜。沙龙是一种重要的社交场所,可以说是早期信息社会的一种表征,也可以看成是一种公共领域。新知识、新思想在咖啡馆或上层社会的沙龙里讨论被广泛。爱国者的咖啡馆和贵夫人的沙龙,成了启蒙思想的诞生地。

整个法国启蒙运动的特色鲜明。启蒙思想家的锋芒所向十分明确,一致反对王权、神权、特权,要求改变旧制度,建立新政体。思想家们虽存在着矛盾、分歧,但只要涉及旧制度,总是采取统一的行动,他们倚靠各自研究的领域,提倡用理性来衡量一切,判断一切;用科学来破除迷信,消灭专制,实现美好的自由、民主、平等新社会。

启蒙哲人们尽管彼此因在具体社会策略、个性风格上有所不同,时而有矛盾与分歧,但都有着共同的哲学理论作为指导思想,奉行着大体一致的哲学信仰,即怀疑论、自然神论、无神论等。在不同发展阶段上,这些信仰与思想都成为有力的理论武器。怀疑论是启蒙运动准备阶段的思想先导。自然神论成为启蒙运动发展阶段的思想家的标记。无神论把启蒙运动推向了更高的阶段。在这些哲学思想的指导下,法国启蒙运动经久不衰,哲学革命成了政治革命的先导。

启蒙思想家正视现实,认真思考,联系群众,不畏强暴。以人民自居,宣传群众,启迪群众,除出版专门的学术著作外,还出版普及性通俗读物,运用小说、戏剧、诗歌等形式让下层群众了解新观念。他们常常冒着上断头台、流放、坐牢的危险,为追求正义、光明贡献出自己全部的智慧。

特别值得一提的是狄德罗主编的《百科全书》。[①] 百科全书原文"Encydopedie",意思是科学知识之间的联系。启蒙思想家旨在通过编撰该辞典,把过去从属于皇室、权威、教会的一切知识经过分析、研究,使其成为反映客观自然的真理。用人类世代培植的"知识树"显示天地万物,人间百事的内在关系,并以此为精神武器,与封建专制和宗教神学进行公开的斗争。

《百科全书》的编辑工作先后得到宫廷御医、御花园长、修道院长、狩猎副官、兽医校长、博物馆长、海军军官、法庭审判官、陆军团长、建筑师、钟表匠、纺织机械师、税收官、厨师、会计、铁匠、教授、僧侣、工匠等 180 多人的协助,他们团结与战斗在百科全书派周围,共同编写有关哲学、自然科学、社会科学、艺术、技术等内容庞大的巨著。整个编写过程一直在围剿、贫困、变动中度过。卢梭几乎总是按期交稿,孟德斯鸠到死还在为第七卷写稿,伏尔泰年迈,又长期流落外国,但仍恪守诺言,按期交稿,不取分文。

———————

① 《百科全书》,全名为《百科全书,或科学、艺术、工艺详解辞典》,1751 年出版第 1 卷,1780 年全部出齐,共 35 卷。

《百科全书》自 1751 年 7 月开始出版以来,在法国和欧美等地产生了强烈的反响。它改变了舆论,动摇了神坛,在历史上留下了不可磨灭的功绩,对世界文明有着巨大的贡献。

2. 主要代表人物

法国启蒙思想家的主要代表人物有孟德斯鸠、伏尔泰、卢梭和以狄德罗等为首的"百科全书派"。

孟德斯鸠(Montesquieu,1689—1755),杰出的启蒙思想家,曾任法国波尔多省法院法官、院长,法兰西学院院士。孟德斯鸠早年学习法律,1726 年,他出售了世袭的波尔多法院院长职务,迁居巴黎,专心于写作和研究。孟德斯鸠漫游了欧洲许多国家,特别是在英国住了两年多,考察了英国的政治制度,认真学习了英格兰早期启蒙思想家的著作。这一段经历对孟德斯鸠的思想影响很大。

孟德斯鸠主要代表作有《论法的精神》《波斯人信札》《罗马盛衰原因论》等。他主张在法国建立英国式的君主立宪政体,提倡立法、行政、司法三权分立,进行有利于资产阶级的改革。他反对宗教愚昧,但认为在同一国家中,不同的宗教信仰可以同时存在。

孟德斯鸠

孟德斯鸠对启蒙运动的最大贡献在于建立了进行资本主义政治改革的比较系统的社会政治学说。1748 年,孟德斯鸠最重要的也是影响最大的著作《论法的精神》发表。在这部系统的政治学著作中,孟德斯鸠在洛克分权思想的基础上明确提出了"三权分立"学说;他特别强调法的功能,他认为法律是理性的体现,法又分为自然法和人为法两类,自然法体现了人类社会的一般规律;人为法有政治法和民法等。他强调自由的实现要受法律的制约,他说:"自由是做法律所许可的一切事情的权利;如果一个公民能够做法律所禁止的事情,他就不再有自由了。因为其他的人也同样会有这个权利。"[①]通过考察各个地区的气候、风俗习惯、民族性格等差异,孟德斯鸠还提出了地理环境对社会发展的影响的命题。

孟德斯鸠的理论,规范了资产阶级国家的政治模式和各项基本制度,特别是三权分立的政治学说对资产阶级民主革命运动影响深远。

伏尔泰(Valtaire,1694—1778)原名弗朗索瓦-马利·阿鲁埃,伏尔泰是他的笔名。作为法国启蒙运动的泰斗和领袖,伏尔泰被誉为"法兰西思想之王""法兰西最优秀的诗人""欧洲的良心"。伏尔泰出身于资产阶级公证人家庭,青年时因写诗讽刺贵族被囚禁巴士底狱,后又被驱逐出国,侨居英国。独特的经历,使伏尔泰坚决捍卫公

---

① 孟德斯鸠:《论法的精神》(上册),北京:商务印书馆 2004 年版,第 183 页。

民自由，尤其以捍卫信仰自由和司法公正而闻名欧洲。

伏尔泰主要代表作有《哲学通讯》《哲学辞典》等。伏尔泰赞赏"开明"君主制度，但主张限制王权。在他的《路易十四时代》(1751)中对路易十四多有赞美①，对此，他的言论是：与其让100只耗子来统治，还不如由1只狮子来统治。他主张信仰自由，反对教会，把天主教教士视为"恶棍"，把教皇喻为"两足禽兽"，但又认为宗教对资产阶级统治人民来说是必需的，"没有上帝，也得创造出一个上帝。"

伏尔泰信奉自然权利说，认为"人们本质上是平等的"，要求人人享有"自然权利"。他主张人人在法律面前平等，但又认为财产权利的不平等是不可避免的。

伏尔泰

伏尔泰的主要功绩在于率先提倡和宣扬洛克的经验论和牛顿的机械唯物主义思想，为法国资产阶级提供了反旧制度的哲学武器。伏尔泰以毕生的精力倡导平等、自由与理性，是开启民智的精神导师。

狄德罗(Diderot，1713—1784)，唯物主义者和无神论者，"百科全书派"的领袖，启蒙运动的主将。狄德罗早年就读于家乡一所教会学校，毕业后到巴黎闯荡天下。狄德罗站在法国第三等级的立场上，坚持国家起源于社会契约，君主的权力来自人民协议的观点。主张建立资产阶级共和国，是中等资产阶级的代言人。

狄德罗的最大成就在于主编了史无前例的巨著——《百科全书》，并以此为武器，抨击封建专制主义，宣扬自由平等原则，为即将到来的革命制造舆论。除主编《百科全书》外，狄德罗还撰写了大量著作，在他的《哲学思想录》《对自然的解释》《怀疑者漫步》《论盲人书简》《生理学的基础》《拉摩的侄儿》《关于物质和运动的哲学原理》《达朗贝尔和狄德罗的谈话》《宿命论者让·雅克和他的主人》《驳斥爱尔维修〈论人〉的著作》等，其哲学思想中体现了唯物主义的因素。

法国启蒙思想家群体

卢梭(Rousseau，1712—1778)，法国伟大的启蒙思想家，激进的资产阶级民主主义者，著名的文学家和教育家。卢梭出身于日内瓦一个钟表匠家庭，幼年经历坎坷，被迫在一个雕刻匠家里做学徒，由于不堪辱骂，辞职逃离，过着颠沛流离的生活，遇上华伦夫人后，生活才有所安定，后长期定居法国。卢梭的主要代表作有《社会契约论》《论人类不平等的起源和基础》《爱弥儿》等，卢梭认为私有财产是不平等的起源，是万

---

① 相反，孟德斯鸠的《波斯人的信札》中却表现出对路易十四的憎恨。

恶之源,自由平等是不可剥夺的"天赋人权",提出了"社会契约""人民主权"和建立资产阶级民主共和国等一系列学说。

特殊的生活经历,使卢梭的学说具有强烈的人民性,这是他与其他启蒙思想家的不同之处。卢梭思想体系的核心是反对封建专制制度和社会不平等,倡导人民主权说等较为激进的民主主义思想,反映的是 18 世纪法国平民和小资产阶级的利益。卢梭的社会契约论和人民主权论成为法国第三等级中下层群众革命的理论旗帜,并在雅各宾专政时期的政策中得到了鲜明的反映。难怪罗伯斯庇尔推崇卢梭"以其高尚的心灵和庄严的品格,显得无愧于是恪尽职责的人类的导师"。①

卢梭

3.启蒙观念与思想

综观法国启蒙运动,思想家们在以下几个方面颇有建树。第一,自然状态和社会契约说。启蒙思想家承认人类在国家产生之前,过着"自然状态"的生活。这一时期是人类的"黄金时代",大家都是自由、平等的。随着"一个人需要别人的帮助,人们感到一个人占有两个人食物的好处",于是平等消失,私有制出现。富人为保护自己的财产,施展阴谋,欺骗穷人,他们以维护公平、和平,防御共同敌人为名,劝说穷人放弃自己的权利,订立契约,建立一个至高无上的权力,国家和法律就此产生。这就是卢梭所谓的"社会契约论"。卢梭进一步认为由于穷人同意建立这样的最高权力是出于富人的欺骗和阴谋,所以这种同意不具有社会契约的价值,社会契约应该回复和保持人类的自由和平等。暴力统治也将为暴力所推翻。

第二,普遍人性与普遍理性说。文艺复兴以来,"理性"一直是资产阶级反对封建"神性"的思想武器。公元 18 世纪,这个口号更加的普遍化与深入人心。所以,也有人称 18 世纪为"理性时代"。启蒙思想家认为,理性就是合乎人性,合乎自然的东西,是人的普遍人性的一个基本因素。任何人,不管时代、地区、民族有着怎样的区别,都有一个共同的普遍的本性,这种本性就是普遍的人性。它是自然的,不是外加的,如避难取乐,追求幸福,自私自保,传种育代等都是人之本性所共有。

启蒙思想家曾把这种普遍人性论、普遍理性论,作为论证资产阶级的政治、经济、法律、道德和文化艺术观点的有力武器。他们认为人是唯一的点,一切事物从这点出发,而又复归于这一点。把人作为一切的中心,大力宣传"人类理性",希望建立人类"理性王国"。这种对理性和人性的颂扬,有力地否定了人对神的依赖,否定了神对人的统治,实际上是用"人道"对抗"神道",用人类理性否定"宗教迷信",使启蒙运动在思想上和哲学上,都成为文艺复兴的继续与深入。

---

① 王养冲、陈崇武选编:《罗伯斯庇尔选集》,上海:华东师范大学出版社 1989 年版,第 258 页。

第三,天赋人权和人民主权论。人权是相对于神权而言。神权说是封建专制制度的理论基础,它宣扬专制君主的权力是由上帝通过教皇授予的,因而也是神圣不可侵犯的。

启蒙思想家的人权说认为,人有其天赋的、不可剥夺的权力,包括自由、平等、财产、安全和追求幸福的权力。卢梭强调"人生而自由",狄德罗认为"自由是天赐的东西",伏尔泰倡导"一切享有各种天然能力的人,显然都是平等的。"启蒙思想家们都认为侵犯、剥夺人权就是违反人性的,被专制制度剥夺了这些权力的资产阶级要争自由,争平等是完全符合人性的天经地义的事。

在人权的基础上,卢梭还进一步提出了"人民主权"的学说,主张"人民主权高于一切,既不可以剥夺也不可转让"。这种学说对反对封建专制制度具有非常革命的意义。法国革命的"人权宣言"就是根据这个理论提出来的。

最后,三权分立和相互制衡原则。对于即将建立的新制度,启蒙思想家们都作了理想的描画,其中分权说功不可没。司法、立法、行政三权必须分属于不同机关,并相互制约,孟德斯说得好,"一切有权利的人都容易滥用权力","权力导致腐败"。只有相互分权、制衡才能保证权力的有效性。分权与制衡,成了现代国家政治制度的基本原则。

四、启蒙的意义及影响

公元18世纪的欧洲启蒙运动是一场由资产阶级有识之士所创导的思想解放运动,是继文艺复兴以来的第二次思想启蒙。

启蒙思想家提倡宗教信仰自由或宗教宽容,开放人类的理性,对于精神与思想专制主义是极大的冲击。

思想家们通过撰写各种小册子,尤其是法国启蒙思想家们还走上街头宣传演讲等形式抨击封建专制制度,为资产阶级社会的到来进行着唤醒民众的工作,使人权、民主、自由、平等、三权分立等观念逐渐在人民心中扎下了根,为欧洲文明的发展开辟了思想道路。启蒙运动中的各种观念,直接引导着法国革命,并在法国革命中得到运用。其中的许多思想,成了人类文明思想宝库中的珍贵遗产。尤其是"自由、平等、博爱"不仅成为法国大革命的旗帜,还不同程度地推动着世界上不同国家及民族和人民争取自身权利的斗争,意义重大。

这场运动涉及面广,包括哲学的、政治的、经济的各个方面。思想家们在各自学术领域,提出新思想、建构新理论,为资产阶级社会发展打下了坚实的理论基础,他们所提出的新观念、新理论达到了当时资产阶级精神文明的顶峰。经济领域的"自由竞争""放任政策",政治领域的分权、制衡与人民主权理论,以及社会生活的自由、平等、人权观念,与文艺复兴以来倡导的人性、理性等结成一体,基本勾勒出近现代资本主义的精神观念,使启蒙运动成为西欧近代观念变革的集大成者。

第四编　政治革命的风暴

　　经过长期的理论酝酿和思想准备，欧洲各国资产阶级终于把思想付之行动，开展了资产阶级的革命。由于各国不同的历史条件，其表现形式也有所不同。

　　综观世界近代史上的资产阶级革命，一般认为经历了三次高潮。第一次高潮发生在公元16世纪中叶至17世纪中叶，为欧洲革命时期。革命的主战场是西欧，其中以尼德兰、英国的资产阶级革命最为典型。第二次高潮发生在公元18世纪70年代至19世纪30年代，为欧美革命，此次革命席卷欧美，并波及亚非一些地区，规模与影响较大的事件有：1775年美国独立战争，1789年法国大革命，1830年法国革命。第三次革命高潮的时间是公元19世纪40至70年代，此次革命浪潮席卷各大洲，如1848年欧洲革命，1868年日本明治维新，1870年德国、意大利统一，1861年俄国农奴制改革，中国太平天国后期也具有某些资产阶级革命的特征。

　　从三次高潮的走向看，资产阶级政治革命的策源地是西欧，革命输入的道路依次为西欧、欧美、亚非直至世界各地，与资本主义萌芽与发展的路径大体一致。就其作用看，第一、二次革命浪潮使得西欧国家的社会结构发生深刻变化。以英国工业革命为龙头，欧洲经济秩序和生产方式也开始发生改变。工业化与民主化使欧美地区率先走上现代化国家之路，其中英国、美国、法国等西方国家成为世界现代化的先驱。第三次浪潮主要集中在中东欧地区，革命后的俄国、德国等，成为西方现代化的后起之国。

　　本编主要探讨第一、二次高潮的典型国家的资产阶级革命，它们对欧美政治制度的变革具有开创意义，其中英、法革命的主要任务是反对本国封建主义，是纯粹资产阶级性质的革命，美国革命的性质是资产阶级革命与民族革命相结合，即反对殖民主义、争取民族独立和反对封建主义与建立资产阶级政权齐头并进。

大事年表

15 世纪后期	西欧中央集权制度逐渐形成
1607 年	英国在北美建立第一个永久性拓殖地(弗吉尼亚)
1620 年	清教徒在新英格兰登陆("五月花"号)
1640—1688 年	英国资产阶级革命
1649 年	英国查理一世被处死
1661 年	法国路易十四个人统治开始
1662 年	英国皇家学会在伦敦建立,法国科学院(1666)在巴黎建立
1689 年	英国发表《权利法案》
1756—1763 年	英法七年战争
1775—1783 年	北美独立战争
1776 年	北美大陆会议通过《独立宣言》
1786 年	美国谢斯起义
1787 年	美国制定联邦宪法
1789—1814 年	法国资产阶级革命
1789 年 8 月	法国国民议会通过《人权宣言》
1793 年 1 月 21 日	路易十六被处死
1793 年 6 月—1794 年 7 月	雅各宾专政
1799 年 11 月 9 日	拿破仑雾月十八政变
1804 年	拿破仑成为法国皇帝
1832 年	英国议会通过改革法案
1636—1848 年	英国宪章运动
1848 年	欧洲资产阶级革命
1850 年	伦敦举行第一次世界博览会

第九章

中央集权:短命的绝对君主制

公元 15 世纪后期到 16 世纪初,西欧主要国家都先后建立起一种集权的君主制度。对于这种集权君主制,西方学术界有一个公认的特定概念,即"绝对君主制"(absolute monarchy)或"绝对主义"(absolutism)。[①]

欧洲的中央集权政治相对于东方专制帝国而言是短暂的。西欧的绝对主义王权是在市民——资产阶级和封建贵族的相互斗争中充当"表面的调停人"的过程中确立起来的。这一时期,贵族仍然是王权的社会政治基础,但是王权为了取得市民——资产阶级的支持以加强自己的实力,一般都在政治上扶持资产阶级势力,打击或削弱封建地主贵族,这在一定程度上助长了资本主义势力的增长。不过,当资产阶级与资本主义在绝对主义王权的护翼下羽毛渐丰时,就要求从根本上冲破集权制度的束缚。而当绝对主义王权意识到它给自己培育了一个掘墓人,转而想对它进行限制时,已经太迟了。资产阶级已经积聚了足够的力量,他们在不长的时间内,就把西欧封建制度送进了历史的坟墓。

第一节　绝对君主制政治

西欧封建社会的政治发展,大体经历了三个主要阶段。公元 5—11 世纪,为封建割据时期,基本特征是封建庄园经济占统治地位,王权衰落,封建主割据称王。公元 11 世纪末—15 世纪,为等级君主时期,基本特征是王室的直接领地扩大,王权不断加强,封建贵族力量逐渐削弱,并建立了等级君主制。公元 16—17、18 世纪,为绝对君主制时期。这个时期的特征是贵族势力已经削弱,资产阶级力量渐次兴起,但还较薄弱;国王独揽大权,主宰一切。

绝对主义君主政治的确立与发展,是前工业化时代西欧各国政治发展的普遍趋势。由于其形成与发展正处于新旧两种生产方式即封建主义生产方式向资本主义生产方式的过渡时代,两种生产方式共同为其经济基础。正因为此,欧洲绝对主义君主政治的根基是薄弱的。

[①]　我国学术界通常把欧洲这种君主制称作"专制君主制"或"君主专制制度""专制主义王权"。而实际上这种专制主义(Despotism)和绝对主义(Absolutism)在东西方历史发展中还是有差别的

　　依据英国学者迈克尔·曼 ①的说法,理想类型的绝对主义有两个基本要素:(1)君主是世间的唯一法律来源,尽管他必须听命于上帝的法律,如果他破坏"自然法",人们还保留着某些反叛的权利。(2)君主凭借常设的、专业的附属的官僚机构和军队进行统治。

一、中央集权的基础

　　欧洲中央集权制度是在等级君主制的基础上,于 15 世纪后期逐渐形成的。公元15 世纪末、16 世纪初,法国路易十一、英国亨利七世、西班牙菲迪南二世等群雄并起,开辟了绝对君主制的时代。西欧中央集权是以绝对主义王权的形式表现出来的。促使中央集权形成和成熟的主要因素即绝对主义君主政治形成的历史条件至少可以举例以下几个方面。

　　第一,国家领土的统一和国内统一的经济市场的形成,催熟了近代英、法民族的形成。英法百年战争②给西欧带来了极大的伤害,尤其由于战事都在法国的土地上进行,使法国满目疮痍、民不聊生。但战争却使两国完成了领土的统一,在维护王权的同时发展出了难能可贵的民族意识。公元 15 世纪晚期,欧洲资本主义经济有了长足的进步,随着商品货币经济的发展,各国之间的经济联系进一步加强,国内统一的经济市场也开始形成,如英国以伦敦为中心,法国以巴黎为中心。经济的统一也使各国的民族意识进一步加强。英、法等近代民族形成,为政治统一奠定了基础。当然,民族统一并不等于中央集权,政治统一也不一定非君主专制不可,但绝对君主制却只有在政治统一的基础上才能形成。

　　第二,社会关系的变化,绝对君主制的支柱形成。欧洲商品货币经济的发展,瓦解了庄园农奴制,地主制取代了领主制。随着自然经济的破坏,昔日独立行使对农民政治统治权和司法裁判权的封建领主已日益丧失了这些权力,成为主要以收取地租为生的食租地主。在英国,一部分中小骑士采用雇佣劳动方式经营地产,成为资产阶级化的新贵族;大部分领主成了地主;少数不甘心没落的领主争权夺利,相互残杀他们的力量,至 15 世纪下半期玫瑰战争③中被消耗殆尽。教俗封建贵族在自身日益衰弱的同时,都迫切希望一个强大的王权,以保证自己在政治、经济上的统治地位;在法国,大部分封建领主离开乡村,或聚集在王宫担任各种官职,或在皇家常备军中做军官,靠优厚的薪金和补助,继续过着奢华的生活。王权的强大给他们带来荣耀,于是,他们积极支持绝对君权。

　　公元 14、15 世纪的"封建主义危机"也是一个重要方面,商品经济的发展,促进

---

　　①　参见迈克尔·曼:《社会权力的来源》(第一卷),上海:上海人民出版社 2002 年版,第 640 页。
　　②　百年战争是指 1337—1453 年,英、法两国为争夺封建领地而展开的长达百年之久的战争,以法国的胜利而告终。
　　③　玫瑰战争,也叫蔷薇战争。1455—1485 年英国贵族间争夺王位的混战,因兰加斯特家族的族徽为红玫瑰,约克家族的族徽为白玫瑰,故名。

了农民内部的经济分化,个体私有制出现并壮大,地主土地所有制与个体小生产相结合,是封建专制的社会基础。饥荒、黑死病、战争接踵而至。人口大量死亡,人口与土地的比率变得有利于农民。农奴制衰落并瓦解。

第三,阶级矛盾和阶级斗争加剧,尤其是土地贵族与资产阶级的均势,需要王权作为一种平衡的力量,这就使加强中央集权,成为封建贵族、大资产阶级的共同要求。英、法绝对君主制形成正值资本主义生产关系萌芽和发展时期,商品经济的发展,不仅使封建社会固有的矛盾加剧,而且,新兴资产阶级和农民、手工业者和雇佣工人之间的矛盾也出现并发展,社会的不稳定性加剧,各阶层都希望有一个强大的权力,以规范秩序。

最后,外部环境的某些变化,也会促使君主权力的加强。长期面临强敌压境、国家危亡的境地,君主就可能成为抗击外敌的一面旗帜,从而有助于权力的集中。比如,百年战争中,法国王权领导抗击了英国入侵者的斗争,在战争中国王掌握了一支常备军,逐渐形成系统的官僚机器,从而加速了法国君主制度的形成。英国反对西班牙斗争的胜利,也有助于提高王室的威望。

就像佩里·安德森所说的"绝对主义国家的统治就是向资本主义过渡时期封建贵族的统治,这一统治的结束标志着封建贵族阶级权力的危机,资产阶级革命的来临,资本主义国家的诞生。"①

二、英国中央集权的确立

英国中央集权的确立在都铎王朝时期(1485—1603)。它的建立主要经历了以下几个阶段。

都铎王朝的开国君主亨利七世(Henry Ⅶ,1485—1509)继玫瑰战争后继续大力打击封建领主势力。亨利七世解散封建贵族的家兵,平毁他们的城堡,并设立"星室法庭"惩罚叛乱的贵族;英王还亲自遴选官员,设立枢密院。在国王的操纵下,枢密院制订法令,主持"星室法庭",掌握着国家最高司法权,成为绝对君主统治的机构。王室还默认或允许资产阶级新贵族的圈地运动,并颁布了一系列惩治流浪汉的"血腥立法",促进了英国土地制度的变革。亨利七世在位,是英国绝对君主制度的建立时期。

亨利八世(1509—1547)通过宗教改革,打击教会封建势力。1534年的《至尊法案》,宣布国王为英国教会的最高首脑,拥有任命教职和决定教义的权力。从此,英国教会摆脱了罗马教会的控制,成了加强君主集权的有力工具。宗教改革中,许多教产被没收,新圈占的夺自教会的土地成了牧场。宗教革命不仅把圈地运动推向高潮,而且资本主义生产也开始深入农村。

英国绝对君主制的鼎盛时期是伊丽莎白统治时期(1558—1603)。这位颇有作为的女王继续进行宗教改革,战胜了以罗马教皇、西班牙国王为首的国内外教俗封建势力,从而极大地巩固了自己的地位。国王的意志成了法律,女王的权力被神圣化。国

① 佩里·安德森:《绝对主义国家的系谱》,上海:上海人民出版社2019年版,第19页。

会尽管颇多不满,但无能为力,基本上是绝对君权的工具。

1588 年,英国战胜西班牙无敌舰队,英国欧洲大国的地位确立。公元 17 世纪初,英国专制王权的历史使命即将终结。因为此时,国家统一、社会昌盛,封建割据的危险早已消除,外敌入侵的图谋也已粉碎。一个统一、繁荣、生气勃勃的民族国家已在专制集权下铸就,绝对主义王权已失去了存在的理由。

詹姆士一世(James Ⅰ,1603—1625)继位后,不合时势地提出了"无限制王权理论",鼓吹"君权神授",力图谋取绝对而无限制的专制权力。从 1614—1621 年七年间,国王未召开议会。1625 年继位的查理一世(Charles Ⅰ,1625—1649)更加专横骄纵,从 1629 年起便实行了 11 年的无议会统治。中世纪以来英国贵族权利和宪政的传统遭到了无情的践踏。终于迫使失去"权利与法律"的资产阶级和新贵族联合抵抗"暴君的权利"。1640 年的英国革命,将专制王权赶下了历史舞台。

三、法国绝对主义的君主制

法国的绝对君主制度开始确立于公元 16 世纪,公元 17 世纪趋于巩固,公元 18 世纪走向衰弱,在长达两个半世纪中历经了动摇、巩固、发展、鼎盛和衰落的过程。相较于英国,法国的绝对君主制更具有典型性。

公元 15 世纪下半叶,随着英、法百年战争的终结,法国社会经济得到了发展,封建地主制取代了封建领主制,地区之间的经济联系加强,资本主义生产关系萌芽进一步发展,新兴资产阶级希望建立一个强大的集权政府,给工商业发展拓展良好的内外部发展空间。百年战争也唤醒了法国人民的民族感情,近代法兰西民族逐渐形成。

路易十一世(Louis Ⅺ,1461—1483)在位时期,法国基本上完成了领土的统一,近代法国版图轮廓初步确立。路易十一军政财权在握,独揽一切,他疏远大贵族,注意从社会下层选拔有才有识的贤能之士为官,以强化王权。他还建立了一些省高等法院,以完善统治体系。在路易十一统治的 20 多年里,三级会议仅召开过一次,且一切都仰承他的意志,三级会议实际上成了他实行绝对统治的工具。可以说,路易十一开创了法国中央集权绝对君主制的时代。

弗朗索瓦一世(François Ⅰ,1515—1547)时期,法国的绝对君主制政治确立。国王不仅直接掌管财政,而且使全国的官僚机构和司法机关渐趋完善。此外,他还努力扩大常备军,坚持对外扩张,但意大利战争使弗朗索瓦一世成了神圣罗马皇帝的俘虏。意大利战争是法国欧洲争霸的第一次尝试。战争消耗了大量资财,加重了人民的负担,激化了社会矛盾,法国王权的威望跌落,少数不甘心丧失政治独立的大贵族趁机挑起内战——胡格诺战争,绝对君主制度面临危机。

波旁王朝时期,法国的绝对君主制才巩固下来。亨利四世(Henry Ⅳ,1589—1610)登基后,努力结束战乱,一方面与西班牙议和,另一方面,颁布"南特敕令",宣布天主教为国教,同时承认新教的信仰自由。南特敕令在欧洲历史上首次肯定了宗教宽容的原则,确认了 125 万新教徒的宗教和政治经济权益,缓和了法国社会的矛盾。亨利四世晚年，法国经济恢复，国力强盛，使一度动摇的绝对主义制度得到了巩固和发展。

在法国王权强化的过程中，黎塞留①的改革是重要的一环。1610年，亨利四世被狂热的天主教徒拉瓦亚克刺杀。年仅9岁的路易十三继位，法国贵族乘机内讧，混战不休；天主教势力和胡格诺派中的贵族势力联合向王权发难；各地农民起义不断。亨利四世时代树立起来的王室权威受到严重威胁。

为加强王权，首相黎塞留大刀阔斧地进行了一系列改革。他把自16世纪以来中央向地方临时性派遣的钦差大臣变为定制，称为总督。由他们监督地方的行政、司法、财政和军事工作。严令贵族必须顺从国王，拆除了与王权对抗的封建主的堡垒，设立非常法庭惩治叛乱贵族。黎塞留执政期间，处死公爵2人，伯爵4人，其余贵族41人，使叛乱贵族噤若寒蝉。另外，黎塞留大力推行重商主义，支持海外贸易和殖民活动，大大提高了法国的地位。经过黎塞留首相的苦心经营，法国王权再度巩固。

路易十四（Louis Ⅷ，1638—1715）时期，法国的绝对君主制度达到了鼎盛。他将全国的政权、财权、军权、教权和立法权集于一身。"朕即国家，朕即法律。"路易十四被尊为神，是"副上帝""太阳王"，贵族们以能在王宫侍奉他为最大的荣耀。此时，法国的中央权力达到了登峰造极的地步，史称"路易十四时代"。

路易十五（Louis Ⅸ，1715—1754）以后，法国的绝对君主制开始走下坡路。法国绝对主义专制制度迅速衰落的根本原因是它已经不能在贵族与资产阶级间获得平衡，并日益成为资本主义发展的桎梏。庞大的贵族阶层不思进取，碌碌无为，他们非但不纳税，还恣意挥霍国库。为豢养这些寄生的贵族，国家赋税不断加码，加重了资产阶级与人民的负担，引起了法国第三等级的普遍不满。反动的贵族阶层还把持官府，排斥资产阶级进入政权机构，资产阶级的权利得不到保障，资产阶级的利益在国家政策中也得不到体现，专制王权遭到了资产阶级的抵制和反抗。但不可否认，君主软弱的个性也是法国专制王权迅速陨落的因素之一。路易十五平庸无才，不谙政事，大权旁落于他的情妇手中；路易十六（1754—1793）懦弱迟钝，意志薄弱，对朝政也不太感兴趣，比较喜爱狩猎和修锁，有"锁匠国王"之称。

王权的无能，贵族的骄横，旧制度的危机与新经济的要求交织，终于使法国资产阶级起来革命，推翻旧制度。

由于西欧王权的阶级基础是工商业、城市资产阶级和封建领主阶级，因此绝对主义国家中的君主对西欧历史的发展作用独特，即促进了封建社会的解体和资本主义社会的诞生。正是在这一意义上，恩格斯称它为瓦解中的封建君主制和萌芽中的资产阶级君主制。

一般认为，现代国家制度产生于绝对主义时代。1648年欧洲三十年战争结束后签订的《威斯特发里亚》条约，规定所有国家，不论大小强弱，在国际法上都一律平等，

① 黎塞留（Richelieu，1624—1642任首相）出身地方贵族，曾任主教和三级会议代表，在出任路易十三首相期间，独揽大权，并为加强王权进行了一系列改革。

并对其领土和居民有完全的控制权。据伯恩斯[①]的理解，现代国家制度体现了两条主要原则：第一，所有国家一律平等、自主；第二，每个国家有权遵循自行制定的对外政策，建立联盟或反联盟，并且为自身的利益进行战争。可以说，国家主权是现代国家制度的核心。

第二节　西欧式集权的特征

由于欧洲各国的历史发展与文化基础各不相同，中央集权的绝对主义的君主制，特色也是十分鲜明的。这种特性也直接影响到近、现代西方政治制度的变迁。

一、共同的基本特征

与古代中国长达 2000 年的封建集权体制相比，欧洲绝对君主专制总体而言是短命的。例如，英国的绝对王权从 1485 年都铎王朝的建立始到 1640 年英国资产阶级革命止，法国从 1589 年的波旁王朝始到 1789 年法国资产阶级革命爆发止，充其量都只有二三百年。

相形于东方中央集权专制主义，西欧的绝对主义还有其自身的特点。

首先，从英、法两国走向专制集权的历程看，欧洲绝对主义国家处于封建国家结构特征逐渐消失和资本主义国家结构开始形成的时期。

与中世纪缺少中央集权和几乎没有中央行政机构不同，绝对主义时代中央行政机构开始有了分工，并按照正规化和制度化方向运转。法国黎塞留时代建立了由国务会议和下属的秘密委员会和财政委员会为核心的中央政府。以大法官为首的行政法院，国务大臣和由财政总监、诸财政大臣、财务官委员会、司库等组成的财政机构，共同构成了中央行政机构主体。英国亨利八世时代着手建设财政机构、国务秘书机构和枢密院。1540 年英国枢密院正式确立。此后，由财政大臣、大法官、国务大臣等行政官员和一些王室成员参加的枢密院就一直是英国革命前国家行政管理的核心机构。

其次，西欧绝对君主政治是建立在商品经济不断发展、资本主义因素由萌芽到成长的基础之上。资本主义经济因素的增长和新兴资产阶级力量的壮大，构成了绝对君主政治存在的现实基础。只有资本主义的不断发展，君主集权才能得以巩固和强大。于是，西欧各封建君主重视资本主义商业的发展，并予以保护、支持和鼓励。其突出的表现就是极力推崇重商主义[②]。英国是资本主义的故乡，在所有施行重商主义的国家中，英国最具代表性。英国是一个没有金银矿的国家，它发展成为"日不落"帝国，主要靠了贸易、航运业与海外殖民，其中重商主义政策起了极大的推动作用。法国路易十四时代的财政总长柯尔培尔（Jean Baptiste Colbert，1619—1683）大力推

---

① 参见伯恩斯等著：《世界文明史》（第 2 卷），北京：商务印书馆 1997 年版，第 293 页。
② 与中国封建王朝的重农抑商恰好形成鲜明的对照。

行重商主义,故而,法国的重商主义也称"柯尔培尔主义"(Colbertisme)。柯尔培尔对法国工商业的发展贡献极大,被尊称为"法国工商业之父"。

第三,绝对主义时代在一定程度上克服了四分五裂的封建状态,建立起有比较明确领土疆界的中央集权的政府,为"民族国家"的形成奠定了基础。

二、法国特色的绝对制

法国的封建制度在中世纪欧洲具有典型性。从封建领主制的政治秩序,到王权的强化形成等级代表君主制,最终实现中央集权化的绝对君主制,都很有样板性。

法国的君权得到了最充分的发展,这是法国君主制度不同于欧洲其他国家的最大特点,具体表现在两个方面。第一,君主以"君权神授"为合理的存在基础。在封建制度下,君权与神权往往是相互依赖,紧密联系在一起的。尽管两者在一段时期中有过离异,但从 16 世纪起,君权与神权的新的"蜜月期"再次来临。当时,法国出现了一个被称为"法学家"的政治哲学家集团,他们致力于在思想和理论上论证君主专制的必要性与合理性。例如,1515 年都灵大主教、巴黎高等法院大法官克洛德·德·赛瑟尔就一本正经地论证道:国王是上帝直接命定的,在国王司法权的正当范围内,国王享有绝对的权威。因为国王是上帝在尘间的代理人,因此他的权力是神圣的、绝对的。法王路易十四自称"太阳王",是神的化身,是"副上帝";路易十五自命不凡,认为他只是从上帝那里接受王冠;路易十六宣称在行使最高权力时,他只对上帝负责。君权神授,给绝对君主制度套上了一圈神圣的光环,也为它们提供了政治合法性。第二,国家权力高度集中于君主。自波旁王朝以来,法国专制王权大大加强,国家几乎成了国王们的私有财产。路易十四宣称"朕即国家",路易十五扬言"朕即法律",国王就是一切,不仅自身神圣不可侵犯,而且对臣民也有生杀予夺之权。这种根深蒂固的绝对主义观念,构成了近代法国政治民主化道路上的暗礁。

法国绝对君主制的第二个特点是等级特权。与英国不同,自公元 11 世纪法国一些思想家提出封建社会等级制理论和 14 世纪初等级君主制建立以来,法国社会一直保持着三个等级壁垒森严的政治格局。这种格局在中央集权的君主专制建立后,不仅没有松懈,反而更加牢固。中世纪的法国人从法律的角度,被分为三大等级。教士属于第一等级,约 10 多万人,占总人口的 0.4%～0.5%,却拥有全国土地的 1/5～1/6。教士阶级的收入除了教会地产所得和接受教徒的馈赠外,还向农民征收什一税。教士"以祷告为国王服务",是法国绝对主义王权的强大精神支柱。贵族属于第二等级,约 40 万人,占总人口的 1%～1.5%,占有全国土地的 1/4～1/5,他们垄断政府和军队的各种要职。作为专制主义庞大官僚体系的重要组成部分,贵族以"宝剑为国王服务",是封建绝对君主制的顽固维护者。第一、二等级为法国的特权阶级,他们享有免税特权和司法特权。第三等级包括资产阶级、农民、手工业者和城市平民等,他们虽占全国人口的 90% 以上,但政治上无权、经济上备受盘剥、思想上受钳制。第三等级以"金钱为国王服务",承担着国家的各种赋税和劳役,是没有特权的纳税阶级。

法国绝对主义王权借助"大臣"(官僚)和严格的等级特权制度,搭成了阶梯式的金字塔型的统治结构(如右图)。国王掌握着国家的最高行政权和立法权,统帅官僚制度、教会组织、军人系统。在法国,以特权等级为支柱,以国王为中心的专制制度的强悍与顽固,使得近代法国资产阶级变革政治制度的方式更具激进性与革命性。

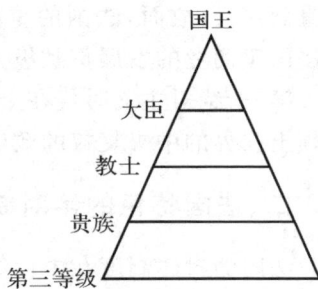

金字塔型的统治结构图

三、英国特色的集权制

英国的专制集权同法国相比,略逊一筹。早在盎格鲁·撒克逊时代,英国就形成了自身特色的君主制。当时的中央政府由国王、王室成员和贤人会议组成。贤人会议的主要成员是教、俗贵族,拥有立法、行政、税收和决定国家大政方针的权力,他们构成了对王权的限制。诺曼征服后,英国迅速封建化,威廉一世建立了当时欧洲最强大的王权,但英国的君主王权始终是有限的。这种传统,使英国都铎王朝时期王权向中央集权过渡时,自然而然地形成了有限君主专制这一特点。英国历史学家麦考莱(Thomas Babington Acaulay,1800—1859)勋爵总结道:"古老的英国政体属于有限君主制类型……(国王的)权力虽很充分,却受三大宪政原则的限制[1];这些原则如此古老,没有人能说出它们起自何时;这些原则又如此有效,其顺乎自然的发展已持续了这许多代,产生出我们生活于其中的事物秩序"[2]。实际上麦考莱的"三大原则"可以形象地归结为"王在议会中","王在法下"。这也是英国有限专制政体特点的形象化体现。

"王在议会中"。英王亨利八世的宗教改革,在使王权得到前所未有的加强的同时,也使议会拥有了至高无上的权威,成了国家的最高权力机关。改革前,议会分上、下两院,由国王召集、统领;改革后,议会分成了三个部分,即国王、上院和下院,国王成了议会的一部分。虽然在议会中,国王处于主导地位(国王有召集、解散议会权,两院通过的议案只有通过英王的签署方能生效),但国王不能凌驾于议会之上,国王的统治权也只有通过议会这一机构才能体现出来(国王的命令只有通过议会才能生效并被执行)。

"王在法下"是英国的政治传统,而绝对主义都要求王权至上。为了既维护强大的中央集权,又继续保持英国人古老的"自由"传统,英国人煞费苦心,运用"神法"与"人法"两大概念,有效地解决了这一难题。神法即上帝之法,是天地万物的最高准则,人法是人世之法,随着人事的变迁而变化。英国人认为,国王是执行上帝之法的

---

[1] 麦考莱所说的三大宪政原则是,不经议会同意国王不得立法,不经议会同意国王不得征税,国王须按国家法律掌管行政。

[2] 转引自钱乘旦、陈晓律著:《在传统与变革之间——英国文化模式溯源》,杭州:浙江人民出版社1991年版,第45页。

仆从，不可凭自己的想象进行统治，也没有绝对的权力；但是，国王在现世无法律，他可以随心所欲地行善、行恶，而只对上帝负责①。在社会实际中，法律在英国享有最高权威。英国法律主要包括先前的习惯法（普通法）以及本朝制度的总汇。英国习惯法一向具有独立性，不受当朝国王的干涉。英国法官的收入来自法庭讼金，经济上具有独立性，故在司法中也较少受国王影响。

等级特权不明显是英国中央集权的第二个特点。它与王权的有限性互为因果。在英国，围绕着权利问题，贵族与王权进行了长期的抗争，且始终不分上下。长期的抗衡局面，一方面使王权受到制约，另一方面也使贵族势力受到钳制。英国贵族很少像法国的同行那样坐大。贵族向国王争得的也是"权利"，而非"特权"。

当然，在英国社会构成中，贵族、骑士、市民等封建身份同样是存在着，但他们之间没有壁垒森严的等级界限及特权意识。公元 12、13 世纪后，城市和商品经济的发展极大地冲击了农村庄园经济。一些英国的贵族和骑士由于没有像法国一样有强大的王权可以倚靠，只有适应经济变化，放下贵族的傲慢架势，经营地产或工商业，变成农场主和农田出租者，直接与市场发生联系。这些贵族在利益和情感上与市民阶级走得也相对近些。英国的议会代表也不像欧陆等级议会那样，严格按照等级划分分厅集会，而是市民、骑士、贵族三个阶层混合在一起，组成上、下两院。市民、骑士、贵族不是以等级代表的身份，而是以区（地）域的身份参加议会。

有限君主和等级特权不明显，英国绝对君主制的这两个特征造成了中央集权的军事官僚机器相对虚弱，自然也就影响到英国政治民主化的方式，即以和平渐进之路完成制度的变革。

德国与意大利由于种种原因，一直处于四分五裂的状态下。直到 19 世纪中叶，才完成统一。他们的君主主义又呈现出自身的特色。

正如美国学者波齐所说，绝对君主制是"把那些在等级制国家中分散在一些有特权的个人和团体手中的那些统治权能集中到自己（君主——笔者注）手中。……组织成一个日渐有效能的机器来独自实施所有的统治工作，并且以主权国家的名义和利益运行"②。在这一体制下，国家被授权将其行为作用于社会，并把它的臣民看做是没有资格积极参加其事务的统治客体。但这终究只是一厢情愿，当欧洲市民阶层壮大时，绝对主义便受到来自市民社会的政治挑战。

绝对君主制对于来自新阶级和新阶层的冲击，态度也是暧昧不明的，它一方面直接扶持资本主义，通常都采取重商主义的政策，支持和参与国际外贸活动，其中包括殖民主义活动。另一方面又作为贵族的最后一道护栏，防止资本主义的发展，最终难免被资产阶级的革命所颠覆。

---

① 参见钱乘旦、陈晓律著：《在传统与变革之间——英国文化模式溯源》，杭州：浙江人民出版社 1991 年版，第 46—47 页。

② 贾思弗兰科·波齐：《近代国家的发展——社会学导论》，北京：商务印书馆 1997 年版，第 78 页。

第十章

山雨欲来：英国革命

正当欧洲许多国家绝对君主制发展之时,荷兰①与英国这两个贸易强国率先进行了社会政治变革,确立了资产阶级议会制。从此,人类历史有了一种崭新的社会组织——资本主义社会。英国革命使人类文明的进程又向前迈了一步。

第一节　英国社会转型

资产阶级政治革命首先在英国②打开缺口,与英国本身的社会政治、经济结构的转化有密切关联。

一、资本主义发展及特点

中世纪后期,在英国封建制度内部,资本主义有了长足的发展,它要求冲破封建制度的桎梏。公元 13 世纪末,英国农奴制开始瓦解,公元 15 世纪,英国农民中自耕农占多数。公元 17 世纪中期英国仍是封建农业国,但与欧洲其他封建国家相比,它农奴制废除较早,封建关系也较为薄弱。由于封建依附关系较少,资本主义因素也容易在农村内部成熟。

公元 16—17 世纪,是英国资本主义经济发展的一个重要阶段。圈地运动对资本主义的发展不容小觑。公元 15 世纪前半叶到 17 世纪 40 年代,圈地运动出现过三次的高潮。第一次是公元 15 世纪前半叶,随着养羊业的兴起,以及对呢绒产品的供不应求,使英国和欧陆毛纺业的蓬勃发展,导致英国羊毛价格的持续上涨。那些早就不满足于固定地租收入的贵族地主、乡绅们为了追求更多财货,使用强制手段,不断圈占公有地的同时,把农民从传统的份地上驱赶出去,然后把这些土地集中起来,用栏棚、篱笆、壕沟等圈围成养羊的牧场,并采用资本主义方式经营。圈地者在改造封建土地所有制关系的实践的同时,也改造了自己,马克思称其为"新市场……贵族",即

---

① 当时的荷兰称尼德兰,版图包括约当今荷兰、比利时、卢森堡及法国东北一部分。1566—1609 年,那里成功地进行了历史上第一次资产阶级革命,成立了以荷兰为中心的联省共和国,亦称荷兰共和国。马克思称这次革命是 17 世纪英国资产阶级革命的原型。

② 革命前的英国仅指英吉利王国,包括英格兰、威尔士和周围一些岛屿,人口约 500 万。城镇人口只占全国人口的 1/7。

新贵族。

第二次是公元 16 世纪 30 年代至 16 世纪末，由于国内外贸易的持续发展，圈地运边出现了新的高潮。1534 年起，亨利八世颁布一系列关于改革教会的法令；上千多个寺院被关闭，数万英亩土地被没收。除一小部分收归国有的财产和土地，由国王分赐给宫廷宠臣和新贵外，其中绝大部分土地，以年租 20 倍计算的地价大块出售。这些土地多数落入投机者、贵族、商人手中。建立起资本主义大牧农场，或被用来开办资本主义手工工场。

圈地运动的第三次高潮出现在公元 17 世纪英国革命前几十年间，驱动这次高潮的主要是资本主义工商业的蓬勃发展，城市人口剧增后，对粮食等农副产品需要量不断增加，而造成的谷物价格不断上涨。为经营谷物，发展种植业，地主、商人又掀起一场圈夺土地运动。他们中有的在围圈的土地上兴办起资本主义农场；有的则把土地出租给租地农场主，坐收资本主义地租。

可以说，圈地运动与资本主义经济是同步发展的。由于通风及排水设备在矿山的推广应用，英国煤的产量迅速提高。1551—1611 年增加了 10 多倍，年产量 300 万吨，占当时欧洲煤产量的一半以上。工商业发展显著，比如以前靠荷兰加工的英国毛纺织品，到公元 17 世纪中叶不仅自己加工生产，而且产品已开始出口了，并占了出口总额的 70%～80%，英国成了毛纺织品的输出国。

这一时期，英国商品经济发展同海外市场、海外贸易关系更加直接。公元 15 世纪末新航路的开辟，使贸易中心从地中海沿岸转到了大西洋的沿岸。优越的地理位置，有力地促进了英国对外贸易的发展。当时负责对外贸易的主要是一些海外贸易公司，比如，东印度公司（1600 年建立，1858 年取消）、东方公司（专管波罗的海沿岸贸易）、近东公司（负责土耳其一带的贸易）、非洲公司（专司黑奴贩卖）。这些海外公司通过掠夺与不等价交换，为资本主义原始积累立下了汗马功劳。

手工工场的发展，对外贸易的增长，推动了英国金融事业的发展。最早履行银行职能的"金匠"出现。"金匠"接受私人存款，也对外贷款和兑换货币，是银行的萌芽。伦敦是英国贸易和金融事业的中心，设于 1568 年的伦敦交易所不仅在英国，在全欧洲也有很大的影响。

当然，就欧洲范围而言，英国的工商业不算最发达。当时英国的某些生产技术和产品质量，均落后于荷兰与法国。但从总体上来说，英国资本主义却比欧洲其他国家有更大的成就，因为英国资本主义的质量，特别是资本主义在农村中的渗透程度是其他国家所不能及的。

资本主义深入农村是英国资本主义发展最主要的特点之一。英国农村很早就与市场发生了联系，家庭毛纺织生产在革命前就遍及农村。毛纺织业之所以成为传统"民族工业"，与英国的气候也有关。湿润的气候适宜牧草的生长，大量的牧草就成了养羊的饲料，养羊是农民收入的重要来源之一。羊毛大量供应市场，为毛纺织生产提供了主要原料。

　　起初,英国的手工工场主要分布在沿海城市,但由于城市封建行会势力的排斥,包办商们就到行会势力较弱的农村开辟手工工场,商人把原料以及生产工具分配给农村中半无产阶级化的农民,由他们织成呢绒,然后付给他们微薄的报酬,这就是分散手工工场。另外还有一些集中在寺院等地的集中手工工场,在那里大家分工协作,共同生产一种产品,商人或雇主们采取资本主义经营方式,雇佣工人,剥削工人。到公元16—17世纪中叶,资本主义性质的毛纺织业手工工场已遍布农村。

　　英国资本主义深入农村的第二个表现是圈地运动广泛开展。英国农业有着自己特殊的发展道路①,即通过圈地运动来实现资本主义的统治。英国的圈地运动前后延续了300多年(15世纪末—19世纪上半叶)。圈地运动即指英国贵族用暴力大规模剥夺农民土地的过程。

　　由上所述,随着羊毛纺织业的发展,养羊业变得有利可图,当时10英亩牧场的获利超过20英亩土地上的其他收获物。于是在资本主义经济比较发达的东南部,贵族为牟取暴利,用武力把农民从土地上赶走,然后用木栅、篱笆、围墙或沟渠围圈起来做牧场,采用资本主义的经营方式。

　　起初,贵族们圈占的是森林、荒地、池沼等公有地。当公有地圈占殆尽后,就圈占耕地,赶走土地上的农民。公元16世纪,围地面积就占了英国全部土地的一半。整个过程充满了暴力和血腥,例如在苏格兰,有个贵族地主用暴力把15000个农民陆续赶走,一把火烧毁了村庄,欲将土地全部改为牧场,一个老年妇女拒绝离开小屋,被活活烧死。10年后,11000只羊代替了15000个农民。《乌托邦》作者莫尔在书中写道:"绵羊本来是那么驯服,吃一点点就满足,现在据说变得很贪婪、野蛮,甚至要把人吃掉。"

　　失地的农民只好流落街头,以行乞为生,政府却把他们当做乞丐、流浪汉、盗窃犯等,加以迫害,并制定了一系列的血腥法案,把他们强行驱赶到工厂,接受资本家的超经济剥削。

　　由于手工工场规模有限,加上农民也缺乏在工场做工的习惯,城市中出现了大量盲流。公元16世纪,伦敦共有居民20万,其中流浪者达5万以上。英国政府采用严酷的法律,来制裁这些流浪者。1536年,颁布法律规定:凡流浪者第二次被抓,除了鞭打外,还要割去半只耳朵,三度被抓,则处死。1547年又规定流浪者被发现在某地已有三天不干活,就要被遣送回原籍,在胸前打上流浪者("V")的烙印,用锁链锁着强迫服役。凡拒绝劳动者,一经别人告发,就成为告发人的奴隶。奴隶逃亡超过14天,就被判为终身奴隶,并在额上、背上打上"奴隶"的记号(S)。三次逃亡,当做叛逆罪处死。仅亨利八世时期,就有72000流浪汉被绞死。

　　圈地运动确实给农民带来了大灾难,但也的确破坏了封建土地所有制,使其向资

---

　　① 德国普鲁士是通过自上而下的改革来突出农村中的资本主义统治,列宁称为"农业发展的普鲁士式道路",美国式道路是通过独立革命摧毁封建土地关系,在小农分配的过程中,建立资本主义的大农场。

本主义的土地所有制转化。从这一意义上，圈地运动可以称为农业所有制上的一场革命。经过一个多世纪的冲击，到革命前，皇家土地减少了 75%，封建贵族的土地减少了 50%，这些土地大都落入农业资本家手中，发展了资本主义的租佃关系，圈地运动使英国资本主义在农村取得了胜利。

二、阶级结构的变化

革命前，由于资本主义经济的发展和社会动荡的加剧，英国社会阶级关系极不稳定。英国农村的阶级结构变化尤其剧烈。

首先，自耕农日益分化。英国的农民主要分三种：一是自由持有农。这部分人比较富有，他们有能力购买土地，变为小地主，因为他们不光人身自由，而且其土地也是"永租"性质的，有期限的话，一般也在 20 年以上，土地能自由支配，不负担封建义务。二是公簿持有农。他们有人身自由，租种领地内的小块土地，但其土地不得转让。此外就是茅舍农。他们是农民中最贫穷的阶层，自己没有土地，耕种的是公有地，经济地位十分低下。革命前，英国农村中公簿持有农与茅舍农的比例激增，因为没有土地，一般都受雇于大农场主。他们希望变革社会，以满足他们对土地的迫切要求。

其次，出现了资产阶级性质的新贵族。新贵族是英国资产阶级化贵族的特称，它的形成有两个来源：一是圈地运动中，一些中小贵族把自己耕种的土地连同圈占的土地一起变成了牧场后，采用了资本主义的经营方式，即成了新贵族。一是那些把土地租给农业资本家的贵族，尽管他们不亲自经营，而是从中收取地租，但农场经营的好坏，直接影响他们的利益，从而间接地与资本主义市场发生着某种联系。另外，英国的法律也有利于新贵族的形成。法律规定，骑士只要交"骑士捐"（也叫盾牌钱）就可免军役，这对骑士逐渐褪去军人的身份，从事工商业或经营农场起着推波助澜的作用。

英国的这些新贵族，尽管仍保留着贵族的"头衔"，但骨子里已是资产阶级化了。他们同资产阶级在发展资本主义这一点上是一致的，经济利益的一致性决定了他们政治要求的共同性。新贵族以后成了革命的领导阶级，致使英国革命具有资产阶级和新贵族联盟的特点。

第三，出现了一批农业资本家。农业资本家大部分来自城市，是城市商人，他们在圈地运动中购买了廉价土地，经营农场。还有些向新贵族租地，称"租地的农场主"，这些人是农村中的资产阶级。

新兴资产阶级是英国最富有的阶级，其中伦敦的钱商，各地的特权商人和包税人，构成资产阶级中的上层，他们同封建王室有着千丝万缕的联系，成了以后革命中的保守团体。手工业工场主、农业资本家和中等工商业资产阶级构成英国资产阶级的主体，他们希望摆脱专制王权的束缚，自由发展，但总体力量不够强大，只能与新贵族联盟，共同争取自由与发展。

三、变革时机渐趋成熟

资本主义生产关系的萌芽与发展，社会阶级关系的变化，为英国革命准备了物质与社会的基础。而反映新兴资产阶级欲望与思想意识的"清教"运动，则为革命提供了舆论准备和领导力量。

清教是加尔文教在英国的别称，得名于加尔文教徒要求清除英国教会的荒淫和残暴。清教早在公元16世纪60年代出现于英国，它一开始就以战斗的姿态，攻击英国国教僧侣的道德败坏与生活糜烂；大力提倡清教"勤劳""严肃""简约""廉价"的生活理想。清教徒们衣着严肃，常常是一身黑袍，而且不苟言笑，他们把跳舞、音乐及嬉戏看做是恶魔和罪恶的根源。由此看来这些"廉价"的背后隐藏着进取奋斗、追求利润及积累资本的欲望。英国的清教徒和清教运动由于是英国国教的异端，在国内受到歧视与排挤，他们中的许多人为了宗教自由而移居新大陆，最终成为了美国革命的主力。

公元16世纪末，清教内部分裂为长老会派与独立派。独立派主张各个教堂独立自主，只成立联合会性质的组织而不设行政性的各级总机构，反对设立国教，更不赞成教会从属于国家政权，主要有公理会、浸礼会等。长老会派主张由长老管理教会，要求国教进行加尔文化的改革。清教运动反映了上升时期资产阶级反对旧教，追求资本积累的思想意识。英国革命就是在"清教"的旗帜下展开，长老会派和独立派在革命中先后掌握了革命的领导权。

如果说，绝对主义政治在兴起之初有心推动资本主义萌芽与因素的成长的话，到革命前夕，斯图亚特王朝的绝对统治已严重地阻碍了资本主义的发展。尤其是查理一世，专横骄纵，大肆增税，勒索民财，还把700多种商品列为国家专卖，王室因此每年可得10万英镑的收入。商品专卖制妨碍了自由竞争，引起了资产阶级的强烈不满。

在对外政策上，斯图亚特王朝一改都铎时期的反天主教政策，不顾资产阶级的反对，修好西班牙，打击、迫害清教徒，并试图把英国圣公会的教义和教仪强加于所有人。大大地损害了英国资产阶级的利益与自尊。

封建君主的倒行逆施，反而催熟了英国的资产阶级革命的时机。

第二节　英国革命历程

英国革命爆发于1640年，结束于1688年，其间既有议会斗争也有暴力斗争。整个革命是复杂曲折的，一般而言，分为四个时期。

一、酝酿革命时期(1640—1642)

1603年都铎王朝最后一个女王伊丽莎白去世。按王位继承法，由苏格兰的斯图亚特王朝的詹姆士六世继承英国王位,改称为詹姆士一世(James Ⅰ,1603—1625),苏格兰和英国同由一个国王统治,但没有合并。詹姆士被称为"基督教世界最聪明的傻瓜",一生有许多论著发表。詹姆士从小是在加尔文教派的严格教育下成长,也许是皇家子弟特有的逆反,他本人并不喜欢加尔文教。他从苏格兰到英格兰后,仍按照苏格兰的方式行事,水土不服,尤其是对清教徒的迫害和为缓和财政危机实施的卖官鬻爵激起了英国民众的强烈不满。1625年詹姆士病死,儿子查理继位,是为查理一世(Charles,1625—1649)。查理一世仍然秉持父王的一套,迫害清教徒,并在财政与税收问题上与国会发生了公开的冲突。

英国政府的财政危机与征税问题,是革命爆发的直接原因。1628年,下院反对派领袖柯克、皮姆等人鼓动群众抗捐。3月,国会召开会议并起草了《权利请愿书》,重申了英国人民自古以来的种种权利,谴责国王侵犯民权,要求今后未经国会允许,国王不得强迫纳税、不得逮捕或剥夺民众的财产。为换取国会的拨款,查理一世被迫同意签署了请愿书,但并未履行议会的要求,反而找借口逮捕了议会的一些反王室骨干分子。1629年,议会被解散,英国开始了长达11年的无议会时期。

此后,查理一世在经济上推行专卖制度以增加税收,在宗教上则更加肆无忌惮地迫害清教徒。坎特伯雷大主教劳德依仗星室法庭①严格审查各种出版物。教会也强制实行严格的宗教仪式,凡不到教会做礼拜者要被法庭传讯并加以罚款。

1636年,英国教会想在苏格兰建立圣公派教会统治,受到苏格兰人的反抗。1637年英国的坎特伯雷大主教劳德命令苏格兰长老会在举行宗教仪式时要采用圣公会的祈祷书,成了苏格兰起义的导火线。

1639年,苏格兰义军进入了英格兰境内。查理一世为筹集军费,对付苏格兰人,于1640年4月重新召开了国会。国会不但拒绝了国王的增税(军费)要求,而且还猛烈抨击国王的暴政,并提出要惩治劳德。国王一气之下,于5月5日解散了国会。此届国会存在不到一月,历史上称"短期国会"。

1640年8月,苏格兰义军又发动了新的攻势。面对危急的局势,查理一世迫不得已,只得再次重新召开国会,这届国会一直存在到1653年,史称"长期国会",历史上把长期国会的召开视为英国革命开始的标志。

革命一开始主要表现为王权与新兴阶级的议会斗争,表面看是税收问题,实际上是限制王权。

长期国会早期的领导权掌握在长老会派手中,并得到了广大人民的支持,在与国王的斗争中处于优势。国会逮捕劳德大主教和宠臣斯特拉福,并以叛国罪起诉了斯特拉福大臣。1641年4月21日,下院以204票赞成59票反对的优势,通过了对斯特拉福的死刑判决书。但查理一世坚决反对。1641年5月3日,伦敦数万民众拿着

---

① 15至17世纪英国最高司法机构。1487年英王亨利七世创设,成员由枢密院官员、主教和高级法官组成,直接受国王操纵。因该法庭设立在威斯敏斯特王宫中一座屋顶饰有星形图案的大厅中,故名。

刀、剑和棍棒,来到王宫(白厅),支持议会的行动。在国会和伦敦民众的压力下,国王无奈,被迫在死刑判决书上签字。5月12日,在20万人的围观下,斯特拉福被绞死。

1641年11月,长期国会通过了《大抗议书》,要求保证工商业自由,建立对国会负责的政府,列数了查理当政最后十年的罪行。国王"恼怒"了,不仅拒绝接受《大抗议书》,而且还变本加厉,试图逮捕国会的皮姆、汉普顿等五位激进领导人。1642年1月3日,国王亲自到下院去搜捕他们,然而五位议员已经躲到城区里了。当国王走出议会时,聚在门口的群众向他投传单、起哄。第二天,国王到城区再次搜捕,又被几千名武装的市民和一些群众阻拦,伦敦附近的自耕农一群群地赶到首都来助威。1月10日,五位议员安然回到了议会。

国王感到自己在伦敦已孤立无援,就在当天(1月10日)悄悄地离开了首都,到约克城,想在北方和中部贵族中寻求支持。1642年8月22日,国王在诺丁汉一个小山头上升起了一面军旗,这是号召家臣和诸侯"勤王"的传统标志,也意味着向国会开战。英国内战爆发。

二、两个阵营的内战(1642—1649)

内战一爆发,英国国内立刻分成两个阵营。凡拥护国会的叫"圆颅党"(剪短发),主要成员是资产阶级、新贵族、大多数农民和城市贫民,成员分布在东南部经济发达地区;拥护国王的称骑士党(身佩长剑,头戴假发,披散在肩),包括旧贵族、官僚、国教教士中的保王派,成员分布在西部和北部。

尽管国会占据了人口稠密、经济力量雄厚的东南各郡和政府所在地伦敦,能利用原政府机构征收赋税,在人力、物力方面都占尽优势。但国会中掌握领导权的长老会派主张向国王妥协,在战争中他们不是想方设法地去争取胜利,而是千方百计要让国王少受些损失,以创造同国王和谈的条件。所以,战争一开始,国会军半心半意的战争,致使国王军节节胜利,逼进伦敦。

在严酷的军事斗争中,代表中等资产阶级和新贵族利益的独立派领袖克伦威尔脱颖而出。克伦威尔(Cromwell,1599—1658)出身于剑桥郡一个信奉清教的庄园主家庭。年青时代求学于剑桥大学,后到伦敦学习法律。毕业后,克伦威尔回乡经营农牧场,成为新贵族的一员。1628年当选国会议员,从此步入政界。内战开始时克伦威尔就装备了一支由农民、手工业者、小商人组成的队伍——骑兵队,人称铁骑军。这支纪律严明、作战英勇、忠于国会的军队在克伦威尔的领导下,战无不胜,使克伦威尔名声大噪。1644年7月,克伦威尔率领国会军在马斯顿草原一战赢得了胜利,这是国会军由败转胜的转折点。克伦威尔依靠这些战绩,加上他高超的政治手腕,很快成了资产阶级革命的领袖人物并得到了人民群众的支持。

1645年1月,国会授权克伦威尔建立新军——"新模范军",人数2.2万人,其中骑兵6千。这支新军主要从农民和手工业者中招募,具有很强的战斗力。同年6月,在纳斯比战役中,新军粉碎了国王军的主力,第一次内战基本结束。查理一世战败,

克伦威尔

逃到了苏格兰，被苏格兰人扣留。不久国会花了 40 万英镑将国王赎了回来，关在纳斯比附近的古堡里。第一次内战，以议会的胜利而告终。

内战期间，议会成为国家的最高权力机关。由若干委员会分别掌管行政、立法、司法、财政、宗教和军事大权。旧政府机构中的枢密院、星室法庭等基本瘫痪，下院的地位则得到了加强。从 1643 年起，议会开始没收王室和王党分子的土地，拍卖后充作军费，取消了地主贵族对国王的封建义务。

但由于战争和革命造成的巨大社会动荡，使民众的社会地位和基本生活条件非但没有改善，反而更加恶化，全国仅贫民人数就达 50 万。而资产阶级内部基于不同的政治利益分为三个派别。代表大资产阶级利益的长老会派认为内战胜利了，国王抓到了，革命也该中止了。他们暗中同国王勾结以维护自己的既得利益；代表中等贵族和资产阶级利益的独立派认为革命没有结束，还必须更加深入。士兵的群众组织、代表中下层人民利益的平等派，要求进行社会改革，实行普选制，建立共和国。

国会内部各派分裂，给国王以可乘之机。1647 年国王查理一世从古堡中出逃，与苏格兰长老会密谋东山再起，王党分子为支持查理的叛乱活动，挑起了第二次内战。

为了共同对外，国会于 1648 年 4 月召开了军队会议，决定停止内讧，独立派和平等派遂联合起来，经过几个月的战斗，终于平息了叛乱，很快地结束了第二次内战。

内战结束后，下院按 1648 年"军人会议"的精神，提议"把查理·斯图亚特这个沾满鲜血的人交付法庭审判"。但是，上院贵族议员们接到文本后，一致否决了该提案。放弃审判国王就意味着下院束手就擒。1649 年 1 月 4 日，在独立派军官和民众的压力下，下院通过了意义深远的决议："凡议会下院制定后分布的法令仍就具有法律之

查理一世被处决

效力,全国人民亦当遵照执行。"依照此法,议会便着手对国王的审判工作。1649年1月20日查理以"暴君、叛徒、杀人犯和人民公敌"等罪名被判死刑。1月30日,查理当众斩决。

查理一世被处死后,国会通过立法,宣布废除英国的君主制,规定一院制国会为全国最高立法机关,行政权交以克伦威尔为首的军人控制的国务会议。1649年5月,国会正式宣布共和国成立,英国资产阶级革命发展到最高峰。英国的政体也发生了变化。

三、短暂的共和(1649—1653)

在英国历史上,共和制是短暂的,仅仅存在四年。以克伦威尔为首的独立派本身并不是共和派,他们只是迫于形势,被逼上了共和之路。如恩格斯所说:"如果没有这些自耕农和城市平民,资产阶级决不会把斗争进行到底,决不会把查理一世送上断头台。"[①]

共和国建立后,独立派仍然面临着来自封建势力的复辟活动与下层群众的革命斗争的压力。平等派为了争取自己的政治经济权力继续展开斗争,他们在思想家李尔本(Liburne,1614—1657)的领导下,要求限制议会权力,保证人民享有最高主权,改善人民生活,并举行了起义。而具有空想社会主义性质的掘土派要求消灭私有制,他们在其代表人物杰尔德·温斯坦莱(Gerrard Winstanley,1609—1652)的带领下占领了一些公有地,集体开垦土地,引起了贵族的集体恐慌。

共和时期的爱尔兰和苏格兰事实上已成为封建势力的策反基地。早在12世纪后半期,英国势力就已侵入爱尔兰,从16世纪起,英国便开始掠夺爱尔兰人的土地,实行殖民统治。革命时期,爱尔兰的长老派和英国殖民当局的王党分子以及爱尔兰的天主教徒联盟串通一气,以英国驻爱尔兰的总督奥蒙德为首的王党分子,则与天主教徒联盟勾结,竭力劝说爱尔兰人同他们一道去反对英国清教共和国。1641年,爱尔兰人民大起义,因国内战争,议会也无暇他顾。1649年,在镇压了平等派后,国会任命克伦威尔为远征军司令,扬帆西征,开始了历时三年(1649.8—1652.5)的远征爱尔兰的战争。战争给爱尔兰人民带来了巨大的灾难。

查理被送上断头台后,逃亡荷兰的王子查理,被苏格兰王党分子拥立为查理二世。1650年,查理二世回到了苏格兰,组织军队向伦敦反扑。

共和国面临着危急,国会把正远征爱尔兰的克伦威尔召回,任命他为讨伐苏格兰军总司令。1650年9月,国会军和王党军在登巴会战,克伦威尔取得胜利。此后,克伦威尔的军队一发而不可收,直至苏格兰军队全军覆没。查理二世在流浪了6个星期后,找了一只艘逃往法国,后流亡荷兰。共和国征服苏格兰以后,就把苏格兰并入了英格兰。

---

① 《马克思恩格斯选集》(第3卷),北京:人民出版社1991年版,第707页。

面对平等派和掘土派①继续革命的要求，共和政府采取了最严厉的镇压措施。在对外政策上，则把打击英国海上主要竞争对手——"海上马车夫"荷兰作为主要目标，以扩大资产阶级的海外贸易利益。1654年荷兰被迫同英国签订了《威斯敏斯特条约》。从此，英国海外贸易飞速发展，进而也促进了英国工商业的发展。

四、从独裁到宪政（1653—1688）

两次内战，沉重的战费和战争所带来的农业衰落，使英国物价上涨，人民的生活日益恶化，不满情绪也随之高涨起来。1653年，剑桥郡农民爆发了起义，一些民主派也散发小册子希望能进一步的改革。王党分子则利用国内的不满情绪进行复辟活动。

资产阶级和新贵族面临来自左右两方面的夹攻，迫切希望建立强有力的独裁统治。克伦威尔是他们合适的人选，而这也正合克伦威尔之意。

建立独裁首要是疏散象征民主共和的长期国会。1653年4月19日，克伦威尔听说国会将在次日讨论不得改选长期国会议员的新的选举法，便立即带兵冲入国会会场，点名谩骂了一些议员，然后掏出怀表，不准国会存在比他限定的时间多一分钟。时间一到，他命令士兵把所有议员都赶出议会厅。克伦威尔自己走到议长席旁，看到桌子上放着权标（委托给国会议长象征国王权威的标志），他说："我们怎样处置这些玩意儿呢？拿开吧。"整个过程，没有遇到半点抵抗，克伦威尔自己说："连一只狗都没有叫。"把国会的人都驱赶完了，他就下令锁上国会大门，回到白厅。

1653年7月，克伦威尔召开了小国会，成员由克伦威尔指定并"批准"。不久克伦威尔就授意高级军官、法官和伦敦市长提请他为"护国主"。1653年12月16日，护国主命名仪式在伦敦举行。这意味着克伦威尔在共和国的政体形式下，建立了军事独裁政权。1658年，克伦威尔病死，他的儿子继任"护国主"，此人无大能耐，高级军官们自然不听调遣，国内一片混乱。

1660年，在君主派将军蒙克（George Monck，1608—1670）的支持与斡旋下，查理二世从荷兰回国，斯图亚特王朝复辟。

查理二世（Charles Ⅱ，1660—1685）成为国王后，时刻想着恢复革命前的绝对主义统治。但他明白自己的处境，"自知被议会里的地主和商人许可的国王，既容易被召来，也一样容易被罢免。"为此，查理二世在位期间的内外政策具有明显的两重性，一方面，在经济上照顾资产阶级和新贵族的利益，实行有利于资本主义发展的措施，继续执行航海条例，与荷兰进行了二次争夺海权的战争（1664—1667，1672），并取得了胜利，使英国成为了头号海上强国。另一方面却在政治和宗教上疯狂推行迫害政策，实行反攻倒算，克伦威尔已经腐烂的身体也被从地下刨出来，重新吊在绞架上示众，再绞首毁尸。1672年，查理二世颁布了《信教自由宣言》，允许非国教徒的信教自

---

① 英国革命中代表最下层群众利益和愿望的派别，反对地主土地所有制，主张劳动者之间平均分配土地，领袖为温斯坦莱。1649年后曾在一些地区集体开垦荒地，故有掘土派之称。

由,这等于承认天主教在英国的复辟。

由于战争的创伤,加之天灾人祸不断①。国内矛盾尤其是国王与议会间的矛盾,日趋激烈。议会在与王权的斗争中,围绕着内政外交、宗教和王位继承问题上的不同政见,终于发展出世界历史上的第一个两党制(辉格党与托利党)雏形。

1685年,查理二世逝世,其弟詹姆士继位,是为詹姆士二世(Janes Ⅱ,1685—1688)。

詹姆士二世是个天主教徒,即位后不久就给天主教以所谓的信仰自由和平等的公民权。1687年,詹姆士进一步颁布了"容忍宣言",宣布过去通过的一切反天主教徒和异教徒的法令均无效,停止实行;任何人都有自由公开信仰的权力。宣言颁布后,许多天主教徒和非国教徒都被从牢狱中释放。

詹姆士二世的宗教政策,引起了英国社会各阶层的不满和恐慌。因为自16世纪以来,英国天主教地产几乎全部被没收,一部分赠给了贵族、官吏,大部分被出卖。买者中有资产阶级、商人、富裕农民等,其中既有国教徒也有清教徒,遍布各地。由于担心天主教一旦恢复,利益将集体受损,过去对立的独立派与长老派,托利党和辉格党,新贵族和旧贵族,为着共同的利益联合起来,决定政变,推翻詹姆士。②

1688年,英国国会的辉格党、托利党联合密谋,派代表去荷兰邀请詹姆士二世的女婿,荷兰的执政奥伦治亲王威廉来英继承王位。③

威廉接到邀请后,即慨然应允。经过精心准备,1688年11月5日,威廉带领1万余士兵,渡海登陆德文郡,詹姆士逃逸法国。威廉登基,是称威廉三世(William Ⅲ,1689—1702),这次政变没有发生流血冲突④,史称"光荣革命"。

1689年2月13日,议会为威廉夫妇(威廉三世、玛丽二世)举行隆重的加冕典礼,同时呈递了《权利法案》,要求国王只能依据宪法和法律进行统治。英国成了世界上第一个宪政国家。由此进一步限制国王的立法权、财政权和控制议会的权利,确立了议会为国家最高权力机关的君主立宪制。

从根本上说,英国革命所要解决的问题在于:国王和议会,谁掌握国家主权?"光荣革命"中诞生的新国王是在议会的支持下登上王位的,条件是承认议会的最高主权。革命后,议会不仅拥有主权,还挟制着一个国王,国王要按议会的立法行事。"光荣革命"不仅创立了英国的君主立宪制,还开辟了一条英国式的发展道路,即用和平手段解决国家的根本政体问题。

---

① 比如从1664年起,英国发生了自1348年黑死病以来最严重的瘟疫,伦敦40万人口中有7.5万亡故。1666年9月,伦敦还发生了史上最大的火灾,火势3天3夜不灭,损失惨重。

② 当时,托利党希望国王病故,王位可传给玛丽公主。不料,1688年,詹姆士新娶的王后莫黛娜生子,婴儿将在天主教氛围下成长。按王位继承法,男性优先。这样,未来的国王无疑是天主教徒,可能带来天主教的全面复辟。托利党也就彻底绝望,决定政变。

③ 威廉是玛丽的丈夫,也是斯图亚特王朝的亲戚,又是新教国家的首脑和法国的死敌。这一安排既符合欧洲公认的近亲继承制,又符合英国的国家利益。因而,得到一致赞同。

④ 英军没有迎战,法王路易十四正与德意志打仗,无暇顾及,詹姆士出逃。

第三节　英国革命的特点

17世纪英国资产阶级革命，摧毁了封建专制王权和封建制度，是一次典型的资产阶级革命。这次革命开辟了欧洲资本主义制度的道路，其意义是划时代的。通过革命，英国确立了君主立宪制、议会制，颁布了《权利法案》。以法律形式对国王的权力进行制约，标志着人类社会由专制转向民主，由人治转向法制。摆脱了专制的英国，从此在欧洲第一个开始了政治现代化的历程。

英国革命的特点十分鲜明，首先，资产阶级同新贵族结成联盟。之所以构成这一特点主要有两点原因，一是，资产阶级与新贵族经济利益的一致性是联盟的基础。阶级利益的一致性，决定了他们都要求充分发展资本主义，反对封建君主的专卖政策、税收政策及对他们的一切限制。二是，资产阶级本身力量较弱。革命前英国资本主义发展的特点是资本主义深入农村，资本主义工商业的发展水平还不高，因而资产阶级的自身力量还很薄弱，再加之一些大商业资产阶级通过购买土地和贵族头衔而加入新贵族行列，更削弱了资产阶级的力量。而新贵族却有一定的实力。因此，弱小的资产阶级要想推翻封建制度，就必须联合新贵族，而新贵族在争取废除"骑士领有制"的斗争中，也要求同资产阶级联盟。

其次，革命披着宗教外衣进行。这次革命是由清教徒领导的（长老会派、独立派）资产阶级革命。西方史学界认为是一场"清教革命"。为什么要用宗教来掩盖革命呢？这与当时的生产力发展状况有关。当时的英国正处于手工工场阶段，资产阶级还没形成强大势力，不可能有细致的、理论性的革命纲领，只能用宗教来动员、组织民众。不成熟的物质状况，反映出了不成熟的理论，使革命似乎带有中世纪的色彩。

关于英国革命的保守性。以前，谈到英国革命的特点，总要提到他的保守性（与法国大革命的彻底性相比）。英国革命的保守性问题，主要依据是马克思在《评基佐"英国革命为什么会成功？英国革命史讨论"》一文中的一段话："基佐先生最大的谜——英国革命的保守性的谜（他只能用英国人特有的稳重作风来解释这个谜）。应当这样来解释，即资产阶级与大部分土地所有者之间的长期联盟，而这种联盟使英国革命在本质上有别于用分散土地来消灭大土地所有制的法国革命。"[①]

关于英国革命的保守性和法国革命的彻底性问题，国内史学界有过热烈的讨论。大多数的意见认为，对英国革命的"保守性"和法国革命的"彻底性"不应绝对化。首先应该看到英、法资产阶级革命由于所处的历史条件不同，具有它们不同的形式和特点，"保守"和"彻底"只是经典作家评价英、法资产阶级革命的一个方面，而不能作为评价整个革命的依据。其次，应该认识到保守和彻底是相对的。不能以法国革命的某些做法去要求英国。英国革命中，资产阶级举起宗教的旗帜，作为思想先导，在当

---

① 中央编译局：《马克思恩格斯全集》（第7卷），北京：人民出版社1959年版，第251页。

时的条件下是具有进步意义的,而且也必须这样做。从土地关系上看,英国在革命前后通过"圈地运动"来解决土地问题,从理论上讲要比法国采用土地分给农民,更有利于资本主义的发展;从政权形式上看,革命后建立了君主立宪政体,虽在形式上是保守的,但它适应了英国社会各阶层的要求,有利于资产阶级建立稳定的统治,并顺利地推进了工业革命,可以说,这种制度是符合英国国情的。

　　注重实际与经验、尊重传统与习俗的英国,在革命中也尽显了她的经验主义的民族气质和保守主义的政治风格。

第十一章

从独立到共和：美国革命

　　北美独立战争是世界历史上第一次大规模的殖民地争取民族独立的战争。从1775 年爆发到 1783 年美、英在巴黎签订和约结束，战争历时八年。北美殖民地人民在自由的激励下英勇奋战，推翻了英国殖民统治，建立起了独立自主的资产阶级共和国，为美国资本主义发展开辟了广阔的道路。独立战争对拉美人民争取民族独立，对欧洲人民反封建革命，都有榜样意义。

第一节　北美殖民地和美利坚民族

一、北美十三个殖民地的建立

　　北美（现今美国所在地）地域辽阔、资源丰富，是适宜人类生存的好地方。那里的主要居民是后来被称为印第安人的土著人。近代以前，北美土著长期处于母系氏族公社阶段。哥伦布发现美洲时，居住在美洲的印第安人，约有 2000 万，其中有大约100 万人住在现在的加拿大和美国中北部，其余绝大部分住在现在的墨西哥和美国南部。哥伦布发现美洲大陆后，美洲作为"新大陆"被欧洲大规模移民、开发。第一批欧洲移民踏上新世界土地的时候，对这片荒凉而广袤的土地充满了希望；他们在殖民地时期形成了一个开拓、流动的社会。起初，新大陆基本上是西班牙、葡萄牙的殖民地，他们在那里大肆掠夺财富与土地，为本土的发展提供了原料与资金。西、葡的殖民成果刺激了英、法、荷等国。英国在 1496 年开始探险新大陆，到公元 16 世纪末，已有 718 人次到北美探险，但基本上都是个体性质，都没有在北美生根或建立殖民据点。公元 17 世纪初，随着英国对外贸易和海上势力的强大，开始组织公司到北美大批殖民。英国把向北美殖民视为积累资本的重要手段和建立殖民帝国的根本途径。有学者甚至指出，英国到北美殖民地的第一艘船就带去了资本主义。北美逐渐地发展成了十三个大的殖民地①。美国的历史,公认是从英国在北美建立殖民地开始的。

北美十三个殖民地中,最早建立的是弗吉尼亚殖民地。1607 年,英国海外殖民公司——伦敦公司(又称弗吉尼亚公司)依据英王特许,招揽了 144 个移民,分 3 只大船到北美詹姆士河口②建立据点,新城詹姆士敦仅有一个炮台、一所教堂、几间薄板房。第一批移民中有投机家、破产绅士、被放逐的罪犯和契约奴。随着移民点不断地扩大、发展,成为弗吉尼亚③殖民地。英国资产阶级革命时期,来北美的移民中出现了一些大家族,如华盛顿家族、门罗家族、麦哲伦家族、罗斯福家族,这些家族的后裔中都有曾担任过美国的总统,对日后美国的发展极具影响力。

弗吉尼亚殖民地是美洲最早实行代议制的地方。1618 年,经营了 11 年之久的弗吉尼亚殖民公司的殖民事业面临重重困难。一方面,殖民公司一开始把殖民作为商业经营,股东们希望从投资中赚到利润。但由于公司对殖民地开拓所需要的资本投入估计不足,殖民地非但没有及时产生商业利润,反而使公司背上了大批债务。另一方面,殖民地的情况也不容乐观。由于瘟疫、天花、黄热病以及印第安人的民族复仇,移民的死亡率极高。比如 1616 年共有 1600 多人由公司出资运送到弗吉尼亚,其中 1000 多人在航行途中或到达后不久死亡,300 余人返回英国,只剩下 300 多人留在殖民地。移民们在新世界面临着许多生活的困难。1618 年 11 月 18 日,弗吉尼亚公司召开股东大会,决定设立殖民地议会来决定弗吉尼亚的殖民命运。1619 年 7 月30 日,为共谋殖民地发展大计,殖民地代表在詹姆士敦教堂召开了第一届弗吉尼亚议会。会议开了整整六天,由于时届炎炎盛夏,包括总督在内的好几个人接连中暑病倒。议会对殖民地人民的社会生活作出了一些法律上的规范。比如任何人不得随意伤害土著,破坏同土著之间的和平;每一男子必须在分得的地产上连续七年中每年种6 棵桑树和葡萄、大麻等其他"有用的植物";居民不经总督或本种植园首领的许可,不得擅自离开 20 英里以外或七天以上,不得私自走访土著,违者罚款;牧师要按安立甘教教规主持宗教仪式,所有居民须参加安息日礼拜;居民在海湾从事贸易不得欺骗

---

① 北美十三个殖民地建立与加入联邦时间:

名　称	建立(年)	加入联邦(年)	名　称	建立(年)	加入联邦(年)
弗吉尼亚	1607	1788	马里来	1632	1788
麻省	1630	1788	特拉华	1704	1787
新罕布什尔	1629	1788	纽约	1664	1788
康涅狄克	1662	1788	北卡罗列纳	1711	1789
罗德岛	1636	1790	南卡罗列纳	1711	1788
新泽西	1664	1787	佐治亚	1733	1788
宾夕法尼亚	1681	1787			

② 移民们把第一个殖民据点称为詹姆士敦,是为感恩当时的英王詹姆士一世(1603—1625)。

③ 弗吉尼亚 Virginia 在英语中的词根是 Virgin,即处男或处女的意思。因此 Virginia 的意思就是"处女地"或"尚未开发的土地"。据说 1584 年来到此地的航海家为表达对终身未婚的女王伊丽莎白的敬意而取此名。

土著；等等。最后选出①总督 1 人，评议员 6 人，市民 2 人，组成殖民地代议制政府。弗吉尼亚议会为英属北美殖民地享有自治权开了先河。代议制成了日后美国建国的原则之一。

新英格兰殖民地的建立，在美国建国史上也独具意义。新英格兰包括罗德岛、马萨诸塞、新罕布什尔、康涅狄克。建立新英格兰殖民地的最早祖先是清教徒。1620 年 9 月 12 日，102 名清教徒搭乘"五月花"船准备去弗吉尼亚，途中遇上大风浪，改航到新英格兰。登陆科德角港前，清教徒之间协定了公约，大家约定到了新大陆后，组织公民团体；制定最适合殖民地福利的公正、平等的法律和规章；人人服从、信守法律，史称"五月花"协议。根据平等精神签订的"五月花"协议，表明了具有平等、自由素质的清教徒的意向，协议体现了一种平等协作精神。

1620 年和 1621 年之交的冬天，初来乍到的移民们遇到了难以想象的困难，处在饥寒交迫之中。冬天过去时，活下来的移民只有 50 多人。这时，心地善良的印第安人给移民送来了生活必需品，还特地派人教他们怎样狩猎、捕鱼和种植玉米、南瓜。在印第安人的帮助下，移民们终于获得了丰收，在欢庆丰收的日子，按照宗教传统习俗，移民规定了感谢上帝的日子，同时为感谢印第安人的真诚帮助，邀请他们一同庆祝节日。这也是感恩节②的来历。

五月花号英国移民在北美上岸

北美殖民地的建立和发展正处于英国封建制度解体和资本主义制度确立之时，殖民者抱着不同的目的，来到美洲。封建统治者蓄意建立海外封建堡垒；资产阶级新贵族企图开拓市场和原料供应地；清教徒与资产阶级幻想在北美组织"理性的国家"。由于建立北美殖民地的动机不同，十三个殖民地的社会组织也形式各异。

按政治统治形式，北美殖民地可分为三类：皇家殖民地，如纽约、新泽西等，这类

① 遗憾的是，现存史料没有留下关于选举过程的记载，因此无法确认诸如选举资格、候选人、选举方式等的具体规定。
② 1863 年，林肯总统把感恩节定为法定假日。到 1941 年，美国国会通过一项法令，把感恩节定在每年十一月的第四个星期四。

殖民地由英王直接任命总督。业主殖民地,如宾夕法尼亚、特拉华、马里兰等,总督由业主任命后经国王批准。自治殖民地,如罗德岛、康涅狄克等,总督由选举产生,国王批准。由于北美殖民地大多不是由政府组织开发的,而是私人团体或个人从英王那里取得特许状,然后筹措资金,招募人员,建立殖民地,据说当时除纽约和佐治亚两地之外,其他殖民地的特许状上都有一条:所有立法须取得自由民的同意。因此,殖民地总的说来享有较多的地方自治。

二、美利坚民族的形成

独立前,北美十三个殖民地的居民(约 300 万)主要有白人、黑人和土著的印第安人。白人主要是英国移民,大约占移民总数的 3/4。此外还有少数的欧洲大陆移民。黑人(约 50 万)多数是奴隶贩子从非洲贩来的奴隶。

美利坚民族是在北美殖民地资本主义发展过程中,不同民族的移民,根据北美的自然环境、地理条件,在经济、政治、文化上相互交往、影响、结合,共同生活和走向统一的道路中形成的。美利坚民族形成大体经历三个阶段。

1607—1690 年为渐进期,殖民地初立基业。这一时期,移民首要目标是求生存,在心理上并未与母国"断乳"。整体上殖民地人口、经济、文化的发展都较缓慢,人们之间的相互交往、交流不多,但是民族、阶级矛盾已出现,这种矛盾增加了民族团结的意识。

移民们来到新大陆定居点,往往首先按照母国的样式设立教堂、建学校。由于大多数移民来自英国,所以英国的地名往往被原封不动地移植到北美,如曼彻斯特、巴尔的摩、伯明翰等城镇的名称。还有将英国皇室成员的名字引用到地名上,如詹姆士敦、纽约、查尔斯敦、伊丽莎白等城镇。英国的诗歌、小说、戏剧、服饰家具等等,只要可以从英国拿来的,都搬到了北美。殖民地没有神话传说、没有英雄时代、没有可供继承的文化,他们只有接受英国的东西。由于外部压力巨大,为了生存他们也寻求英国王室与军队的强大保护。当时法国人与印第安人结成联盟多次向英属殖民地开战。殖民地居民便以英国人后裔的身份,参加了英国对法印联盟的战争。1690 年,由麻省、新普茨茅斯、康涅狄格等殖民地组成的北美反法大陆联盟成立。尽管联盟存在时期不长,却是殖民地人民由分散走向联合的象征,使美利坚民族形成步伐向前迈了一大步。

1691—1763 年为快速发展时期。这一阶段,北美经济有较大的发展。殖民地之间的交往、贸易增多,移民人口增加,特别是英法七年战争(1756—1763)期间,北美殖民地组织人员助英参加战斗,华盛顿就是助英殖民军的军官之一。这不仅锻炼、培养了美利坚民族的军官,增加了民族自尊心和自信心,也在人力、军事、精神上为独立战争作了准备。

1763—1775 年为跃进期。这一时期北美工商业快速发展,人口剧增,英国宗主国与殖民地矛盾激化。尤其是英国的高压政策,促使美利坚民族意识增加,反抗斗争达到高潮。

七年战争后，英国与殖民地的矛盾就开始显现。

首先是土地问题。七年战争期间，英王允诺把西部的土地作为对殖民地参战者的奖赏，鼓励向西部移民以抵御法国。战争结束后，英政府改变了以往的政策。1763年10月颁布了"英王诏谕"，规定在解决印第安人问题和制订出明确的土地政策之前，阿利根尼山以西地区禁止移民，违者将严厉处罚。这一土地政策彻底毁灭了殖民地人民对西部土地的梦想。

其次是驻军问题。1765年英国议会颁布了《驻军法案》，规定凡王家军队驻扎处，地方当局必须为驻军提供宿舍或兵营，并且供应指定物资。殖民地居民认为《驻军法案》剥夺他们的自由，加重了他们的负担。不仅对母国大失所望，而且与驻军的关系也变得十分紧张。

当然，对殖民地居民与母国情感伤害最大的是税收问题。1763年，英法战争结束时，英国的国债已高达1.35亿英镑。此外，北美的防务每年还需支出40万英镑，而英国国内税收已高达20%，增收空间不大。为了缓解财政压力，英国政府转向殖民地增税。1764年4月英国议会通过了《糖税法》。该法案对过去每加仑征6便士的外国糖蜜税减为3便士，但对输入美洲的外国食糖、欧洲奢侈品却课以附加税。1765年3月，英国政府颁布了"印花税法"，规定凡殖民地的商业契约、广告、历书、新闻纸以及一切法律证明文件，都必须贴上票面为半便士至20先令的印花税票。此税种涉及面极广，税也很重，单是一张大学毕业证书就需要纳2英镑的印花税。这项税法首次把征税权浸透到殖民地内部，涉及北美殖民地在母国的宪法地位，激起殖民地人民的强烈不满。

1765年10月7日，由麻省倡议，九个殖民地在纽约召开"印花税"代表会议。会上，来自南卡罗来纳州的代表明确说"我们都是美洲人"。大会通过了《殖民地人民的权利和不满原因的宣言》，郑重声明：不经人民同意，或不经人民的代表的同意，就不能向人民征税，这是天经地义的原则。在英国国会里没有北美人民的代表，所以，英国对殖民地没有征税权。这表明北美已有了相当强的民族意识。当时整个北美是一片"无代表、不征税"的口号，说明当时人们已经清除了殖民地狭隘的地域概念。1766年英国政府被迫取消了印花税，更加强了北美人民的自信心。

公元18世纪后半期，英国东印度公司濒于破产。为帮助公司卖掉它所储存的茶叶，缓和公司的财政困难，英国政府颁布了"茶税法"，允许公司将茶叶直接运到北美，并免征入口税，允许不经过殖民地进口商之手直接卖给零售商。进而导致了著名的"波士顿倾茶案"。

1773年12月26日夜，波士顿的群众组织——波士顿茶团和"自由之子社"的部分成员化装成印第安人登上三艘停泊在港口的英国东印度公司运茶船，将船上343箱茶叶统统倒入大海。公司因此而损失的茶叶值1.5万英镑。

波士顿倾茶案发生后，作为惩罚，英国颁布了一系列高压法令，如封锁波士顿港口,禁止其一切对外贸易;任命北美殖民地英军总司令盖治将军为麻省总督,并派军队对波士顿实行镇压。镇压引起了殖民地人民的反抗。正是在反抗斗争中,北美人民加强了自身的团结。1774年9月9日,第一届大陆会议在费城召开(除佐治亚缺席外,其余12个殖民地的55名代表参加大会),大会通过"权利宣言",宣称根据不言而喻的自然法理,北美殖民地人民理应享有"生命、自由和财产"的权利;宣布建立北美议会,非经北美议会同意,英国议会的任何法令不得实施于殖民地;停止进出口和抵制英货。尽管会议同时还向英王呈递了《和平请愿书》,表示殖民地仍"效忠"英王,但弗吉尼亚代表的郑重声明:"我们都是美国人",表明殖民地的民族意识较前期更为强烈。

第一次大陆会议促进了独立战争的爆发,第二次大陆会议和"独立宣言",标志着美利坚民族的正式形成。自此,美利坚民族共同生活在北美临大西洋的狭长地带里,说着以英语为主体的美国英语①,大多数人信仰新教,富有斗争的品格,求实的精神和追求自由、平等的生活理想。独立战争以后,一个以欧洲白人移民为主,由多民族、多种族及其后裔组成的国家初具规模。

三、殖民地经济特点

经过北美殖民地人民100多年的辛勤开拓,到公元18世纪中叶,北美殖民地的经济迅速发展,统一的经济市场开始形成。

由于移民成分、地理环境等因素,英属北美殖民地经济一开始就已显现出不同的发展道路。区域经济的特点十分明显,尤其是南、北经济发展的差异性很大。

北部殖民地土地贫瘠,但原始森林茂密;海岸曲折,却多良港。总体地理环境并不适合于农业生产。移民们便利用这一自然条件发展伐木业、造船业、捕鱼业。一般来说,最初来到北部的也大多是英国的投机商、技工。投机商人以掠夺当地印第安人的毛皮,运回英国进行交易,获取大量利润;移民中的小资产所有者面对北部贫瘠的旷野,开荒种植从事农副业生产。初期资本主义的原始积累就这样开始了。到独立战争前夕,北部诸殖民地(马萨诸塞、罗德岛、新罕布什尔、康涅狄克)资本主义工商业已经比较发达,一些部门已经能同英国竞争,铁块、铁条等产品的数量和质量甚至超过了英国。制陶业、玻璃业也飞速发展,使英国感到了威胁。新英格兰的造船业十分发达,当时英国新建的船舶有1/3是在北美殖民地建造的。波士顿是北部工商业的中心。

中部殖民地(宾夕法尼亚、纽约、新泽西、特拉华)土地肥沃,谷物生产和牧畜业特别发达,盛产粮食,有"谷仓"之称。去中部殖民的拓荒者中也以农民居多。殖民地的小麦和玉米还大量外销英国,故中部地区也有"面包殖民地"之称。整个中部小农场和大地产并存。

---

① 以英语为主体掺杂着黑人的歌谣、习惯语,印第安人方言等。

南部(弗吉尼亚、马里兰、南北卡罗来纳、佐治亚)地区平原辽阔，土地肥沃，海岸曲折，属于大种植园经济，主要生产烟草、蓝靛、甘蔗、棉花等。由于劳动力奇缺，为鼓励劳动力入境，殖民地实行了一些特殊的策略。例如弗吉尼亚和马里兰都实行计口授田制，即对于输入移民的资产者，按移民的人数给以定量的土地，致使大地产制的出现。每个种植园占地几百或几千英亩不等。种植园大量使用黑人奴隶或契约奴(白人)。一些沼泽地区则种植水稻。

三个区域的西部都是未开垦的边疆，各种各样的人到这里开拓。

经济发展，使得殖民地的经济已经可以与宗主国相抗衡了。随着经济力量的加强，北美资产阶级的自我意识开始出现。北部的资产阶级和南部的种植园主力量的壮大，革命的领导力量渐次形成，大陆会议成了独立战争的领导机构。随着民族的形成，民族觉悟提高，殖民地人民希望摆脱英国的殖民统治，建立独立自主的民族国家，这应该是独立战争爆发的基本原因。

第二节 独立战争与合众国的建立

一、独立战争

北美独立的战争，开始于 1775 年 4 月 19 日的列克星敦战斗，结束于 1781 年 10 月 19 日的约克镇战役，历时约 6 年半。如果算上双方谈判时间，到 1783 年签订巴黎和约，就是八年抗战了。整个战争大体可分为三个阶段。从战争爆发到 1777 年 10 月 17 日的萨拉托加战役，为第一阶段。其间，北美处于防御地位，且以游击战术为主，主战场在中部与北部。萨拉托加战役到 1780 年为第二阶段。北美从战略防御转入战略相持，主战场在南方。1781 至战争结束为第三阶段。此间，美国在国际力量的援助下，英勇奋战，最后取得胜利。

北美独立战争的第一枪，是从波士顿附近的列克星敦打响的，史称"列克星敦的枪声"。列克星敦是波士顿西郊的一个小镇。当时，殖民地人民为抗税反英，组织起了一系列的民团组织，诸如"通讯委员会""自由之子社"等，引起了英国政府的恐慌。波士顿茶案后，英国政府对当地民团组织更是严加防范。1775 年 4 月 18 日，马萨诸塞总督盖治获悉距波士顿不远的康科德镇藏有殖民地"通讯委员会"民兵的大量武器，遂派兵前去搜查，并准备逮捕民兵领导人。这一消息被波士顿民兵团体——技工组织情报队截获，银匠保尔·瑞维尔和伙计威廉·戴维斯策马飞奔，星夜报信给当地居民[①]。当英军经过一夜行军，来到列克星敦时，夜还未散尽，却遭遇民兵的阻拦。经过短暂的僵持，双方都有些急躁，混乱中有人开了枪，于是，双方开始对射。很快，民兵们因为人少，地形不利撤离了战场，分散隐蔽起来。当英军赶到康科德镇时，天

---

① 对此，著名诗人海涅说，殖民地的命运就"系在这一夜的驰骋上"。

已大亮，但街道上不见一人，家家关门闭户，冷清异常。正当英国挨家挨户搜查之时，镇外喊杀声、枪声响成一片。附近各村镇的民兵得到消息，从四面八方向康科德赶来了。他们埋伏在篱笆边、灌木中，从房屋顶上、街道拐角处向英军射击。英军一路向波士顿方向退却，沿途遭到民兵的不断袭击，狼狈不堪。战斗一直持续到黄昏，英军死伤247人。

北美独立战争

　　独立战争打响。

　　列克星敦的枪声震醒了北美人民。在人民反英武装斗争和高涨的革命情绪推动下，1775年5月10日，第二次大陆会议在费城召开。在人民群众的压力下，这次大会担负起了组织和领导武装斗争的使命，就大陆会议的性质而言已经起了一个国家组织的功能。会议决定把各地的民兵汇编成大陆军，任命乔治·华盛顿为大陆军总司令。10月，大陆会议开始组织一支海军。11月建立海军陆战队。12月，在大陆海军"阿尔弗雷德"号舰艇上第一次升起一面用13条横道，标志13个殖民地联合的旗帜，这成了美国国旗的雏形。

　　乔治·华盛顿（George Woshington，1732—1799），出身于弗吉尼亚种植园主家庭。幼年丧父，17岁就开始独立谋生，当过土地测量员，英法七年战争期间曾任弗吉尼亚军队的上校指挥官。战争结束后，华盛顿从事土地投机发财致富，成为大种植园主。革命期间，华盛顿主张民族独立，反对英国的殖民政策，但不主张解放奴隶和进行广泛的社会改革。由于他领导了北美的独立战争，被选为美国第一届总统。因此，有"美国国父"之称。

乔治·华盛顿

　　殖民地因力量薄弱，除战争初期远征一次加拿大外，大陆军基本上处于守势，待机破敌。1775年5月，各殖民地民兵主动进攻，并围困波士顿。6月16日，班克山（位于波士顿港北面的制高点）战役，大陆军首战告捷，英军则伤亡过半。此次战役打破了关于民兵不能与正规军作战的神话。但以华盛顿为首的大资产阶级一直抱观望态度，并对英王抱有幻想。实际上，直到1775年底，在北美民众的心目中，英王乔治三世仍是个心地仁慈的君主。他们以为，压迫北美的只是那些生性残忍的英国内阁大臣。华盛顿、富兰克林、亚当斯这些独立战争时期著名的政治家，这时都没有明确提出北美独立。北美人民寄希望于英国，成了北美独立的巨大心理障碍。

1776年1月，潘恩[①]《常识》发表，扫清了这一障碍，极大地鼓舞了人民的斗志。《常识》以通俗的形式，犀利的笔锋，毫不留情地抨击英国世袭君主制，"在上帝眼中，一个普通的诚实人要比从古到今所有加冕的坏蛋更有价值。"力陈北美人民脱离英国统治的必要性。潘恩指出，殖民地一方面要效忠英王，一方面要为自己的权利而斗争，那是办不到的，这是"常识"，《常识》含义源出于此。书中公开提出了北美独立问题。《常识》出版后，在北美引起轰动，北美社会舆论遽变，要求独立成了北美人民的普遍呼声。

1776年6月7日，弗吉尼亚代表向大陆会议提交了"独立"议案。经过近一个月的激烈辩论，7月2日，该议案获得通过。与此同时，以托马斯·杰弗逊、约翰·亚当斯、本杰明·富兰克林、罗杰·薛尔曼、罗伯特·李文斯顿5人组成的"独立宣言"起草委员会的宣言起草工作加紧进行。

讨论《独立宣言》

1776年7月4日，杰弗逊（Thomas Jefferson，1743—1826）起草的《独立宣言》获得十三个邦的代表一致通过。《独立宣言》是一个伟大的历史文件，它第一次以政治

---

① 托马斯·潘恩（1737—1809），出身于英国一个手工裁缝家庭，1774年以契约奴身份来到北美。潘恩出色的才能，受到富兰克林的赏识，推荐他担任费城杂志编辑。从此，潘恩成为美国独立战争期间著名的政论家。潘恩另著有《人权论》《理性时代》等。

纲领的形式宣告了人民主权的原则,充分表达了北美人民的独立自由精神。宣言主要分三部分:第一,阐明了殖民地人民争取独立的理论根据,提出了人民主权的学说。"人人生而平等,他们被创世主赋予某些不可转让的权利,其中包括生命、自由、追求幸福的权利。为保护这些权利,所以才在人们中间组成政府。一旦政府损害了这些权利,人民就可以改变,废除直至建立新政府。"这些真理是不言而喻的。马克思称之为第一个人权宣言。第二,列举了英王27条具体罪状,这样一个君主"在其品行已打上了可以看做是暴君行为的烙印时,便不配做自由人民的统治者"。从而阐明了独立的事实根据与原因。第三,郑重宣布独立,"我们极为庄严地宣布,这些联合一致的殖民地从此成为、而且是名正言顺地成为自由和独立的国家"。

"独立宣言"的通过和发表,标志着美国的诞生,原先的13个殖民地,成了美利坚合众国最早的13州。7月4日这一天后来被美国定为国庆日。

《独立宣言》成了动员和组织人民进行反英战争,争取独立的一面旗帜。1777年6月,英军将领布尔顿率军8000人由加拿大出发,想与纽约城为据点的英军会合,以钳势来割断新英格兰诸州与其他各州的联系,但被殖民地人民采取了反包围形式,最后包围圈缩小到纽约北部的萨拉托加。10月17日,萨拉托加一战,英军大败,布尔顿带领残余部队5500余人投降。

萨拉托加战役的胜利,改变了整个战争的局面,成为北美独立战争的转折点,并使整个国际局势发生了变化,原对战争持观望态度的欧洲各国的态度明朗起来,独立战争得到了国际社会的理解与支持。

1781年4月,大陆军开始反攻,战争进入了最后阶段。1781年8月,英将康沃利斯(Cornwallis,一译康华里,1738—1805)率7000名英军退守弗吉尼亚半岛顶端的约克镇。华盛顿亲率法美联军秘密南下弗吉尼亚,与此同时,德格拉斯率领的法国舰队也抵达约克镇城外海面,击败了来援英舰,完全控制了战区制海权。9月28日,1.7万名法美联军从陆海两面完成了对约克镇的包围。在联军炮火的猛烈轰击之下,康沃利斯走投无路。10月19日,康沃利斯率7000名英军向华盛顿投降。当服装整齐的红衫军走过衣衫褴褛的美军面前——一放下武器时,军乐队奏响了《地覆天翻,世界倒转过来了》的著名乐章。

约克镇战役后,北美大陆的战争基本结束。

经过长期的谈判,1783年9月,北美与英国代表在巴黎签署了和约,史称《巴黎和约》。英国承认美利坚合众国拥有主权;英国撤军。合众国法定的边界为北接加拿大五湖地区,南至佛罗里达北界,东起大西洋,西至密西西比河;作为交换,美国应赦免在战争中支持英王的保王党人,归还其没收的财产,偿还战前欠英商的债务。此后,北美在政治上取得了独立,美利坚合众国正式形成。

独立战争是一场争取民族独立的革命战争,胜利后的美国作为一个新兴资本主义国家迅速发展起来。北美独立战争对欧洲反封建运动产生了极大影响,特别对法国大革命的影响尤为深刻,对拉丁美洲的民族解放运动也极具推动力。

当然,这场革命仍有不尽如人意之处:建国后,领导权仍掌握在大资产阶级和种植园主手里;农民的土地问题没有妥善解决;也没有解放黑奴,奴隶制不仅保留下来,而且有所发展。美国资产阶级民主革命任务远没有完成。

二、美国宪法与美国模式

新生的美国面临着如何建设和巩固新生国家的重任。战后国内政局一度是不稳定的。1777年大陆会议通过的"邦联宪法",决定了邦联政府是一个松散的组织,政府没有太多的权力。战后美国经济受到极大破坏,纸币贬值,通货膨胀严重,对外贸易受到英国的蓄意排挤。建立一个强有力的政府来解决危机成了美国的当务之急。1787年宪法的制定,为美国式政体的建立奠定了基础。

1. 战后美国危机

早在独立战争期间,殖民地人民就开始了建国的准备。1776—1780年,大多数州都制定了成文法,并各自开始建立自己的政府。

1777年11月15日,大陆会议通过了一部宪法,全称"邦联和永久性联合条例",简称"邦联条约"。按邦联条约,各州政府联合组成国家。新的美国国家组织有以下几个特点:第一,各州保留了很大的独立空间。宪法给各州保留了征税、征兵及发行纸币的权力,还有权规定出入口税。国家有事时,中央政府只能请求各州提供军队;中央需钱时,只能向各州摊派款项,各州可以拒绝提供作为维持中央机构经费的款项。第二,中央政府组织机构奇特。中央最高机构是一院制的联邦大会,其中每州有2～7名代表,但每州代表在联邦大会表决时只能投一票。中央不设置总统,只设诸州委员会(每州有1名代表参加)。第三,中央权力极小。联邦议会只有宣战与媾和权,派遣对外使节,调整各州的事端和掌管邮政等,无权管理州际贸易和对外贸易,无权干涉各州内部事务。

根据这部宪法建立起来的美国,实际上不成为其国家,仅是一个地理概念。造成这一邦联体制的原因主要是正经历革命高潮时期的民主派鉴于殖民地时代受专制权力压制之苦的教训,不希望再有一个强大的中央权力来侵犯人民的民主与自由。另外,种植园主和小州代表也不愿看到可能不利于自身利益的中央权力的出现。战时这种对国家体制矫枉过正的设计,并不符合北美进一步发展的客观需要。美国需要一个强有力的政府来解决战后所面临的新问题。需要一部新宪法,为资本主义的发展提供法律和制度的保证。

当时,美国各个集团从各自利益出发,都要求制定一部新宪法,以加强国家机器。战时政府为筹集战争经费,曾大量发行公债,购买这些公债的大多是中、小资产阶级。公债持有者指望政府能够在战后清偿债务,但邦联政府根据"邦联条例"没有征税的权力,偿还公债就大成问题。因此,大资产阶级迫切要求加强中央政府的权力,特别是征税权。

由于邦联政府无权实行保护关税,致使英国商品像潮水般涌入美国市场,战时发展起来的美国工业企业大受摧残。工业企业家也强烈要求加强中央政府的权力,以保护他们幼稚的民族工业。

在美国,各州有自己的货币系统,也不乏伪造的货币,给各州之间的贸易带来不便。各州都有自己的关税,也对邻州入口的货物征收关税,从而阻碍了州际贸易。美国商人利益不仅在国内受到损害。在国外也由于政府无权与外国缔结商约、无权保护本国商人在国外的利益,商人尤其在英国港口备受歧视和凌辱。商人们也要求制定加强中央权力的新宪法。

作为奖赏,军队官兵在独立战争期间领到了数目不等的土地券。不过士兵手中的土地券大多被土地投机商收购去了,而那些有土地券的军官们向西部兑取土地时,往往受到印第安人的反击,军人希望有一个强有力的政府可以用武力保护他们的利益。

可以认为,独立战争以后,美国社会各阶层都本着自身的政治、经济利益需求,希冀一个强力政府。这种愿望由于谢司起义的发生而更加强烈。

谢司(Daniel Shays,1747—1825)是独立战争期间的一个老兵,出身于贫苦家庭。战争期间,因战功晋升为上尉。战争结束后,谢司回到家乡,不久沦落到身无分文的境地。现实使他认识到本该属于人民的胜利果实,被新的有产阶级侵占了。1786 年9 月,谢司打出"取消债务和重新分配土地"的旗帜,率众在麻省的康科德发动了武装起义。参加起义的主要有农民、手工业者和工人,他们到处攻打法院,烧毁债务诉讼档案。起义队伍最多时达 15000 人,在美国引起了极大的震动。直到 1787 年 2 月,在政府军的软硬兼施下,谢司起义才被镇压下去。

美国大资产阶级和种植园主对人民起义产生了恐惧心理,对民众依靠自己的力量实现民主、自由的愿望感到了压力,也迫使他们审慎的思考美国长治久安的政体形式。

2.新宪法与美国政体

在各阶层的要求以及人民斗争的驱动下,制定新宪法、建立新政体的条件已经成熟。

1787 年 2 月,邦联国会邀请各州代表到费城召开制宪会议,修改《邦联条例》。1787 年 5 月 25 日—9 月 17 日,制宪会议在费城召开。参加大会的代表共有 55 人(最后在宪法上签字的只有 39 人),其中以汉密尔顿(Alexander Hamilton,1857—1804)为首的保守派占多数,民主派的干将是富兰克林(Benjamin Franklin,1706—1790)、路德·马丁两人。乔治·华盛顿被推举为大会主席。会上,主张废除《邦联条例》、重新制定新宪法的代表占优势,使这次会议成了全国性的制宪会议。

会议期间,大州和小州派为了自身的权益展开了激烈的辩论。辩论焦点集中在代表名额分配和南方黑人的代表权问题上。关于政体问题,议会提出了两个方案,一是"弗吉尼亚方案",也称"大州方案",主要内容是设置一个"全国行政首脑",一个"全国司法官"和一个被授权"对单独的各州所无力处理的一切问题制定法律的两院制"全国立法机构,参、众两院的议员均按人口的比例分配名额。一是"新泽西方案",又称"小州方案"。中心议题是建立一个一院制的立法机构，各州在其中有同等的代表名额。两种方案一时僵持不下。但议会在两个重大问题上的原则立场是一致的：即同意建立一个强有力的政府、树立强大的外交形象，尽可能遏制人民的民主权力。

经过几个月的秘密讨论，会议于 1787 年 9 月 17 日才通过新的宪法草案。新宪法在费城会议通过后，要由十三个州的代表会议分别批准，而且规定有九个州同意，即可生效。但是，在各州的批准过程中，对新宪法有两种截然相反的意见。从而开启了美国历史上激烈的思想论战。

为建立理想中的美国政体，争取新宪法的批准，联邦党人做了大量的工作，他们发表了许多小册子和报刊论文，其中最著名和最有成效的是纽约一家报纸刊登的一系列论文，由麦迪逊、汉密尔顿等人执笔、发表文章署名后集印成册，后称"联邦党人文集"①。他们认为，1776 年的那些口号已经过时了，现在美国需要的不是州的独立，而是一体化；眼前的危机不是专制，而是混乱或解体。"对目前联邦政府的无能有了无可置疑的经验以后，要请你们为美利坚合众国慎重考虑一部新的宪法"，某些政治策略如外贸、战争、外交等，本来就是全国性的，征税权对于任何政府来说都是必不可少的。更重要的，联邦党人还郑重敬告人们，美国若要对世界产生任何影响，就不应把从英国国王和英国议会那里夺取到的权力分散于十三个州。因为这"涉及联邦的生存，联邦各组成部分的安全与福利，以及一个在许多方面可以说是世界上最引人注意的帝国的命运"。联邦党人尤其是富兰克林的活动，对宪法最后以大州的成功②而获得顺利通过，起了很大的作用。

1789 年 3 月 4 日召开的美国第 1 届联邦国会宣布《美利坚合众国宪法》正式生效。1787 年宪法是近代资本主义第一部完整的成文法，且至今基本生效。一部宪法保持二百年基本不变，实属罕见。这表明该宪法基本上是符合美国国情，对稳定政治、促进生产发展起了积极作用。美国的政体一直相对稳定，建国以来，从未发生过重大政变与武装起义就是显证。

1787 年"联邦宪法"由序言和七条正文组成。序言部分阐明了联邦宪法的目的和宗旨。主要有如下几个特点：

第一，按三权分立原则设计政治体制。宪法规定美国是联邦制的民主共和国。联邦国家由各州组成，联邦政府是各州的政府。立法权属于国会，国会分众、参两院；众（下院）议员由选民直接选出，人数与该州成正比，任期两年。参（上院）议员由州议会选出，每州 2 名，任期 6 年，每两年改选其中 1/3。

行政权归属总统。总统任期 4 年，具有任命部长、对国会通过的法案有否决权（但需 2/3 的议员同意）、有指挥武装力量的权力，战时可以执行独裁等。

---

① 联邦党人文集是亚历山大·汉密尔顿、约翰·杰伊和詹姆士·麦迪逊三人为争取批准新宪法在纽约报刊上共以"普布利乌斯"为笔名而发表的一系列的论文文集。

② 宪法为照顾小州的利益，也作了某些妥协，比如，各州不分大小，在参议院均有平等的表决权。

最高法院行使司法权。它有权解释或废除法律,法官由总统任命,法官终身制。

政府的行政、立法、司法三种权力互相牵制,互相平衡。这对美国政治与社会的发展,对世界政治发展都极具影响力。

第二,有限政府原则。它与法治原则相联系,即联邦政府的权利要受法律限制,不能超越法律规定的限度。

中央政府的法定权力比邦联政府时要大。征税、征兵、发行货币、规定度量衡,制定工商业政策,主持军事外交,领导对外战争,掌管邮政、管理对外贸易等重要权力归属中央。当然,各州仍有相当大的独立性,凡宪法未明文列归中央政府的职权,仍保留给各州政府。

据说,华盛顿总统习惯于在重大决策前,向他信任的官员咨询,成员一般是国务卿、财政部长、陆军部长,加上总监察长。久而久之,便产生了美国的内阁。但作为内阁制直到 1907 年,才被法律正式承认。

第三,代议政府原则,联邦宪法序言中申明美国人民是宪法的制定者,但必须通过选派代表管理国家。联邦宪法没有明文规定选举众议院议员的选民资格,也没有对任何联邦官职限定财产资格。这在早期资本主义世界是罕见的。

第四,没有对人民的民主权利作出决定。人民民主权利在 1790 年的修正案中才规定:如言论、出版、集会、信仰等自由。最致命的是宪法还保留着奴隶制[1],明确说明奴隶买卖可延续到 1808 年。

总体而言,美国宪法从法律上巩固了大资产阶级、种植主的统治,使美国克服了松散的状态,成为更加统一的国家,进而为资本主义顺利发展提供了法律保障。宪法确立的共和制,意义重大。在欧洲君主制盛行之时,美国最早建立共和制国家,最早把三权分立学说运用于国家政权的实践,对欧洲革命与制度变革有着积极意义。1787 年宪法成了以后各国资本主义宪法的蓝本之一。按照 1787 年宪法建立起来的美国政体模式,为世界政治的发展提供了一种可供借鉴的模式。

自由女神像

特别应当指出,华盛顿对美国政治制度安排作出过特殊贡献。在独立战争期间,他身任大陆军总司令,拥有极高的权力和威望。但独立后他坚持不做国王,并在连任两届总统后坚决引退,为日后美国总统的任期立下了先例。美国革命没有培植出像拿破仑和克伦威尔的独裁者,这在世界革命史上也是罕见的。当然,由于奴隶制度等封建残余还未彻底清除,美国民主模式还需通过内战等一系列改革才能进一步完善。

---

　　[1]　虽然富兰克林等民主派主张废除奴隶制度,但终因势单力寡,他们在保守派占多数的制宪会议上只是微弱的少数。

第十二章

狂飙突进:法国大革命

法国大革命是欧洲历史上的一次划时代的、具有特殊意义的革命。它在欧洲大陆、尤其是西欧范围内对封建专制发起了全面进攻,并且取得了胜利。特别是革命过程中提出的"自由、平等、博爱"的口号,作为大革命的理想之帜,不仅在法国人民争取"人权",争取解放中起了鼓舞作用,而且,作为世纪之帜,对于欧洲整个 19 世纪文明的发展,乃至人类的进步,都具有无限的想象力。

第一节　旧制度的危机

一、新经济因素的滋长

1.资本主义的发展

从整体上说,革命前的法国仍处在封建的社会系统中。但这个旧系统的深处,已经有了裂痕,新的东西已经在那里滋长了,这就是资本主义的生产方式和资产阶级的思维方式。

大革命前,法国一方面是个封建专制的农业国。约 2500 万总人口中,农村人口 2300 万,社会的经济支柱是农业,工商业处于次要地位。另一方面资本主义经济已有了很大的发展。较为发达的是采矿业、冶金业、奢侈品业和纺织业。法国的工矿企业规模也较大,并开始大量使用机器。著名的昂赞煤矿就拥有 12 台蒸汽机,雇佣了 4000 名工人,企业利润额在 1771—1787 年增长了 3 倍以上。1789 年冶金业中有高炉 358 座,纺织业中有珍妮机 7000 架。巴黎 60 万居民中,工人及其家庭占了一半;拥有 13 万居民的里昂市,丝织工人就有 6.5 万人。法国的葡萄酒、服装、家具、化妆品等闻名遐迩。法国金融业尤其发达,银行、股份公司日益增多,并开始在国民经济中占有很大比重,1776 年建立的巴黎贴现银行是当时最大的银行。不过,当时银行的资金不是投入工商业,而是投资国债①。包税人和银行家是法国资产阶级中最富和最有实力的人群。巴黎是全国金融活动的中心,也是西方经济与文化的中心。

---

① 18 世纪法国国债数量大增,利息也很高。比如法国参加北美独立战争破费 20 亿锂军费。政府大发国债,利息高达 10%～20%。革命前的财政困难很大程度上也缘于此。

　　此外,法国还参与了贩卖黑奴的活动。奴隶贩子们带着枪枝、酒和日用品从波尔多、南特等港口出发,在非洲沿海高价卖出货物后再低价买进"黑人",运至西印度群岛再高价卖给种植园主,然后从当地购入咖啡、可可、糖、蓝靛等回到法国港口,在本国或欧洲市场出售。这种"三角贸易"使投机商获得丰厚。

　　2.社会等级分层与流动

　　旧制度下,法国社会结构主要由三个等级组成。教士、贵族,分别为第一、第二等级,两者占全国人口的 2％,称为特权阶级;第三等级,包括农民、资产阶级、工场工人、手工业者、城市贫民等,约占全国人口的 98％。

　　至大革命前,由于经济变迁与社会动荡,法国各个等级之间开始流动且日趋分化。特权阶级中的教士分裂为高级教士(大主教、主教、修道院长)、低级教士与教区神甫,后者没有财产,只靠微薄的收入维持生活。贵族分化为佩剑贵族、穿袍贵族[1]和地方乡绅(无多大财产,却保持着贵族的尊严)。其中有一部分贵族已走入资产阶级行列,称为"自由派贵族"。他们的经济活动也具有资本主义性质[2]。第三等级为纳税阶级,其中的成分更为复杂,有资产阶级包括银行家、船主、商人、工场主、律师、医生等等,工场工人、手工业者和贫民、农民。他们之间经济地位悬殊。银行家和包税人等金融巨子,通过放债和包税,极大地影响着国家的财政。他们聚居在巴黎的豪宅和花园洋房里,活动在宫廷周围,在放债的同时还经营着企业与公司。其地位和财富使一般工商资产阶级羡慕不已。工人和农民,政治上受压迫,经济上遭盘剥,反抗意识日盛。有产阶级则对自身有钱无权的尴尬地位也深表不满。

　　共同的境遇,使第三等级,尤其是工商资产阶级有了集体意识。西哀士《什么是第三等级》小册子的发表引起轰动,表明了这种意识已经得到了广泛的认同。西哀士的小册子用"阶级"这个词,鲜明地提出了第三等级的政治与社会要求:有一定的地位,有繁荣昌盛的一切。

二、财务危机与等级冲突

　　革命前法国绝对主义统治已从路易十四时代的鼎盛,经路易十五的衰弱、腐败,发展到路易十六的腐朽和没落。绝对政治危机的综合表现就是财政危机。

　　由于挥霍无度和对外战争,路易十四死后就留下了 25 亿锂的国债,其中 1/3 已到期。1715 年,年仅 5 岁的路易十五登基时,国家财政纯收入只有 6900 万锂,而开支则为 1.47 亿锂。为缓和财政困难,只有不断增税。雪上加霜的是路易十五时期一系列对外战争尤其是与英国争夺海外殖民地的战争,总是以失败告终。比如英法七年战争的失败,不仅使法国的财政困难加剧,还丧失了其大部分的海外殖民地,使法

---

　　[1]　他们大多为法官和一些资产阶级,彼此之间财力差别不大,势力差别也不大。
　　[2]　路易十四曾颁布法令允许贵族从事商业活动而不剥夺其贵族爵位。这部分人主要从事采矿和冶金。也有一部分去殖民地经营农场。

国在欧洲降到了二等国的地位。路易十五因此而丧尽人心，死时下葬也只能选在夜间悄悄举行。

为解决财政困难，路易十六继位（1774—1792）后任命一些重农主义大臣进行了一系列财政改革。特别是起用重农学派经济学家杜尔哥任财政总监，实行粮食自由贸易、废止酒类专卖、提倡宗教自由等，一度起到了一定的效果。但是杜尔哥一切等级均须纳税的政策也引起了特权阶级的一致谴责。在他们的怂恿下，杜尔哥最终被免职，所有改革措施也停止。接替杜尔哥的瑞士银行家内克进行了一些温和的改革，取消了王室领地上的农奴制，放宽了对监禁的管理。在财政上缩减国家开支，取消了宫廷一些高薪而清闲的职位。内克的改革同样遭到一些人的反对，特别是在1871年，内克公布了国家局部预算，尽管没有透露巨额财政赤字，但由于预算中国王的赏赐金数额巨大，引起了王室与贵族的不满。很快，内克被解职。内克的后任卡隆和布里埃努力改善财政的同时还兴修道路，开挖运河，支持外贸，希望增加就业与收入。但无甚起色。

于是，国王与宫廷只得求助于贵族。1787年2月贵人会议召开，贵族、主教、大臣共144人参加。会上，王室要求他们分担土地税和印花税，这意味着要贵族放弃特权，遭到显贵们的反对。巴黎高等法院干脆拒绝了新税种的登记工作，并提议召开三级会议来决定如何征税的问题。无计可施的路易十六同意在1789年召开三级会议（自1614年以来的100多年里，法国从未召开过三级会议）。布里埃也在宣布国家财政破产后辞职。

贵族公开与国王发生了冲突，"贵族的反叛"说明统治阶级上层的政治危机已十分严重。

在筹备三级会议期间，巴黎与各地的工人与农民暴动不断。因为1788年的法国遭受着18世纪以来最严重的农业歉收的困扰，粮食奇缺，物价飞涨。城市工人的工资收入赶不上面包的涨价，大批工人失业，生活困顿。各种陈情书也像雪片似的飞向巴黎，期间资产阶级自由派贵族也参与了反专制的斗争。许多反封建小册子在坊间流行，米拉波的《论暴政》，罗伯斯庇尔的《对阿图瓦人的呼吁》、塔尔朗的《致三级会议的信》等，严厉谴责国王侵犯自由、启发了人民的反抗意识。其中，最流行、影响也最大的要数西哀士的《什么是第三等级》，提出第三等级是国家的主人，"第三等级就是一切！"这种自信为资产阶级争取自身权益提供了合法性。

1789年5月5日三级会议在凡尔赛开幕，共有1200名代表参加，其中第一、二等级各300名，第三等级代表600名。第三等级的代表主要由资产阶级组成，包括银行家、商

法国三级会议召开

人、律师、作家,及少数"投奔"资产阶级的贵族。

三级会议的中心议题仍然是征税。会上,第一、二等级与第三等级首先在投票权问题上发生争执。6月17日,第三等级以全民的名义,把三级会议改为国民会议。选举天文学家巴伊(Jean Sylvain Bailly,1736—1793)为国民会议主席。第三等级代表组成国民议会,标志着1302年以来法国三级会议历史的终结。6月22日,第三等级在会议厅附近的网球场聚会,发出誓言:不给法国一部宪法,决不解散。国民会议遂改名制宪会议。国王准备派军队前来干预。整个社会的政治局面就此打乱了,革命提上了议事日程。

第二节　大革命的历史巡礼

一、革命沿着上升路线发展

法国革命有三大特点:一是革命有广大的人民群众参加,革命进程中深深地打下了人民群众的烙印。二是革命轰轰烈烈,一次比一次激进,整个革命沿着上升路线发展。三是革命中政治俱乐部活跃,革命中各阶层依据自身利益组成俱乐部①,参与各项政治活动。三个特征之间相互关联,共同促进。

攻占巴士底狱

1789年7月14日,巴黎人民攻占巴士底狱,把它夷为平地,从此革命一发而不可收。整个革命分三个阶段。第一阶段:1789年7月14日—1792年8月10日。由代表大资产阶级和自由派贵族的斐扬派②掌权。主要领导人物有米拉波伯爵(Mirabeau,1749—1791)、拉法耶特侯爵(Lafayette,1757—1834)和修道院长西哀士(Sieyè,1748—1836)。

1789年7月11日,宫廷解除了重新启用且被公众寄予厚望的内克③的职务。消息传来,引发了巴黎的骚乱,贴现银行的股票应声下跌。13日,人们开始四处寻找武器准备起义,巴黎市区到处都有起义者的街垒。14日凌晨,有消息说国王的军队要来进攻巴黎,更激发了人们的革命情绪。

"到巴士底狱去!"手执武器的人群,不约而同地从四面八方涌向监狱方向。经过4个小时的激烈战斗,人群终于攻克了堡垒。守军司令德洛尔在押往议事厅的途中

---

① 大革命中的俱乐部作为近代政党制度形成以前容纳党派分野的政治外壳,在大革命和法国社会中起着重大作用。
② 代表自由派贵族和大资产阶级利益的政治组织,因会址设于巴黎斐扬修道院而得名。
③ 内克在1788年初重新召回,任财政总监。此时的内克被看做是面包的供应者和第三等级的救星。在普通民众中享有威望。

被激愤的人群打死。消息传到王宫,路易十六大为震惊,向手下问道:"这是一场暴乱吗?""不!陛下!这是一场革命。"

7月14日攻克巴士底狱①,是法国大革命开始的标志。在7月14日革命激情的鼓励下,各地城市纷纷仿效巴黎,开始了"市政革命"。与此同时,农民也积极行动起来,农村的暴动迅速波及全国。革命与暴动,使封建统治阶级与有产阶级大为不安,革命在广大人民群众斗争的鼓舞和推动下,向前深入发展。

巴黎革命胜利后,制宪议会成为国家立法机关和实际上的革命领导机关。在大资产阶级领导下,制宪议会运用立法手段,对法国进行了根本性的改造。主要取得了两大成就,即颁布《八月法令》,通过《人权宣言》。

如火如荼的农民运动,迫使制宪会议不得不首先考虑农民及其土地问题。8月4日晚,律师塔尔朗就农民起义问题提出议案,主张制定强硬法律,平息起义,并继续征收一切捐税。但诺阿伊子爵认为要平息农民暴动,必须无偿取消农奴制和人身劳役。双方开始了激烈的辩论。会场情绪激动,贵族代表和教士代表一个接一个地走上讲坛,提出要废除各类不合理的特权和赋税,包括教会什一税、贵族狩猎特权、养鸽特权、领主裁判权等。讲演持续了一夜,史称"8月4日之夜"。

11日,国民公会召开会议,讨论废除什一税和封建权力诸问题。11日夜间通过并颁布法令,宣布无偿废除农奴人身依附和徭役,取消第一、第二等级的免税特权。规定任何公民,不论出身如何,均可出任教会或国家的文武官职。法令宣布要制定"全国性宪法"。《八月法令》废除了封建特权,为"旧制度的死亡"颁发了证书,是改造国家迈出的重要一步。

《人权宣言》被誉为是"新制度的诞生之证书"。《人权宣言》的制定工作在三级会议时期就已经开始了。从《八月法令》通过后的第二天起,制宪会议转而着手讨论由穆尼埃起草的人权议案,最后定下了17条,于8月26日由国民议会通过。1791年通过宪法时又做了一些修改②。

根据美国《独立宣言》为蓝本,以启蒙思想为指导而写成的《人权与公民权宣言》,第一次在世界历史上系统而明确地提出了争取人权的口号。宣言内容主要有三个方面。

第一,阐明了"人权"的基本内容。宣言指出,人权就是公民权,就是保障人的政治权利和物质利益,就是享有自由权、平等权和反抗压迫权。宣言郑重宣布"财产是神圣不可侵犯的权利"。如第一条:"人们生来是而且始终是自由、平等的。只有在公共使用上,才显出社会上的差别。"第二条:"这些权利就是自由、财产、安全和反抗压迫,及言论、出版、思想、信仰自由。"

---

① 巴士底狱是12世纪查理五世时期修建。起初为抗御外敌(英国)的军事堡垒,后成为关押政治犯的监狱,也是巴黎的制高点。路易十六时期,那里关押的囚犯极少。据说攻陷监狱时,被革命救出的囚犯只有7名。
② 《人权宣言》是"1791年宪法"的前言部分。

第二，阐明了怎样争取人权。提倡用资产阶级的法治反对封建主义的专制，法律面前人人平等，反对封建特权。如第六条：所有公民都有权亲自或通过其代表去参与法律的制订，"在法律面前，所有的公民都是平等的"；第八条："依法行事，法律以外，不得处罚任何人"。

第三，阐明了怎样保护人权。倡导建立三权分立的新型国家制度来保护人权。宣言明确规定国家必须实行分权原则，"没有确立分权的社会就没有宪法"。

《人权宣言》宣告了封建特权统治的终结和新兴资产阶级统治的开始，也宣布了资产阶级自由、平等的民主原则，第一次把法国启蒙运动所阐明的思想用法律形式肯定下来。宣言对打击封建制度、限制王权和进一步启发人民的革命意识方面起了巨大的作用，对于还处在封建制度统治下的欧洲大陆各国也具有极大的影响。

《人权宣言》颁布后，制宪会议在宣言的一系列原则指导下，着手制订宪法的讨论工作，并于1791年9月通过了宪法，史称"1791年宪法"。这是法国历史上的第一部成文法，《人权和公民权宣言》作为宪法的前言即指导原则。宪法规定了法国体制是三权分立的君主立宪制；立法权属于选举产生的一院制立法议会，行政权归世袭国王，司法权由选举产生的法官掌握，实行司法独立。公民有信仰、言论、出版、集会、结社等自由。选举权和被选举权仅限于积极公民。按宪法的规定，当时法国2600万人口中约有400多万为积极公民。1790年6月5日，巴黎市长巴伊（Jean Sylvain Bailly）向国民议会提议建立象征国家各阶层民众团结的联盟节，建造祖国祭台计划。7月14日，巴黎群众和来自全国各地的代表共约40万人云集在马尔斯校场，举行联盟节。在祖国祭坛上举行的纪念弥撒结束之后，国民自卫军司令拉法耶特（La Fayette）以各省所有联盟成员的名义宣誓，"永远忠于国民，忠于法律，忠于国王"。随后，国王也宣誓遵守国民议会颁布的宪法。

至此，封建义务废除了，宪法制定了，立宪体制确定了，革命似乎已经取得了成功。

但历史往往不以人们的意志为转移。不久，革命的形势的发生了变化。10月5日，由大批巴黎妇女带头的一支群众大军来到凡尔赛，要求国王批准人权宣言，保障巴黎的面包供应。民众认为国王必须回到巴黎。6日下午，王室在群众的坚决要求下迁入巴黎，从此，国王就处于人民的监视之下。几天后，制宪会议也迁至巴黎。

1791年6月21日，出逃巴黎试图投奔奥地利的路易十六在法德边境的发棱被驿站管理人员认出并解回巴黎。国王与欧洲封建势力的勾结，激怒了巴黎人民，要求国王退位的呼声随之出现。

根据1791年宪法，由"积极公民"进行了立法议会的选举。1791年9月30日制宪会议解散。10月1日，新的立法会议开幕。这一届的立法会议中分成了三派：君主立宪派仍占多数，以布里索为首的雅各宾温和派①和以穆德兰等为代表的雅各宾

---

① 这一派的意见常常与来自吉伦特省的议员相一致。1792年后称为吉伦特派。

激进派。雅各宾派内部虽然已存在着一些分歧,但基本都倾向于建立共和国,在对待战争问题上也是倾向于通过战争迫使各国承认现状,以保证工商业的发展。而君主立宪派则主张和平,担心战争而失掉已有成果。路易十六希望外国武装干涉,挑起战争以解救王室的困境。由于主张战争的吉伦特派与王室的预期相吻合,1792年3月内阁改组时,国王遂任命吉伦特派的罗兰为内政大臣、克拉维埃为财政大臣、亲吉伦特派的迪穆里埃为外交大臣。主战派占上风后,4月20日,法国对普奥宣战。

1792年6月,普军开始越过法境,入侵法国。"祖国在危急中"。为保卫胜利果实,立法会议号召巴黎及各地凡能够拿起武器的贫民都行动起来。数天之内,仅巴黎一地就有15000人志愿报名参加义勇军。各地的义勇军也陆续开赴巴黎,参加保卫祖国的斗争。其中来自马赛的义军高唱着《莱茵军战歌》[①],一路步行,来到巴黎。同时,立法会议不断收到来自全国各地的请愿书,指责国王与君主立宪派,要求废除王政。8月,普奥两国君主联合发表"庇尔尼茨宣言",扬言欧洲诸国君主将以武力支持法王。外国干涉军已集结在法国边境。祖国真的处在了危急时刻。

1792年8月10日,雅各宾派领导民众举行了起义。群众包围了王宫,囚禁了国王。从此,法国的君主政体被人民群众的革命洪流冲垮,君主立宪派退出了革命的舞台,法国革命进入了第二阶段。

第二阶段:1792年8月10日—1793年6月2日。代表工商业资产阶级利益的吉伦特派掌握革命领导权,主要领袖人物有布里索(Bristol,1754—1793)、罗兰夫人(Roland,Mme,1754—1793)等。这一时期革命的主要任务是建立共和国。处死国王,进行革命战争是两大重要事件。

8月10日起义,推翻了法国的君主政体,把吉伦特派推上了革命舞台。在新生的巴黎公社推动下,立法会议采取了一些反王党分子的措施。比如8月15日宣布王室人员和逃亡贵族家属为人质。26日,限令反抗教士(60岁以上者除外)在半个月内离开法国。进一步改造了封建所有制,废除了"没有无领主的土地"的封建原则:凡领主不能提出拥有不动产的原始契约,就废除"全部由以前的法律保留下来的或宣布可赎买的领主权利和封建权利"。人民情绪激昂。

9月21日,瓦尔密[②](Vallmy)一战,法军击败了普军。这是革命的法国反对欧洲封建武装干涉的第一次胜利。第二天,按普选方式选举出来的国民公会在巴黎开幕。国民公会宣布废除王政,成立共和国,史称法兰西第一共和国(1792年9月22日—1804年12月2日)。

新成立的共和国继续抗击外来干涉军,并越出国境,迅速接近所谓的"自然疆界"。所到之处,给"茅屋和平,对宫廷战争",受到各地平民的拥护,也使保守分子极

---

① 此歌为法国莱茵方面军青年军官里尔于1792年4月创作,此后改为"马赛曲"。广为传唱。1879年被正式定为法国国歌。

② 今法国马恩省东部山区。

为震惊,称之为"法兰西瘟疫"。

对外战争的初步胜利,不但没有消弭国内的派系斗争,反而使其愈演愈烈。其中国民公会、雅各宾俱乐部和巴黎公社(以无套裤汉为主力)成了派系斗争的主要阵地。雅各宾俱乐部内部的吉伦特派和山岳派①的斗争尤为激烈。吉伦特派认为在推翻王政,建立共和国以后,最重要的是维护财产和秩序。如布里索就明确指出,为拯救法国,三次革命是必须的。第一次推翻专制制度,第二次废除国王政权,第三次应该是消灭无政府状态。而以罗伯斯庇尔、马拉、丹东等为代表的山岳派则主张进一步推进革命,更多地依靠无套裤汉——下层平民来建设卢梭式的共和国,实行平等的统治。10月12日,雅各宾俱乐部几乎一致通过决定,开除吉伦特派领袖布里索,此后,吉伦特派完全退出雅各宾俱乐部,俱乐部成了山岳派的天下,此后,山岳派也称为"雅各宾派"。

吉伦特派和山岳派的另一个冲突焦点是如何处置路易十六。1792年10月1日,巴黎公社的代表团向国民公会提出审查路易十六通敌和收买议员的罪证。第二天,国民公会成立了由24人组成的审查委员会。不久,调查结果表明,国王确实存有大量私通外国宫廷、挑起战争、制造粮食恐慌、同逃亡贵族勾结、收买革命者等罪行。雅各宾派就此提议审判国王。吉伦特派则以宪法保障国王不受侵犯为由,不同意审判路易十六。正当双方争论激烈,相持不下时,人们发现了王室的秘密壁橱里国王上述罪行的大量罪证。1793年1月14—16日,国民公会就如何处置路易十六进行讨论和表决,大批群众涌进会场,现场围观。最后国民公会以361票赞成,334票反对,5票弃权,决定处死路易十六。1793年1月21日上午十时,国王被押上协和广场的断头台,临刑前,路易十六高喊:"我清白死去。我原谅我的敌人,但愿我的血能平息上帝的怒火。"

在人民的欢呼声中,国王人头落地。

处死路易十六

---

① 通常,这些较为激进的革命民主派在国民议会中坐于会议大厅的最高处,因而得名,1792年10月,改称为"雅各宾派"。

　　吉伦特派统治后期,外国干涉军队大肆进攻法国;国内政治动荡、经济危机,物价上涨,而大量的发行指券①,使经济更加混乱。人民生活困难,投机商却囤积居奇、大发其财,社会的不满情绪再次高涨。一些城市的群众冲击商店、面包店,强行要求店主降价销售。国民公会也不断收到来自各地的限价请愿书。要求国家出面干预经济、管制市场价格的要求,与代表工商业资产阶级自由贸易要求的吉伦特派的意愿是相悖的。而代表下层平民利益的雅各宾激进派是支持限价运动的。在经济危机和大规模的限价运动冲击下,吉伦特派的统治基础不断衰弱。

　　第三阶段为大革命的最高阶段(1793 年 6 月 2 日—1794 年 7 月 27 日)。1793年 5 月 31 日—6 月 2 日,巴黎民众在雅各宾派的领导下,再次举行起义,将雅各宾派推上了历史舞台。雅各宾派主要代表中、小资产阶级的利益。主要领袖人物为罗伯斯庇尔(Robespierre,1758—1794)、丹东(Danton,1759—1795)、圣茹斯特(St Just,1767—1794)和马拉(Marat,1743—1793)。

　　这一时期革命的显著特征是专制与恐怖。二百多年来,雅各宾专政背负着"恐怖统治"的恶名。究竟这种恐怖是否是历史的误会,抑或历史的必然? 革命是否一定要采取恐怖的方式? 一些敏感问题一直是史家争论的焦点。

马拉之死

　　雅各宾派上台之际,国内外形势是非常严峻的。反法联盟几乎包围了法国,东北部的英国和普奥联军深入法境,占领了不少城市。国内的王党分子在英国的支持下,相继叛乱,并有迅速蔓延之势②。7 月 13 日,马拉在自己家中被与吉伦特派关系密切的女贵族夏绿蒂·科黛(Charlotte Corday,1768—1793)刺死。共和国的经济状况也基本未得到改善,物价飞涨,面包奇缺,投机商活动猖獗。

　　为平息叛乱,规范秩序,6 月 24 日国民公会通过了"1793 年宪法",又称雅各宾宪法。宪法宣告法兰西是统一的、不可分割的共和国。规定年满 21 岁的男子都有选举权,重申了废除封建所有制,规定私有财产神圣不可侵犯。但由于当时激烈的斗争环境,宪法并没有付诸实施。

　　为巩固自己的统治,稳住巴黎局势,同时把革命继续推向前进,雅各宾派实行了独特的统治策略。

　　雅各宾专政的主要内容是经济上的统制,政治上的恐怖政策与极权统治。经济上的统制原则上同资本主义的生产自由、商业自由、利润自由的基本原则相抵触。政治上集权既不符合资产阶级的习惯方式,同资产阶级自由、民主的正常秩序的祈求也

---

　　①　指券(assignat),大革命时发行的指币。但因财政困难,物价飞涨,指券不断贬值。1792 年 3 月底,已降到相当票面值的 60%。
　　②　当时法国各郡的王党叛乱已波及全国 83 个郡的 60 个郡。

是背道而驰。这也是雅各宾专政短命的原因。

经济上的统制主要由低价法令、全面限价法令、面包配给法等一系列经济控制法规所组成。7月17日，下令关闭交易所，7月27日，发布严惩囤积居奇者，违者处以死刑。另外，为筹措战争军费，雅各宾专政实行征发制度，一些军事上的必需品大多数被政府征集了，包括军靴、衬衣、床等等。为了战争，还有一部分工厂国有化，并且国家控制着对外贸易。

经济统制的政策必然要求政治上的集权。7月，雅各宾改组了救国委员会，丹东①、圣茹斯特、库通、罗伯斯庇尔成了其中的主要成员。在整个雅各宾专政时期，救国委员会实际上起了临时政府的作用。9月17日，雅各宾政府颁布嫌疑犯法令。规定凡行为、言论及著作表现为拥护专制政治、联邦制及敌视自由者；未能按规定证明其生活方式及已履行公民义务者；凡被国民公会和特派员停职或撤职的官吏，前贵族及其亲属或亡命者的代理人而未经常表现热爱革命者；革命期间出走的亡命者；均被视为嫌疑犯。各地监视委员会或代理其职权的其他机构都应编制其辖区内的嫌疑犯名单，并将他们收审、监管到和平为止。《惩治嫌疑犯条例》对打击革命的敌人威力巨大，但由于条文内容含糊和执行中的偏差，不免打击扩大化。据估计，到1794年5月，全国被逮捕的嫌疑犯总数达30万之多。

1793年10月10日，雅各宾派建立了革命政府。国民公会是最高政权机关，兼有立法和行政权。国民公会下设救国委员会、社会治安委员会和革命法庭。救国委员会，掌握着军事、经济、外交等一切大权，成了强有力的专政机构。治安委员会，负责领导警察部门，主要同国内各类反对派作斗争。革命法庭，主持对敌人的审判。救国委员会的命令由国民公会派出的特派员执行，特派员拥有无限权力。

总的说来，在特殊的时期，雅各宾的这种统治可能是必需的，革命的军队、国内政治恐怖与经济上的统制，在某种程度上使法国的政治、经济危机有了缓和。到1893年底1894年初，法国基本上克服了雅各宾政权建立时所面临的危机，"恐怖统治"显示了威力，完成使命，在历史上写下了自己的一页。

但是，雅各宾专政是法国大革命上升路线发展中所产生的特殊的、特有的平民方式，并不符合资产阶级革命的一般规律，可视为是一个非常情况下所采取的非常状态。这种特殊的方式，决定了雅各宾专政统治的短暂性。无论从资本主义替代封建制度的历史进程，还是从资本主义制度本身发展的内部规律来看，它都具有暂时性。因为雅各宾专政建立之时，面临的根本任务是打败国内外封建势力，保卫和巩固资产阶级革命的成果。在资本主义制度的国家里，决不可能把限制和打击资产阶级的政策长时期地保持下去。历史的辩证法表明：雅各宾专政实行得越彻底，取得的成效越大，这个政权寿命也就越短促。

---

① 丹东在不久就退出了该委员会，并开始反对恐怖，提出"要珍惜人类鲜血"，被称为"宽容派"。于1794年4月5日被罗伯斯庇尔送上断头台。

1794 年 7 月 27 日（热月 9 日），被雅各宾派镇压的丹东派（右派）和埃贝尔派（左派）联合密谋推翻雅各宾专政，史称"热月政变"。政变成功后确立了热月党的统治，使政权从资产阶级激进派手中转到温和党手里。革命的上升路线就此被打断。

对于热月政变，过去史学界一直称之为"热月的反动"。我们认为，对它评价的参照系不同，就有不同的结论。对雅各宾专政而言，热月政变是一种"反动"，但与 1789 年革命相比，就另当别论，因为它维护了 1789 年的原则。而相对于保王派而言，热月党执政则显然是一种进步。

二、拿破仑时代

热月政变是结束恐怖统治，恢复和建立资本主义政治秩序的转折点。但面临建立稳定秩序，巩固革命基本成果的历史使命，热月党[①]内部却开始分裂。尽管废除了政治恐怖和经济统制政策，但国内的政治和经济状况继续恶化。1795 年上台的督政府[②]几经努力也未能实现法国政治、经济的稳定。看来，法国需要一个强有力的人物和政权来贯彻大革命原则，重建法国的稳定与繁荣。

如果说雅各宾专政是大革命的"最高"阶段的话，拿破仑时代则是大革命的最后阶段。拿破仑上台伊始，就表示"我们已经结束了大革命的浪漫史，现在我们必须开始写他的正史了"。[③] 1799 年 12 月 15 日，执政府在《告法国公民书》中也意味深长地说，"公民们，革命已经稳定在革命开始时提出的若干原则之上。革命结束了。"

拿破仑（Napoleon，1769—1821），出生于科西嘉首府阿雅克修，幼年性格孤僻。10 岁那年拿破仑随父亲赴巴黎，到希里埃纳军事学校求学。大革命时，拿破仑回故乡探亲，参加了那里的革命。1792 年秋被升为上尉，1793 年土伦战役后，晋升为炮兵准将。此后，拿破仑在意大利、埃及等地征战，屡战屡胜，人称"常胜将军"。

拿破仑

1. 大革命的遗嘱继承人

1799 年雾月，远征埃及的拿破仑乘督政府陷于国内政治经济危机，国外反法联盟压境的严重困境之机，星夜兼程，赶回巴黎。在西哀士、塔列朗（Talleyrand，1754—1838）扶助下，于雾日 18 日（11 月 9 日）发动了军事政变，成为共和国的执政官。1804 年拿破仑又自封为法兰西皇帝。法国大文豪巴尔扎克说，军人们听到拿破仑被任命为共和国的第一执政都高兴得眉开眼笑。因为他们第一次看到他们同行中

---

① 热月党不过是反对罗伯斯庇尔的各种人物和利益的暂时联合体，因共同参与法国新历共和二年热月九日政变而得名。

② 共和四年雾月 4 日（1795 年 10 月 26 日）至共和八年雾月 19 日（1799 年 11 月 10 日）的法国政府。

③ 约翰·霍兰·罗斯：《拿破仑一世传》（上卷），北京：商务印书馆 1979 年版，第 193 页。

的一个人能够主持国政。

拿破仑在法国执政了约 16 年,整个统治大致可分两个时期。执政府时期(1799.
11—1804.12);法兰西第一帝国时期(1804.12—1815.6)。期间,拿破仑叱咤风云,成
就卓著且影响深远,故这一时期也被称为"拿破仑时代"。

拿破仑尽管行伍出身,缺乏治国经验,但他深深懂得:要巩固权力、稳定社会,赢
得法国在欧洲的地位,必须要在一盘散沙的"法国土地上投上一些花岗石,以夯实地
基"。这些花岗石包括政治机构的重组、社会经济的重建以及文化教育的重振在内的
一系列内政改革,具体表现在以下几个方面。

改革松散的行政机构,实行高度集权。拿破仑组建了由其亲自挑选的富有行政
经验的专家、名人等 29 人组成具有最高行政裁决权的参政院,分成海军、陆军、财政、
立法、内务 5 个小组,共商国家大事。中央政权完全听命于拿破仑,官员和各部部长
均由他任命,听他指挥,且有高度的行政效能。另外,还成立了警务部,密探头子富歇
(Fouché,1759—1920)担任警务部长,设立秘密警察机关——巴黎警察总署,警察系
统成为拿破仑统治的得力工具。

建立了欧洲最庞大的军队,平时进行严格的军事训练,而且军队纪律严明。创立
了"近卫军",享有特权,对拿破仑绝对忠诚。训练有素的军队是拿破仑中央集权统治
的主要支柱。

改革经济体制。拿破仑任用财经专家担任财政部长,整顿和加强财政制度,改革
税收制,设立直接税行政总署,各省建立分署,任命一批监督与视察教导员负责分配
税额。改革后,国家税收逐步走上正常轨道,到 1802 年,财政预算达到 5 亿法郎;大
力发展工商业,1799 年 11 月 27 日法令重建期票证券制度,1800 年建立法兰西银行;
奖励竞争,实行发明专利,举办博览会等形式刺激经济发展。对一些新型企业和技术
革新,政府也在资金、政策上予以扶持。

最后,拿破仑还实行了包括司法、宗教、文化教育等方面的革新。拿破仑执政伊
始,法国公立学校量少质次且不成系统,私立学校多由教会操纵。这种状况对于有远
大政治抱负,并把教育当做立国之本的拿破仑来说是无法容忍的。拿破仑认为,"在
我们所有的机构中,最重要的是公共教育,全部的现在和将来都取决于它"。[①] 为此,
从 1802 年起,他开始有计划有步骤地全面整顿改革教育。1808 年成立帝国大学,从
此一个初具规模、上下衔接、较为完整的教育体系基本形成:(1)大学校和专门学院,
培养各种高级专门人才尤其是实用性人才;(2)国立中学,教授古典语言、历史、修养、
逻辑、数学、物理学的基本知识;(3)市立中学,教授古典语言基础、历史和其他科目的
基本原理;(4)私立学校,课程深度相当于市立中学;(5)寄宿学校,即私人教师的寄宿
学校,其课程深度低于私立学校;(6)小学,教授读写算基础知识。

1801 年 7 月 15 日,拿破仑与教皇达成协议,签署了著名的政教协议——《教务

---

① 穆迪著:《拿破仑以来的法国教育》,锡拉丘兹大学出版社 1978 年版,第 12 页。

专约》。次年 4 月 8 日,该协议作为正式的国家法律颁布实施,法国正式恢复了天主教。《教务专约》的主要精神是:天主教承认法国大革命原则,为维护法国国内的安定,不要求归还已没收的财产及恢复教会特权;教会服从国家,为国家服务;政府承认天主教是法国绝大多数公民的宗教,公民信仰自由。在颁布协议时,拿破仑还机敏地增加了一个附件,即组织条例,其中规定:罗马教廷的任何通谕、文告、法令等,未经法国政府批准,任何人不得刊印、发布和执行;罗马教廷的任何人员,未经法国政府许可,不得在法国从事任何活动。从此,教皇成了帝国的陪臣,天主教从封建专制王权的精神支柱变成了法国资产阶级国家的精神工具。在随后一个多世纪里,《教务专约》一直是法国宗教政策的主要法典之一。

此外,拿破仑还大力发展艺术,确立了巴黎的世界艺术中心的地位。

但是,拿破仑对大革命贡献最大、对后世最有影响的要数《拿破仑法典》[①]。1800 年 9 月,由拿破仑亲自主持了民法典的起草工作,期间共召开了 102 次讨论会,拿破仑亲任主席并参加会议 97 次。法典于 1804 年 3 月 21 日正式公布。拿破仑自己对法典也有很高的评价,他说,我真正的光荣并非打了四十次胜仗,滑铁卢之战抹去了关于这一切的记忆。但是有一样东西是不会被人忘却的,它将永垂不朽——那就是我的民法典。

的确如此,《拿破仑法典》是资产阶级国家最早的一部民法典,它把资产阶级革命的成果用法律的形式固定下来。法典包括总则、三编、三十六章,共 2281 条。

总则是独立的一篇,内容是关于法律的公布、效力及其运用(第 1—6 条)。第一篇:"人",内容包括民事权利的享有及丧失,身份证书,住所……(第 7—515 条)。第二篇:"财产及其所有权的各种限制",内容包括:财产分类、所有权、用益权、使用权、居住权(第 516—710 条)。法典确立了绝对的个人所有权。如第 544 条规定:"所有权就是对于物有绝对无限地作用、收益和处分的权利。但法令所禁止的使用不在此限。"第三篇:"取得财产的各种方法",内容包括:继承、生前赠予及遗嘱、契约、合意之债、非合意之债……(第 711—2281 条)

"民法典"对刚刚诞生的资产阶级社会生活的各个方面,作了有利于巩固资产阶级所有制的规定,体现了启蒙思想的原则,巩固了大革命的成果,并成为以后各国资产阶级民法典的蓝本。我们认为,整个民法典贯彻了以下几条精神原则:

自由和平等原则——"所有法国人都享有民事权利",公民在法律面前人人平等。

所有权原则——"所有财产(包括动产或不动产)所有人拥有充分广泛的权利和保障",不仅保障了资本主义的发展,也保障了小农经济。

契约自由原则——在资本主义社会,契约有非常巨大的意义,原料的取得、商品的流通、工人的雇佣,都必须通过契约。契约自由原则的确立,有利于资本主义社会

[①] 《拿破仑法典》,狭义地说,专指 1804 年通过的《法国民法典》,在 1807 年命名为《拿破仑法典》。广义地说,指拿破仑统治时期的五部法典:《法国民法典》《民事诉讼法典》《商业法典》《刑事诉讼法典》《刑法典》。

的运行和发展。

2.拿破仑战争

拿破仑的一生几乎是在战争中度过的。在 22 年的戎马生涯中,总共指挥过大大小小的战役近 60 多个,被誉为"战争之神""马背上的罗伯斯庇尔"。拿破仑战争(1792—1814 年),整整延续了四分之一的世纪。1793—1796 年,拿破仑作为少校炮兵指挥参加土伦等战役。1796—1799 年,拿破仑作为一个军团总司令指挥意大利战役和埃及、叙利亚战役。1800—1815 年,拿破仑作为法国皇帝参加战争。

拿破仑对外战争大致可分为三种类型①:一是与反法联盟之间的战争;二是与英国争霸欧洲的战争;三是对反法联盟之外的国家的战争。一般说来,执政府时期,拿破仑战争主要是抗击欧洲武装干涉,保卫革命成果,有力地维护了法兰西民族的独立和尊严。但帝国后期的一系列战争,尤其是 1812 年的侵俄战争,则明显地具有扩张和霸权性质。

拿破仑称帝后所进行的战争,性质是复杂的。从 1803 年拿破仑计划法国海军跨越英吉利海峡侵略英国起,其战争就逐步从正义的自卫战争转变成为大资产阶级谋夺利益的非正义的侵略战争。1805 年特拉法尔加海战,英国将军纳尔逊阵亡,但法军损失更是惨重。指挥官维尔纳夫被俘,法国海军几乎全军覆没,从此法国丧失了与英国海上的争霸权。

1805 年 8 月,奥地利、英国、俄国等组成了第三次反法同盟。9 月 24 日拿破仑离开巴黎,亲自挥军东进,迎接挑战。

10 月 17 日法军与奥地利军队在乌尔姆激战,取得胜利。12 月 2 日(即拿破仑加冕一周年纪念日),拿破仑率领法国军队以 7 万人的弱势兵力,浴血奋战,打败了 9 万俄奥联军的联合进攻,取得了奥斯特里茨战役的胜利,反法同盟再度瓦解。奥地利帝国被迫取消了神圣罗马帝国的称号。拿破仑随后联合了德国境内各诸侯国组成"莱茵邦联",把它置于自己的保护之下。

英法一直是宿敌,两国都想在欧洲称霸,在欧洲政治、经济上有太多的矛盾与纠葛。英国以他的财力与武器装备,在反法同盟中起着重要的作用。拿破仑争霸欧洲的重大障碍就是英国了。在入侵英国的计划搁浅后,拿破仑决定从经济上拖垮英国。打垮奥、普后,1806 年 11 月 21 日,拿破仑一世在柏林签署了大陆封锁令,禁止英国商品进入欧洲大陆,禁止隶属于法国的各国同英国进行贸易,所有英国的货物和商船一律没收。大陆封锁政策实在是一着昏旗。由于当时整个法国的工业发展水平不能代替英国满足欧洲各国的需要,因而使许多国家特别是与英国有着传统贸易关系的国家的经济状况大大恶化,经济萧条,进出口停滞,引起他们的不满;对法国本国贸易和一些工业部门也造成了损害。同时,英国采取反封锁政策,进行大规模的走私活动,法国的各附属国也参与其中。因此,实行大陆封锁并没有达到从经济上窒息英国的目的。

---

① 参见沈炼之、楼均信主编:《法国通史简编》,北京:人民出版社 1994 年第 2 版,第 217 页。

1807 年秋天,英、俄、普鲁士等组成了第四次反法同盟。10 月 14 日,拿破仑率军在耶拿战役与普军对攻。在奥尔斯泰特,法国的达武元帅以 2 万法军劣势兵力遭遇了普鲁士国王亲自统率的 5 万人的主力。达武元帅奋力战斗,普军几乎全军覆没,普王和王后仓皇逃命。拿破仑因此取得了德国大部分地区。法国势力扩大到易北河以东。

奥斯特里茨战役

1807 年 6 月法军与俄普联军在波兰艾劳东北的弗里德兰镇会战,大败俄普联军。俄军被迫求和。6 月 25 日,拿破仑与俄国沙皇亚历山大一世会面,双方签订了和平条约。自此,法兰西第一帝国在欧洲大陆的霸主地位得到了确立。拿破仑一世兼任意大利国王、莱茵邦联的保护者、瑞士联邦的仲裁者,并分别封他的兄弟约瑟夫、路易、热罗姆为那不勒斯、荷兰、威斯特伐利亚国王。

1807 年末西班牙爆发内部动乱,拿破仑于是趁机入侵了西班牙,并让其长兄约瑟夫·波拿巴成为西班牙的国王。1808 年 5 月 2—3 日,马德里举行了大规模的反法起义,遭到法军的血腥镇压。法国占领西班牙遭到了西班牙全国人民的抵制。法军所到之处,都会面临游击队的袭击,法军陷入了"战争的汪洋之海"。拿破仑入侵西班牙是他战略的一大失误,从此法军陷入了两线作战的苦境。西线在伊利比亚半岛作战,东线则与反法同盟周旋。

正当拿破仑陷入西班牙泥潭之际,1809 年初第五次反法同盟组成。奥地利帝国在背后偷袭法国在德国的领土,拿破仑被迫退出西班牙,率军东征。7 月 5—6 日的瓦格拉姆战役中法军夺得了决定性的胜利,迫使奥地利签订维也纳和约,再次割让土地。次年,拿破仑娶奥地利公主玛丽·路易丝为妻,法奥结成同盟,法兰西第一帝国达到全盛。拿破仑成为欧洲不可一世的霸主,成为与恺撒大帝、亚历山大大帝齐名的"拿破仑大帝"。

法俄矛盾主要是由拿破仑的大陆政策所引发的。大陆政策不仅禁止俄国与英国贸易,还使俄国成了法国商品的市场,这严重损害了俄国工商业者的利益。俄国在参加了大陆封锁后不久就放弃了大陆同盟。另外,法国在普鲁士尤其是波兰的行动,也使沙皇颇有微词。俄国的敌对行为招致拿破仑的愤怒。拿破仑认为要实现霸权,必须使俄国屈服,遂萌生了通过战争迫使俄国投降的念头。

1812 年 6 月,拿破仑集结 61 万军队(其中半数为外籍军),分两路依次渡过涅曼河,向俄国不宣而战(拿破仑的主观估计是 20 天结束战斗),法俄战争爆发。

战争初期,俄国由于防守薄弱,只有兵力约 24 万人,不足以抵抗自信满满的拿破仑军队。俄国元帅库图佐夫(Kutusov,1745—1813)采取了撤退的策略,并沿途放火,实行焦土政策,把法军途经之处烧得一干二净,这一步打乱了拿破仑速战速决的原计划,也令拿破仑原本想边作战边抢夺补给的计划泡汤。

法军进入俄国腹地后,遇到俄国军民的有效抵抗。9月14日,拿破仑军队进入莫斯科时,只剩下不到10万。当晚,莫斯科大火,连烧了3天不息。拿破仑提出和谈,遭拒绝后被迫于10月19日下令撤退。此时俄国进入了冬天,寒冷无比的俄国旷野让远道而来的法国士兵毫无防备,冻饿而死不计其数。一路上俄军坚壁清野,游击队不断骚扰,法军伤亡惨重。11月下旬法军撤到别列津纳河时,仅剩3万余人,渡河时又遭俄军截击,损失大半。

1812年法俄战争失败,奠定了拿破仑垮台的基础。1815年6月18日,"滑铁卢之战"法军惨败,反法联军携路易十八复辟。1815年6月22日,拿破仑被流放至大西洋上的圣赫勒拿岛,1821年5月5日拿破仑因胃癌病逝,终年52岁。

拿破仑逝世至今,一直是世界各国政治家、史学家、军事家和文学家研究的对象,关于拿破仑的文字著作有10万多种,电影也有70多部。对他的评价更是众说纷纭。有人完全骂倒,有人全盘赞扬。我们应该实事求是的评价,拿破仑确实具有两重性,一方面顺应历史潮流,站在先进的一面,为巩固发展大革命成果作了贡献。但也不否认其有镇压革命运动,扼杀大革命民主的一面。但总的说来,拿破仑执行了大革命的遗嘱,完成了大革命所未完成的事业,确立了资产阶级现代国家的大厦,是大革命之子,也是近代世界历史的风云人物。

第三节　大革命的历史地位

法国大革命已经过去两个多世纪了,而对其是非功过的评价至今仍然聚讼纷纭。从革命一开始,思想家、学者、观察家们就以各自的立场与视角检讨大革命。比如英国保守主义者柏克的《法国革命论》、托克维尔的《旧制度与大革命》、米涅的《法国革命史》等,他们对法国革命或反思或歌颂,启发我们更理性地认识法国大革命的历史地位。

法国大革命震撼了欧洲也动摇了整个世界,在法国和世界历史上都具有重要而独特的地位。

大革命粉碎了法国腐朽的封建专制制度,创立了资产阶级共和国,确立了资产阶级统治,为资本主义的进一步发展扫清了道路。当大革命原则越出法境向欧洲传播时,也极大地动摇了欧洲封建反动势力(尤其是拿破仑时代),有力地推动了欧洲范围的反封建专制主义的斗争。在法国革命旗帜下,欧洲、拉丁美洲许多国家都爆发了资产阶级革命和民族独立运动。大革命中所形成的观念模式、行为样式构成了一种浓重的政治文化,对20世纪的俄国革命和中国革命的影响更是意味深长。

这次革命试图从根本上与旧制度决裂。革命取消了封建的和教会的特权,取消了等级制度和爵位制度,废除了领主制、官爵买卖制、长子继承权。人们之间的称呼从

"您"改为"你"，由"公民"代替了"先生"，从而使法国的社会与精神生活、风俗习惯都发生了变化。正如托克维尔在《旧制度与大革命》中所说的，"大革命通过一番痉挛式的痛苦努力，直截了当、大刀阔斧、毫无顾忌地突然间便完成了需要自身一点一滴地、长时间才能成就的事业。这就是大革命的业绩。"①

大革命对世界先进思想的发展也起了巨大的鼓舞和鞭策作用。可以说，19世纪的文学、科学、哲学、音乐、建筑、绘画、雕刻，都从大革命的日子和事迹中得到灵感，吸取力量，从不同角度反映出大革命的激情，如列宁说："这次革命……给资产阶级做了很多事情，以至整个十九世纪，即给予全人类以文明和文化的世纪，都是在法国革命的标志下渡过的。"②

但是，对大革命存在的一些负效应也不应避讳。革命中的非理性群众运动和扩大化的恐怖统治，都对法国造成了极大的危害，给世界革命运动也带来了阴影。法国用激进革命的方式开始政治现代化的历程，其代价也是很大的。

————————

① 托克维尔：《旧制度与大革命》，北京：商务印书馆1992年版，第60页。
② 《列宁选集》第3卷，北京：人民出版社1976年版，第851页。

第五编　工业文明的躁动

　　18世纪中叶起,西方文明经历了重大的嬗变。这种蜕变是由政治上的民主与独立浪潮和经济上的工业化浪潮共同推进的。尤其是英国首开的产业革命,在资本主义世界引起了连锁反应,工业化浪潮把西方文明推向了工业时代。

　　工业革命所带来的城市化和法国大革命旗帜引导下的欧洲民主化浪潮,使西方各国的现代化步伐进一步加快。英、美、法作为现代化的先驱国,在政治民主化的道路上阔步前进。19世纪中叶,欧洲掀起了改革浪潮,美国在1865年内战结束后,废除了农奴制,扫清了资本主义进一步发展的障碍;英、美等国进行了文官制度改革,完善了两党制和内阁制;法国在反复的政治动荡后确立了共和制;德国和意大利完成了统一大业;俄国也进行了农奴制改革。通过改革,在英、美、法等民主化国家中政党政治活跃,公民自由扩大,代议制度日趋健全。各利益集团或公民个人的意愿或不满,都有一定的宣泄机会和渠道。大选和轮流执政等民主式调节手段,维持了社会的稳定和发展。西方国家的政治民主化,为后起之国提供了样板。

　　但是工业时代的喧嚣与动荡,也超过了以往任何时代。工业文明不仅改变了人们的生存方式和思维方式,也引出了更为复杂的文化现象,西方文明变得越来越躁动与不安,直至引发了两次世界大战。

大事年表

18 世纪中期	英国开始工业革命
1764 年	珍妮机问世
1769 年	瓦特发明蒸汽机
1776 年	亚当·斯密发表《国富论》
1832 年、1867、1884	英国三次议会改革
1850 年	伦敦举行第一次世界博览会
19 世纪 50—70 年代	英国文官制度改革
1857 年	世界性资本主义经济危机
1859 年	达尔文发表《物种起源》
1861 年	美国内战，俄国农奴制改革
1862 年	美国《宅地法》通过
1865 年	英国科学家麦克斯韦提出电磁场原理
1867 年	马克思《资本论》第一卷出版
1870—1871 年	普法战争
1870 年	意大利统一
1871 年	德意志帝国成立，法国巴黎公社成立
1875 年	法兰西第三共和国成立
1876 年	美国人贝尔发明电话
1879 年	爱迪生发明电灯
1885 年	德国人卡·本茨发明汽车
1886 年	美国芝加哥工人争取八小时工作日大罢工
1895 年	德国科学家伦琴发现 X 射线
1896 年	意大利人马可尼发明无线电
1898 年	居里夫妇发现放射性元素钋和镭
1903 年	美国人莱特兄弟制成内燃发动机的飞机
1905 年	爱因斯坦发表狭义相对论，1916 年广义相对论
1814—1918 年	第一次世界大战
1919 年	巴黎和会，凡尔赛和约
1933 年 1 月	希特勒上台
1939—1945 年	第二次世界大战
1957 年	欧洲共同体成立
1993 年	欧共体更名为欧盟

第十三章

工业化浪潮：产业革命

正当北美和欧洲大陆的政治革命蓬勃发展之际，另一场革命正在欧洲大陆一端的岛国——英国悄然兴起。这就是以蒸汽机发明为龙头的工业革命，它不仅引发了一场深刻的生产方式领域的革命、掀起了欧洲工业化的浪潮，还深深地改变了人们的生活方式、精神面貌和价值观念。西方从此进入了工业文明时期。

产业革命也称工业革命，特指西欧工业化早期（公元18—19世纪）的历程，即手工工场向大机器的过渡阶段。英国是工业革命的起源地，但工业革命（The Industrial Revolution）一词却最早出现在法国。法国人将他们在公元19世纪20年代制造业中出现的技术变革，与1789年和1830年的革命相类比，便有了"工业革命"一说。1837年，法国人杰罗姆·布朗基（Jerome Adolphe Blanqui）提到公元18世纪末的技术发明有广泛的社会意义。

工业革命一词被广泛运用，要归功于历史学家和社会改革家汤因比（Arnold Toynbee，1852—1883）。1883年汤因比英年早逝。汤因比去世后，他的作品《关于英国工业革命讲座》于1884年整理出版。书中，汤因比提出工业革命的本质是竞争，这种竞争或许能创造财富，但不能创造幸福。工业革命在社会变迁中富有意义。此书在英语世界引起重视，并很快告罄。随着此书的传播，工业革命的概念也得到广泛的认同。

第一节　英国工业革命

每一代的进步都是在前代进展的基础上取得的。工业革命的根源无疑可以追溯到几个世纪以前，文艺复兴以来的科学与思想的进步，资产阶级的革命等，都是工业技术革命所不可缺少的先决条件。公元19世纪中期，英国利用工业化先发优势，确立了"世界工厂"的地位。

一、工业革命的前提

公元19世纪中叶的第一次技术革命，首先从英国发生，决非偶然。它是英国经济、政治和社会的各种因素交互作用的结果。

英国资产阶级统治的确立，为工业革命展开创造了有利的政治环境。1688年光荣政变后建立起来的英国君主立宪制政体,实质上是资产阶级和贵族地主阶级的联盟。这种政治制度到工业革命前夕更加稳定。1689年国会通过的《权利法案》,规定国王必须是新教徒出身(担心天主教教徒可能要恢复旧秩序);国王不能废除议会所通过的法律;征税、募兵必须经国会同意;国会有权监督军队,决定对内对外的重大事务等。从此资产阶级的议会权利得到了法律的保障。1701年,国会又颁布了王位继承法,进一步限制了国王的权力,规定国王死后,由王后的妹妹安娜来继承王位;安娜死后,王位应传给她的远房亲属汉诺威的选侯。王位继承由国会确定,说明王权受到极大限制。代表资产阶级利益的国会掌权,一系列有利于工商业发展的政策和法案的出台,从政治上为工业革命保驾护航。

工业革命的物质条件主要来自扩大了的资本原始积累。英国的原始积累主要是两种方式:圈地运动与殖民掠夺。18世纪,英国进入了国会圈地运动阶段,国会通过的圈地法律有2000多起,圈地达350万英亩。圈地运动,促进了资本主义生产关系在农村的发展,扩大了资产阶级化的新贵族的实力。富裕农民、商人、企业主成为拥有大量土地的资本主义农场主,贫苦农民成为农场或工厂的雇佣工人。18世纪末,英国自耕农的消灭,也为工业革命提供了廉价的劳动力。

资产阶级革命后,英国对外政策的核心是掠夺殖民地、开拓海外市场、争夺世界霸权。1763年英法七年战争后,英国成了殖民帝国。英国对遍布世界各地的殖民地进行残酷掠夺,为发展工业提供了充足的资本,比如东印度公司1757—1766年,仅在孟加拉就掠得了资本600万英镑。英国也是西方各国中罪恶的"三角贸易"的最大获得者。仅在1630—1790年间,英国商人共将250万黑人奴隶运出非洲,获纯利1200万英镑。由于资本积累,使英国资产阶级的经济地位日益提高与巩固。

18世纪上半期,英国的资本主义有了长足的进展。工业革命前夕,英国工场手工业发展到了成熟的阶段,部门齐全、种类繁多。生产开始专门化,采矿业分布在西南和中北部,冶铁业则以西北和东南部最为繁荣。一些劳动已分化成细致、单一的操作工序。早在15世纪末、16世纪初,在英国约克夏西部形成了农村毛纺织工业区。到工业革命前,作为"民族工业"的纺织业则遍布英格兰城乡各地。由于竞争需要,人们十分注重技术革新。生产专门化和技术的进步不仅为机器的发明和推广做好准备,也为工厂制提供了必要的熟练工人和技术力量。

实验科学的发展和英国的地理条件也在一定程度上推动了工业革命的到来。18世纪牛顿力学体系在英国创立,随之数学、化学、物理等自然科学也有了很大的发展。在科学的带动下,英国的革新之风盛行,有关工业或农业新发展的报导,在报纸杂志上连篇累牍地发表,并被人们热切地研读和探讨。一些科技团体和技工学校也相继出现。社会对科学与工商业经营带有普遍的尊重。

英国也是世界上最先建立近代金融体制的国家。英格兰银行成立于1694年,到1750年,仅伦敦就有银行20家,1793年,英国的银行已达400多家。银行家们把大量的"闲散资金"汇集起来,投资于实业。英国的贵族不像大陆贵族那样轻视商业,许多发财致富的商人、土地所有者和船主,已渐渐习惯于向私人企业投资,或借钱给银行以获取红利,使银行储备足够的货币。另外,英国本土蕴藏着相当多的煤铁资源,而当时的炼铁技术已达到了一定的水平。不列颠岛上的任何地区距海和距可以通航的河流都不超过 90 公里,水上运输发达,便宜而又有效的运输,也为发展工业提供了便利的条件。

工业革命前的英国告别了内战,流血与专制。与大陆欧洲国家相比,社会相对安定。没有法国式的国内关税壁垒,没有大陆式的警察体制,人们安居乐业。这一时期被一些学者称之为"快乐的英格兰"。这正是技术革命所需要的社会氛围。

所有这些因素和条件相互影响,相互作用,构成了英国工业革命的重要前提。

二、技术发明与工业革命

马克思在《资本论》中指出,引起产业革命的是工具机。工具机的发明是产业革命的导火线。棉花工具机的发明与应用标志着工业革命的开始。

英国工业革命之所以从棉纺织业部门的机器应用为起点,主要基于三个前提。第一,当时英国人口增殖,加之民众对棉织品的需求大增,政府鼓励发展本国的制造业,如 1721 年《白棉布法案》规定 1722 年 12 月 25 日后,大不列颠无论何人使用进口的各种印染、印花、白布做成的毯子,或是穿着这类衣服,都将不再合法。第二,棉纺织业作为英国的民族工业有较好的技术基础,需要投入的资本少,资金周转快,容易获利。这符合资本追逐利益的原则与目的。第三,由东印度公司大量输入的来自印度的细棉织品物美价廉,给国内棉纺织业带来冲击。这迫使资本家要降低成本,提高质量,进而奖励技术发明,大量采用机器。

18 世纪 60 年代开始的工业革命,直接与棉纺织业的"纱荒"有关。1733 年,英国钟表匠开伊发明飞梭,这是一种织布的器械,只要用双脚交换踏板,飞梭会自动地左右穿梭织成布匹。飞梭的发明,改变了以前工人用双手互相穿梭来织布的历史,工效由此提高了一倍。

飞梭的发明,造成了织与纺之间的不平衡,平均 6 个纺工才能供应 1 个织工所需的棉纱。这种纺织落后于织布的现象引起了所谓的"纱荒",织布机往往因缺乏棉纱而停产。1761 年,英国"艺术和工业奖励协会"建议设置奖励,鼓励发明纺纱机。

1764 年,当过木工的织布工人哈格里夫(Hargreaves James,? —1778)不经意踢翻了他女儿珍妮①的纺车,轮子带动那根锭子飞快地转动着,这使他想到若把几个锭子同时竖起来,纺纱效率会大大地提高。经过反复试验,哈格里夫发明了竖锭式多轮滚纺纱机。为纪念他女儿给他的启示,他把纺车命名为"珍妮纺车",于 1770 年,登记专利。普通的手摇纺车只有一个绽子摇一根纱,而"珍妮机"只要一个人摇动,就可以同时带动 16 至 18 个绽子,从而使工效大增,从此一劳永逸地解决了纱荒的问题。

---

① 一说珍妮是他的妻子。

"珍妮机"在英国各地推广,成为英国工业革命的火种。怪不得恩格斯说:"使英国工人的状况发生根本变化的第一个发明是珍妮纺纱机。"①

珍妮机的发明是纺织技术的一个巨大飞跃,标志着工业革命的开始。但珍妮机有两大缺陷:需人工手摇,纱虽细却易断;仅能作为纬线,不能大量生产棉布。珍妮机仍有进一步改进的需要。1769 年,理发师兼钟表匠阿克莱窃取了木匠海斯和开伊共同的发明,制成水力纺纱机并取得专利权,既提高了棉

珍妮纺纱机

线的质量又解决了动力问题。从此,英国可以制成纯棉制品。由于水力纺纱机体积较大,不适于家庭分散使用,需要建造厂房集中生产,这为工厂制度的建立奠定了基础。1777 年,阿克莱在克隆福德开办英国第一个水力棉纺纱厂,雇用了 600 多名工人,标志着近代机器大工业的开始。

阿克莱的水力纺纱机虽然以水力代替了人力,提高了劳动效率,但这种机器纺出的纱粗糙且不均匀。这又促使人们进行技术革新与发明。1799 年,青年工人克隆普敦综合珍妮机和水力纺纱机的优点,发明了"骡机",意思是两种机器杂交而成。马克思曾评价说,骡机是现代工业中的一个重大发明。这种精纺机器,使棉布质量大大提高。到 1800 年,英国有骡机纺纱厂 600 多家。

纺纱技术革新后,新的矛盾又产生了,纺与织之间的平衡再次打破,反过来又促使了织布机的革新,1785 年,牧师卡特莱特在木工和锻工协助下,经过多次试验发明了靠水力推动的织布机,工效提高了 40 倍。纺纱和织布之间达到平衡。1791 年,英国出现了第一座规模较大的织布工厂。与此同时,棉纺织业的印花、漂白、整染等技术也得到相应改进。到 18 世纪末,英国的纺织业基本已用机器代替了手工劳动。

到此为止,各种纺纱机还都是工具机,需要动力来推动,不可避免地具有局限性,如人力对某些活动不能完全胜任,风力不够稳定,畜力又太昂贵,水力则受到水位、季节、地点等限制。为扩大生产和发展工厂制,需要寻求新的动力。蒸汽机的发明是时代的需要。

"蒸汽的力量",早在古希腊时期就有人研究过,但真正完成这项工作的是英国陆军军官工程师托马斯·赛维利。1698 年,他发明了一台大型蒸汽机并登记了专利。这种蒸汽机由气缸和三根导管组成,一根导管通往蒸汽锅炉,另两根分别是进水管和出水管。蒸汽进入汽缸后注入凉水,冷却形成真空后将水吸入,第二次通入蒸汽

---

① 《马克思恩格斯全集》(第 2 卷),北京:人民出版社 1972 年版,第 284 页。

则将汽缸的水压出。他想通过蒸汽冷凝产生真空的办法来取得工业动力,此设想虽然理论上可行,但一些实际技术问题仍无法解决。这种蒸汽机只能运用于矿井排水。

1705年,住在赛维利早期试验地点附近的苏格兰铁匠纽可门和他的徒弟们,在物理学家胡克的指导下,研制成功了水泵用蒸汽机。但是,纽可门蒸汽机耗煤很大,效率很低,还不能作动力机器使用,也只能用在矿山水泵上。

1763—1764年,格拉斯哥大学的仪器制造工人瓦特[①](James Watt,1736—1819)从一位教授手里接受了纽可门蒸汽机的修理任务,这使他有机会改造蒸汽机。在模型试验中,瓦特发现大的蒸汽机单体容积的效率比小蒸汽机高,于是他就这一问题向布拉克教授求教,了解到3年前发现的潜热现象,深受启发,弄清了蒸汽机能量的来源不是蒸汽本身而是蒸汽的热。瓦特想到小蒸汽机单体容积的汽缸表面积要比大蒸汽机大,因此在冷凝之后加热汽缸所耗费热量比例也大。从而找到了蒸汽机效率不高的原因,进而也就找到了解决问题的方法。瓦特决定使冷凝这道工序不在

瓦特肖像

汽缸上进行,而是由与汽缸脱离的单独的冷凝器来完成。这样,使燃料节省了75%,效率却提高5倍,热效率由不到1%提高到3%以上。1769年瓦特登记了此项专利。不过,瓦特这台的蒸汽机与纽可门蒸汽机相比,除了热效率有显著提高外,在作为动力机来带动其他工作机的性能方面仍未取得实质性进展。

为进一步改进蒸汽机,瓦特在工程师兼企业家博尔顿的赞助下,发明了"行星轮机构"传动装置,引进了离心调速器和慢性轮技术,试制出了一种带有双向装置的新汽缸。纽可门蒸汽机就这样演变为了"瓦特蒸汽机"。

从最初接触蒸汽技术到瓦特蒸汽机研制成功,瓦特走过了20多年的艰难历程,终于完成了对纽可门蒸汽机的三次革新,使蒸汽机得到了更广泛的应用,成为改造世界的动力。由于瓦特的特殊贡献,这个自学成才的实验工人入选了英国皇家学会会员(1800年)和法兰西科学院外籍院士,成为一个传奇。

1806年,英国的曼彻斯特出现了第一家以蒸汽机作动力的棉织厂。至19世纪40年代,蒸汽机作为动力的来源,在英国得到了广泛的应用。哪里需要动力,哪里就有蒸汽机。

瓦特发明的蒸汽机在当时被人们称为"恶魔",因为它吞火吐烟,动作疯狂,力大无比。但这个"恶魔"却给工业发展带来了巨大的活力,带动了火车、轮船等新型交通工具的问世。蒸汽机"恶魔"的诞生,也预示着一个新时代的来临,由此引

---

① 作为英国工业革命时期的重要发明家瓦特还发明了气压表、汽动锤。后人为了纪念他,将制中功率和辐射通量的计量单位称为瓦特,常用符号"W"表示。

发了一场波及欧洲乃至世界的产业革命,人称第一次技术革命。

英国的工业革命是资本主义国家工业革命的发源地,也是资本主义发展史上最重要的历史转折点,对世界、尤其是对欧洲的影响不言而喻。

英国工业革命

由于机器代替了手工劳动,大大地提高了英国的劳动生产率。据统计,1770—1840 年英国日劳动生产率平均提高 20 倍,社会生产力得到了飞跃发展。1785—1850 年,全国棉织品增加 49 倍;1770—1850,煤开采量增加了 7 倍多;1788—1847 年,铁产量增加 30 倍。至 19 世纪 40 年代,英国的煤产量占世界的 1/3,铁占 1/2,英国的工业产值占世界工业总产值的 39%,商业贸易占世界贸易总额的 35%。英国成了"世界工厂",一个名副其实的工业强国。

随着工业革命完成,英国的经济面貌发生了变化,工业区由东南向西北延伸。如兰开厦、伯明翰、曼彻斯特、利物浦都成了著名的工业城市。人口增长迅速,1541—1741 年英格兰人口从 277 万增加到 557 万。城市人口超过了农村人口,城市化的进展使社会生活发生了不可逆转的变化。

就社会阶级关系而言,工业革命后,英国出现了工人阶级和无产阶级。由于机器生产,逐渐排斥了手工劳动,使大批手工业者破产,工人失业,工资下跌。一部分工人视机器为失业、贫困的根源,进而捣毁机器。哈格里夫因为发明了珍妮机被赶出了家乡,来到诺丁汉。著名的卢德运动①于 1811 年始于诺丁汉,在 1811 年与 1812 年在英格兰迅速蔓延。由此可见,劳资矛盾一开始就成为了资本主义社会固有关系。此外,工业革命还引起了统治阶级内部矛盾的尖锐化。代表金融资产阶级、新贵族利益的辉格党(自由党前身)和代表地主、贵族阶级利益的托利党(保守党前身)的斗争更加尖锐。两党制对英国政治生活构成重要影响。

英国的工业革命对其他国家的工业发展,有重大推动作用。从 1815—1870 年,欧洲国家工业革命广泛开展。英国工业革命发展,给欧美国家提供了经验和技术,大大地缩短了欧美各国工业发展的历程。英、美工业革命花了 50 年时间,德国则用了 40 年,日本更少,只花了 30 年时间。工业化成了不可抗拒的潮流。

第二节 工业化浪潮

从英国开始的产业革命,很快在欧洲大陆扩展开来,19 世纪的欧洲掀起了世界

---

① 工业革命期间,英国工人以破坏机器为手段反对工厂主的自发工人运动。相传,莱斯特郡一个名叫卢德的工人,为抗议工厂主的压迫,第一个捣毁织袜机。故名。

历史上第一次工业化浪潮①。也正是因为西方资本主义世界首开了作为现代化核心的工业化,因而使西方文明在世界现代化的进程中抢占了先机,成为现代化的先发国家。

一、一波三折的法国工业化

法国的资本主义工业在大革命前就有了很大的发展。但长期的革命与动荡,严重地损害了法国经济的发展,工业革命的进程也时常被所谓的"革命"所打断。

1830年七月革命后,金融大资产阶级登上政治舞台,法国的工业革命才真正开始。

与英国一样,法国的工业革命也是从纺织业开始,其中棉纺织业发展特别快,这主要得益于英国纺织机器的引进(起初主要靠偷运)。1825年英国取消禁止机器出口的法令后,大批机器输入法国,提高了法国的工业技术水平。由于机器的使用,极大地加速了工业革命的步伐。法国在19世纪40年代末全国已有棉纺厂566家,纺纱机11.6万台,动力织布机约3.1万台。还发明了用氯漂白棉布的技术,能织造复杂图样的织布机也出现了。法国的丝织品在欧洲享有独特的声誉,产品供不应求。工业中蒸汽机的使用更加广泛了,从1830年的625台增加到了1848年的5212台。法国的铁矿资源丰富,主要分布在洛林地区和阿摩利干丘陵区。1830年冶铁业中使用的焦煤熔炉已有379座,1839年增至445座,生铁产量从1818年的11万吨增长到了1848年的40万吨。作为工业发展重要标志的铁路,也在1831年建成。1842年通过修建全国铁路的"基佐法",逐渐修起了由巴黎通往各主要城市的铁路。

19世纪40年代的"铁路热"刺激了重工业的发展,对国内统一市场的建成也起了积极作用。法国工业的专门化分工也达到了一定的程度,到19世纪中叶,法国出现了几大工业区,北部主要是纺织工业的中心,洛林和卢瓦尔河流域是冶金工业的重地,里昂是丝织业中心,巴黎则是服装、奢侈品的主要基地。

1848年开始的政治动荡又使工业革命的进程中断了。

1851年雾月十八(12月2日),拿破仑的侄子路易·波拿巴政变,结束了革命后短命的第二共和国。次年全国大选,把他推上了皇帝(号称拿破仑三世)的宝座,史称法兰西第二帝国(1852—1870)。此时法国资本主义迅速发展,社会经济欣欣向荣,法国的工业革命也在这一时期得以完成。

第二帝国时期,法国政治局势相对安定,这为工业革命的再次高涨提供了有利的环境。拿破仑三世政府的经济政策也顺应了工业资本主义发展的潮流。1863年法令规定,资金在2000万法郎以内的公司可自由建立,不需申报、批准。这就为集资进

①　18世纪从英国发起的欧洲范围的技术革命被称为第一次工业革命或者产业革命,以蒸汽机发明为标志。第二次工业革命发生于19世纪70年代左右,以电气工业为标志。二战结束后,开始了第三次工业革命,其标志是微电子技术的发展和普遍应用。

行固定资本的更新创造了便利条件。为促进工商业发展,政府对重要工业部门减轻税收并在商业中实行了商标制。1853—1856年煤、生铁、钢、机器制造、粗毛制品等行业都得到了减收产品税的优惠。1857年的商标法则保护了优质产品和专利权。在工业发展的基础上,帝国于19世纪60年代实行了自由贸易政策。1860年法国与英国签订了互相给予最惠国待遇十年的商约,随后又与意、西、葡、比、奥、荷、普以及德意志关税同盟诸国订立了商约。1855年和1867年还先后两次降低国内航运税。这些政策与措施,为工业革命创造了良好的制度环境。

政府十分重视修筑铁路、疏浚运河和加强城市建设。其中以巴黎的改建最具代表性。原有的旧建筑被拆迁,兴建了7.5万座新建筑;街道被拉直、拓宽,坚固实用的地下设施系统的修建等等,构成了今日法国首都雄伟美丽的基本面貌。

法国的金融业出现了新变化,即介入实业领域。新型银行发展起来,诸如动产信贷银行、地产信贷银行、巴黎贴现银行、工商信贷银行、里昂信贷银行、通用银行等,他们投资企业、干预企业、推动小企业合并为大企业等,在经济生活中起着重要作用。在这种情况下,政府于1865年下令允许银行支票在全国合法流通,大大方便了资金的流通与周转。

拿破仑三世授命奥斯曼
伯爵改建巴黎

第二帝国时期的工业发展是有目共睹的。其中蒸汽机增加了近5倍,工业总产值增加了近2倍,煤增加近2倍,铁增加2倍多,钢增加了7倍,机车的数目增加4倍,轮船的总吨位增加9倍多。到19世纪中叶,法国的工业已仅次于英国,居世界第二位。

工业的发展也推动了农业的进步。第二帝国时期,由于农业机械化的开始,农业生产有了显著提高。农产品在1852—1862年间每年平均增长3.2％。农业就业人口的比例在下降。1851年为61.5％,1870年仅为49％。法国逐渐由农业国向工业国转变。

第二帝国末期(19世纪60年代)法国工业革命基本完成。此时,法国与英国并称为两个资本主义工业的先进国,但与英国相比,法国仍存在着一些差距,尤其是小农经济活跃,城市化进展缓慢,工业结构不甚合理。这些都影响到法国经济的进一步发展。

二、后来居上的德国工业化

长期以来,德意志一直处于四分五裂的状态,工商业不发达。16世纪以来农奴制的再版和连绵不断的战争,使社会停滞不前,在许多方面都较之英、法落后。拿破仑战争后,普鲁士锐意改革,实力大增。其中著名的改革家有施泰因(Stein,1757—1831)和哈登堡(Hardeuberg,1750—1822),他们两人虽出身贵族,但思想先进,目光远大。他们的改革,推动了普鲁士的近代化。1819 年,德意志各邦代表在维也纳集会,商讨如何促进邦际贸易问题。会后成立了三个关税同盟,即南部关税同盟、北部关税同盟和中部关税同盟,为全德关税同盟的建立奠定了基础。1834 年全德关税同盟成立,统一的经济市场在德国开始出现,各邦商业繁荣、制造业也开始发达起来。

　　长期政治分裂使德国无力开拓海外殖民地,因此,工业革命所需资金主要来自国内的积累,其主要方式是在进行农奴制改革①时向农民索取赎金。据统计,仅易北河以东地区的容克就获得农民赎金 10 亿马克。贵族地主们除利用这笔赎金把原来的封建庄园逐步改造为容克—资产阶级农场外,还投资于工业。除少数人上升为富农外,赎免了封建义务的农民绝大多数走向破产,从而为工业革命提供了自由劳动力。

　　德国的工业革命从 19 世纪 30 年代兴起。由于此时英国已宣布取消了机器出口和熟练技工出口的禁令,使德国得以合法地大量引进英国的先进技术和熟练工人,从而大大缩短了德国产业革命的历程。但在最初的 20 年里,工业革命发展缓慢。1848年革命后,德国的资产阶级有了很大的发展,工业革命才蓬勃发展起来。

　　德国工业革命完成时间短,成效大,充分显示了后起工业国的某些优势。

　　1850—1870 年间德国工业迅速高涨,新企业如雨后春笋,新工厂纷纷建立,工业城市大量兴起,如莱茵河流域的科隆、爱北非特、巴门等城市非常发达。至 19 世纪后半期德国出现了几大工业区:萨克森以纺织工业为主,西里西亚是亚麻布工业中心,鲁尔、萨尔是煤、铁矿区的重地。值得注意的是,德国工业革命的特点之一是工业的重心较早地从轻工业转向重工业,从而建立起雄厚的工业基础,为工业革命的全面发展起了保证作用。德国重工业发展成绩突出,其中煤的产量 20 年中增加近 5 倍,成了仅次于英国的世界第二大产煤国。军事工业飞速成长,克虏伯公司制造的枪炮举世闻名。

　　在德国工业革命中,以铁路建筑为中心的交通运输业革命始终处于领先地位。19 世纪 30 年代中期,工业革命刚刚起步,德国的第一条铁路——富尔特—纽伦堡铁路便建成通车了。到 40 年代,全德已建成了 20 条铁路,全长 2000 公里。1872 年德国的铁路建筑业已超过了法国和英国。此外,德国还大力修公路,开运河,建港口,发

---

　　①　1807 年 10 月,普鲁士首相施泰因颁布了《关于放宽土地占有的条件限制和自由使用地产以及农村居民的人身关系》,史称"十月敕令"。法令规定,废除一切人身隶属关系,世袭的、非世袭的及契约的依附关系一概取消。宣布自 1810 年圣马丁节(11 月 11 日)起,不允许存在庄园农民的隶属关系。1810 年继任首相的哈登堡也于 1811 年 9 月 14 日颁布《关于调整地主和农民之间关系的敕令》,对解决农民的地产权和劳役义务问题作出决定:农民可以把使用的土地转为己有,不论是世袭农民还是非世袭农民,他们在按规定向庄园主赎买义务后,均可将其田庄转为自身财产。

展内河航运和海上运输。

国家政权积极干预是德国工业革命的另一突出特点。德国各邦政府尤其是普鲁士充分发挥了国家政权干预经济的作用。比如兴办国营企业,资助私营企业;派遣官员出国考察,学习先进经验;招聘外国工程技术人员,组织科学研究团体,及时介绍国外新技术和科研新成果等。国家干预对于工业革命影响最为深远的还在于积极推行教育改革。早在 1825 年,普鲁士就开始实行义务教育制度,到 19 世纪 60 年代,基本实现了普及教育。此外普鲁士兴办了多种中等专业技术学校和职工补习学校,使劳动者的素质得到极大提升。

德国正迅速地从一个农业国向工业国转变。

公元 19 世纪中叶,普鲁士肩负起了统一德国的重任,它依靠自己的经济和军事实力,在"铁血宰相"俾斯麦的"铁血政策"下,通过三次王朝战争,终于在 1871 年完成了德意志统一大业①。此后,德国的资本主义工业迅速发展,不仅在生产技术上消除了与英国的差距,而且在电气、化学等新兴工业方面超过了英国,走在了世界前列。很快成为世界强国之一。

德国的崛起,也给欧洲带来了不安定的因素。

三、富有优势的美国工业化

美国产业革命起步要比英国晚 30 年。但其产业革命有着独特的资源优势和地理与人力条件。

首先,美国自然条件得天独厚,西部有广袤土地可开垦。从独立战争到 1860 年,"旧西北部"(包括今俄亥俄、印第安纳、伊利诺伊、密歇根、威斯康星诸州)的人口从不足几千人增加到 693 万人。公元 19 世纪中叶,美国通过兼并、购买等手段,已成为东起太平洋、西濒大西洋、北接加拿大、南连墨西哥的领土辽阔的大国。境内森林覆盖面积广,水力资源充沛,矿产中煤、铁、天然气、钾盐等储量都居世界前列。

其次,美国的人力资源优厚,来自欧洲及其他各处的移民,大多年富力强、充满活力;广阔的疆界、高素质的人口,使美国拥有广大的国内市场。另外,美国社会崇尚自由,发展空间也相对广阔。

美国独立后,资本主义经济得到了迅速发展,经济的区域化特征更加明显。东北部是传统的工业区,西部是辽阔的农业区,而且依自然环境的不同,出现了"小麦王国""牧牛王国""棉花王国"和葡萄园区等。这种在经济发展中自然形成的区域经济专业化,是美国经济发展中的一大特点,也为工业革命的发展提供了十分有利的条件。

美国的工业革命开始于 18 世纪末。最早起步的也是纺织业,当时美国人仿造了

---

① 尤其是普法战争后的大量赔款和法国阿尔萨斯、洛林富含煤铁资源地区的割让,也为德国的工业革命带来利好。

珍妮纺纱机①，并仿效英国的式样，在 1790 年建立了第一座纺纱厂。纺织业的发展，对原棉的需求激增。1793 年惠特尼发明了轧棉机，将清理原棉的效率提高近百倍。不仅使美国南部的植棉业迅速扩大，而且也极大地推动了棉纺织业的发展。1814 年，波士顿的一个商人和一个机械工人合作建立了美国历史上第一座织布厂。逐渐地东北部的新英格兰地区迅速发展为棉纺织业中心。随后，服装、制革、玻璃、毛纺等行业也实现了使用机器生产。

19 世纪上半叶，美国工业进一步发展，工厂制度在各个工业部门已占支配地位。1816 年匹兹堡建立了炼铁厂和轧铁厂，标志着冶金工业的兴盛。匹兹堡也成了美国著名的冶金中心。1820 年后，美国采煤工业迅速发展，1860 年煤产量达 1400 万吨以上。至 1850 年，美国工业产值第一次超过了农业产量。

相对于工业的发展，美国劳动力显得不足，于是大量的移民开始涌入美国②。工业的发展，加上劳力不足，使美国人十分重视技术改造。发明许多机器以节省劳力，这成了美国工业革命的特点。如农业中的轧棉机、收割机，工业中的造纸机、缝纫机、制鞋机、轮转印刷机等都在这一时期相继发明。

美国的机床工业也在 19 世纪中叶有了长足的发展，如车床、刨床、镟床、铣床及模具、刀具等先后得到应用。美国机床工业的特点是生产标准化，既有一定的精密度，又方便省力，这种特有的"美国款式"受到欧洲的重视，也为各方人士所乐用。

1861—1865 年美国内战，结束了南北两条经济发展道路长期对峙的局面，统一的经济市场形成。值得注意的是，美国农业的产业化也为工业革命创造了必要的条件，南北战争后对西部的开拓，满足了工业化对粮食的需要。内战后，北部的工业化进程加快，南部也开始了工业化历程，美国资本主义进入了跃进期。尤其是重工业发展更快，采矿、冶金、石油开采和提炼等行业，都以 10 倍甚至几十倍的速度发展，呈现出一派繁荣景象。

开发西部，也引发了交通运输的革命。当时，东部美国人不断向阿巴拉契亚山以西移居，西部各州纷纷加入联邦。这样，连接东、西部的交通就显得十分重要，于是，国家出资，建立了一系列的国家公路和征税公路，成为美国陆上交通的主干道。内战结束后，在联邦政府与地方政府的大力支持下，美国的铁路热不断升温。1859 年，美国铁路总长 2.8 万英里。到 1890 年，美国的铁路总长已达 16.6 万英里，增长了 6 倍。至公元 19 世纪 90 年代，形成了全国性的铁路网，除西部及南部一些边远地区外，铁路在全美各地四通八达，无所不至。

水上运输的低成本也导致了新的交通汽船的发明。1790 年，钟表匠约翰·费奇

---

① 据说仿造者是名叫斯莱特的英国青年。因为英国严禁此专利机器出境，也无法携带任何图纸或模型，斯莱特就将他所了解的有关阿克莱特机器的全部资料数据记在心中。1790 年，他只身抵达纽约，之后去罗德艾兰州，凭记忆设计出一台 24 锭的棉纺机。

② 高素质的移民，对美国的发展影响巨大。19 世纪初年，美国人口只有 700 万左右。地广人稀的美国以开放的姿态，大力鼓励移民，仅 19 世纪后半期，移居美国的人口就有 2700 万之多。

建造了第一艘汽船,并在特拉华河上作了成功的试航。1807年,罗伯特·富尔顿(Robert Fulton,1765—1815)建造的"克拉蒙特号"汽船试航于纽约港外。从纽约市到奥尔巴尼上游的距离为240公里,而这艘汽船仅费时32小时。从而揭开了汽船时代的序幕。

内战后,美国的发展速度是惊人的。其中联邦政府的政策起了很大的积极作用。它建立国家银行,发行纸币,吸收游资,贷款给工业界;实行关税保护;鼓励科技进步,实施专利法等,为工业革命创造了良好的制度环境,使美国很快跻进于世界列强之林。

工业化浪潮下,各国产业革命大体始末年代如下:英国:1760—1830年;法国:1830—1860年;德国:1840—1875年;美国:1865—1890年;日本:1865—1900年。划分上述时期的主要根据是有没有建立大机器的工业生产体制,工业资本是否在经济事务中占优势。

第一次工业革命是以使用非生物能源(蒸汽),粗质量的机器大生产和并不太高的技术水平为特征的。它的物质技术基础是煤、铁。整个工业化过程从纺织部门开始,逐步扩大到国民经济各部门即纺织品或消费品的工业化道路。整个工业化的地区性推进沿煤、铁蕴藏丰富的地区扩展,从英国向比利时、瑞士、法国和德国的部分地区推进。

由于工业革命的发展,在北大西洋世界形成一个以英国为首的资本主义经济共同体,并整体开始向工业文明迈进。从此西欧现代化的历程进一步加快。一般认为,现代化是传统社会向现代社会的转变。这个过程是多层面、多方位的整体变革。我们认为,现代化的过程至少涉及经济领域的工业化,政治领域的民主化,文化领域的多元化和社会生活的都市化,其中工业化构成了现代化的主要和基本内涵。

四、资本主义世界体系形成

资本主义世界体系指的是公元19世纪六七十年代至20世纪初形成的资本主义世界政治经济体系,具体包括资本主义世界政治体系、经济体系和殖民体系。

不可否认,世界资本主义体系是以西欧为中心的。之所以如此也是与西欧资本主义和工业革命的最新进展相联系的。

在工业化浪潮推动下,西欧社会的一个重要变化是大量人口迅速涌向城市,使城市以前所未有的速度和规模向前发展。城市的广阔发展空间和无限的机遇,加上工业发展所带来的大量的就业机会,使一些不满现状,希望通过个人奋斗改变自己人生轨迹的人们,成群结队地来到城市,推动了西欧城市化的进程。1800年,英国伦敦人口约100万;到1850年人口增加到200多万。1800年欧洲超过10万人口的城市有23个,总人口550万;到1900年10万以上的城市数达到了135个,总人口4600万。城市化成了工业社会的一大标志。

城市的生活改变了西欧的家庭结构,以往适应于田园牧歌式的稳定的大家庭逐渐解体，取而代之的是由父母及子女组成的核心"小家庭"。生活方式也随之发生了变化，人们不再日出而作，日落而息，而是完全服从于资本的需要和机器的运作。衣食住行及娱乐等各方面的文明程度都有明显提高。整个资本主义世界的工业文明应运而生。

在资本主义世界体系形成之初，约公元 19 世纪 70 年代，欧洲发生了第二次工业革命①，其主要标志是电气化、内燃机的应用和化学工业的兴起；重工业、动力工业、能源工业和化学工业等领域的崛起并迅速发展。工业革命导致了社会生产力的提高，促使资本主义工业国到世界各地抢占商品市场和原料产地，把许多殖民地国家和半殖民地国家和地区卷入资本主义世界体系，使之成为经济附庸，世界市场体系初步形成。

随着工业生产规模的不断扩大，工厂和公司单靠自己已无力筹措到必需的资金。在多数情况下，要完成大批定货，就需要有信用贷款以购买原料和支付工资。同样，如果得不到贷款，工厂的扩大和现代化往往难以实现。于是，大规模的银行出现了，它通过提供由大批储户和投资者的资产汇集而成的资金，满足了这些金融需求。逐渐地金融家取代了实业家，开始对经济生活具有决定性的影响，从此，金融资本主义取代了工业资本主义。

1900 年，美、德、英、法四国的工业产值占了世界工业产值的 72%。垄断经济成为主要资本主义国家国民经济的基础。这表明资本主义又进入了一个新的发展阶段——帝国主义阶段。西方各主要帝国主义国家在很大程度上影响着全世界的政治经济形势和发展趋向。

进入 20 世纪以来，各帝国主义之间的政治、经济发展不平衡加剧，以英国为中心的资本主义世界体系受到了严重挑战而发生了动摇。大国间的争霸，终于酿成了第一次世界大战。然而，大战并未使德国实现取代英国称霸于世的野心，反而使其陷入了任人宰割的屈辱地位。战后美国实力大增，但也未能取代英国成为世界的中心。新的世界体系迟迟不能建立，大国妥协而成的凡尔赛—华盛顿体系并不牢固，二次大战不可避免。

1929—1933 年，全球性经济危机大爆发，德国、日本的专制主义与军国主义走向极端，产生了法西斯政权。在欧洲，德、意的法西斯威胁着欧洲和平。然而，在世界动荡的危机边缘，渡过危机的英、法、美等国以及取得社会主义建设惊人成就的苏联，未能及时联合起来制止战争。1939 年，灾难性的第二次世界大战爆发。

战后，世界政治结构发生了重大变化，以英国为中心的资本主义世界体系终于被打破，美国成了世界上最强大的资本主义国家，影响波及全球。西欧大国沦为二三流国家。尤其是战后的雅尔塔体系使西欧在政治、经济、军事等方面都成了美国的附庸。苏联则成为唯一有能力与美国抗衡的社会主义国家。至此，世界进入了美苏对

---

① 有人认为 1870 年左右发生的第二次工业革命，使人类进入了第三阶段即电气时代。

抗的时代——冷战。

在此背景下,西欧各国的政治家反思历史,清醒地认识到,在新的格局下,西欧各国要想在世界事务中发挥重大影响,必须联合成一个整体,从而开始了欧洲联合的进程。1957年,欧共体建立。1993年,欧共体更名为欧盟。欧洲开始走向了一个和平、繁荣的新时代。

20世纪80年代末,冷战结束,苏联解体,世界进入多极化时代。与此同时,始于西欧的世界"全球化"进程加快。资本主义的西方仍然在这过程中扮演了重要角色。

第十四章

民主化浪潮:欧美政治制度改革

近代民主作为一种政治思想源自于启蒙时代的卢梭与孟德斯鸠等启蒙哲人。卢梭建立的人民多数绝对统治权的学说,使人民这一概念在大众心目中变得日益高大。孟德斯鸠则提出了民主的三项基本原则:人民拥有主权,人民享有普选权利,人民任命自己的管理者。可见,政治民主至少体现在下列几个方面:所有公民不论出身、地位、种族有否差异,都有平等的选举权;公民对自己选出的官吏有权进行监督和控制;国家必须保障公民的言论和出版自由等。从公元 18 世纪下半叶起,民主就一直成为革新西欧社会生活的动力。

英国作为先发资本主义国家,封建残余较少,资本主义发展比较顺畅。因此它的政治民主化改革走在其他国家前面。公元 19 世纪以后,英国的普选制度、内阁制度、文官制度已开始形成;德国和意大利的资本主义虽有所发展,但由于封建割据,国家的分裂严重阻碍了其经济和政治的现代化,民族统一成为社会发展的当务之急;美国独立后建立了工业资本家与种植园主的联合政权,但南方的奴隶制度不仅不利于资本主义的发展,而且与北方所谓的民主氛围极不协调,废除奴隶制、民主南方重建是 19 世纪中期美国不得不解决的政治课题;俄国受欧洲影响,19 世纪资本主义也开始发展,但落后的封建农奴制成为它的极大障碍,因此废除农奴制提上日程。

第一节　英国的议会民主改革

一、议会制度改革

英国是议会制度的首倡国,有"议会之母"之称。从 1265 年,贵族摄政孟福尔首开"大议会"以来,迄今已有 800 多年的历史。英国议会制度是历史演进的结果,渐进的改革也符合英国历史传统。

1. 1832 年议会民主改革

1832 年议会改革是公元 19 世纪英国议会选举制度改革的第一步。19 世纪以前,英国的议会已经形成了"王在法下"的传统,但是,议会的选举制度不能满足英国

英国议会大厦

新兴工业资产阶级和土地贵族重新分配政治统治权及扩大选举权的要求。

1832 年以前,英国的选举和代表制度是极不民主的。首先,议席分配不合理。在英国下议院全体 658 位议员当中,有 467 席是市镇代议士,186 席是郡区代议士,以及 5 席大学代表。但国会的席位一直按中世纪的贵族势力分布所确定标准固定地分给各选区,席位甚至可公开出售或出租。1688 年后下议院再没有新的市镇取得议会代表权。一些新兴的工业城市和经济发达地区,像伯明翰和曼彻斯特这样有 10 多万人口的新城市根本没有代表,而老的选区中有很多村庄早已凋敝,如老萨鲁已变为一座荒无人烟的山冈,预威治已被海水吞没,但这两个村庄却仍在议会中保有席位。其次,议席代表市民数失衡,如康沃尔在议会有 44 席,苏格兰有 45 席,但苏格兰人口却有康沃尔 8 倍之多。最后,议员的民意代表性不充分。大多数公民没有选举权,选举权只限于一小撮土地贵族、富有的财产主集团或得势的行会会员、地方权贵。英格兰及爱尔兰只有 5% 的成年男性有选举权,苏格兰 200 万人口中仅有 3000 人有选举权。而且选举方式的公开投票法,往往有悖选民意愿。

英国革命后,随着国会地位的提高,在国会中占有多数议席已成为掌握政权和制定政策方针的前提条件。而上述这种国会议席的安排无疑使得土地贵族几乎垄断了政权。1815 年国会通过的《谷物法》规定,在国内市场小麦价低于每夸脱①80 先令时,禁止谷物进口。这一规定明显有利于当权的土地贵族,而城镇人民生活却因粮价上涨更加困苦。生活费用的上涨也提高了劳动力的价格,不利于资本主义的发展。该法案因而遭到广大人民和资产阶级的强烈反对。以此为契机,要求改革国会选举制度为中心的民主运动发展起来。法国七月革命的胜利更为这种群众运动增添了一股动力。辉格党也把议会选举改革的要求列入自己的纲领之中。

1830 年 11 月议会召开期间,辉格党领袖格雷(Charles Grey,1764—1845)在议会发难,要求实行议会改革。但托利党的政府领导人惠灵顿公爵(Wellington,1769—1852)声称,英国的议会制度是世界上最好的制度,从而拒绝了关于议会改革的建议。消息传出后,各地抗议不断,改革派也发动了大规模的请愿活动。惠灵顿公爵被迫辞去首相职务,国王任命格雷组建新内阁。辉格党蛰伏半个世纪之后,终于时来运转,重掌英国大权。辉格党一上台,立即着手推行议会改革。12 月初,格雷授命达勒姆、罗素、格雷厄姆、邓坎农 4 人起草改革法。起初,人们对辉格党政府并不抱太大希望,因为,格雷政府是历届政府中最贵族化的政府。内阁中多数大臣都是大贵族,格雷厄姆一人就有 2.6 万英亩土地。但没有想到,提交的草案具有强烈的“中产阶级”②色彩。尽管该法案遭到托利党和上院贵族的反对,但在群众与激进派的威逼下,该法案于 1832 年 6 月 7 日正式生效成为法律。

---

　　① 夸脱:英制计量单位,1 夸脱等于 1.1365 升。
　　② 首相格雷表示,推行此改革,是为了“把社会的中间阶层联合到上层中来,共同热爱并支持国家的制度和政府,这件事具有头等重要性。”

　　根据 1832 年改革法案,改革主要从两方面进行:(1)取消衰败选邑,法案将选区的议员名额进行了重新分配。56 个人口不到 2000 人的选区被取消,31 个有 2000～4000 人口的选区减少 1 个议员席位,剩余的空缺席位分配给代表人数不足,或没有代表的工业区。(2)扩大选举权。城市居民中有 10 磅以上收入的一切户主和房屋的租户、农村居民中收入 10 磅以上的土地所有者和年收入 50 磅以上的租地经营者,都享有选举权。这一规定使中产阶级的大多数成年人和小土地所有者中几乎全体成年人都获得了选举权,投票者的比例从 100∶1 上升到 32∶1。

　　1832 年改革的结果,使英国的选民人数从 48.8 万增加到了 80.8 万,有选举权的人口占当时英国总人口的比率也从大约 2%增加到 3.3%。

　　2.1867 年议会改革

　　1832 年改革法案让工业资产阶级的代表得以入选国会,直接参与政权管理。不久,辉格党改称为自由党,在下院中赢得多数席位。托利党从此被人称为保守党,也开始争取资本家的支持。从此工业资产阶级永久地取得了对土地贵族的优势,1846 年《谷物法》被废除。英国资产阶级在国会中取得了优势,英国自由贸易政策的推行也从此畅通无阻。当然这次改革的主要受益者是工业资产阶级,广大农业劳动者和城市里的产业工人仍没有选举权。人民强烈要求的普选权和议员更新、重新划分选区等主张并没有完全实现,一场更为彻底的改革即将到来。

　　19 世纪 30—40 年代,英国工人阶级为了争取普选权开展了轰轰烈烈的宪章运动。1837 年伦敦工人协会向国会提出了一份请愿书,要求年满 21 岁的男子都有普选权,选举投票应秘密进行,废除议会候选人的财产资格限制,国会每年举行一次改选,平均分配选区等,史称《人民宪章》。英国工人曾三次请愿,要求把《人民宪章》定为法律。宪章运动在 1848 年被平息,但广大群众要求改革选举制度的斗争一直没有停止。1858 年,在人民的压力下,保守党政府废除了下议院议员的财产资格。1866 年上台的保守党财政大臣本杰明·迪斯累利(Benjamin Disraeli,1804—1811)为赢得群众支持,把他曾反对过的自由党格拉斯顿(Gladstone,1809—1898)的改革方案接过来加以修改,成为国会的一项新的改革法案,并在议会中通过。该法案于 1867 年 8 月 15 日经维多利亚女王签署后正式生效。

　　1867 年改革法案规定:取消 46 个衰败城镇在下议院的席位,将其转给工业城市;降低选民的财产资格,乡村选民资格由年收入 15 镑降为 12 镑,城市中一切房东和每年交房租满 10 镑,能缴纳济贫税并在某一选区住满一年的房客,都有选举权。这一法案把选举权扩大到市镇里除寄宿外的全体男子,选民人数从 1866 年的 135.9 万人扩大到 1868 年的 245.5 万人(当时英国的总人口约 2000 多万)。但这次改革仍然没有把选举权给予农业工人、不住在城镇选区的产业工人包括绝大部分矿工。

　　1867 年的议会改革彻底打破了以前贵族在议会中一统天下的局面,基本上实现了资产阶级民主。由于选民扩大,政党要站住脚,必须取信于民,使争取选民成为政党活动的核心,从而极大地推动了政党政治的发展。从 1868 年起,英国自由党和保守党轮流执政。

　　1884年自由党[①]为了在农村争夺选票,缓和农村居民要求政治权利的斗争,发起了第三次改革。议会通过两个新的改革法案,一个是《人民代表制法》,另一个是1885年1月通过的《重新分配议席法》。法案把1867年曾授予自治市的公民权扩大到郡的工人(房客及其家庭);重新规定选民的财产资格,无论是在郡和自治市,每年只要有10英镑价值的任何土地或住房的人即有选举权。从而基本实现了成年男子普选权。议席的分配也相对合理——接近于均等代表制原则。

　　到1918年以后,妇女也获得选举权。

二、内阁制的发展

　　内阁制是资本主义国家行政权力机构,是对议会负责的一种政体形式。由于内阁制政府具有对议会全权负责的特征,故又称责任内阁制、议会内阁制。内阁制起源于公元18世纪初的英国。英国的内阁制度也不是由成文法或宪章规定的,而是由习惯、先例逐渐演变的结果。

　　一般认为,近代英国的内阁缘起于诺曼征服时期。1066年诺曼底公爵威廉入主英国后,从法国带来贵族顾问团,组成"御前会议"(咨政院),协助他管理英格兰。后由于御前会议人员过多,经常集会较为困难,就此分出一部分,成为枢密院。公元16—17世纪下半叶,枢密院在政治生活中地位突出,其成员由国王任命,只对国王负责。查理一世(1625—1649)时期,枢密院中最受国王信赖和与国王最接近的一部分人都集中在"外交委员会",国王一旦碰到重大机密之事,就把他们召集到王室议事会的内室(Cabinet)讨论,内阁一词由此而来,它是当时英国最高的咨询机关和行政机关。

　　光荣革命时期,威廉三世登位后,作为交换条件,同意王室所选择的顾问必须使立法机关满意,并长期任命辉格党人担任枢密院大臣。起初,国王一般从两个主要党派中挑选大臣,但随着议会重要性的提高,国王与议会和睦相处变得十分必要和迫切,于是国王逐渐把选择的对象局限于占多数的党派,这样就定下一个先例,即所有主要大臣必须取得议会中优势集团的信任。

　　近代内阁制度的形成前提是国王退出内阁。公元18世纪初乔治一世(George Ⅰ,1714—1727)统治时期,内阁开始成为一个强有力的机构。乔治一世是来自德意志汉诺威的选帝侯,不太懂英语,也不怎么热衷英国事务,更不幸地患有周期性精神病。乔治国王从1717年起几乎不再参加内阁会议,把全部工作托付给大臣罗伯特·沃波尔(Walpole,1676—1745)主管。由下院多数党领袖(当时是沃波尔)主持内阁会议,就逐渐形成了一种政治惯例,从而首开了英国内阁制的先河。罗伯特·沃波尔于是成了英国政府中第一个既是内阁首脑,又是下议院中多数派政党领袖的具有双重

---

　　① 在任自由党首相为格拉斯顿。

职务的人,他实际上是英国历史上第一个首相。有趣的是,罗伯特·沃波尔在执掌内阁的 21 年里始终不承认自己是首相,拒绝接受首相这一头衔(首相的法定名称到1905 年才正式采用)。

内阁制形成后,英国行政权力就自然裂化为内外两层。内核是内阁,而外层就是行政各部。根据惯例,内阁阁员由首相和各行政部门的首长协商产生,经女王程序性的任命才为合法。

沃尔特·白哲特在 1867 年出版的《英国宪制》中第一次清楚地叙述了内阁的活动规则,其中最重要的一个内容是:如果内阁在下议院失败,首相和他的同僚要立即辞职或解散议会,进行一次大规模的全国性公民投票来了解民众的意向。自此,内阁已不仅仅是大臣们的议事会议,而且是政府的最高机构,它对下院负责,以王权的名义行使最高的立法和行政权,既制定行政总决策,同时也是几乎所有立法的创议者。逐渐地,君权步步退让,英王成了统而不治的虚君,其行政管理权已完全转归内阁掌握。内阁对公共事务全权负责,当然它必须服从人民的意志尤其是下议院代表们的意志。内阁都是由执政党成员组成,如果执政党在选举中失败,因而失去在下议院的控制,反对党的领袖立即组织新内阁。

公元 18 世纪后期和 19 世纪上半期,英国的责任制内阁进一步完善。进入 20 世纪后,内阁权力不断扩大,首相的权力也相应扩大。由于内阁成员同时是议会议员,他们既在政府中负责某项行政工作,又在议会中参与立法活动。因此,往往出现内阁控制议会的局面。内阁制与议会选举制相得益彰,共同促进了英国民主政治的发展和完善。

三、文官制度改革

在西方国家的政治制度中,文官(Civilian)并不包括组成内阁的大臣,即与内阁共进退的"政务官",而仅指"事务官",其职责是执行当时政府的政策,而非对政党活动的参与。他们构成了政府中所谓的"非政治"的分子,即不参与党派之争的人。在内阁经常发生更迭的情况下,他们的独特身份保证了政策的稳定性与连续性。英国的文官被普遍认为是世界上最优秀的官员队伍之一,成为世界各国文官制度建设的样板与楷模。这得益于公元 19 世纪中叶的文官制度改革。

19 世纪以前,英国的政府官员尚无明确区分,随着官员的日益增多,逐渐有了政务官和文官的区分。政务官是由选举或政府任命产生的议员、首相、大臣、国务大臣、政务次官等。他们都参加议会活动,参与制定政策,与内阁共进退。文官是指常务次官以下的广大政府官员(不包括法官和军人),他们负责执行政策。文官最早由国王及枢密院任免,后来由内阁首相和大臣任免。但任免缺乏统一标准,造成吏治腐败。

工业革命以后,两党轮流执政,由于"政党分赃制"①,也使官员经常发生变动,引起政局不稳。

1853 年,英国在克里米亚战争中惨败,引发了国内对于政府的腐败和无能的猛烈抨击,当政的帕累斯顿内阁被迫允诺改革。1853 年斯坦福·诺斯科特爵士和查尔斯·杜维廉爵士奉命研究文官制度的状况,提交了《关于建立常任文官制度的报告》,即著名的"诺斯科特－杜维廉报告"。报告分析和批评了当时文官制度存在的弊端,对文官的分等、选拔、提升和考核提出了详细的建议。这些建议主要有:(1)将政府中的行政工作分为智力工作和机械工作两大类,前者由受过高等教育的人来担当,后者由低级人员来充任;(2)初任人员均应在年轻时通过选拔考试;(3)各部人员实行统一管理,并可在各部之间互相转调、提升;(4)官员的提升以上级的考核报告为依据。该报告成为公元 19 世纪 50—70 年代英国文官制度改革的基本依据。

1855 年,英国政府对文官制度进行了初步改革,要求在任命文官时要从被推荐的候选人中进行考试后方才录用,但此项改革只限于以往充任低级职务的年轻人。

1870 年格拉斯顿自由党内阁以枢密院的名义颁布了关于文官制度改革的法令。规定除外交部和内政部外,其他部门不再实行任命制,而以公开考试的竞争办法来录用文官;制订了统一的考核在职文官的标准,即按能力和服务业绩确定升降奖惩;实行文官常任制度,文官保持"政治中立",去留不受政潮影响。文官不得参加某些政治活动,不得担任公职(如果要担任,就要辞去文官职务),不得接受政治捐款等。

文官制度的改革大大促进了英国的政治现代化,为现代公务员制度奠定了基础。

三次议会制度改革、内阁制演变和文官制度改革等一系列制度变革基本奠定了英国民主政治的框架。尽管改革的道路是漫长的,但结果还是比较成功的。英国的政治民主改革的成功表明民主政治也可以用逐步改革,和平渐进的方式取得。和平改革的民主化道路成了英国模式的主要特征。

英国作为资产阶级国家议会制的典型,奉行的是议会至上原则。公元 19 世纪是议会权力的"黄金时期"。20 世纪后,议会的权力开始弱化,地位也有所下降。进入 21 世纪以来,由于社会变化的速度加快,全球化进程的不断深入,要求行政权力的高效、稳定和扩权,英国内阁,尤其是首相的权力在增长。

第二节　德、意两国的民族民主运动

一、俾斯麦统一德国

公元 19 世纪,当英国已开始向现代化、民主化迈进时,德国还是一个封建诸侯割

---

① 　政党分赃制(spoils system)是指竞争获胜的政党,将行政职位分配给本党主要骨干的做法。因而极大地加强了本党的各方面实力,更加巩固了政党的合法统治地位。又称政党分肥制。

据的分裂国家。由大大小小 38 个独立的诸侯邦和自由市组成的德意志联邦,没有统一的政府和军队,也没有统一的法院和关税,帝国对各邦实际上没有约束力。各邦都是独立的主权国家,它们各有不同的国籍法、工商法,货币和度量衡也各不相同。邦与邦之间关卡林立,缺乏统一的国内市场。

1848 年欧洲革命后,德国资本主义发展迅速,煤铁等重工业部门的产量平均每 10 年增长 1 倍多。到 60 年代,德国工业发展已赶上了法国。普鲁士的容克也开始"解放农民",把自己的大地产与资本主义经营挂钩。经济开始由农业国向工业国转变,但由于没有强大统一的国家作后盾,德国的工商业资本主义难以进一步拓展。在政治思想领域,德意志封建气氛非常浓厚,1848 年革命后除普鲁士和奥地利外,其他各邦的封建专制统治又都恢复了。因此,要打破德意志境内阻碍工商业发展的杂多的关税和多种工商业条例的限制,革除封建残余、实现政治的现代化转型,首先必须消除国家分裂,实现德意志的统一。

在经济发展的基础上,德意志出现了一股统一的潮流。最迫切要求统一的资产阶级和自由派贵族从 1858 年起掀起了民族统一运动。他们写政论文章,组织统一协会。如 1858 年成立的德意志经济学家协会,1861 年成立的全德商会——"德意志商会",都鼓吹统一。但由于实力和观念的原因,资产阶级放弃独立的统一运动,希望与王朝合作,通过合法的手段,完成统一大业。于是 1848 年革命中出现的"大德意志统一道路"和"小德意志统一道路",在 60—70 年代再次成了奥地利和普鲁士君主手中的工具。

在德意志诸邦中,普鲁士和奥地利实力最强。公元 19 世纪 50—60 年代普鲁士的发展已远远地超过了奥地利,成为诸邦中经济实力、军事力量最强的邦国。普鲁士经济政治实力和发展态势使它肩负起了领导德意志民族统一事业的重任。普鲁士的资产阶级也不曾放弃反对封建主义和分裂主义的斗争,他们为争取商业和贸易自由,一直不懈地努力着。但是普鲁士—德意志资产阶级出世得太晚了,在它兴盛之时,无产阶级活动日趋活跃。资产阶级手中既没有有组织的国家暴力,又害怕无组织的群众暴力,只有支持王朝自上而下地通过战争实现德意志统一的道路。1861 年威廉一世(William Ⅰ,1861—1888 在位)任普鲁士国王,任命俾斯麦(Bismarck,1815—1898)为首相,统一的步伐开始加快。

俾斯麦出身于贵族容克世家。幼时受过良好教育,曾经在哥廷根大学和柏林大学学习法律、历史和外语。他注重行动,讲求现实,具有极强的权力欲。在任期间,俾斯麦一方面加强对国内局势的严格控制,大力发展经济[①]、坚持进行军事改革,以增强军事实力。另一方面,展开灵活的外交活动,展现普鲁士的实力。俾斯麦认为"当前的重大问题不是靠演说和多数票所能解决的,而是要用铁和血"。俾斯麦不顾议会反对,采取强硬手段加强普鲁士的军事力量,主张用"铁和血"政策统一德国。故而被

---

①　他在任期间,通过立法建立了世界上最早的工人养老金、健康和医疗保险制度。

称为"铁血宰相"。

当时的国际环境对俾斯麦统一德国是有利的。沙俄在克里木战争中惨败,国际地位下降;英国希望假普鲁士之手,牵制法国;法国拿破仑三世指望在即将到来的战争中坐收渔翁之利,对俾斯麦的行动持观望态度。俾斯麦以其娴熟的外交手腕,周旋其间,并迅速展开一系列军事攻势,完成了德意志统一大业。

德意志的统一是由普鲁士发动的三次战争最后完成的。第一次是对丹麦的战争,起因是石勒苏益格和荷尔施泰因两公国的归属问题。[①] 俾斯麦以丹麦不尊重德意志为借口挑起了对丹麦的战争。战前,俾斯麦通过外交努力,首先取得了其他列强不干涉战争的允诺,同时利用德意志的民族感情,拉拢奥地利作为同盟,一致抗议丹麦"破坏法律",共同出兵打击丹麦。丹麦很快被战败,于 1864 年 10 月签订加斯泰因协定。根据和约,丹麦同意将两公国交普鲁士和奥地利共管,普鲁士占有石勒苏益格,奥地利占有荷尔施泰因。但在俾斯麦眼里,这种安排并非是最后的解决方法。普鲁士统一两公国才是最后的"出路",为此,不惜掀起反奥战争。

1865 年后,普奥矛盾重新激化。俾斯麦故伎重演,设法使欧洲列强保持善意的中立,同时动员小德意志民族运动。1866 年 4 月,俾斯麦向联邦政府提出一项法案,要求按照 1849 年的选举法,平等、普遍和秘密的原则选举召开全德议会,并把奥地利邦排除在外。同时以奥地利不遵守加斯泰因协定为借口,挑起普奥战争。

1866 年 6 月,普鲁士出兵占领荷尔施泰因,同时与意大利订立盟约,保证了意大利站在普鲁士一边。不久,普军开进了相邻的萨克森、汉诺威和库尔黑森等邦,很快控制了整个北德。1866 年 7 月 3 日,普奥双方在柯尼希格雷茨(现捷克境内)的萨多瓦村决战。普军在总参谋长毛奇的统一指挥下,最终打垮奥军主力。

普奥战争持续了七星期,外交孤立、军事落后的奥地利不堪一击,以战败而告终。1866 年 8 月,两国签订了《布拉格和约》。根据和约,奥地利同意解散德意志联邦,承认普鲁士有权在莱茵河以北的各邦组成北德意志联邦。另外,石勒苏益格、荷尔施泰因、汉诺威、法兰克福等地也并入普鲁士。

普奥战争后,奥地利被排除出德意志。这是继 1648 年瑞士脱离德意志后又一块重要的德意志土地被剥离。1867 年 2 月,奥地利与匈牙利合并为二元制的奥匈帝国。

1867 年普鲁士领导下的北德意志联邦正式成立。北德意志联邦带有统一国家

---

① 这两公国自 1460 年就结成联盟,归丹麦国王领有但并没有并入丹麦。荷尔施泰因又同时属德意志联邦,其居民以日耳曼人为主,石勒苏益格在德意志境内,居民中丹麦人占大多数,这两公国从来不可分割,丹麦国王也承认这一点。1863 年丹麦突然宣布将石勒苏益格正式并入丹麦。

的性质,其建立是德国统一的决定性步骤。现在只剩下南方4邦仍处在联邦之外。

南方4邦受法国影响较深。1870年法国和普鲁士之间就西班牙王位继承问题引起了危机。1870年7月法国驻德大使与普鲁士国王威廉一世在埃姆斯交涉西班牙王位继承问题①。威廉一世慑于法国的战争威胁,同意劝告霍亨索伦家族的莱奥波德亲王放弃王位候选人,似乎一场战争即将避免。一心挑起战争的俾斯麦与毛奇等知道会谈结果后,只好坐在一起喝闷酒。

这时,一个戏剧性的事件发生了。7月13日,法国驻普大使在公园碰见威廉一世,他要求普王承诺今后永远不许莱奥波德亲王继承王位,并希望得到书面保证,遭到普王拒绝。普王委托外交官将此事电告了在柏林的俾斯麦,允许他将此事转告新闻界和普鲁士驻外使节。

心灰意冷的俾斯麦收到了普王来电,觉得有机可乘,遂将埃姆斯电文加以修改,使之含有轻侮法国的意思,并公布于众,史称"埃姆斯电报事件"。不出所料,电文和发表的方式起到了"红布引斗高卢牛"的作用。电报在巴黎掀起了一股反德狂潮。

7月19日,法国向普宣战。普法战争爆发,俾斯麦如愿以偿。

法国宣战后,随即编成莱茵军团(约22万人),由拿破仑三世亲自任总司令,于法德边境地带集结。法国欲先发制人,夺取法兰克福,逼使普鲁士屈服。与此同时,普军亦集结了三个军团,约47万人,由威廉一世为总司令,毛奇为总参谋长。计划以优势兵力,集中向阿尔萨斯和洛林进攻,将法军击溃于边境战线,再继而进攻巴黎,逼使法国投降。很快,法军就不敌普军。

9月1日至2日,普法两军在色当进行决定性的大战。普军抢先占领了周边的阵地,成功切断了法军西撤的道路,并从后堵截法军。完成对法军的合围后,普军以强大的火炮攻击。法军几次突围,均被击退。2日下午,拿破仑三世率军8.3万余人向普王威廉一世投降。

战争以法国战败,拿破仑三世被俘②而告终。战败的法国割地赔款,失去了自克里米亚战争以来形成的西欧和中欧大陆的霸权地位,法国的欧洲霸权地位从此衰落。

色当战役后的拿破仑
三世与俾斯麦

1870年11月德意志南部4邦与北德意志联邦签订条约,正式合并,成立"德意志帝国"。1871年1月"德意志帝国"在凡尔赛宫正式成立。

至此统一的德意志帝国终于形成。

---

① 法国拿破仑三世不希望德意志的亲王担任西班牙国王,而使法国腹背受敌。
② 战前,拿破仑三世吹嘘说,这次战争只是到柏林的"军事散步"。

通过普鲁士—俾斯麦的一系列王朝战争，历经 300 多年的德意志民族统一运动最终完成。统一不仅解决了德意志民族的生存问题，而且极大地促进了德国的生产力的发展。但是也必须指出，由于专制主义君主政体的继续存在，阻碍了德国资产阶级民主改革的彻底完成。在统一过程中煽动起来的普鲁士的军国主义和大国沙文主义也极大地戕害了德意志民族的肌体，给德意志民族的发展带来了负面的影响。

二、意大利完成统一

欧洲文明古国意大利的统一运动，早在拿破仑帝国崩溃后的维也纳会议中就开始酝酿，可谓是一波三折。1848 年革命时期，意大利掀起了第一次独立战争，但最终被占领者全力绞杀。意大利的最后统一是在德国统一过程中，利用有利的国际环境得以完成。

1848 年欧洲革命后，意大利与德国一样，仍处于四分五裂的状态，而且意大利还受着外国异族统治。奥地利占有威尼斯、伦巴底；法国占有罗马；西班牙则统治着两西西里。公元 19 世纪 50—60 年代，意大利资本主义经济开始发展，北部出现了工业革命浪潮。资本主义经济的发展迫切需要消除四分五裂的封建割据、建立统一的国内市场。同时受异族统治的广大人民群众也迫切希望能驱逐外国侵略者，重获国家独立。

1848 年革命后，意大利其他各邦都相继恢复了封建专制制度，只有撒丁王国的政权掌握在自由派手中，保留着革命时期颁布的宪法。政治上实行君主立宪制，经济上实行自由贸易政策，降低关税、鼓励开办银行、兴建新的工业部门等。撒丁王国成了意大利半岛唯一不受外国势力控制的最先进的资本主义国家，是其他各邦效仿的楷模。许多自由派贵族和新兴资产阶级把意大利统一的希望寄托在撒丁王国身上。

撒丁王国首相加富尔（Cavour，1810—1861）是自由派的领导人，他主张依靠撒丁的萨伏伊王朝，自上而下地实现民族独立和国家统一。资产阶级民主派领导人马尼志（Mazzini，1805—1872）、加里波第（Caribaldi，1807—1882）则激进地提出必须发动一场自下而上的革命，驱逐外国侵略势力，打倒各邦的封建统治，建立统一、民主的意大利共和国。意大利的统一运动实际上是按加富尔自由派的路线发展的。加富尔、马尼志和加里波第被誉为"意大利建国三杰"。

加里波第

意大利的统一运动首先从推翻奥地利在意大利的统治开始。1858 年 7 月加富尔与拿破仑三世秘密会晤，拿破仑三世同意与意大利合作，把奥地利人赶出意大利，条件是把萨伏伊和尼斯割让给法国。1859 年对奥战争爆发，法意联军攻下了伦巴底后，由于不愿意看到在其周边出现一个统一的强大的意大利，法国突然背信弃义，单独同奥国讲和。1859 年 7 月，法奥签订协议，奥地利交出伦巴底，将它归入撒丁王国，威尼斯仍由奥国占领，此外，撒丁王国还取得了托斯卡纳、帕尔马、莫德纳、罗曼纳等公国。此协议于同年 11 月得到撒丁王国认可，意大利北部和中部实现了统一。

此时，意大利南部的两西西里①处在西班牙波旁王朝的统治之下。1860 年 4 月西西里岛首府巴勒摩爆发了反对西班牙统治者的农民起义，加里波第率红衫军前往援助。同年 7 月解放了西西里岛。9 月加里波第又率军攻入那不勒斯，彻底推翻了西班牙波旁王朝在意大利的统治。西班牙统治者在意大利的全部王国就落入加里波第手中。加里波第准备成立独立的民主共和国，但由于加富尔筹划了"全民投票"的阴谋活动，战争的胜利果实被自由派所夺取。1860 年，南部意大利并入撒丁王国。

1861 年，意大利第一届国会在都灵召开，3 月 17 日宣布成立意大利王国，撒丁国王维克多·艾曼努埃尔为意大利国王，加富尔任内阁总理大臣兼外交和海军大臣，首都设在佛罗伦萨。这是由大资产阶级和自由派贵族组成的政权。

1870 年 7 月普法战争爆发，法国驻军撤出罗马，加里波第军队和意大利政府军乘虚占领教皇领地，教皇领地合并入意大利王国，意大利王国迁都罗马，意大利的统一最终完成。

统一后的意大利在政治和经济上仍保存着封建残余，但是统一毕竟有利于资本主义的发展。

德国和意大利两国都是通过自上而下的改革和王朝战争，毕其功于一役，同时完成了民族民主革命的任务。通过民族民主革命运动，既消除了分裂割据，实现了国家的统一，又铲除了封建制度，为资本主义发展扫清了障碍。统一后的德国和意大利，资本主义经济获得了飞速发展，政局也相对稳定。从此开始融入西方国家现代化发展的浪潮当中。

德国、意大利的统一，促进了两国的社会进步，不论是在经济上，还是在政治上都成为两国现代化进程中的转折点和里程碑。但由于德意两国浓重的封建色彩以及自上而下的改革道路，使它们在政治上依然难以同封建专制主义的传统彻底决裂。这就使得它们以后的政治民主化道路异常曲折，并频频成为战争的制造者，不仅本国人民长期处于无权和被动境地，得不到真正的民主，而且也给世界其他国家人民带来了深重的战争创伤。可见德国和意大利的政治民主化道路具有一定的被动性。

---

①　两西西里的名称起源于 1282 年西西里王国的分裂，即分为西西里和那不勒斯两部分，1861 年，并入意大利王国。

第三节　19 世纪美国民主的发展

一、美国两党制的形成

在西方政治制度发展的视域内,美国政体模式是联邦总统制的典型。美国的政党政治经历了一个相当长的发展过程。一般认为在公元 19 世纪 60 年代最终形成。但美国 1787 年的联邦宪法并没有涉及政党制度,美国的两党制是在政治发展中逐渐演化而成的。

美国政党萌芽于建国初期对"邦联"还是"联邦"体制的争论,1787 年讨论宪法时,两派竞争白热化。在第一任总统华盛顿的内阁中,形成了以亚历山大·汉密尔顿为首的"联邦党人"和托马斯·杰斐逊领衔的"反联邦党人",但在政治舞台上,联邦党人长期处于主角地位。公元 19 世纪初,由于联邦党人总统约翰·亚当斯(John Adams)当政期间(1797—1801)的内外政策失误,尤其在 1794 年签订了对英国妥协而有损美国利益的条约而大失民心。联邦党威信丧失,支持者纷纷转向。1801 年,随着杰斐逊击败亚当斯成为美国总统,由其领衔的民主共和党便不断壮大[1],成为多数党。

1824 年美国大选中,民主共和党核心议会不顾多数议员反对,推荐门罗总统的财政部长威廉·克劳福德为总统候选人。但门罗总统的国务卿约翰·昆西·亚当斯[2](J. Q. Adamc,1767—1848)、众议院院长亨利·克莱以及安德鲁·杰克逊将军也与克劳福德竞争。经过亚当斯派的活动,1825 年亚当斯在众议院复选中当选为总统。这次选举使核心议会威信扫地,民主共和党的党派结构动摇并完全分裂。以亚当斯为首的一派改称国民共和党,主要代表北方工商业资产阶级的利益;以杰克逊(Andrew Jackson,美国第七位总统 1767—1845)为首的一派仍保留民主共和党的称号,主要由农业资产阶级和部分工商业资产阶级组成。两党对峙,都把目标放在竞选总统职位上。从此,美国二元政党体制与国家政权建立了密切联系。

1828 年,美国总统选举方式发生了改变,过去总统候选人通常由州议会选出,现在改为由人民直接选出。一个政党要想获胜,仅争取少数几个国会议员已不行了,必须争取选民的支持。这样,选民也卷入了两党政治中,成为两党相互竞争必须依靠的基本力量。于是,一些专门组织竞选的职业政客出现了,竞选旅行、媒体宣传开始成为两党竞选的重要活动内容。1831 年,反共济会党首创了由党的全国代表大会选举决定本党总统候选人的做法,从此它被作为制度固定下来。1828 年杰克逊当选总统后,空前地扩大了联邦政府并大大加强了总统权力,美国特色的总统

---

[1]　自 1800 年杰逊斐当选总统以来,民主共和党连续 24 年占据总统职位。

[2]　第二任总统约翰·亚当斯的长子,他是美国历史上第一位继其父亲之后成为总统的总统。

制形成。

　　1828 年,杰克逊派改称民主党。1834 年国民共和党联合反共济会党和一部分脱离民主党人士的创立了辉格党。辉格党的建立标志着美国两党制的基本形成。

　　在消灭奴隶制的内战期间,美国的两党制开始稳定。废奴运动期间长期执政的民主共和党在对待奴隶制问题上发生了分裂。1854 年,一些民主党员、废奴运动者、少数"自由土壤"党人和辉格派进步人士联合组成了共和党。这就是今日共和党的雏形。1860 年共和党人林肯首次击败民主党,获得竞选胜利。林肯当选总统,标志着美国两党制的基本确立。从此,民主党和共和党互相争夺总统之职,轮流执政。

　　有意思的是,1874 年美国著名画家汤姆斯·纳斯特绘制的一幅象与驴压跷跷板游戏的漫画,"象"代表共和党,"驴"代表民主党。这幅漫画的寓意是美国由两个政党一上一下轮流执政,共和党和民主党人看了这幅画,不但没反对,相反还欣然接受了。他们解释说,大象稳重,毛驴倔强。从此共和党和民主党的党徽便分别为象和驴。每逢大选之年,两党的支持者也常常举着"象""驴"的标牌来进行竞选宣传,"象驴之争"便由此而来。

象驴之争

　　不过,美国的民主党和共和党在意识形态上没有太大差别。两党也没有固定的党纲(竞选时所拟定的竞选纲领即是党纲)。组织结构也比较松散,没有严格的投票纪律,党员也不固定,一般在竞选中投某党的票,就属于某党成员。一般来说,美国的这种二元政党体制从未遇到过第三党的挑战,稳定发展直到今天。

二、废奴运动和南北战争

　　独立后美国虽是一个统一的国家,但北部和南部却实行着不同的社会经济制度。北方是工商业资本主义制度,南方则保持着种植园主的蓄奴制度,境内黑奴近 60 万。随着南部诸州棉花种植业的迅速发展,种植园奴隶制不断扩大,严重威胁着美国人民的民主权利。

　　从公元 19 世纪 30 年代初开始在美国北部兴起了要求彻底废除黑人奴隶制的群众运动,史称"废奴运动"。30 年代初加里逊(L. W. Garrison,1805—1879)在波士顿出版《解放者》周刊,并和其他废奴主义者于 1832 年创建新英格兰反奴隶制协会。1833 年 4 月,费城成立了全国性的美国反对奴隶制协会,总部设在纽约。随后反奴隶制协会在北部各地纷纷建立,到 40 年代这类组织约达 2000 个,参加协会人数超过20 万人,形成声势浩大的群众运动。一些废奴主义者还组织"地下铁道",通过隐蔽的方式,经由秘密的路线和食宿站,指引和协助大批黑人奴隶逃离南方。南北战争爆发之前,估计至少有 6 万人因此获得自由,1852 年斯托夫人(H. E. B. Stowe,1811—

1896)所著《汤姆叔叔的小屋》(一译《黑奴吁天录》)出版。小说对黑人奴隶的悲惨生活作了极其生动的描述和揭露,在社会上引起广泛的反响,有力地推动了废奴运动的发展。1859年爆发的约翰·布朗起义将废奴运动推向高潮。1830—1860年的废奴运动,构成了南北内战的重要背景之一。

美国1787年宪法,顾及南部大种植园主的利益,没有提及废除奴隶制。1804年,"梅森—杰克逊"线(即北纬39度43分)成为北方自由州与南方蓄奴州的分界线。南北双方约定,在西部新开发的州中,位于俄亥俄河以北的作为自由州加入联邦,以南则作为蓄奴州加入联邦。直到1819年,联邦内自由州和蓄奴州的数目均为11个,这就意味着在参议院内双方席位也相等。由于众议员按人口比例选举产生,北方自由州人口增长较快,自然在众议院中拥有比南方州多的席位。因此,为了议会中占多数席位,双方经常在新州的归属问题上发生分歧。

对于新州的争夺,涉及资产阶级和种植园主之间谁掌握联邦政府的问题。1818年,密苏里申请加入联邦,由于种植园奴隶主在该州占优势,南方的领袖们也急切地想把它变为蓄奴州以免南方在参议院形成劣势。但该州的大部分土地位于俄亥俄河以北,因此该州是成为自由州还是蓄奴州将影响到南北的政治平衡。恰在此时,缅因要求脱离马萨诸塞成为独立州。1820年,国会达成《密苏里妥协案》,密苏里作为蓄奴州加入联邦,缅因作为自由州加入联邦,并将分界线向南移了3度13分,规定以后凡有自由州加入联邦,同时应接纳一蓄奴州参加联邦。《密苏里妥协案》使南北矛盾暂时缓和。

1854年参众两院通过了《堪萨斯—内布拉斯加法案》,将大平原地区组织为"内布拉斯加领地","领地上及由领地形成的新州内的一切有关奴隶制的问题,就留给住在那里的人民通过他们的代表去解决"。该法案完全体现了南部奴隶主的利益,立刻遭到北方人民的强烈反对,并造成了堪萨斯的流血冲突。北方的自由资本主义制度和南部奴隶制度之间的矛盾已严重激化了。

当然,南北矛盾不仅体现在州的数目上,更重要的是一国两制体制掩盖下的不同经济利益。北方需要广大的国内商品市场和自由的劳动力,要求保护关税以发展民族经济。而南方的利益恰恰相反。南北矛盾还表现在西部土地问题上。一旦在西部建立新的种植园经济,小农便被排挤出去,资本主义农场也无从发展。因此,蓄奴还是废奴,是关系到社会的性质、经济的发展和人民的民主权利的大问题。

1860年11月,共和党人林肯(A. Lincoln,1809—1865)当选为美国总统。林肯1809年2月12日出生在美国的肯塔基州的一个农民家庭。从小生活贫困,只受过18个月的正规教育,林肯通过勤奋的自学,成为一名律师。

林肯

1860 年 11 月 6 日,林肯击败民主党候选人斯蒂芬·道格拉斯,当选为美国第十六任总统。作为北方资产阶级民主派的代表,林肯主张逐步地、和平地消灭奴隶制。在当选政纲中也提及保护关税及《宅地法》,波及南方奴隶主的利益。

林肯的当选威胁到了整个奴隶制度的存在。民主党候选人道格拉斯也意识到这一点,他落选后,奔走于各州,呼吁人民支持林肯,维护联邦的统一。但是,南方种植园主决定孤注一掷,做最后的抵抗。

1860 年 12 月 20 日,南卡罗来纳州首先宣布退出联邦,继而密西西比、亚拉巴马、佛罗里达、佐治亚、路易斯安那、得克萨斯也相继退出联邦。1861 年 2 月 4 日,上述 7 州在亚拉巴马召开代表大会,宣布成立"南部联邦",称美利坚联盟国,推举戴维斯·杰弗逊为总统。1861 年 4 月 12 日,叛乱分子向南卡罗来纳州查尔斯顿港的萨姆特堡发起进攻,挑起了内战。

内战分为两个阶段,1861 年 4 月至 1862 年底为第一阶段。

1861 年 5 月,林肯对所有南部港口实施联邦封锁,终止联邦大部分国际船运。违法的船只及货物被掳获,更多的船只不被保险所保障。在 1861 年后期,封锁阻止了大多数港口之间的交通,也中止了棉花贸易,打击了南方经济。但就战事而言,这一时期南方控制着主动权。尽管北方在人口和经济实力上占上风,但由于南方蓄谋已久,准备充足,北方对战争缺乏明确认识,仓促就战,导致联邦军连连失利。1861 年 7 月马那萨斯战役的惨败使首都华盛顿处于危险境地。

联邦政府在对付叛乱的同时,着手解决西部土地问题。早在 1860 年的选举中,共和党为了争取大众的选票,便将《宅地法》作为竞选的纲领。1862 年 5 月 20 日林肯签署了《宅地法》。《宅地法》规定,从 1863 年 1 月 1 日起,凡年满 21 岁的美国公民或申请入籍而没使用武装反抗过美国的人,只要付 10 美元登记费,就可登记领取 160 英亩的土地,登记人在该土地上耕种 5 年后,该土地就完全归其所有。《宅地法》是美国历史上第一个免费分配土地的法案,它用"美国式道路"民主地解决了西部土地开发问题,也瓦解了叛乱诸州民众的人心,联邦得到了大众的支持。

内战第一阶段的军事失利坚定了林肯废除奴隶制度的决心。1863 年 1 月 1 日,林肯正式签署了《解放宣言》,宣布除已被北方军占领的田纳亚州和路易斯安那州的一部分、弗吉尼亚的一部分外,参加南部联邦的 10 州都属叛乱州,叛乱州的奴隶将永远获得自由。《解放宣言》是林肯政府采取的最为意义深远的措施,当然出于政治考虑,《解放宣言》没有废除拥护联邦的几个蓄奴州的奴隶制度。《解放宣言》恰似给了南方奴隶各州一棒闷棍,获得解放的黑人纷纷参军,壮大了北方的军事力量。

1862 年底至 1865 年是内战的第二阶段,联邦军转入反攻。1863 年东部战场上盖特茨堡大捷和西部战场维克斯堡战役的胜利彻底扭转了战局。1864 年,谢尔曼将军(Sherman,1855—1912)率领的联邦军攻占了南方许多重镇,使叛军的供应线被切断。1865 年 4 月 3 日,联邦军攻占里士满,4 月 9 日叛军总司令罗伯特·李(Robert

Edward Lee,1807—1870)将军率部投降,内战以联邦军的胜利而告终。

1865 年 1 月,国会通过宪法第 13 条修正案,从法律上正式规定"合众国境内或受合众国管辖之任何地区内,不准有奴隶或强迫劳役存在"。从此美国的奴隶制度完全消灭了,奴隶制度的废除不仅对美国民主,而且对人类文明也具有重要影响。林肯也因此与乔治·华盛顿一起并称为"国父"。1865 年 4 月 14 日晚 10 时 15 分,就在南方军队投降后第 5 天,林肯在华盛顿福特剧院遇刺。因伤势过重,15 日在医院逝世,享年 66 岁。

三、南方民主重建

南方民主重建是南北战争结束后对南部社会政治、经济和社会生活的改造与重新建设时期的通称。重建主要是通过立法手段即一系列的宪法修正案来实现的。

早在 1863 年 12 月 8 日,林肯就在《大赦与重建宣言》中提出宽大和解的重建纲领。1865 年约翰逊(Andrew Johnson,美国第十七位总统,1808—1875)当选总统,同年公布了"大赦宣言",宣布一切直接或间接参加过叛乱的人,只要进行忠诚宣誓,即可恢复他们的一切权利和内战中除奴隶外的被没收的财产;规定原南部同盟的高级军政官员可以申请特赦。结果,绝大多数包括重要的叛乱分子都获特赦。

同时,约翰逊又相继发表关于北卡罗来纳、南卡罗来纳、佐治亚、密西西比、亚拉巴马、得克萨斯和佛罗里达等 7 个州的重建宣言。首先任命了南部各州的临时州长,由他们召集制宪会议开始重建南部政权,并起草了新的州宪法、选出了新的州长。但是在新建的州议会和州政府中,前叛乱分子占多数,旧的种植园奴隶主又获得了统治权。奴隶主成立了"三 K 党"等恐怖组织,疯狂地迫害和屠杀黑人,并制定了《黑人法典》,变相地剥夺黑人刚获得的自由,如出门必须携带通行证,推行强迫劳工制,只让黑人从事农业和家庭仆役,不得从事某种职业,不得集会等。

对南方这种倒行逆施的反动政策,约翰逊总统竟然予以默许和纵容,认为南方的重建已经完成。他的纵容更激起了黑人和北方的人民的强烈不满。共和党激进派领导人则在国会内积极开展反南方政策。

1866 年国会通过第 14 条宪法修正案,宣布"所有在合众国出生或归化合众国并受管辖的人,都是合众国和他们居住的州的公民。任何一州,都不得制定或实施限制合众国公民的特权或豁免权的任何法律,不经法律程序,不得剥夺任何人的生命、自由和财产;在州管辖范围内,也不得拒绝给予任何人以平等法律保护"。法案从法律上保护了黑人的公民权利。

1867 年 3 月 2 日,国会通过美国共和党激进派的重建法案。规定对南部叛乱各州实行军事管制;给予黑人选举权,剥夺叛乱奴隶主的选举权;在军队的监督下进行选举。1868 年南方各州举行了联邦和地方政府的选举,在新选出的州议会和州政府中,黑人在下院获得一半席位,有的黑人还担任副州长。此后,各州都废除了《黑人法典》,制定了保障黑人人权的新法律,创办了黑人学校等。

1870 年,国会通过宪法第 15 条修正案,规定"合众国公民的选举权不得因种族、肤色或以前是奴隶而被合众国或任何一州加以拒绝或限制"。黑人和奴隶终于在美国政治生活中开始有了一席之地。

1877 年 2 月,共和党与民主党就 1876 年总统选举问题达成《蒂尔顿—海斯协定》:民主党承认共和党人 R. B. 海斯当选为总统,海斯就任总统后立即撤走联邦驻南卡罗来纳和路易斯安那的军队,把最后两个共和党人执政的州政权让给民主党。以前退出联邦的州重新加入合众国;民主党控制南方政权,可按自己的办法贯彻第 14 条和第 15 条宪法修正案。民主重建遂以南北双方的妥协宣告结束。

美国重建南方的一系列改革有很大的局限性。两个修正案虽从法律上使奴隶有了公民权、选举权,但在实际的贯彻中仍然比较苍白,黑人被奴役的地位并没彻底改变。直到 1968 年,美国民权领袖马丁·路德·金仍然为了实现黑人的平等权利而献出了生命。

美国在内战和南方重建中的妥协和不彻底,使得种族歧视问题仍然成为日后美国政治和社会生活中的一大顽疾。美国的政治民主化道路被认为是一条英国式渐进之路。

第四节　俄国农奴制改革

一、农奴制的危机

农奴制是封建社会中封建领主在其领地上建立起来的剥削奴役农奴的经济制度。俄国农奴制在 15 世纪开始形成。当时,地主贵族为了剥削更多的财富,都竭力把依附农民固着在土地上。沙皇们也多次制定法令,限制农民的迁徙。1649 年,沙皇阿历克谢·米哈依洛维奇颁布《法典》,规定农民不论逃亡多久,只要被找到,就必须连同其家属和全部财产都归还原主。《法典》从法律上确立了俄国的农奴制度,标志着俄国农奴制的正式确立。长期的农奴制是俄国落后的原因。18 世纪,彼得一世的改革,加速了俄国的欧化,也为俄国跻身世界之林奠定了基础。但改革并没有超出封建农奴制的范畴。

西欧工业革命的迅速推进也波及到了俄国。公元 19 世纪,俄国的社会生产力发生了极大变化。工业部门中原有的手工工场急剧增长,手工工场开始了从手工操作向机器生产的过渡。织布机、蒸汽机、水力涡轮机、汽船、铁路被大量采用。机器等的应用,要求大量的自由雇佣劳动者。但俄国总体上仍是一个落后的封建农奴制国家,农奴对农奴主的人身依附使工商业发展得不到充足的劳动力;封建的土地所有制限制着商品货币关系的发展;在封建主垄断土地所有权的条件下,地主为积累更多的粮食和原料以进行市场销售,便加重对农民的剥削,使大批农民破产。农奴制已严重束缚着新的生产力和资本主义的发展。

俄国先进的思想界一直在探求俄国社会解放的道路,早在公元19世纪20年代,俄国贵族革命家十二月党人就提出了解放农民,无偿给农民土地的要求。40年代俄国又涌现了一批革命民主主义思想家,包括在十二月党人影响下成长起来的赫尔岑(L. I. Herzen,1812—1870)和以别林斯基(Belinsky,1811—1848)、车尔尼雪夫斯基(Chernyshevsky,1828—1889)、杜勃罗留波夫(Dobroliubov,1836—1861)等为代表的平民知识分子。他们宣传自由、平等、博爱和人道主义,主张废除农奴制度,推翻沙皇专制制度,建立民主共和国。赫尔岑1857年创办了《钟声》杂志,愤怒谴责农奴制度,呼吁解放农奴,并分给他们土地。别林斯基在《给果戈理的信》中批判了果戈理倒向黑暗势力的行为,揭露农奴制的黑暗,号召推翻沙皇专制统治。车尔尼雪夫斯基和杜勃罗留波夫共同编辑的《同时代人》更彻底、更具战斗性地揭露了农奴主贵族的反动,号召俄罗斯人民"拿起斧头",消灭农奴制和沙皇专制统治。他们的舆论宣传,动摇了农奴制的思想基础,对推动农奴制的废除起了积极的作用。

二、废除农奴制度

1853—1856年克里木战争的失败暴露了俄国农奴制和沙皇专制制度的腐朽。为满足军事开支,沙皇政府不断加重对农民的徭役和税收,更加剧了国内社会矛盾,引起群众运动的高涨,农民起义此起彼伏,如火如荼,1858—1860年爆发的农民暴动和起义总计近290次。

俄国农奴制改革主要来自于农民起义和革命民族主义者斗争的推动,但沙皇亚历山大二世(Alexander Ⅱ,1855—1881)审时度势的主动推动也起了很大作用。1856年3月,沙皇亚历山大二世在对莫斯科贵族的一次讲话中指出:"……现行的农奴领有制不能一成不变,与其等待农奴自下而上的废除农奴制度,倒不如从上面来废除农奴制度为好。"1857年1—2月,沙皇俄国国务会议就农奴制改革草案进行讨论和审议。亚历山大二世在国务会议上强调:"继续拖延只会引起更大的灾祸,对整个国家,特别是对地主会造成有害的、灾难性的后果。因而宜尽快通过改革方案。"2月17日,国务会议批准通过了改革方案。

沙皇亚历山大二世

俄历1861年2月19日,沙皇亚历山大二世正式签署了废除农奴制的改革法令。改革法令包括《关于脱离农奴依附关系的农民的一般法令》等17个文件。主要内容为:

首先,给予农民人身解放。农民获得自由处理个人和家庭事务的人身自由权和享有动产和不动产的财产权;农民结婚和处理家庭事务不必取得地主的许可,可以自由经营买卖和开办各种工商业企业;有权从事民事和刑事诉讼并"根据一般法律,充当证人和保人"。根据这些规定,地主再也不能像以前那样把农民当牲畜一样任意买卖了。

　　其次，授予农民份地和园地。农民的宅旁园地，缴纳一定的赎金后，即可获得所有权。赎买份地需得到地主的同意，赎金的数额，以每年 6％ 年利率的代役租加以资本后得出。授予农民的份地在法律上仍是地主的财产，农民只有"永久使用权"。赎地时，农民必须一次付清赎金的 20％～25％，其余由政府从国库拨款给地主，这笔款作为农民的债务，由农民在以后的 49 年内以"赎地费"的形式偿还。在订立赎地契约以前，农民对土地仍有"暂时义务"，交租和服徭役。赎地的赎金大大超过实际地价，农民实际上不是赎取土地，而是赎取封建赋役，且在实行中地主总设法割去农民份地中最肥沃的部分。

　　第三，建立农民的管理组织。保留原来各州的村社（由居住在同一地主土地上的农民组成），几个村社组成乡社；由农民和地主代表选举公职人员，建立村社和乡社的行政机构，隶属地方行政机构。地主有权否定村社的决议，并特设一个地方贵族担任调停使；村社和乡社的公职人员须服从调停使的管辖。这一规定实际上保障了地方贵族对农民的控制，并没有实现农民真正的"自治"。

　　废除农奴制度后，沙皇政府又进行了一系列的政治改革：如 1864 年颁布《省、县地方机构法令》。依此法令，各地建立了县和州的自治局。1870 年，又设立了由城市全体纳税人选举的市杜马和自治局。1867 年建立统一的各级法院，废除等级法院，规定司法独立、法庭审讯公开、建立陪审制等。

　　尽管改革既没有改变封建专制政权的阶级实质，也没有彻底解决农民的土地问题，但是农奴制的废除和随后的政治、民主改革，促进了俄国政治的民主化和现代化。俄国的政治民主化和现代化的道路是一条不同于欧美的特殊的道路。

三、法国等欧洲其他国家的民主发展

　　法国自 1789 年大革命以来，革命不断，政体更替规律性地呈现出君主立宪政体—共和政体—帝制政体两度交潜演变现象，其中共和政体一直是政体形式演变和发展的主体，这是由法国近代阶级斗争、阶级力量对比的状况和社会经济发展的程度所导致的。

　　1870 年 9 月 4 日，拿破仑三世色当战败的第二天，巴黎人民起义，成立了第三共和国，法国最终确立了共和民主制度。1875 年国民大会通过了第三共和国宪法。规定总统由参众两院选举产生，任期 7 年；立法权由参众两院行使，总统负责公布、监督法律，并无实权；内阁是政府中最重要的权力机构，对国会负责。与英国内阁制不同的是，法国的内阁不仅向众议院（下院）负责，还对由人民间接选举产生的参议院负责；内阁的首相也没有解散国会的权力。如果首相在任何一院失败，只能辞职。这样的体制也造成了第三共和国的政局不稳，1870—1940 年的 70 年间，内阁改组达 108 届，多数内阁只能存在 2、3 个月，不到 20 届的内阁能维持一年以上，最长的一届不到三年，从而影响了法国现代化的稳定进程。

　　但是,共和政体的最终确立,标志着法国人民反封建资产阶级革命任务的彻底完成,也意味着法国工业资产阶级统治的全面确立。但法国政治民主化进程中的革命方式,对社会的震动和国家经济的损害比较大。革命的理想并没有在革命中得以实现,新制度真正实现时,又恰恰是没有用革命的手段。当国内所有的政治力量认识到议会及选举是表达民意的适当方式时,革命的时代也就结束了。此后的100多年里,法国再也没有发生革命,法国也以和平的方式跨入了民主的门槛。

　　1958年,戴高乐将军创建了第五共和国,确立了半议会半总统制的法国政治模式。

　　到公元19世纪末,欧洲许多国家都设立了内阁制,男子普选制,走上了政治民主化的道路。比如,比利时和瑞典采取比例代表制;瑞士则采取创制权和复决权制。[①]一般认为,北欧国家(瑞典、丹麦、挪威和芬兰)、比利时及低地国家主要以和平与渐进的英国式方式进入政治民主。

---

　　① 比例代表制保证了少数派和多数派同样地在议会中有代表席位,每一政党在立法机构中被分配的代表数和它的选举实力成正比;创制权和复决权制也是直接民主的工具之一。根据创制权,选民百分比中的一定人数能制定法律并强迫立法机关或议会执行,复决权是把法律提交人民,让人民表示最后的同意或否决的措施。参见爱德华·麦克洪尔·伯恩斯等著,世界文明史(第三卷),北京:商务印书馆1987年版,第178页。

第十五章
工业时代思想文化的演变

　　欧洲工业革命,不但使经济(物质世界)发生了翻天覆地的变化,对思想文化(精神领域)的影响也是深刻的。陪伴着经济变革而来的是复杂的思想文化现象,它们都从不同的角度对工业文明进行着反省与思索。

第一节　新型的经济与社会理论

　　产业革命,像一只巨大的车轮带动了欧洲经济的快速发展,也带来了经济与社会理论的新进展。其中影响重大,令人瞩目的是古典政治经济学、古典哲学与空想社会主义发展到高峰。

一、古典政治经济学

　　古典政治经济学产生于公元 17 世纪中叶的英国。最初萌芽于英国学者威廉·配第[①]的经济学著作。18 世纪下半叶,在英国工业革命兴起的背景下,由亚当·斯密建立起了政治经济学理论体系。19 世纪前期,由于产业革命的进展,极大地推进了资本主义制度和生产方式的发展,大卫·李嘉图成了古典政治经济学的集大成者。

　　大卫·李嘉图(David Ricardo,1772—1823),出生于伦敦交易所一个犹太经纪人家庭。少年时代就随父亲从事证券交易。25 岁离开交易所从事经济学研究时,李嘉图已是百万富翁了。1799 年,李嘉图受亚当·斯密《国民财富的性质和原因的研究》一书的影响,开始研究经济学。1817 年,李嘉图的《政治经济学及赋税原理》发表,引起轰动。《政治经济学及赋税原理》不仅使古典政治经济学发展到最高峰,也使大卫·李嘉图成为经济学的一代巨人。

　　作为一名业余的经济学家,李嘉图的著述颇丰,发表的经济学论著有:《论金块价格》(1808)、《金块价格上涨为银行券贬值的证明》(1810)、《论谷物价格低廉对资本利

---

　　① 配第(Willian Petty,1623—1687),英国古典政治经济学的创始人。主要代表作有《赋税论》《政治算术》和《货币略论》等,他认为"土地是财富之母,劳动是财富之父",并试图用劳动价值论来说明商品、价格、工资、土地价格等经济现象。

润的影响》(1815)、《偿债基金制度》(1819)、《马尔萨斯〈政治经济学原理〉评注》(1820)、《农业保护论》(1822)、《绝对价值和交换价格》(1823)。值得一提的是李嘉图并不是只知书斋的学者,1819年他当选国会议员,成为当时的社会活动家。

大卫·李嘉图批判地继承了亚当·斯密的经济理论。他以边沁的功利主义为出发点,在斯密的劳动价值论的基础上,提出了自己的价值学说和分配学说。

大卫·李嘉图

大卫·李嘉图的劳动价值论是古典政治经济学发展的高峰。他认为,商品的价值是由生产商品所耗费的劳动时间决定的,价值量与商品包含的劳动量成正比。大卫·李嘉图承认斯密的商品有价值和使用价值之分的观点,但认为使用价值大的东西未必就有大的交换价值,而且斯密的"商品价值是由工资、利润和地租这三种收入构成"的观点也有不妥之处。李嘉图认为按此逻辑就会是收入决定价值而非劳动决定价值了。大卫·李嘉图进一步指出,劳动时间决定价值的规律不仅像斯密说的只适用于资本和土地私有权产生之前的社会,也适用于资本主义社会。因为商品的价值分解为工资、利润和地租,并不改变价值是由劳动量所决定的原理,工人劳动所创造的价值既是工资的源泉,也是利润和地租的源泉。

大卫·李嘉图还从价值学说出发,论证了资本主义的分配关系。他指出,在资本主义社会里,全部生产物在地主、资本家和劳动者这三大阶级中分配。地主有土地,得到地租;资本家凭借资产,得到利润;工人作为商品出卖的是劳动,而劳动不能以劳动来支付,只能以工资形式替换劳动的价值。这三种分配形式在量上此消彼长,使得三大阶级在经济利益上彼此对立。工人阶级的工资与资本家的利润呈反比,是两大阶级对立的根源。

关于资本主义经济的发展,大卫·李嘉图也有自己的见解。他认为,资本主义的生产目的就是获得更多的剩余价值。为此,他主张自由经济和市场经济,断定资本主义是自由的制度,只要除去国家的干预,它会永恒地存在下去。因为在那里,个人利益与社会利益是一致的。以市场这只看不见的手作引导,资本主义就会自然地发展。

李嘉图用"比较成本"的概念来分析国际贸易的基础,提出了"比较优势"说,发展了斯密的国际贸易的"绝对优势"理论。比较优势说认为,国际贸易的基础并不限于劳动生产率上的绝对差别。只要各国之间存在着劳动生产率上的相对差别,就会出现生产成本和产品价格的相对差别,从而使各国在不同的产品上具有比较优势,使国际分工和国际贸易成为可能。根据李嘉图的比较优势思想,每个国家都应集中生产并出口其具有"比较优势"的产品,进口其具有"比较劣势"的产品。在国际贸易和国际分工中真正起到决定作用的是比较优势而非绝对优势。

由于阶级与时代的局限,大卫·李嘉图没能揭露出资本主义剥削工人的秘密(尽管只差一步之遥)和资本主义制度的实质。但作为工业资本主义发展时期的代表,他

把经济自由主义推到了资本主义自由发展时期所能达到的高峰,对西方经济学与人类思想史的贡献是巨大的。马克思主义政治经济学就是在李嘉图理论的基础上开出的一朵"奇葩"。

工业革命,使英国的社会生产力大幅提高,人口迅速增长[①]。与此同时,劳动群众的生活状况未有根本改观,失业、贫困成了工业社会无法摆脱的阴影。面对新的社会问题,经济学家和思想家们各自提出了自己的解决方案。前者以马尔萨斯的人口理论为典型代表,后者则迎来了 19 世纪空想社会主义的新高潮。

托马斯·罗伯特·马尔萨斯(T. R. Malthus, 1766—1843),资产阶级人口理论的创立者和古典政治经济学家。出生于英国土地贵族家庭,从小受到良好的教育。1784 年,马尔萨斯就读于剑桥大学耶稣学院,后获得文学学士学位。1798 年,被聘为萨里郡阿尔布里的副牧师,同年匿名发表《人口原理》一举成名,他与经济学大师李嘉图在纯学术与公共经济政策上有许多争论,然而却因此互引为挚友。1805 年马尔萨斯受聘任东印度公司创办的海利伯里学院的历史和政治经济学教授,1819 年当选为皇家学会学员。在东印度公司的学院任教期间,马尔萨斯发展出一套需求供应失衡理论,

托马斯·马尔萨斯

他称之为"过剩"。这在当时被看做荒唐的理论,却是后来有关大萧条的一系列经济理论的先驱,给凯恩斯的经济理论也带来启发。

马尔萨斯所处的时代,正值欧洲乌托邦盛行,人们对未来充满了幻想。马尔萨斯则因社会潜伏的各种危机而忧心忡忡。1798 年发表的《人口原理》是马尔萨斯试图借人口问题研究来解决社会问题的努力。

马尔萨斯人口理论的核心是试图证明人类的贫困以及由此而来的不幸与罪恶的根源在于人类自身的本性,即根源于人类无限增值的现象。马尔萨斯以"土地收益递减规律"作为自己人口理论的经济学和自然史的基础,认为由于"土地收益递减规律"的作用,使食物赶不上以几何级数速度增加的人口的需要。

人口理论主要包括两个公理和三个命题。具体来说,食物为人类生存所必需;两性间的情欲是必然的,这是人类本性所决定的,是两大公理。马尔萨斯的三个命题是,人口的增加,必然为生活资料所限制;生产资料增加人口也必然增加;占优势的人口增加,又会为贫困和罪恶所抑制,从而使人口和生活资料保持均衡。

马尔萨斯进一步认为,人口增长的速度是按几何级数增长,生活资料按算术级数增长,当人口增长超过生产资料的增长所能容纳的极限时,必然会发生战争、饥荒等人类灾难。由于人类的各种灾难源于人口增长过快,因而必须采取强有力的措施抑制人口的高速增长。马尔萨斯提出的解决方法主要有两种:一是"预防的抑制",包括

[①]　1851 年英国总人口为 1690 万,到 1901 年增到了 3080 万。

独身、晚婚、节育、堕胎等;二是"积极的抑制",即通过战争、瘟疫、繁重的劳动、贫困和饥荒等手段抑制人口增长。在《人口原理》第二版中,马尔萨斯提出了所谓道德抑制,即无力赡养子女的人不要结婚,并且在婚前要保持贞操。他认为,如果不实行道德抑制,那么由人口增殖超过生活资料增长而产生的贫困和罪恶就无法避免。

马尔萨斯的人口理论反映的是工业资本主义的利益。他抛开了社会制度与生产方式,从人类的自然本性出发,把贫困和灾难归咎于人口的增长,事实上掩盖了资本主义制度的实质,受到了资产阶级及其政府的青睐。但也应当承认,马尔萨斯在两个世纪以前就敏锐地注意到人口问题的重要性,指出了人口问题与经济、社会发展的关系,并试图采取一定的措施解决之,这无论对当时还是后世都具有启发意义。尤其是当今世界,人口问题已日益成为人类生存与发展的重大问题,如何适当控制人口增长已成为不容忽视的问题。

二、空想社会主义

与经济理论新进展齐头并进的是空想社会主义理论的大发展。19世纪初工业革命背景下的空想社会主义已不像资本主义初期的莫尔、康帕内拉那样怀有小生产的幻想,倡导平均主义和禁欲主义,而是以大生产作为蓝本勾画未来社会与生活。思想家们深入批判资本主义社会制度、政治制度和道德观念,提出实现理想社会的道路与方法并积极加以实践,把空想社会主义发展到了顶峰。19世纪最著名的三大空想社会主义者是法国的圣西门、傅立叶和英国的欧文。

圣西门

克劳德·昂里·圣西门(Claude Henri Saint-simon,1760—1825),法国哲学家和社会改革家,空想社会主义者。贵族伯爵,早年拜启蒙学者达朗贝尔为师,深受启蒙思想影响。17岁加入法国军队,曾参加过美国独立战争。大革命爆发后,圣西门放弃了爵位与称号,满腔热忱地积极投身革命。但由于贵族身份被囚禁一年(1793—1794),家族破产,使他惧怕暴力斗争,转向空想社会主义。1802年圣西门发表《日内瓦书简》,初步提出了空想社会主义思想。1802年至1814年间,圣西门研究实证科学和实验科学,试图从这些理论中找到解决社会问题的办法,并逐渐发展和完善了他的空想社会主义思想体系。圣西门的主要论著有《寓言》(1819)、《论实业制度》(1820—1821)、《实业家问答》(1823—1824)、《新基督教》(1825)等。1825年,《新基督教》的发表标志着他创建的空想社会主义大厦的完成。马克思说:圣西门只是在他的最后一本著作《新基督教》中,才直接作为工人阶级的代言人出现,才宣告他的努力的最终目的是工人阶级的解放。为实现他"改进人类文明"和"改进最穷苦阶级的精神和物质状况"的许多设想,他耗尽了资产,晚年生活贫困。

对资本主义制度的无情揭露和批判,构成圣西门空想社会主义的主要内容。他认为法国大革命不仅是贵族和市民等级之间的斗争,而且是贵族、市民等级和无产者之间的斗争,并指出这次革命只产生了新的奴役形式,即是富人和财主统治的"新封建制度",必须给予推翻。他相信人类社会走着一条上升的发展路径,依次是人类开化初期、古希腊罗马社会、中世纪、封建社会解体的过渡时代和未来的"实业制度"。并预言旧的社会制度必将为理想的实业制度所代替。

对于未来的"实业制度",圣西门抱有许多天才的设想与创见。他认为"实业制度"就是使生产者(实业家)和学者掌握社会的政治、经济、文化各方面权利的社会制度。这个社会的唯一目的就是满足全体人民的需要并按才能和贡献进行分配。在这个制度内,教育与生产劳动相结合,消灭了工农差别、城乡差别、脑力劳动与体力劳动的差别。国家政权也将对人的统治变为对物的管理和对生产过程的领导。实业制度中没有阶级之分,是人类社会发展的最高阶段。

圣西门提倡全社会"人人应当劳动"的准则,他认为:"从事劳动的人是最幸福的人。所有成员都会有效利用时间的家庭是最幸福的家庭。闲散人员最少的国家是最幸福的国家。假如没有游手好闲的人,人类一定能够享受到他们所追求的一切幸福。"

圣西门把从事产业活动的资产者看成是和工农一样的劳动者或"实业者",并寄希望于统治阶级的理性和善心,幻想国王和资产者会帮助无产阶级建立实业制度。这就使得他的社会主义学说不能不流于空想。

查理·傅立叶(Charles Fouries,1772—1837),出生于贝桑松一个富商家庭。傅立叶中学毕业后即经商,大革命中经历坎坷,曾被雅各宾派投入监狱。从此,他由对革命冷漠到否定革命,坚决主张用改良的手段来改造社会。革命结束后傅立叶继续经商,当过商业雇员、推销员和交易所经纪人,对资本主义的弊病有深入的了解。1797年以后傅立叶开始探索社会改造问题。主要著作有《全世界和谐》《关于四种运动和普遍命运的理论》《新世界》等。

傅立叶

基于阅历,傅立叶对现存的社会关系作了非常尖锐、生动和明睿的批评,指出资本主义社会里医生希望自己的同胞患病,律师希望每个家庭都发生诉讼……,自私自利,充满着虚伪和不人道。这种"每个人对全体和全体对每个人的战争"的制度的危机和灭亡都是必然的,代之以他心目中的"和谐制度"。不过,傅立叶并不反对私有制。

傅立叶和谐制度的构架是"法朗吉"。这是一种工农结合的社会基层组织。在这一组织里,人们可以自由择业,男女平等,教育免费,工农结合,没有城乡差别、脑力劳动和体力劳动的差别。劳动将成为人的需要和爱好,人们的物质生活和受教育程度也将大大提高。傅立叶还关注妇女解放问题,提出了"妇女解放的程度作为普遍解放的天然标准"的命题。

　　傅立叶还给"法朗吉"绘制了一套建筑蓝图。招股建设的"法朗吉"中心区是食堂、商场、俱乐部、图书馆等。建筑中心的一侧是工厂区,另一侧是生活住宅区。

　　19世纪空想社会主义的一大特征是试图揭示社会发展的一般规律。傅立叶也不例外。他认为,人类社会是从低级向高级螺旋上升的辩证运动。人类历史经历了蒙昧、野蛮、宗法和文明四个时期,世界运动形态依次为社会的、动物的、有机的和物质的四种形式。人类社会运动是高级活动,"情欲引力"是社会发展的动力。因此,在他眼里,家庭已不再是社会的经济细胞,而是男女自由婚姻临时结合的产物。

　　马克思曾经称赞傅立叶是"19世纪最伟大的讽刺家"。

　　罗伯特·欧文(Robert Owen,1771—1858),英国最伟大的空想社会主义者,社会主义运动的创始人。出身于北威尔士一个小手工业者家庭。欧文9岁开始自谋生计,当过学徒、店员。1799年欧文与人合伙买下了苏格兰新拉纳克的一家拥有2000人的纺纱厂,不久出任总经理,着力改善工人的工作环境,缩短工人的劳动时间,实施他改造社会的计划。欧文的主要代表作有《新社会观》《论全新的社会状况》《新道德世界书》等。

罗伯特·欧文

　　欧文的空想社会主义比圣西门和傅立叶又进了一步。他认为,私有制是一切罪恶的根源,只有消灭私有制才谈得上社会的改造。主张在未来社会里,劳动者自己管理生产,产品按需分配,没有城乡差别、工农差别、脑力劳动和体力劳动的差别,是一个令人遐想的和谐社会。

　　教育与生产劳动相结合,是欧文对人类教育理论宝库的一大贡献。他认为,教育是每一个国家的最高利益所在。为了使每一个孩子特别是劳动人民出身的孩子,从出生起就受到最好的教育,应当立即为劳动阶级安排一种国家教育制度。

　　欧文一生还亲身致力于空想社会主义的实践活动。1824年,他花了20万美元在美国印第安那州买了3万英亩土地,建立了"新和谐村",开始新和谐移民区试验。终因历史条件的限制,实验于1828年破产。

　　欧文在新拉纳克的工厂还推行了一种新的管理制度,其核心是废除惩罚,强调人性化管理和层级管理等方式,因此,也有理由称他为"现代人事管理之父"。

　　工业革命发展下推动的空想社会主义理论,揭露和批判了资本主义制度的罪恶,对于启发正在形成中的无产阶级的觉悟,是有积极意义的。他们提出了建立新社会秩序的要求及对未来社会的美好描绘,也部分地反映了劳苦大众的利益和愿望。但由于空想社会主义思想家坚持"理想支配世界"的观念,幻想通过和平途径实现社会变革,不主张通过阶级斗争和社会革命来实现社会主义,其思想只能是停留在空想层面。

三、德国古典哲学

　　欧洲资本主义国家的发展一开始就是不平衡的。19 世纪初,当英国的资本主义经济已达到较高水平时,德国由于封建割据,资本主义生产关系发展受到阻碍,整个地区还处于封建农业社会中,工业则处在手工业生产阶段。容克贵族势力的强大和资产阶级的相对弱小,使得德国资产阶级苦闷、彷徨,既向往革命又害怕暴力,他们"只是用抽象的思维活动伴随了现代各国的发展,而没有积极参加这种发展的实际斗争"[①]。尽管德国哲学是在宁静的书斋里、在严谨的大学课堂里完成的,但其理论思维的深刻性和社会影响的广泛性却是无与伦比的。德国古典哲学提出了包括认识论、本体论、伦理学、美学、法哲学、历史哲学以及政治哲学等领域的各种重大问题和范畴,不仅将近代欧洲思想推向了高峰,而且使德国成了西方现代哲学的发源地。

　　哲学史上,一般把 18 世纪末至 19 世纪上半叶的德国资产阶级哲学,称为德国古典哲学。德国古典哲学广泛吸收了以前哲学家们的思想成果,包括以笛卡尔和斯宾诺莎为代表的理性主义、17—18 世纪英法经验主义和启蒙运动学派、德国莱布尼茨、莱辛为首的启蒙思想家等。由此,德国古典哲学内涵丰富,但并不是一个统一的学派。

　　康德(Kant,1724—1804)是德国古典哲学的创始人,出身于德国哥尼斯堡的一个皮革匠家庭。康德天资聪颖,努力过人,在哥尼斯堡大学毕业后,当过家庭教师和大学教授。讲授过物理学、数学、逻辑学、形而上学、道德哲学、火器和筑城学、自然地理等。康德一生从来离开过家乡,过着平淡的书斋生活,也终身未娶,他把全部精力献给了学术,著作等身。康德的墓志铭"有两种东西,我对它们的思考越是深沉和持久,它们在我心灵中唤起的惊奇和敬畏就会日新月异,不断增长,这就是我头上的星空和心中的道德法则",一直为后人津津乐道。

康德

　　康德在哲学方面的主要著作有《纯粹理性批判》、《实践理性批判》和《判断力批判》等。康德的"三大批判"对人的知、情、意各个方面进行了全面的探讨,构建起了一个庞大的哲学体系。

　　康德哲学是以调和唯物论与唯心论,调和科学、知识与宗教、信仰为基础的,既承认在人的意识之外存在着客观世界,又认为它是人的认识能力所不能达到的"彼岸世界"。在强调"彼岸世界"的无限性和人的认识能力的有限性的基础上,康德提出了著名的"二律背反"[②]理论。鉴于人的认识世界与客观的彼岸世界之间存在明显的鸿

---

①　《马克思恩格斯选集》(第 1 卷),北京:人民出版社 1972 年版,第 10 页。
②　康德的用语,指两个互相排斥但同样是可论证的命题之间的矛盾。如世界上一切都是单一的、不可分割的;世界上一切都是复杂的、可分割的。

沟,康德试图通过审美判断与自然界的目的论判断加以沟通,提出了审美的主观性与没有目的的目的性与自然界的内在目的性与外在目的性等概念。他说,不是事物在影响人,而是人在影响事物。是我们人在构造现实世界,事物的特性与观察者有关。康德的这种颠倒认识对一直以来都是被动的看这个世界的哲学界掀起了一场哥白尼式①的革命。

那么,人类如何认识外部世界?康德提出了著名的"(绝对)范畴律令":"要这样做,永远使得你的意志的准则能够同时成为普遍制定法律的原则。"在康德看来,人在道德上是自主的,人的行为虽然受客观因果的限制,但是人之所以成为人,就在于人有道德上的自由能力,能超越因果,有能力为自己的行为负责。

由于将现象与物自体、必然与自由截然分割,不可避免地使康德哲学陷入了二元论的沟壑。但康德哲学尊重人类精神、人格尊严和主观意识,将形而上学提高到了新的水平。由康德哲学所展开的命题,如经验知识的本质、先验结构的本质、物自体、认识论与伦理学的关系等所谓的"康德主义",对欧洲现代哲学的发展影响深远。

哥尼斯堡由于康德的缘故而成为德国哲学的圣地。

康德留下的一连串矛盾和一系列问题,也为后世哲学家开辟了继续探索的园地。德国古典哲学经费希特(1762—1814)、谢林(1775—1854)等哲学家的继承和发展,由黑格尔将其推向极致。

黑格尔

乔治·威廉·黑格尔(G. W. Hegel,1770—1831),出生于德国小资产阶级家庭,父亲是政府公务员。早年毕业于德国图宾根学院,当过家庭教师、报社编辑。1800 年黑格尔到耶拿,与哲学家谢林共同创办《哲学评论》杂志。1807年出版他的第一部著作《精神现象学》。1816 年,黑格尔被聘为海德堡大学教授。1818 年,黑格尔应政府之邀,主持柏林大学的哲学讲座,后被任命为柏林大学校长。1831 年黑格尔不幸死于霍乱。黑格尔在柏林大学的讲稿死后被整理为《哲学史讲演录》、《美学讲演录》和《宗教哲学讲演录》。黑格尔具有代表性的哲学著作有《精神现象学》、《逻辑学》、《哲学全书》(其中的逻辑学部分简称"小逻辑")、《法哲学原理》、《历史哲学》等,被誉为欧洲思想界的泰斗,德国古典唯心主义集大成者。

黑格尔全部哲学体系的基本原则是"实体就是主体"。黑格尔认为"绝对精神"是宇宙之源,万物之本。绝对精神并不是超越于世界之上的东西,自然、人类社会和人的精神现象都是它在不同发展阶段上的表现形式。因此,事物的更替、发展、永恒的生命过程,就是绝对精神本身。围绕着揭示"绝对精神"的发展过程和规律性,黑格尔

---

① 康德把这一思维方法与哥白尼的"日心说"相比较。哥白尼以前,人们认为一切星球围着我们地球转,哥白尼却说,我们地球是在围着其他星球转。

建构起了他的哲学体系。在黑格尔看来,"绝对观念"是一种能动的实体,具有创造世界的能力。它(绝对观念)在其自身的辩证发展过程中,先"外化"为自然界,然后又经过进一步的发展,克服外化,通过人类社会和人的精神活动回到自身,并最后在绝对知识中认识自身,即认识到人的本质就是自由。也就是说,黑格尔用"绝对精神(理念)这个主体去建立客体,又把客体据为己有,从而达到了主客体(思维与存在)之间的辩证统一"①。

在古典哲学中,黑格尔最系统、完整地阐发了辩证法思想。他把辩证法看做是一切运动、一切生命、一切事业的重要原则,是知识范围内一切真正科学知识的灵魂。黑格尔的世界和"绝对精神"是运动、发展和不断地变化着的。而其内部矛盾是事物发展的根源,事物在发展中由矛盾而统一。黑格尔的"绝对精神"也是处于辩证的发展过程中,它的辩证发展经历了三个阶段,逻辑阶段、自然阶段和精神阶段。② 三个阶段有着内在的联系,是一个相互转化和推移的发展历程。马克思、恩格斯批判地继承了黑格尔辩证法的合理内核,创立了唯物辩证法。

黑格尔的美学思想主要反映在他的《美学讲演录》一书中,是他整个哲学体系的一个组成部分,黑格尔认为艺术的根本特点,就是理念通过感性的形象来显现自己、认识自己。"美是理念的感性显现"成为黑格尔美学思想的核心。

此外,黑格尔哲学中的历史意识和方法论特色也十分鲜明。恩格斯曾高度评价黑格尔,认为:"近代德国哲学在黑格尔的体系中达到了顶峰,在这个体系中,黑格尔第一次——这是他的巨大功绩——把整个自然的、历史的和精神的世界描写为处于不断运动、变化、转化和发展中,并企图揭示这种运动和发展的内在联系。"③

黑格尔学说在很长一段时间里,在德国哲学界占有统治地位,不同流派,不同思想倾向的人都从黑格尔哲学的宝库中汲取营养,互相辩驳,形成了特色各异的黑格尔主义④。

德国古典哲学的最后一位代表是弗尔巴哈。

路德维希·费尔巴哈(Ludwig Andreas Feuerbach,1804—1872)出生于巴伐利亚一个法学教授的家庭,早年曾在海德堡大学学习哲学和科学,后到柏林跟随黑格尔学习哲学,两年后,他成为"青年黑格尔学派"的成员。1828 年到爱尔兰根大学任教。1830 年由于匿名出版了《论死与不朽的思想》,思想激进触犯了基督教教义,加上本人不善演讲,费尔巴哈被逐出大学讲坛。1836 年后,费尔巴哈一直在乡村过着隐居生活。费尔巴哈的哲学代表作主要有《黑格尔哲学批判》《基督教的本质》《论唯灵主

---

① 郑敬高:《欧洲文化的奥秘》,上海:上海人民出版社 1999 年版,第 232 页。
② 黑格尔的哲学体系也正是逻辑学、自然哲学、精神哲学组成。
③ 恩格斯:《反杜林论》,《马克思恩格斯选集》第 3 卷,北京:人民出版社 1972 年版,第 63 页。
④ 指黑格尔思想体系发展出来的庞大哲学运动。迄今经历了四次大的哲学发展。第一阶段为 1827—1850 期间德国黑格尔学派;第二个阶段(1850—1904)通常称为新黑格尔主义;第三个阶段(1905—二战前)称为黑格尔哲学的复兴。强调重新探索黑格尔思想的起源;第四阶段为二战结束后的黑格尔哲学新发展。

义和唯物主义》《幸福论》等。

费尔巴哈哲学从人本唯物主义出发,对宗教和唯心主义作了批判。费尔巴哈是德国哲学史上第一个自觉的、公开的同基督教决裂的资产阶级思想家。费尔巴哈认为,世界上除了自然界和人以外,别无他物。不是神创造了人,而是人创造了神,上帝只不过是人们幻想的产物,是人的观念的投射。上帝的观念是人的本质的异化,人对上帝的崇拜,实际上是对人的本质的崇拜。

路德维希·费尔巴哈

费尔巴哈从认识论的根源上,对黑格尔的唯心主义进行分析与批判。他认为人的精神、思想是人脑的属性,是附属于肉体的。"没有感觉,没有人的,在人之外的思维"是十分荒谬的。在他看来,黑格尔的"绝对精神"不过是以精神的形式表现出来的上帝。他用大量的事实批驳了黑格尔关于绝对精神先于自然界而存在的观点,明确指出物质先于精神,存在先于思维。费尔巴哈唯物主义思想为以后的思想家指明了一条通向唯物主义的道路。但令人遗憾的是,费尔巴哈批判了黑格尔的唯心主义,却连同黑格尔的辩证法一起抛弃了,这使他的唯物主义多少带有形而上学的局限性。马克思曾写过《费尔巴哈论纲》,批判他形而上学的唯物主义。

自古希腊以来,欧洲思想大师们都致力于追问事物的本质和世界的同一性。他们大多把精神视为本体的世界,从柏拉图到黑格尔都把"理念"(绝对精神)视为世界的本质。思想大师们认为,只要发挥人的主体性,运用伟大的理性,就可以实现自己亦即世界的自由本质。黑格尔以后,随着资本主义的深入发展、资本主义各种矛盾的日益尖锐,人与自然的对立与冲突的加剧,使人的本质和追求本质的能力受到了来自各方面的挑战与制约。各种非理性思潮及文化批判由此兴起,资本主义新的文化时代就此到来。

第二节　浪漫主义与批判现实主义

公元 18 世纪中叶至 19 世纪中叶,是西方文明史上的重要转折时期,其间文学艺术的成就令人炫目。其中,浪漫主义和批判现实主义是这一时期文学的两大主流。

一、浪漫主义文学

浪漫主义(Romanticism)起源于中世纪法语中的 Romance(意思是"传奇"或"小说")一词,"罗曼蒂克"一词也由此音译而来。浪漫主义是启蒙运动和法国大革命后人们对欧洲社会现状不满情绪的一种反映。法国大革命后,启蒙思想家预言的"理性王国"并未出现,"自由、平等、博爱"的理想远未实现。社会的动荡反而引起人们心灵的震荡。苦闷与彷徨、失望与绝望的社会心理需要宣泄,文学的浪漫主义应运而生。

其主要特征是注重个人感情的表达,不拘形式、自由奔放。浪漫主义手法则通过幻想或复古等手段超越现实。法语的浪漫一词本身就意味着感情丰富、多情善感。

这一时期思想理论与思潮也对浪漫主义有深切的影响。以黑格尔为代表的古典哲学,强调人的灵感和绝对自由,夸大人的主观作用,对浪漫主义主张自我与个性解放有启迪意义;空想社会主义对资本主义的批判,对未来社会的天才预测和乐观憧憬,也使浪漫主义有了精神依托。

以法国作家雨果所见,浪漫主义就是文学上的"自由主义",即扬弃了古典主义所崇尚的理性,推崇主观、情感的世界,充分表现自我与个性。在艺术表现手法上,浪漫主义大胆发挥主观想象力,以强烈的情感,抒发对大自然、对人的自我感受。由于对现实感受不同,社会与文化背景不一,浪漫主义从一开始就形成了两大流派,即消极浪漫主义和积极浪漫主义[①]。消极浪漫主义首先萌发于德国,继而向英、法蔓延。至19世纪初,积极浪漫主义取代消极浪漫主义,成为这一时期文学运动的主流。

浪漫主义文学的成绩主要体现在诗歌方面,其次是小说和戏剧。

海因里希·海涅(Heinrich Heine,1797—1856),德国积极浪漫主义剧作家、诗人。海涅出生于莱茵河畔杜塞尔多夫一个破落犹太商人家庭。青少年时代经历了拿破仑战争,深受法国资产阶级革命的影响。1830年法国七月革命后迁居巴黎。海涅的早期作品多以爱情和个人遭遇为主题,情感细腻、真诚。1827年海涅早期作品以《诗歌集》为名出版,其中很多诗被贝多芬、舒伯特等谱成了歌曲。随着对社会的广泛接触和阅历的加深,海涅的诗歌更多地体现了对社会的批判。四部散文旅行札记,《哈尔茨山游记》《观念——勒·格朗特文集》、《从慕尼黑到热那亚的旅行》和《英国片段》的创作表明,

诗人海涅

海涅在思想上已成长为一个革命民主主义者。在艺术上,海涅已从青年时代对个人遭遇与感情的描写,转向对社会现实的探讨,走向了现实主义道路。

《德国——一个冬天的童话》是海涅的代表作,在这个含有27章的诗体游记中,海涅用肃杀的"冬天"来象征垂死的德国,号召人们放弃对来世天国的幻想,在地上寻找幸福,用自己的力量求得解放。"伪善的老一代在消逝","新的一代在成长",诗歌在思想和艺术造诣上都达到了很深的境界。

英国诗人拜伦(George Gordon Byron,1788—1824),出生于英国破落贵族家庭,早年就读于剑桥大学,后受法国大革命的影响,成长为一个资产阶级民主派战士。在拜伦的诗中,具有反叛性格的人物随处可见,他们热烈地追求个人的自由、幸福与爱情,但高傲、忧郁、孤独的个性又使他们处处碰壁。由于诗中的人物大多是拜伦本人

---

① 消极浪漫主义主要表现为对过去的缅怀,对现实的逃避,对神秘主义和宗教社会的肯定及歌颂;积极的浪漫主义主要反映了新兴资产阶级民主派的思想情绪,对理想充满热情,对革命充满激情,讴歌进步与变革。

世界观和情绪的真实写照,被称为"拜伦式的英雄"。《恰尔德·哈洛尔德游记》《唐璜》是拜伦的传世佳作。拜伦的诗不仅诗句优美奔放,富于哲理,而且充满着鲜明的政治倾向,从而在欧洲树起了一面文学先锋的大旗。

雪莱(Shelley,1792—1822)出身英国贵族家庭,豁达而富于理想,他短暂的生命历程中闪烁着耀眼的光芒。《西风颂》《解放了的普罗米修斯》是雪莱的不朽之作。《西风颂》中的佳句"要是冬天已经来了,西风呵,春日怎能遥远?"蕴含着深刻的哲理。抒情诗剧《解放了的普罗米修斯》讴歌了一个为人类的自由解放而不屈不挠与恶势力进行斗争的英雄,描绘了一幅没有剥削,没有压迫的空想社会主义蓝图。雪莱的诗语言优美,形象生动,深受各国人民的喜爱。

在英国和德国,浪漫主义文学主要表现在诗歌方面,而在法国,则主要体现在小说方面,其杰出的代表人物是维克多·雨果。

维克多·雨果

维克多·雨果(Victor Hugo,1802—1885),法国文学史上卓越的资产阶级民主作家,被人们称为"法兰西的莎士比亚"。雨果出生于法国东部的贝桑松,父亲是拿破仑手下的一位将军,儿时的雨果随父在西班牙驻军。20 岁时雨果出版了诗集《颂诗集》,因歌颂波旁王朝复辟,获路易十八赏赐。后对波旁王朝和七月王朝都感到失望,雨果成为了共和主义者。1841 年雨果被选为法兰西学院院士。1853 年因反对拿破仑三世称帝,被迫流亡国外,1870 年拿破仑三世被推翻后,雨果才得以返回巴黎。雨果也是法国为数不多的死后享有安葬法国名人纪念堂——"先贤祠"殊荣的法兰西英雄。

作为法国文坛巨匠,雨果一生共创作 58 部文学作品,21 部理论专著,其中长篇小说《巴黎圣母院》《悲惨世界》《笑面人》《九三年》等在思想上和艺术上都颇具造诣。许多名言,如"世界上最宽阔的是海洋,比海洋更宽阔的是天空,比天空更宽阔的是人的胸怀。""谁虚度年华,青春就要褪色,生命就会抛弃他们。""在绝对正确的革命之上还有一个绝对正确的人道主义",等等脍炙人口。

人道主义是雨果作品最突出的特点,这一点在《悲惨世界》中表现得尤为明显。为揭示当时法国社会是一个贫苦人的"悲惨世界",维克多·雨果通过小说中各式人物的悲惨命运和心路历程,着力表现了"贫穷使男人潦倒,饥饿使女人堕落,黑暗使儿童赢弱"这一主题,力图使人们相信善良、仁慈、友爱等道德力量能够战胜邪恶与冷酷,号召人们以道德感化的方式解决社会问题。

浪漫主义思潮也在美术界和音乐界流动。最负盛名的浪漫主义画家有英国的康斯太布尔(1776—1837)(代表作《德达姆的溪谷》《干草牛》等)和泰纳(1775—1851)(代表作有《国会大厦的燃烧》《奴隶运输船》),法国的热里科(1791—1824)(代表作《梅杜萨之筏》)和德拉克洛瓦(1798—1863)(代表作《自由在街垒中领导着人民》)。浪漫主义乐坛更是名家荟萃,有音乐泰斗贝多芬(1770—1827),歌曲之王舒伯特

(1792—1869),德国作曲家门德尔松(1807—1847),舒曼(1810—1856),法国的音乐家伯辽兹(1803—1869),圣·桑(1835—1921),浪漫主义歌剧家则数德国的瓦格纳(1813—1883),意大利的威尔弟(1813—1901)和法国的比才(1838—1875)。在挪威、芬兰和捷克,则分别产生了格里格(1843—1907)、西贝柳斯(1865—1957)和德沃夏克(1841—1904)等饮誉世界乐坛的音乐大师。

二、批判现实主义

正当浪漫主义方兴未艾之时,19世纪30年代,一股新的文学思潮——批判现实主义在法、英等国迅速的崛起,并很快成为19世纪的最主要、最壮阔,也是最有益的文学潮流之一。究其原因,随着工业革命在西欧展开,资本主义经济迅速发展,资本主义制度所固有矛盾和弊端逐渐暴露,真实地反映现实生活、揭露和批判社会黑暗的现实主义文学逐渐发展成为文学的主流。批判现实主义要求冷静地认识现实、反映现实、批判现实,其指导思想是资产阶级的人道主义和个人主义。

法国是批判现实主义的发祥地。1830年发表的司汤达(1783—1842)的名著《红与黑》,被公认为是批判现实主义文学的开山之作。在批判现实主义的园地里,也涌现了一大批文学巨匠和经久不衰的传世之作。

奥诺雷·德·巴尔扎克(Honoré de Balzac,1799—1850),法国现实主义文学大师。巴尔扎克出身于法国图尔,童年的生活并不快乐。15岁时,巴尔扎克随父母迁居巴黎,在半工半读的情形下完成学业。过早地踏入社会和坎坷的经历,使巴尔扎克得以其敏锐的洞察力和深刻的批判力,冷静观察和分析社会,也为他日后的创作提供了最好的素材。巴尔扎克倾其毕生精力,铸就了他的《人间喜剧》91部,写了两千四百多个人物,充分展示了19世纪上半叶的法国社会生活,是人类文学史上罕见的文学丰碑,被称为法国社会的"百科全书"。《人间喜剧》的铸就,实现了巴尔扎克要用笔来完成他

巴尔扎克

的事业的夙愿。

人间喜剧分三大部分:《风俗研究》、《哲学研究》和《分析研究》。其中"风俗研究"是主体,像《高老头》《欧也尼·葛朗台》等小说,深刻地揭露了资本主义社会金钱的罪恶和人与人之间的金钱关系,发人深省。

巴尔扎克之后,法国批判现实主义的主要代表有福楼拜(1821—1880)(作品:《包法利夫人》)和莫泊桑(1850—1893)(作品:《羊脂球》《项链》等)。

英国批判现实主义作家主要有狄更斯(1812—1870)、夏洛蒂·勃朗特(1816—1855)等,美国批判现实主义的文学则以马克·吐温(1835—1910)、欧·亨利(1862—1910)、杰克·伦敦(1876—1916)为代表。俄国的批判现实主义文学在19世纪50、60年代也达到了空前的繁荣。著名诗人普希金(1799—1837)既是浪漫主义的主要

代表,也是批判现实主义的奠基人,他的诗体小说《叶甫盖尼·奥涅金》,标志着俄国批判现实主义文学的确立。果戈里(1809—1852)、陀思妥耶夫斯基(1821—1881)、列夫·托尔斯泰(1828—1910)、契诃夫(1860—1924)等都是俄国批判现实主义的名家大师。

较之于过去的现实主义文学。批判现实主义一个突出的特点是比较广阔、比较真实地展示了社会生活的各个方面,对现实矛盾的揭示具有相当的深度。马克思、恩格斯赞扬这些杰出的批判现实主义作家对现实关系的深刻理解,并高度评价巴尔扎克、狄更斯等人反映社会生活的丰富性和深刻性,认为他们在作品中提供的历史材料比历史学家、经济学家、统计学家等合起来所提供的还要多。

第三节　非理性主义思潮

近现代的西方精神是在批判封建神学和发展资本主义的过程中确立和张扬起来的,其主要特征是弘扬人性,崇尚科学与理性。在自由、平等、博爱旗帜的指引下,西方经济与文化一片繁荣。

好景不长,西方社会的发展并未听从理性的摆布。19世纪后期,资本主义危机尤其是文化危机开始显山露水。尖锐的阶级矛盾,残酷的生存竞争和日益加深的贫富两极分化,使人们对原先的科学与理性、人性与美德产生了怀疑。社会的动荡与生活的变动不居,更使人悲观与迷惘,空虚与无所归依的感觉开始在西欧社会弥漫开来。现代非理性主义思潮就建立在这种现实与文化基础之上。

非理性主义思想源自于人对于自身的不信任和对现实生活价值的怀疑。它否定理性思维的能力,张扬意志、直觉、盲目的力量。从古希腊的神秘主义、信仰主义到中世纪的基督教,都可以看到非理性主义的影子。同样,建立在现代资本主义文化基础上的非理性主义只是一些不现实的生活态度和思想情绪的集结,并没有形成一套严密的哲学体系和确定统一的学术流派,但他们对西方文化的批判是深刻而颇有见地的。

一、哲学思潮

西方现代非理性主义哲学思潮在康德哲学中已初露端倪。当崇尚理性的康德将现象和物自体对立,承认人类理性认识能力的有限性和"彼岸世界"的无限性,而强调意志(绝对精神)的作用性时,已经给后世的非理性主义哲学提供了某种思想启示。

1.唯意志论

在西方思想界,叔本华和尼采被称为是唯意志主义的两块界碑。

阿图尔·叔本华(Arthur Schopenhauer,1788—1860),西方唯意志论的创始人,出生于但泽(今波兰格但斯克)一个世代经商的德国人家庭。1814年获得耶拿大学哲学博士后,叔本华便致力于哲学研究。其主要代表作《作为意志和表象的世界》,在

1818 年发表时,应者寥寥,直至 1859 年,该书第三版刊出时,叔本华才得到了他本应得到的盛誉。

叔本华在《作为意志和表象的世界》一书中开宗明义,宣称"世界是我的表象"。他认为,人所认识到的一切并不是本身就存在的东西,而只是呈现于人的表象,即意识中的东西。事物只是相对于表象者,即人而存在。"他所知道的并不是太阳、并不是地球,而永远只是看见太阳的眼睛,摸到地球的手,他周围的世界只是作为表象而存在。"①

叔本华哲学的核心命题是:世界是我的意志。他认为,世界的本质是意志,而意志是一种求生存的欲望冲动。树木渴望阳光,才努力向上生长;大江奔流,明月西沉,都是宇宙生存意志的体现。对物而言,意志是无意识的,但对人而言,意志是有意识有生命力的,意志是人的本质,理性服从于意志,受意志支配。关于意志与理性的关系,叔本华曾有过形象的比喻,他说,意志好比一个勇敢而刚强的瞎子,而理性不过是由它背着给它指路的明眼的跛子。理性只有依赖于意志才能发挥其作用和效能。

叔本华的生命意志论被尼采加以改造、引申和扩张后,形成了所谓的权力意志论。

弗里德里希·威廉·尼采(Friedrich Willelm Nietzsche, 1844—1900),德国著名哲学家,西方现代哲学的开创者,同时也是卓越的诗人和散文家。尼采出生于普鲁士萨克森州的一个乡村牧师家庭②。年青时代尼采就显露出过人的才华,对于欧洲传统神学和语言文学有过系统研究。1870年,普法战争期间,尼采主动要求上前线。在途经法兰克福时,他看到一队军容整齐的骑兵雄赳赳气昂昂地穿城而过。尼采对生命意志的感悟油然而生,"我第一次感到,至强至高的'生命意志'决不表现在悲惨的生存斗争中,而是表现于一种'战斗意志',一种'强力意志',一种'超强力意志'!"晚年,深感孤独的尼采精神失常,最终失去了理智。1900 年 8 月 25 日,这位生不逢时的思想大师在魏玛与世长辞,享年 55 岁。

尼采

尼采哲学的广泛影响也得益于他以华美的诗歌形式表达其思想的出色才华。尼采主要哲学著作有:《查拉图斯特拉如是说》、《善恶的彼岸》、《道德体系论》和《强力意志论》。

尼采哲学的一个著名命题是"重估一切价值"。在尼采心中,受理性主义、基督教和人道主义影响的现代欧洲文明已日趋没落,必须否定。尼采认为,正统的基督教道德是一种堕落的道德。因为它提倡怜悯与懦弱,以虚幻的上帝来控制人类的现实生

①　洪谦主编:《现代西方哲学论著选辑》(上册),北京:商务印书馆 1993 年版,第 1 页。
②　尼采的生日恰好是当时的普鲁士国王弗里德里希·威廉四世的生辰。尼采的父亲是威廉四世的宫廷教师,他曾执教过四位公主,深得国王的信任,于是他获得恩准以国王的名字为儿子命名。

活,这实际上是对人类权力意志的软化与否定,是最大的残忍。对基督教的批判,使尼采喊出了振聋发聩的口号,"上帝死了!"①因为"上帝死了",所以要"重新估定一切价值"。因为不存在永恒的真理与道德,所以人应该探索自己的生活意义,为自己重新创造价值。

"权力意志"与"超人哲学"是尼采哲学的主旨。尼采不满意叔本华的生存意志论,认为"意志"并不仅仅体现于生命的冲动,更在于对权力的追求。权力意志是人的本质。当然,这里的权力不是指权势、权术或政治野心,而是指一种具有支配作用的强大力量,权力意志也可以认为是对人的生命、意志的存在方式的一种表述,它希冀人们大胆地去追求和完善自我,最终超越自我。

从"权力意志"出发,尼采提出了他的"超人"理论。尼采认为,"超人"是生命意志自我超越的具体化,是权力意志的行动代表。他们最有力、最独立、最有胆量,超越了现实的人类,是人类历史的目标。人类应该欢呼"超人"的出现。

尼采哲学对当代西方人们的生活与生存方式影响深刻。有人说,如果说康德是一座不可逾越的通往古典哲学的桥,那么尼采则是一座不可逾越的通往现代主义及后现代主义的桥。

不过,当今世人对尼采哲学则毁誉参半。

2.精神分析理论

弗洛伊德和他创立的精神分析理论,不仅促进了现代心理学的发展,也为非理性主义哲学思潮开辟了精神园地。

西格蒙德·弗洛伊德(Sigmund Frend,1856—1939),奥地利精神病学家,出身于奥匈帝国摩拉维亚的一个犹太人家庭,一生致力于治疗精神病的医疗技术和方法的研究。精神分析理论的创立,使弗洛伊德名扬四海。

梦的理论是弗洛伊德精神分析学不可分割的组成部分。弗洛伊德认为,梦是一种心理现象,梦的内容在于愿望的达成,其动机在于某种愿望。1900年,《梦的解析》一书出版,标志着弗洛伊德释梦理论的形成。弗洛伊德释梦理论的提出为无意识研究开辟了通道。

关于意识结构的分析是精神分析理论的核心。弗洛伊德早年把意识分为意识和前意识(无意识),晚年,又进一步提出了三种结构的人格学说。"本我"是人格建立的基础,是全部人格结构的动力源泉,它依据快乐原则满足本能欲望,既不考虑现实环境与条件,也不顾及后果。但是个体总是要受到社会与文化的制约,"本我"因之受到压抑。由于本我不能随心所欲,从而形成"自我"的意识。"自我"是人格的执行者。它遵循的是现实原则,起着调节本我和外部世界的冲突、压抑本我的非理性冲动的作用。超我则是在后天父母、老师和权威者的影响下,把外在的道德标准和规范内化,

---

① 这一口号的直接含义是:千年来统治和支配西方思想行为的传统基督教信仰及其道德价值系统已经破灭。

把外在的压抑力量变成内在的压抑力量,即通过理想、良心、道德等形式。因之,超我又称"良心自我"或"道德自我"。超我遵循的是"至善"原则,起着监督和指导"自我",限制"本我"的作用。

弗洛伊德认为,本我、自我和超我之间并没有明显的界限,三者之间的相互作用构成了一个统一的人格。

弗洛伊德所创立的精神分析学派将思想的触界引向了传统学术陌生的隐秘的意识世界,在一定意义上深化了人类对自我的认识,对非理性主义思潮起了推波助澜的作用。

3.存在主义

存在主义[①]出现于20世纪20年代,反映的是20世纪上半期遭受两次世界大战创伤的欧洲人的焦虑、绝望的社会心理,因而在西方社会产生了极大的影响。存在主义哲学的主要代表人物有德国学者雅斯贝斯、海德格尔和法国学者萨特。

雅斯贝斯(Karl Theodor Jespers,1883—1969),早年研究精神病理学和心理学,后来转向哲学研究。主要代表作有《存在主义》、论文集《估计与展望》等。雅斯贝斯认为,现实是不能被思维的,人的理性无法把握现实的东西,只有在"我自身"的存在的前提下,一切现实的存在才是真实的现实。对于个人而言,存在意味着去获取知识、去作出决定、采取行动,去获得对存在进行选择的"自由"。雅斯贝斯进一步认为,个人只有在死亡、痛苦、犯罪等"绝境"时,才能真正体现存在的意义。因此,雅斯贝斯的存在主义本质上是主观唯心主义和唯我论的。

海德格尔(Martin Heidegger,1889—1976),当代德国哲学界最有影响的思想家。纳粹德国时期曾任大学校长、教授等职。拥护纳粹主义成了海德格尔一生都无法洗刷的污点。《存在与时间》是他的代表作。

海德格尔认为,存在主义就是要研究和解决"存在"的意义问题。他指出"存在"的问题比"存在者"的问题更根本,因为必须有"在",才有"在者";而真正的存在是人的存在,我的存在。世界外来的存在必以人的存在为前提,所有"在者"即整个世界都是"我"的"在"的结果。

"烦"与"死亡"是海德格尔哲学的一个突出特征。海德格尔认为,人不但要与世界打交道,还要与他人打交道,于是就出现了"烦心"。人只存在于"烦"的世界叫沉沦,当人沉沦于"烦"的世界时,其存在只是一种"深闭状态"。只有在"鲜明的开展状态",才能摆脱"烦"而创造自我。人只有在面临死亡时,才能最深刻地体会到自己的存在。"哲学就是对死亡的研究"。

让一保罗·萨特(Jean-paul Sartre,1905—1980),法国存在主义哲学家的主要代表人物,优秀的文学家、戏剧家、评论家和社会活动家。萨特出生于巴黎一个海军军

---

①　"存在主义"是从德文"Existenz philosophie"翻译而来的。它以"存在"作为哲学的基本问题,从个人的内在特性出发,去研究人的真正存在。有人也称之为"存在主义人学"。

官家庭,获巴黎高等师范学校哲学博士,曾任欧洲作家联盟主席,世界和平理事会理事。萨特主要代表作有:《存在与虚无》、《辩证理性批判》,文学剧本《呕吐》(又译《厌恶》)、《苍蝇》、小说《自由之路》等。萨特存在主义的影响更多地从他的这些文学作品中散发出来。1964 年萨特因为《文字生涯》获得了诺贝尔文学奖,但萨特拒绝领奖。萨特与"终身伴侣"西蒙·波娃(法国思想界的重要人物,女权主义者)的爱情也是法国哲学界的一段佳话。①

萨特

萨特存在主义哲学的著名命题是"存在先于本质"。萨特认为,人最初只是作为一种单纯的主观性存在,人的本质、人的其余的一切都是后来由这种主观性自行创造的。人按照自己的意志造就其自身,这种自由选择的一系列活动构成了人自己的本质。人的存在先于本质,人的本质是自由。

自在与自为是萨特哲学的主题。在《存在与虚无》中,萨特区分了两种存在——自在存在与自为存在。所谓"自在存在"即是独立于人的意识之外的存在,它是混沌的,静止的,不可描述的,无任何因果性、规定性的未知实体。所谓"自为存在"是因果性、规定性、个体性、结构性的,它们都是人在与世界接触时主动存在的产物,是人的存在状态的反映。把"自在存在"转化为"自为存在"的过程就是认识与改造人与世界的过程。在萨特看来,人的意识的作用就在于按自己的意愿否定、分辨、分离,把无限充实并静止不动的"自在存在"部分虚无、否定掉,使之成为自己所需要的有差别、相互分离,因而相互联系,可以运动的各种事物,即"自为存在"。"人正是使虚无来到世上的存在。"只有对"自在"主动地改造实践,人才能认识世界,最终认识自身。

"他人即地狱"是萨特的名言。在萨特看来,人与人之间的关系是充满着矛盾与冲突的。人不仅要将他人(other)作为一种事物对象来支配,且要将他人作为一个自由的存有来支配,这是人极大的欲望。于是,在人与人的关系中,每一个人都要自己支配他人,将他人占有。但当每一个人都要这样做时,人又无法不同时变成他人的对象(object),为他人所占有。由此,这种充满矛盾的占有终归会失败。所以,人是孤独地存在。

存在主义对欧美的影响不仅限于专业的哲学领域,也扩及到了文学、艺术、社会学、道德、宗教等意识形态和社会生活的各个方面,深深影响欧洲社会人们的生活态度与生活方式。

二、现代派文学与艺术

20 世纪初的两次大战以及社会的动荡与变革,使得西方文学与艺术也经历了一

---

① 西蒙·波娃死后和萨特一起合葬在巴黎蒙帕纳斯公墓。

场大震荡,现代派①文艺思潮就是这种变化与震荡的反映。现代派文艺思潮作为诸多文艺流派的总称,没有一个统一的文艺旨趣,各流派大多标新立异,难以沟通,但他们的共同特征是非理性主义。艺术家们相信他们生活在一个新奇的时代,强烈地追求着"现代性",希望从捉摸不定的情绪、情感、意志和本能的冲动中寻求人生的价值和世界的意义。他们在文艺作品中努力展现自我,表现个人的主观精神,或神秘,或荒诞或隐喻,形成了风格各异的艺术流派。

1.现代派文学

现代派文学的发端,一般以 1857 年法国诗人波德莱尔的诗集《恶之花》(一译《恶之华》)的发表为标志。

查理·波德莱尔(Charles Pierre Baudelaire,1821—1867),法国公元 19 世纪最著名的现代派诗人,欧洲象征主义文学的先驱。由于家庭的变故和反叛的个性,波德莱尔年青时代放浪形骸。但即便过着波希米亚人式的浪荡生活,波德莱尔也不忘社会责任。1848 年巴黎工人武装起义,反对复辟王朝,波德莱尔登上街垒,参加战斗。1857 年,浸透着波德莱尔"全部心血,全部温情,全部信仰,全部仇恨"的《恶之花》出版,完成了他从浪子到诗人的转变。

从题材上看,《恶之花》歌唱醇酒、美人,强调官能陶醉,一度被认为是淫秽的读物而被政府禁止,并遭到罚款。实质上诗歌体现的是作者对现实生活不满,对客观世界采取了绝望的反抗态度。

波德莱尔出色地运用了象征的表现手法。"恶"在法文中不仅指恶劣与罪恶,也指疾病与痛苦。诗人通过暗示、对比、烘托和联想等形式,来表现对遭受"病"的折磨的现实世界充满仇恨的主题;用神秘、悲观、颓废表现一种"新的战栗"(雨果的评语),试图在人的心灵深处,在"丑恶"的生活现象中找寻"恶之美"。看似玩世不恭的背后深藏着一种渴望与追求。波德莱尔的象征主义诗作,成了整个现代派文学的奠基石。

象征主义诗歌流派的主要代表人物还有法国的兰波、马拉美、魏尔伦,奥地利的里尔克、爱尔兰的叶芝和英国的艾略特等。

英国诗人艾略特(Eliot,1888—1965),原籍美国,先后在巴黎大学、哈佛大学和牛津大学学习。成名后,任牛津大学诗歌讲座教授,1948 年获诺贝尔文学奖。艾略特一生著作颇丰,主要代表作有《荒原》《大教堂谋杀案》《鸡尾酒会》等。

作为后期象征主义诗歌的代表,艾略特提出了"非个人化"理论。所谓"非个人化",即反对诗歌的主观的自我表现,主张"对诗人的个性(情感)作最少的要求,对诗人的艺术(技巧)作最大的要求",客观地通过一种情景或事件唤起情感。

表现主义文学是 20 世纪初至 30 年代盛行于欧美一些国家的文艺流派。最初只是流行于法德等国的一种画派,后扩展到文学、戏剧、音乐等领域。

---

① 19 世纪下半叶以后,西方文学艺术中各种颓废主义、形式主义的流派与倾向(表现主义、未来主义、达达主义、超现实主义)的总称。

　　以德国为中心的表现主义文学反对以写实手法描绘现实世界,主张突破表象,直接表现本质——即艺术家由客观事物引起的内心激情。在绘画上则以过分夸张的构图和色彩,变形的物体来表达画家的力量与激情。表现主义在戏剧方面的代表人物有:瑞典的斯特林堡(作品:《到大马士革去》)、德国的凯泽(作品:《珊瑚》)和美国的奥尼尔(作品:《天边外》《毛猿》等);诗歌方面的代表人物有德国的贝恩(作品:《诗选》《尾声》);小说方面的主要代表人物是奥地利的卡夫卡(作品:《变形记》《城堡》)。

　　以英国为中心的意识流小说流行于20世纪40年代。"意识流"原本是一个心理学的术语,最早由美国实用主义哲学家、心理学家威廉·詹姆士于1884年发表的《论内省心理学所忽视的几个问题》中第一次提出。他认为,意识并不是片断的连接,而是流动的,用一条"河"或一股"流水"的比喻来表达它是最自然不过了。随着现代心理学的发展和弗洛伊德精神分析学派和帕格森生命哲学的流行,"意识流"的提法被许多现代派作家所接受,并成为文学作品的主要表现手法之一。

　　"意识流"的主要特征是注重自由联想。它把现实与梦幻,现时与未来,意识与潜意识连贯起来,将时间顺序颠倒,空间界限混淆,充分体现了唯主观和反理性的特点。意识流小说的代表人物是法国作家普鲁斯特,代表作《追忆似水年华》和爱尔兰知名作家詹姆士·乔伊斯,代表作《尤利西斯》。

　　形形色色的现代派文学流派在20世纪确立并得到很大发展。除上述的几个流派外,还有以意大利为中心的未来主义,以法国为中心的超现实主义以及荒诞文学,新小说,"垮掉的一代"和黑色幽默等等各具特色的派别。目前西方现代派文学尽管盛况不再,但至今余波未尽。

　　2.现代艺术流派

　　现代派艺术可追溯到法国的印象主义。19世纪80年代,法国的一些"前卫"画家标榜"艺术语言自身的独立价值",提出了"绘画不做自然的仆从","绘画摆脱对文字、历史的依赖""为艺术而艺术"等观念,成了现代派艺术的理论基础。

　　现代派艺术尽管观点不同,风格迥异,但其共同的特征是崇尚形式美,追求形式上的标新立异;强调自我,尝试用自我的感性认识去反映一切客观现实;否定一切传统艺术法则。一般认为,法国后期印象主义画家塞尚(Panl Cézanne,1839—1906)是"现代绘画之父"。

塞尚的《餐巾》

　　在塞尚的影响下,20世纪初出现了以马斯蒂为代表的法国野兽派,以毕加索为代表的立体派,以康定斯基为代表的抽象派和以马利奈蒂为代表的未来派等。

　　野兽派。野兽派并不是一个联系密切的团体,而是因风格而成的"派"。"野兽

派"这个名称是美术评论家路易·沃塞列在 1905 年巴黎秋季美术沙龙上赋予马斯蒂等人的,意寓"带着一点原始的野性"。野兽派的美术作品直接继承和发展了印象派点彩技法,也受到黑人雕刻和东方绘画的影响,主张多用大色块和线条构成夸张变形的形象,以取得单纯化和简单化的装饰效果,旨在以丰富的表现力和强烈的色彩激发人们的某种感觉。

戴帽子的妇人

法国画家马斯蒂(Herri Matisse,1869—1954)是野兽派的核心人物。马斯蒂少年时代接受的是古典教育,1892 年进入巴黎高等美术学校学艺。马斯蒂的作品风格深受塞尚及东方和非洲艺术的影响,其代表作品有《敞开的窗户》《戴帽子的女人》和《红色的和谐》等。马斯蒂认为,野兽时期是绘画工具的试验,必须以一种富于表现力而意味深长的即蓝、红、绿并列和融汇的方式来表达。马斯蒂的绘画、雕刻作品基本上体现了这种风格。

此外,野兽派画家还有以表现人像和人体见长的德朗;以描绘自然风景著称的弗拉基克·郁特里罗和马尔凯等。

立体派。立体派又译立方主义。此画派名称的出现也纯属偶然,1908 年法国画家 G.勃拉克在卡恩韦勒画廊展出作品,评论家路易·沃塞列在杂志上评说道:"勃拉克先生将每件事物都还原成了……成为了立方体。"①此画风因此得名。

立体主义是富有理念的艺术流派。它把三维空间画面归结成平面的两维空间画面,以追求一种几何形体的美,追求形式的排列组合所产生的美感。传统的明暗、光线、空气、氛围表现的趣味让位于由直线、曲线所构成的轮廓、块面堆积与交错的趣味与情调,②具有浓重的形式主义倾向。较为著名的立体派画家有:毕加索、勃拉克、阿波利奈尔、莱热、维戎等。

立体派的代表人物和主将是西班牙画家帕希洛·毕加索(Pablo Picasso,1881—1973),他的作品体现了立体派绘画的最高成就。其代表作有《亚威农的少女》《格尔尼卡》《和平鸽》等。毕加索的作品充满了对传统的继承与反叛以及对现实的关注与联系。他的版画、雕刻与陶器作品,对现代西方各种艺术流派都产生了较大的影响。

立体派的绘画,富有抽象的表现力,但与"抽象派"相比,似乎还少了那种"谜"般的神韵。

毕加索

① 参见《中国大百科全书》光盘 1.1 版,NO.1,(美术卷)立体主义,北京:中国大百科全书出版社 2000 年版。
② 参见《中国大百科全书》光盘 1.1 版,NO.1,(美术卷)立体主义,北京:中国大百科全书出版社 2000 年版。

　　抽象派。抽象派是一种反对表现视觉印象和视觉经验的艺术流派,原创于 19 世纪末的俄国,创始人是俄国画家康定斯基。此外荷兰画家蒙德利安,法国画家德劳耐,美国画家杰克逊·波洛克也对抽象画派作出了重要贡献。

　　抽象主义画家认为,艺术的使命不在于反映、认识现实,而在于表现艺术家本人的本能的下意识感受,透过抽象的线、色彩、块面、形体、构图来传达各种情绪,激发人们的想象,启迪人们的思维。一般认为,抽象主义画派中,凡是着重感情表现的,称为抒情的抽象;凡是着重表现理念的,称为理性的抽象或冷抽象。

　　康定斯基(Kandinsky,1866—1944),抽象主义画派的鼻祖,出身于俄国,长期在德国、法国生活与创作,1939 年获法国国籍。他认为,艺术类似自然、科学、政治形式,是一个自为的领域,有着自己的规律。画家用内在的眼睛看世界,并用抽象的作品表达这种心声。康定斯基十分崇尚抽象形式的作用,"一根竖线和一根横线相结合,产生一种近于戏剧性的音响。一个三角形的尖角和一个圆圈产生的效果,不亚于米开朗基罗画上的上帝的手指接触着亚当的手指。"[①]康定斯基的代表作品有《秋》《冬》《抒情曲》《白色线》等。

康定斯基的构图四号

　　现代派艺术的成就主要在绘画上,此外,在音乐、电影、戏曲等方面也有所建树。正如苏联哲学家 И. С. 库列科娃所说:现代派艺术存在半个多世纪以来,在资产阶级艺术文化中始终于统治地位,现在还对人们的观点、鉴赏力以及思想立场的形成,产生重要影响。

　　西方文明经历了一个曲折的发展历程。二战结束后尤其是 80 年代以来的全球化进程中,欧洲展现了新的发展特征与方向。欧洲在对战争的反省中走上了团结、统一的道路,建立了世界上第一个区域化的经济、政治体:欧盟。

　　相信西方文明的发展会有一个更美好的前景。

---

　　① 参见《中国大百科全书》光盘 1.1 版,NO.1,(美术卷)W. 康定斯基,北京:中国大百科全书出版社 2000 年版。

参考文献

1.爱德华·麦克诺尔·伯恩斯等.世界文明史.北京:商务印书馆,1987

2.斯塔夫里亚诺斯.全球通史.上海:上海社会科学院出版社,1992

3.J.E.斯温.世界文化史.台北:台湾开明书店,1986

4.威廉·哈迪·麦克尼尔.西方文明史纲.北京:新华出版社,1992

5.德尼兹·加亚尔、贝尔纳代特·德尚.欧洲史.海口:海南出版社,2000

6.马文·佩里.西方文明史.北京:商务印书馆,1993

7.彼得·李伯庚.欧洲文化史.上海:上海社会科学院出版社,2004

8.胡里奥·克雷斯波·麦克伦南.欧洲文明 如何塑造现代世界.北京:中信出版社,2020

9.陈乐民.欧洲文明的进程.北京:生活、读书、新知三联书店,2003

10.道格拉斯·诺斯等.西方世界的兴起.北京:华夏出版社,1999

11.雅克·巴尔赞.从黎明到衰落 西方文化生活五百年,1500 至今.北京:中信出版社,2013

12.陈佛年.世界文化史.武汉:华中理工大学出版社,1990

13.约翰·W.奥马利.西方的四种文化北京:北京大学出版社,2012

14.兹拉特科夫斯卡雅.欧洲文化的起源.北京:三联书店,1984

15.基托.希腊人.上海:上海人民出版社,1998

16.伊迪丝·汉密尔顿.希腊方式——通向西方文明的源流.杭州:浙江人民出版社,1988

17.M.I.芬利.古代世界的政治.北京:商务印书馆,2013

18.特奥多尔·蒙森.罗马史.北京:商务印书馆,2004

19.R.H.巴洛.罗马人.上海:上海人民出版社,2000

20.朱龙华.罗马文化与古典传统.杭州:浙江人民出版社,1993

21.弗朗索瓦·冈绍夫.何为封建主义.北京:商务印书馆,2018

22.马克·布洛赫.封建社会.北京:商务印书馆,2007

23.亨利·皮朗.中世纪欧洲经济社会史.上海:上海人民出版社,1984

24.布莱恩·蒂尔尼,西德尼·佩因特.西欧中世纪史.北京:北京大学出版社,2015

25.罗伯逊.基督教的起源.北京:三联书店,1986

26.吕大吉.西方宗教学说史.北京:中国社会科学出版社,1994

27 佩里·安德森.绝对主义国家的系谱.上海:上海人民出版社,2016

28.雅各布·布克哈特.意大利文艺复兴时期的文化.北京:三联书店,1986

29.张椿年.从信仰到理性——意大利人文主义研究.杭州:浙江人民出版社,1993

30.加林.中世纪与文艺复兴.北京:商务印书馆,2012

31.亚·沃尔夫.十六、十七世纪的科学、技术.北京:商务印书馆,1985

32.赫伯特·巴特菲尔德.近代科学的起源.北京:华夏出版社,1988

33.J.D.贝尔纳.科学的社会功能.北京:商务印书馆,1986

34.彼得·盖伊.启蒙时代:现代异教精神的兴起.上海:上海人民出版社,2015

35.彼得·盖伊.启蒙时代:人类的觉醒与现代秩序的诞生.上海:上海人民出版社,2019

36.阿瑟·赫尔曼.苏格兰:现代世界文明的起点.上海:上海社会科学出版社,2016

37.弗朗索瓦·傅勒.思考法国大革命.北京:三联书店,2005

38.林恩·亨特.法国大革命中的政治、文化和阶级.北京:北京大学出版社,2020

39.基佐.1640年英国革命史.北京:商务印书馆,2018

40.G.M.屈威廉.英国革命:1688—1689.北京:商务印书馆,2020

41.王希.原则与妥协:美国宪法的精神与实践(增订版).北京:北京大学出版社 2014

42.艾伦·布林克利.美国史(1492—1997).海口:海南出版社 2009

43.T.S.阿什顿.工业革命(1760—1830).上海:上海人民出版社,2020

44.沃尔特·白哲特.英国宪制.北京:北京大学出版社,2005

45.郑祖铤.近代各国改革的比较.长沙:湖南出版社,1991

46.H.斯图尔特·休斯.欧洲现代史.北京:商务印书馆,1984

47.布罗代尔.15—18世纪的物质文明、经济与资本主义.北京:三联书店,1993

48.米歇尔·博德.资本主义史.北京:东方出版社,1986

49.夏德炎.欧美经济史.上海:上海三联书店,1991

50. John B. Harrison (et al). *A Short History of Western Civilization*, Mcgraw-Hill Publishing Company,1990

51. Robert E. Lerner (et al). *Western Civilization*, *their history and culture*, New York：Narton,1988

52. Jackson J. Spielvogel. *Western Civilization* (*8th edition*), Wadsworth：Cengage Learning,2012

后 记

　　本书是我在浙江大学几十年来讲授《西方文明史》选修课的基础上,结合自己研究西方文明史的心得,吸取国内外同行学术成果写成的。写作本书的初衷是因为当时(80年代末)该课程一时找不到一本适用的教科书。

　　记得开设这门选修课之初(1988年),西窗刚推开不久,大学生们热切地希望多瞥一眼窗外的风景。每次上课,看到台下黑压压的一片,当年还尚年轻的我心里总不免有些得意,当然更多的是紧张。惟恐做不好这场"西窗风景秀",辜负了大家的殷切希望。其中最令人遗憾的是,课程一直没有一本合适的教材,供大学生在短时间里扼要又不失系统地了解西方文明的发展历程。为解燃眉之急,我曾从现成的世界史教材中选辑了有关章节,作为参考文本。但由于版本和指导思想各异,这个"参考资料"在体例和内容上难以满足"西方文明史"的教学需要。

　　学校有关方面,尤其是原浙江大学教务处的同志,对此十分关注,鼓励我做好课程建设的基础工作,并把该课程列为学校重点课程建设项目。在大家的关心和鞭策下,我鼓足勇气,开始撰写"西方文明史"的讲义。

　　西方文明史是一门内容丰富、涉及面广的课程。在写作本书的过程中,我发现自己掉进了知识的海洋,并时常因自己才疏学浅而惴惴不安。所幸的是经过几年的坚持与努力,书稿终于脱手了。承蒙浙大人文学院和浙大教材建设委员会相关领导与同仁的厚爱,该书被列入学校教材出版计划并获得浙江大学教材出版基金的资助。浙江大学出版社的相关领导和责任编辑傅百荣先生为本书的出版做了大量的工作。在此,一并表示真挚的谢意。

　　在写作过程中,我们参考了同行的研究成果,他们渊博的学识和深邃的思想,给了我们颇多启发。在此,我们谨向书中引用或借鉴过思想资料的所有学者表示深切的敬意和由衷的感谢。我的研究生惠继红同学,利用学习之余,撰写了本书的第十四章(再版时,由笔者作了一些修改与补充),不仅体现了她的悟性和努力以及对历史史实的良好把握,也使本书的内容更加完整与充实。

　　本书初版于2001年,二版时做了大量的修正与补充,被列为"浙江省社会科学界联合会社科普及课题"和"浙江省普通高校'十二五'优秀教材"。如今大家看到的是在此基础上的第三版,再版是因为第一,随着通识教育的推进,"西方文明史"课程也由选修课升格成了通识核心课,对于教材提出了更高的要求。第二,时隔近 10 年,无论是学术的研究本身还是研究的外部环境都有了新的进展与变化。教材需要与时俱进。感谢浙江大学学科建设处和浙江大学出版社的各位领导与同仁的关怀与相助,感谢人文学院与历史系和世界历史研究所的各位领导与同仁的支持与鼓励。在此表示衷心的感谢!

但限于篇幅,更由于学识疏浅,书中的纰漏与缺陷在所难免。敬祈同行与读者的批评与指正!

董小燕

2020 年 9 月 13 日于紫金文苑